Dixie ~~Adam~~

LAROUSSE
POCHE

KU-547-842

ATLAS
DU MONDE

LAROUSSE

21, RUE DU MONTPARNASSE 75283 PARIS CEDEX 06

Imprimé en 1997 par
'Rotolito Lombarda SPA, Piotello (M1), Italie'

ISBN 2-03-521130-1

ISBN 2-03-521131-X

PRÉFACE

Par la télévision, la presse ou la radio, le Moyen-Orient ou l'Europe orientale, l'Amérique centrale, l'Afrique du Sud ou orientale, l'Asie du Sud-Est, ou les pays du Caucase, sont évoqués quotidiennement ou presque. Les médias, surtout audiovisuels, ont ainsi accéléré la mondialisation de l'actualité, de l'information. Mais si les noms cités sont devenus familiers, ils ne sont pas pour autant toujours aisément situés (sinon fugitivement, l'espace d'une seconde, par le passage d'une carte sur le petit écran).

L'*Atlas du Monde* permet de les retrouver, de les "conserver". 20 000 noms sont répertoriés et facilement localisés à partir de l'index alphabétique; juste avant celui-ci, l'essentiel des abréviations et des expressions géographiques internationales est regroupé. Ces noms sont répartis sur près d'une centaine de pages de cartes, parfaitement lisibles, grâce à la hiérarchisation des noms et des symboles. L'armature urbaine apparaît bien ordonnée, statistiquement à jour.

L'*Atlas du Monde* offre une densité d'information étonnante dans un format réduit. Toutefois, ce format n'empêche pas une présentation cohérente, non seulement des pays, mais aussi des ensembles physiques et humains, des entités culturelles ou religieuses, des points chauds. La péninsule Ibérique est unifiée, le Moyen-Orient n'est pas découpé, "le monde indien", du Pakistan au Bangladesh et au Sri Lanka, est regroupé. Bref, l'écueil de la parcellisation du monde, si fréquent dans ce type d'ouvrages réduits à un tel format, est bien évité.

L'*Atlas du Monde* mérite son titre. On le voit bien dans le découpage, avec cette priorité inédite accordée à une couverture véritablement universelle. L'Europe (avec la France) n'est pas négligée, surtout compte tenu des bouleversements géopolitiques du début des années 1990, intervenus dans sa partie orientale et balkanique. Mais une juste place est enfin reconnue à l'Asie qui regroupe nettement plus de la moitié de la population mondiale. Par exemple, les 1200 millions d'habitants de l'Asie méridionale (Pakistan, Inde, Bangladesh, Sri Lanka) ne sont plus "regroupés" sous une page unique. L'Amérique latine (englobant l'Amérique centrale, les Antilles et l'Amérique du Sud) n'est pas ici le parent pauvre du duo États-Unis-Canada (qui n'est cependant pas sacrifié).

Naturellement, préalable à cette couverture régionale originale (par sa pondération), quelques cartes de synthèse considèrent le Monde dans son ensemble. Au planisphère politique sont juxtaposées des cartes relatives aux fuseaux horaires et aux problèmes de végétation et d'environnement. Enfin, la carte de l'Union européenne montre finalement que, même dans cet Atlas qui se veut véritablement mondial, les préoccupations "continentales" demeurent présentes.

Bref, les qualités essentielles d'un bon Atlas (couverture mondiale, cohérence du découpage, densité d'information, bonne lisibilité), dans un format de poche, ce qui est exceptionnel.

René OIZON

TABLE DES MATIÈRES

VIII-IX   Monde politique
X-XI   Union Européenne
XII-XIII   Végétation et Environnement
XIV-XV   Fuseaux horaires
XVI   Légende des cartes

1	Arctique	16-17	Angleterre et Galles
2-3	Europe	18-19	Espagne et Portugal
4-5	France	20-21	Italie
6-7	France (Ouest)	22-23	Balkans
8-9	France (Est), Belgique et Suisse	24-25	Allemagne et Autriche
10	Région Parisienne	26-27	Europe orientale
11	France d'outre-mer	28	Russie et États limitrophes
12-13	Scandinavie et Pays Baltes	29	Sibérie, Mongolie et Mandchourie
14-15	Iles Britanniques	30-31	De la Baltique à la Caspienne

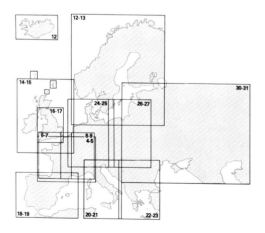

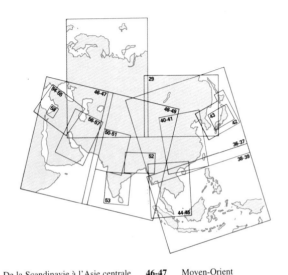

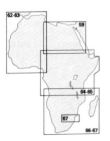

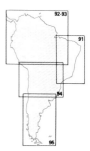

MONDE POLITIQUE

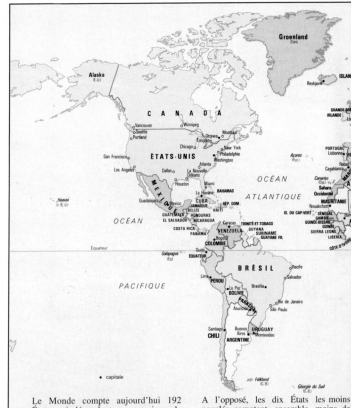

• capitale

Le Monde compte aujourd'hui 192 États indépendants, mais de populations et de superficies très différentes. Deux d'entre eux, la Chine et l'Inde, concentrent ensemble plus du tiers de la population mondiale et sept autres (États-Unis, Indonésie, Brésil, Russie, Japon, Bangladesh et Pakistan) ont plus de 100 millions d'habitants. Au total, ces neuf États regroupent nettement plus de la moitié de la population mondiale.

A l'opposé, les dix États les moins peuplés comptent, ensemble, moins de 500 000 habitants, à peine la population moyenne d'un département français. Au total, une quarantaine d'États dans le Monde ont moins de 1 million d'habitants.

La superficie de la seule Russie représente plus du triple de celle du reste de l'Europe, mais est toutefois nettement plus petite que celle de l'Afrique. En effet, le type de

projection adopté ici privilégie les hautes latitudes (le Groenland est, en réalité, moins vaste que le Soudan et représente moins du tiers de l'Australie).

On retrouve dans les superficies les mêmes disparités que pour les populations. Derrière la Russie (plus de 17 millions de km²), cinq autres États ont une superficie oscillant entre 7 et 10 millions de km² (Canada, Chine, États-Unis, Brésil et Australie), et, avec la Russie, occupent 40% des terres émergées. En revanche, une trentaine d'États indépendants ont une superficie (parfois nettement) inférieure à celle de la Corse (8610 km²).

On ne peut toujours relier étroitement, superficie, population et poids politique. Il n'empêche que la diversité évoquée, parfois difficilement traduisible sur la carte, invite à approfondir dans ce Monde politique, le concept d'indépendance.

UNION EUROPÉENNE

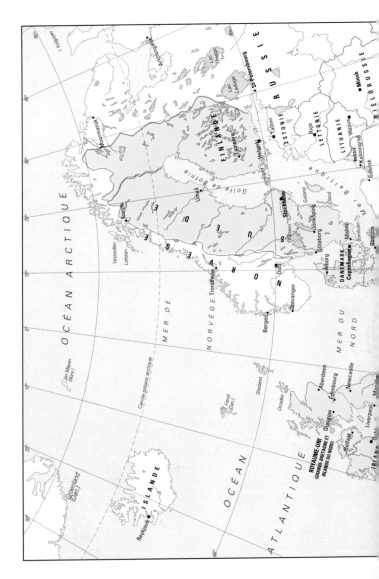

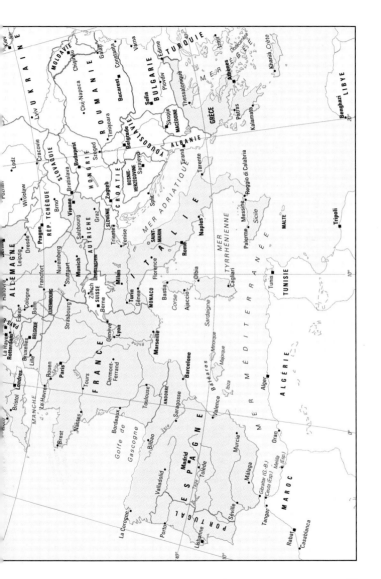

VÉGÉTATION ET ENVIRONNEMENT

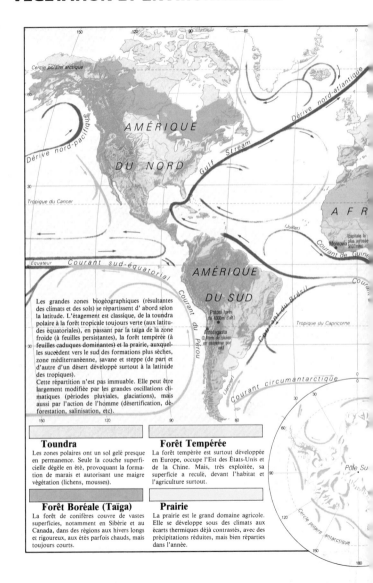

Les grandes zones biogéographiques (résultantes des climats et des sols) se répartissent d'abord selon la latitude. L'étagement est classique, de la toundra polaire à la forêt tropicale toujours verte (aux latitudes équatoriales), en passant par la taïga de la zone froide (à feuilles persistantes), la forêt tempérée (à feuilles caduques dominantes) et la prairie, auxquelles succèdent vers le sud des formations plus sèches, zone méditerranéenne, savane et steppe (de part et d'autre d'un désert développé surtout à la latitude des tropiques).

Cette répartition n'est pas immuable. Elle peut être largement modifiée par les grandes oscillations climatiques (périodes pluviales, glaciations), mais aussi par l'action de l'homme (désertification, déforestation, salinisation, etc).

Toundra
Les zones polaires ont un sol gelé presque en permanence. Seule la couche superficielle dégèle en été, provoquant la formation de marais et autorisant une maigre végétation (lichens, mousses).

Forêt Tempérée
La forêt tempérée est surtout développée en Europe, occupe l'Est des États-Unis et de la Chine. Mais, très exploitée, sa superficie a reculé, devant l'habitat et l'agriculture surtout.

Forêt Boréale (Taïga)
La forêt de conifères couvre de vastes superficies, notamment en Sibérie et au Canada, dans des régions aux hivers longs et rigoureux, aux étés parfois chauds, mais toujours courts.

Prairie
La prairie est le grand domaine agricole. Elle se développe sous des climats aux écarts thermiques déjà contrastés, avec des précipitations réduites, mais bien réparties dans l'année.

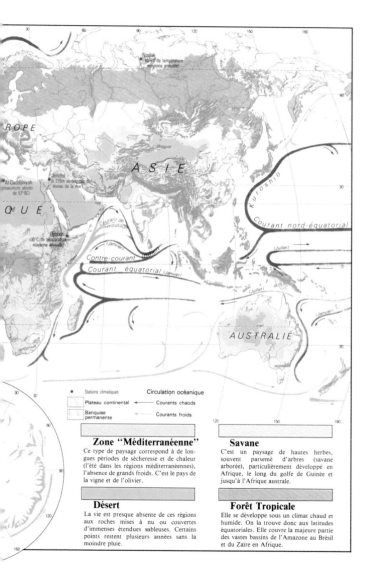

Noïilsk
(la °C de température
moyenne annuelle)

ROPE

ASIE

Al-Qaddâhîyah
(maximum absolu
de 57.8C)

Jéricho
(à 270m au-dessous du
niveau de la mer)

OUE

Djibouti
(30°C de température
moyenne annuelle)

Kuroshio

Courant nord-équatorial

Courant de
mousson

(Janvier)

Contre-courant

Courant équatorial (Janvier)

(Juillet)

(Juillet)

(Juillet)

(Janvier)

AUSTRALIE

Stations climatiques   Circulation océanique

Plateau continental   ◄— Courants chauds

Banquise permanente   ← Courants froids

Zone "Méditerranéenne"

Ce type de paysage correspond à de longues périodes de sécheresse et de chaleur (l'été dans les régions méditerranéennes), l'absence de grands froids. C'est le pays de la vigne et de l'olivier.

Désert

La vie est presque absente de ces régions aux roches mises à nu ou couvertes d'immenses étendues sableuses. Certains points restent plusieurs années sans la moindre pluie.

Savane

C'est un paysage de hautes herbes, souvent parsemé d'arbres (savane arborée), particulièrement développé en Afrique, le long du golfe de Guinée et jusqu'à l'Afrique australe.

Forêt Tropicale

Elle se développe sous un climat chaud et humide. On la trouve donc aux latitudes équatoriales. Elle couvre la majeure partie des vastes bassins de l'Amazone au Brésil et du Zaïre en Afrique.

FUSEAUX HORAIRES

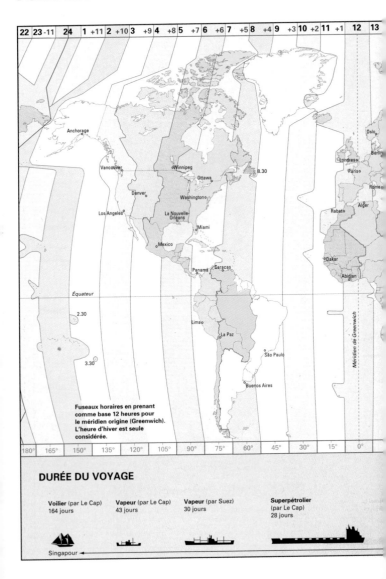

| 22 | 23 -11 | 24 | 1 +11 | 2 +10 | 3 +9 | 4 +8 | 5 +7 | 6 +6 | 7 +5 | 8 +4 | 9 +3 | 10 +2 | 11 +1 | 12 | 13 |

Anchorage
Vancouver
Winnipeg
Ottawa
8.30
Denver
Washington
Los Angeles
La Nouvelle Orléans
Miami
Mexico
Panama Caracas

Oslo
Berlin
Londres
Paris
Rome
Alger
Rabat
Dakar
Abidjan

Équateur

2.30

Lima

La Paz

3.30

São Paulo

Buenos Aires

Méridien de Greenwich

Fuseaux horaires en prenant
comme base 12 heures pour
le méridien origine (Greenwich).
L'heure d'hiver est seule
considérée.

| 180° | 165° | 150° | 135° | 120° | 105° | 90° | 75° | 60° | 45° | 30° | 15° | 0° |

DURÉE DU VOYAGE

Voilier (par Le Cap)
164 jours

Vapeur (par Le Cap)
43 jours

Vapeur (par Suez)
30 jours

Superpétrolier
(par Le Cap)
28 jours

Singapour ◄—

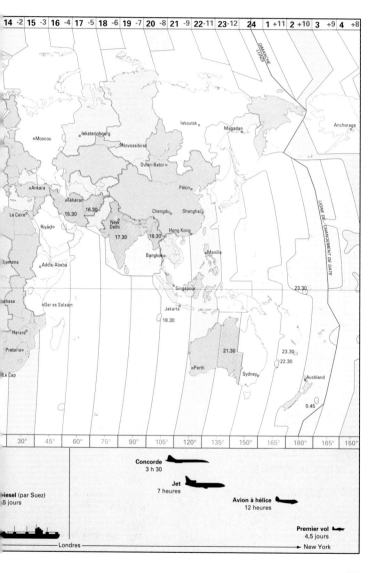

LÉGENDE GÉNÉRALE

FRONTIÈRES

	Internationale
	Internationale contestée
	Ligne de cessez-le-feu
	Régionale
	Départementale
	Maritime (Internationale)

PAYS ET RÉGIONS

FRANCE	État indépendant
FLORIDE	État, province ou région autonome
Gibraltar (G.-B.)	Dépendance
Rhône-Alpes	Région administrative
ANJOU	Région historique
Adour **Aubrac**	Termes de géographie physique

VILLES OU AGGLOMÉRATIONS

Les carrés individualisent les capitales   *Population*

■	●	**Paris**	Plus de 5 000 000 h.
■	●	**Lyon**	Plus de 1 000 000 h.
□	○	Bordeaux	Plus de 500 000 h.
■	●	Rennes	Plus de 100 000 h.
□	○	Bourges	Plus de 50 000 h.
□	○	Chaumont	Plus de 10 000 h.
○	○	Ruffec	Moins de 10 000 h.
			Superficie bâtie

TYPES DE LACS

	Permanent
	Saisonnier

AUTRES SYMBOLES

	Cours d'eau
	saisonnier
=	Col, gorge
	Barrage et retenue
	Chutes, rapides
	Aqueduc
	Récif
▴4231	Sommet, altitude
.217	Profondeur
	Puits
△	Gisement de pétrole
▲	Grisement de gaz
Gaz / Pétrole	Oléoduc / Gazoduc
Vanoise	Parc national
EPHÈSE	Site historique
	Grande ligne ferroviaire
	Autre ligne ferroviaire
- - - - - -	En construction
⊷⊶⊷⊶	Tunnel ferroviaire
- - - - - -	Ferry-boat
	Canal
⊕	Aéroport international
✈	Autre aéroport

Pour pages 68-69 seulement

0	Niveau de la mer
200m	
2000m	
4000m	
6000m	
	Profondeur

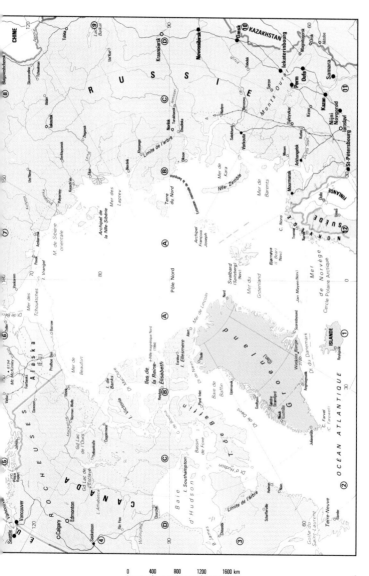

0   400   800   1200   1600 km

EUROPE

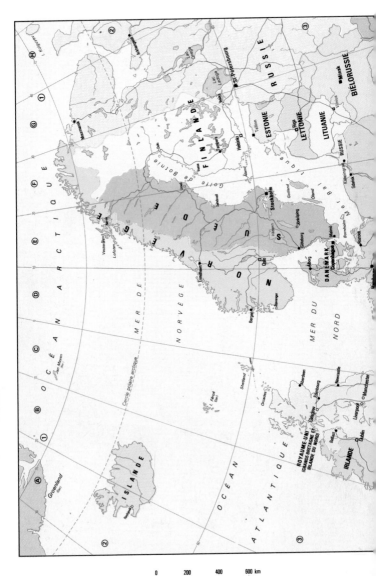

0   200   400   600 km

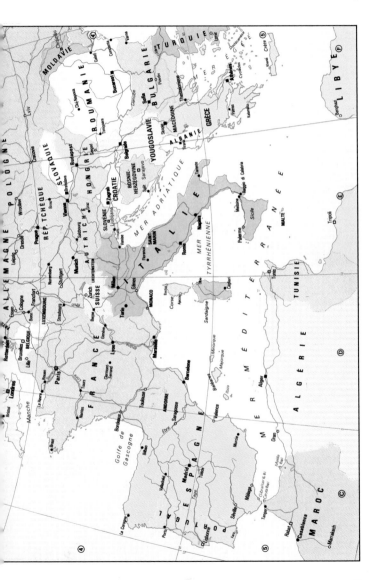

FRANCE

0   50   100   150   200 km

5

FRANCE (OUEST)

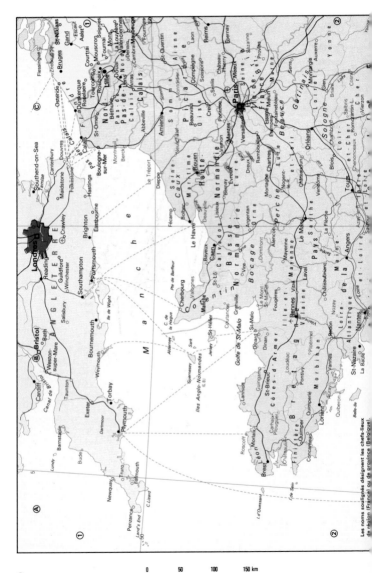

Les noms soulignés désignent les chefs-lieux
de région (France) ou de province (Belgique).

0   50   100   150 km

6

7

FRANCE (EST), BELGIQUE ET SUISSE

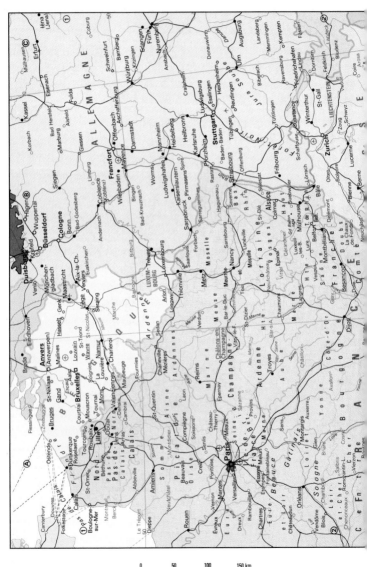

0   50   100   150 km

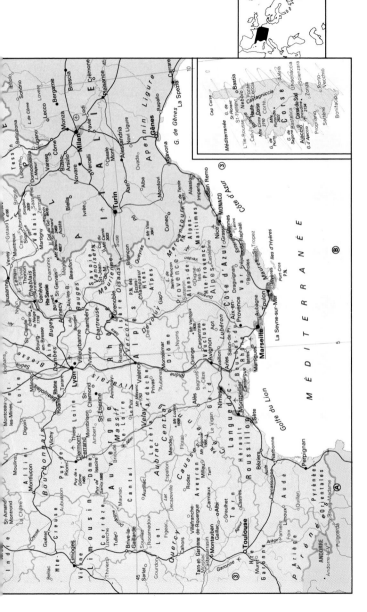

9

RÉGION PARISIENNE

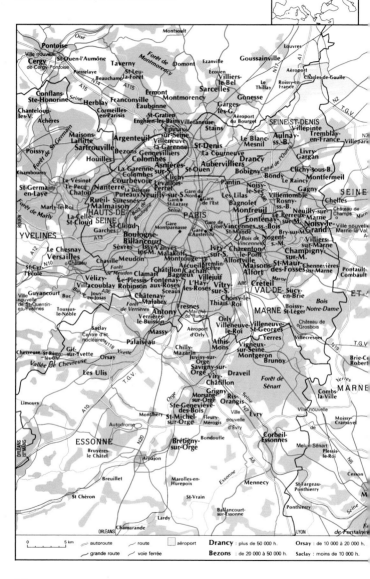

FRANCE D'OUTRE-MER

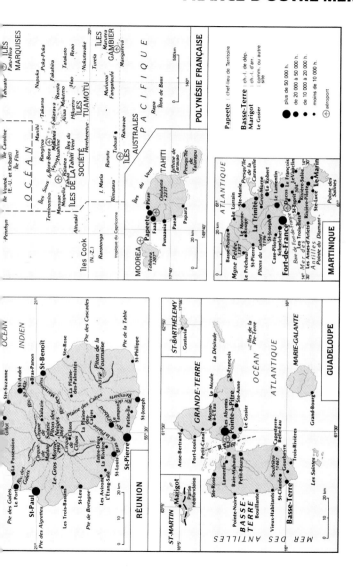

SCANDINAVIE ET PAYS BALTES

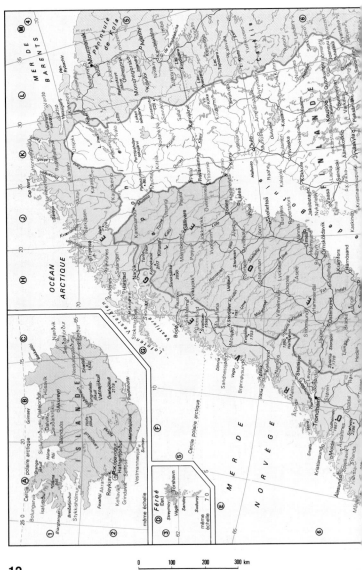

0   100   200   300 km

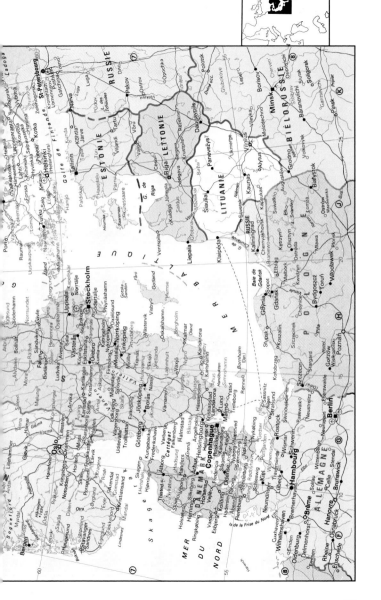

13

ILES BRITANNIQUES

0   50   100   150   200 km

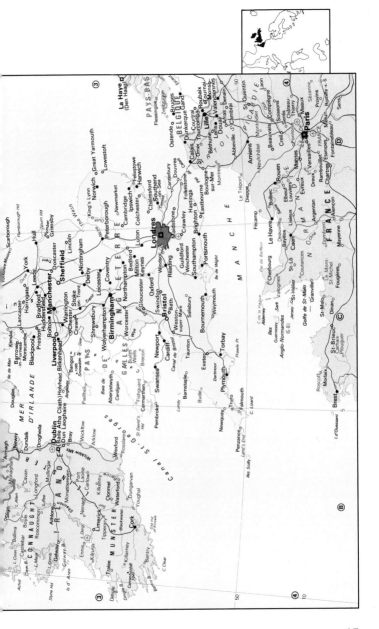

15

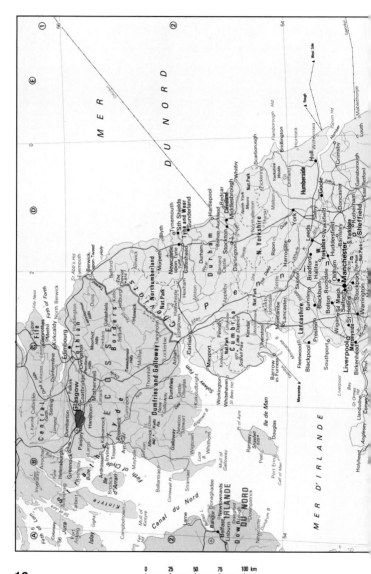

0   25   50   75   100 km

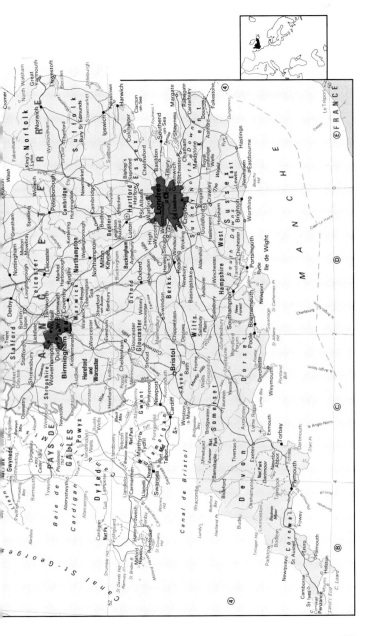

ESPAGNE ET PORTUGAL

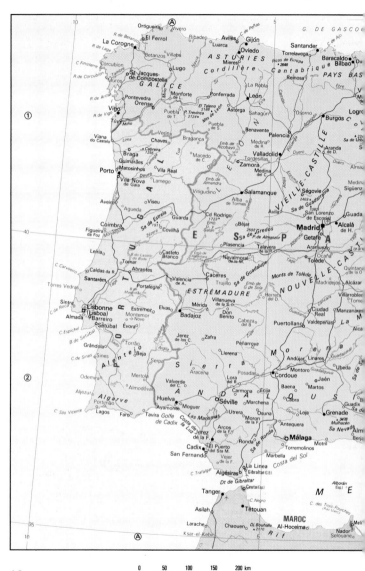

0   50   100   150   200 km

ITALIE

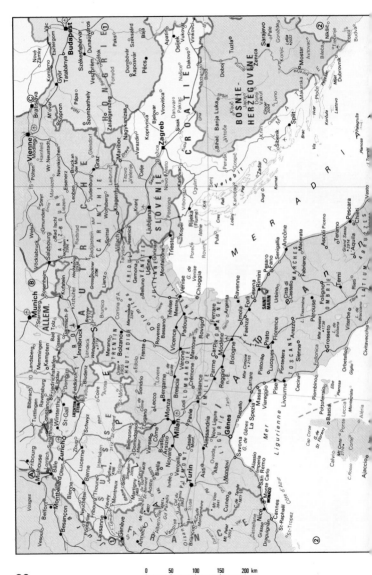

0   50   100   150   200 km

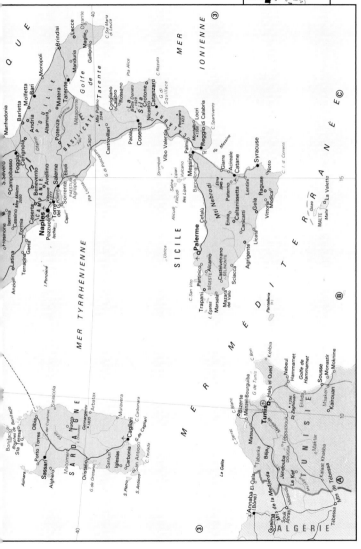

BALKANS

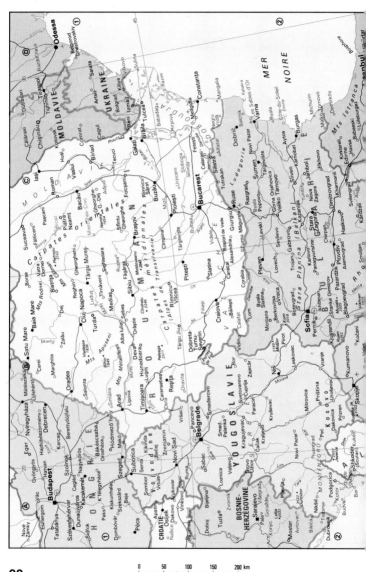

0   50   100   150   200 km

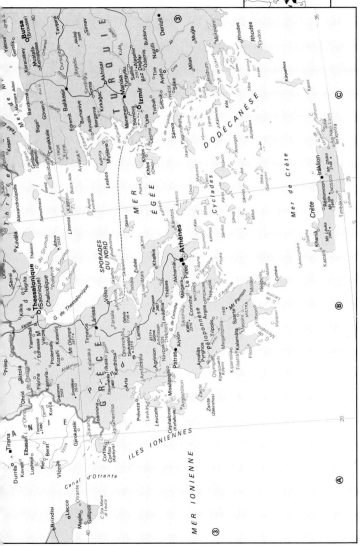

ALLEMAGNE ET AUTRICHE

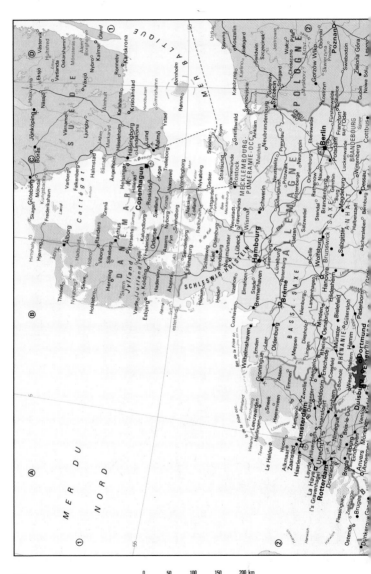

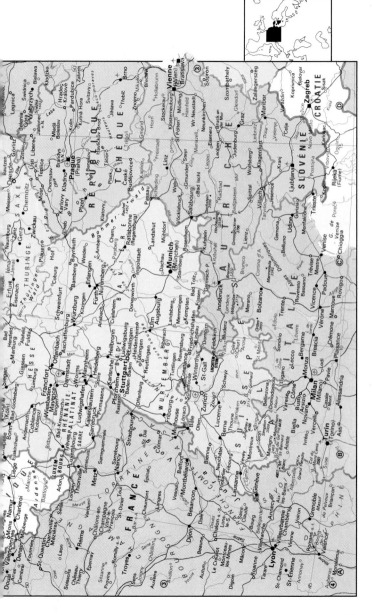

EUROPE ORIENTALE

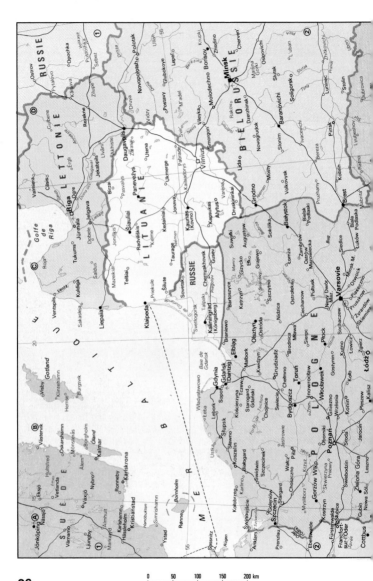

0   50   100   150   200 km

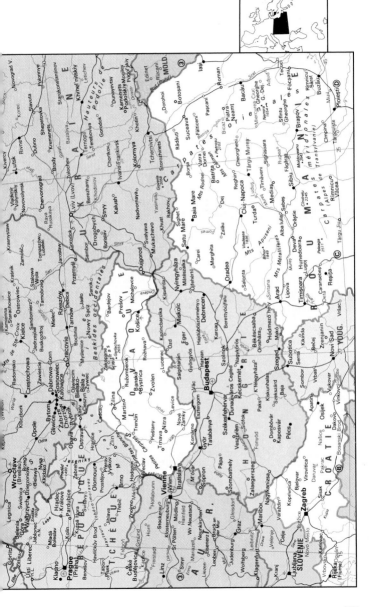

RUSSIE ET ÉTATS LIMITROPHES

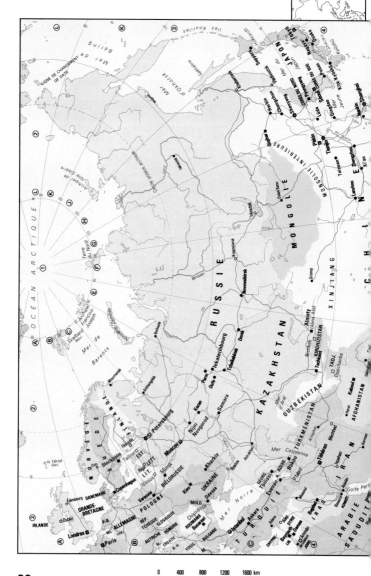

0   400   800   1200   1600 km

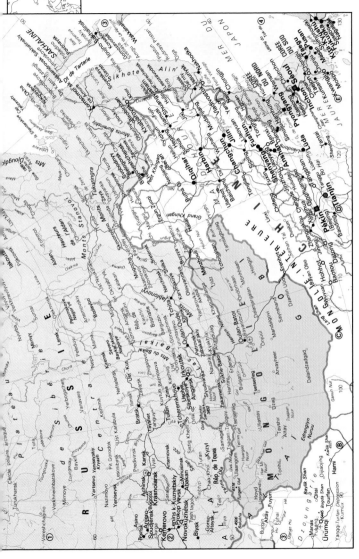

0   200   400   600   800 km

DE LA BALTIQUE À LA CASPIENNE

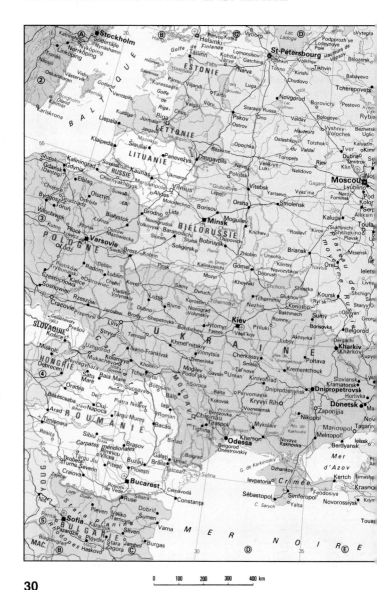

0   100   200   300   400 km

DE LA SCANDINAVIE À L'ASIE CENTRALE

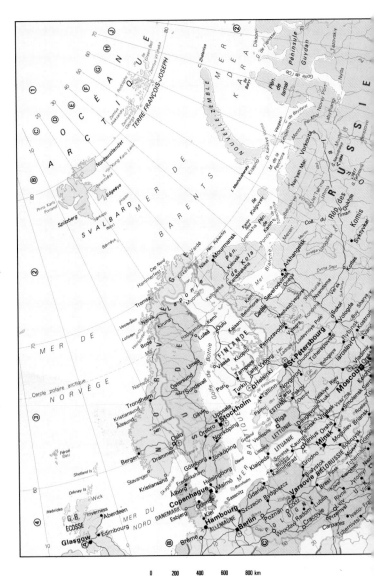

1 Rép. de Tchouvachie
2 Tchétchénie et Ingouchie
3 R. d'Ossétie du N.
4 R. de Kabardino-Balkarie
5 Rép. d'Abkhazie
6 Rép. d'Adjarie
7 R. de Nakhitchevan

ASIE

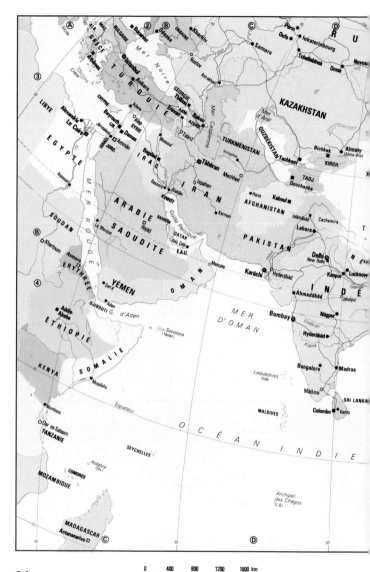

0   400   800   1200   1600 km

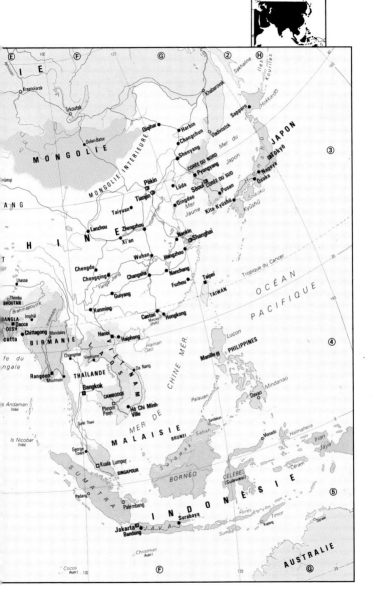

35

EXTRÊME-ORIENT

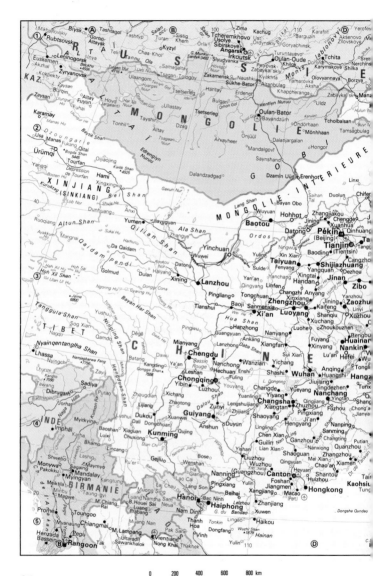

0   200   400   600   800 km

ASIE DU SUD-EST

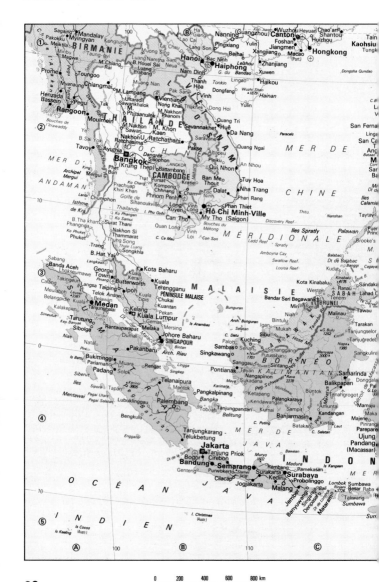

0   200   400   600   800 km

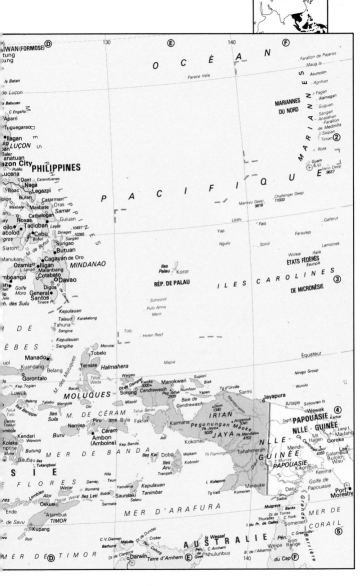

CHINE CENTRALE

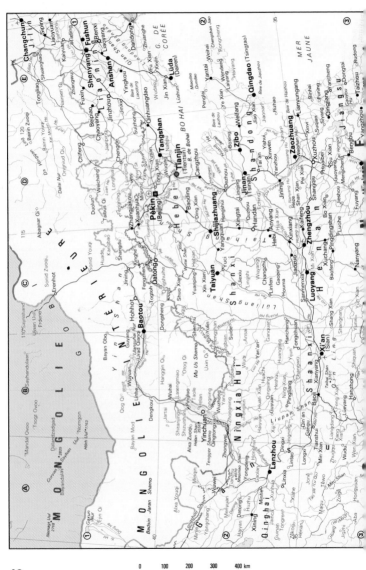

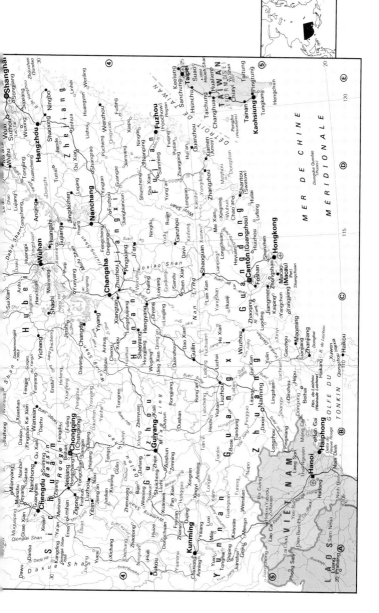

JAPON ET CORÉE

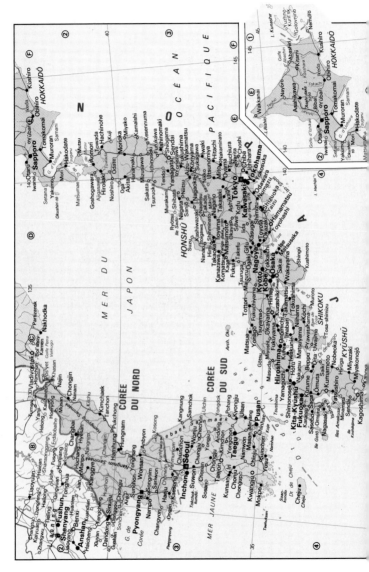

0   100   200   300 km

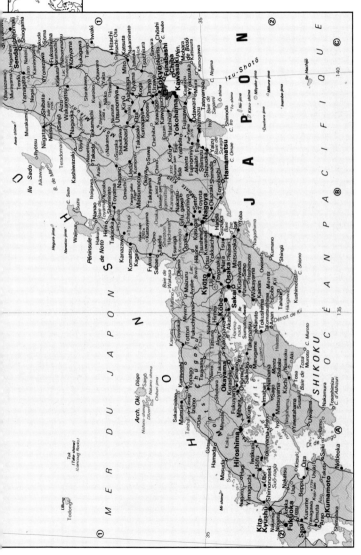

0   50   100   150   200 km

INDOCHINE

0   100   200   300   400 km

45

MOYEN-ORIENT

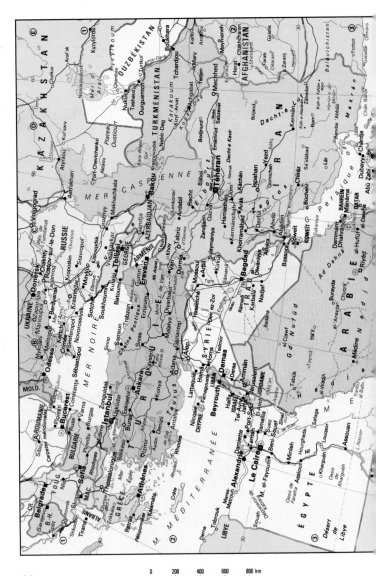

0   200   400   600   800 km

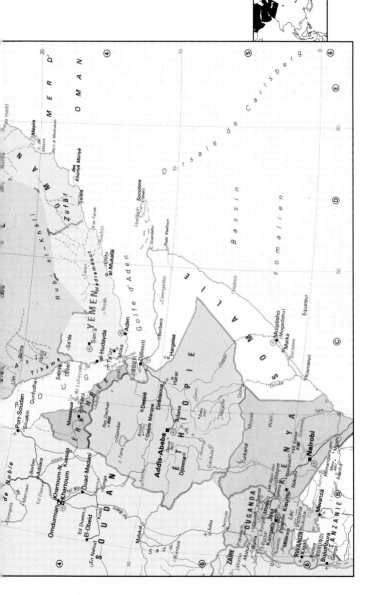

INDE ET CHINE OCCIDENTALE

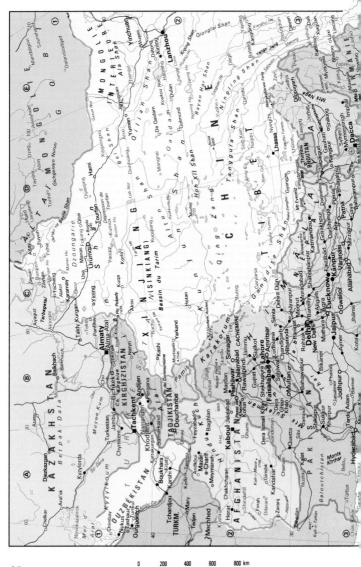

0   200   400   600   800 km

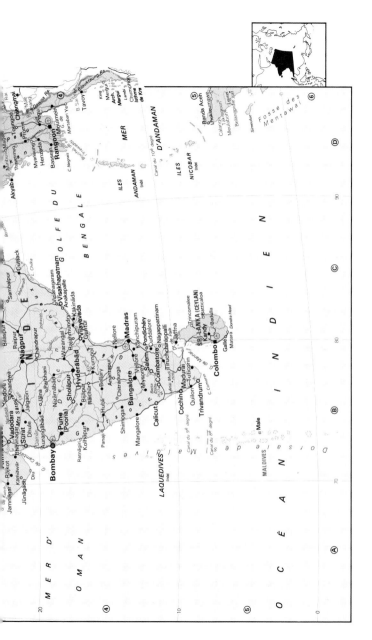

PAKISTAN ET NORD-OUEST DE L'INDE

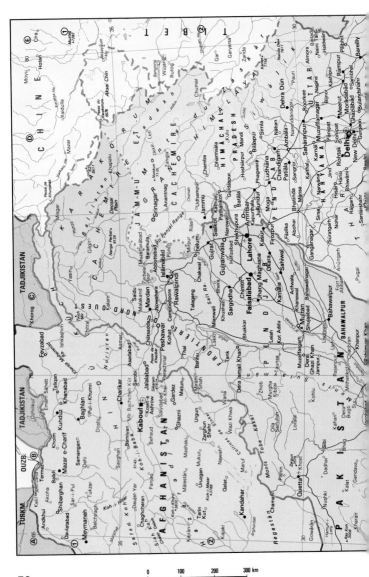

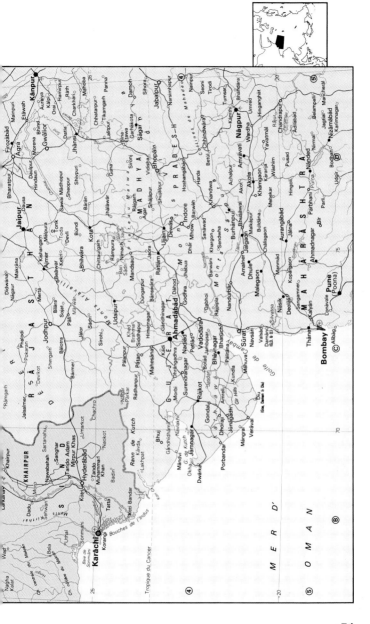

BANGLADESH ET NORD-EST DE L'INDE

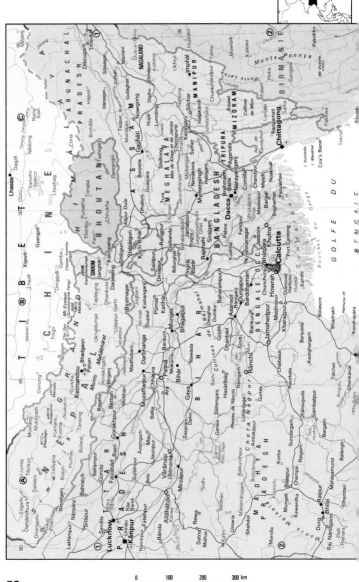

52

0   100   200   300 km

SRI LANKA ET SUD DE L'INDE

53

TURQUIE ET PROCHE-ORIENT

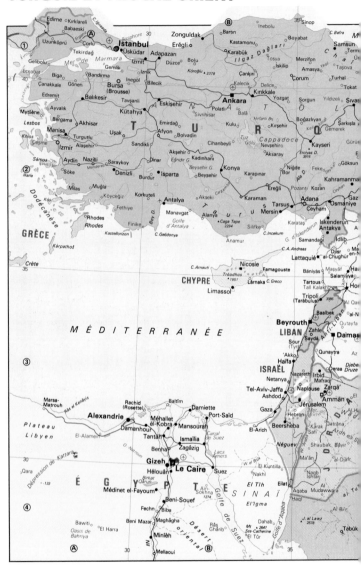

0   100   200   300 km

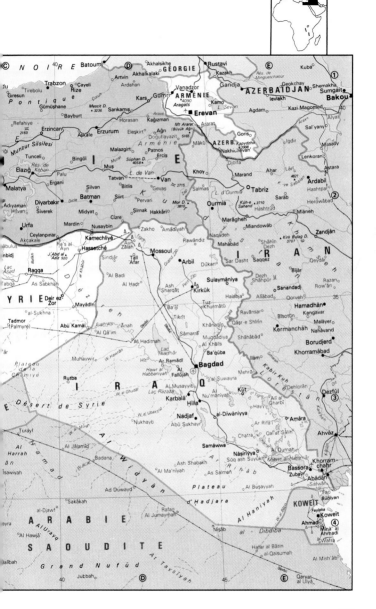

IRAN ET GOLFE PERSIQUE

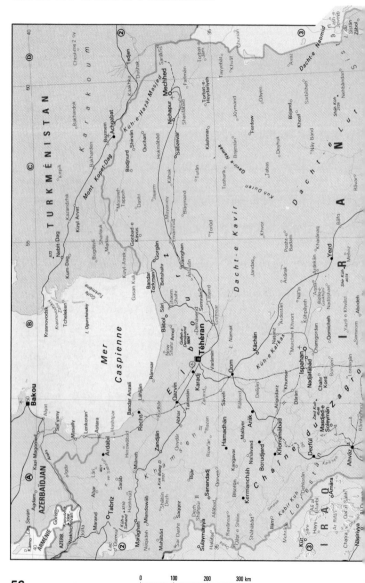

0   100   200   300 km

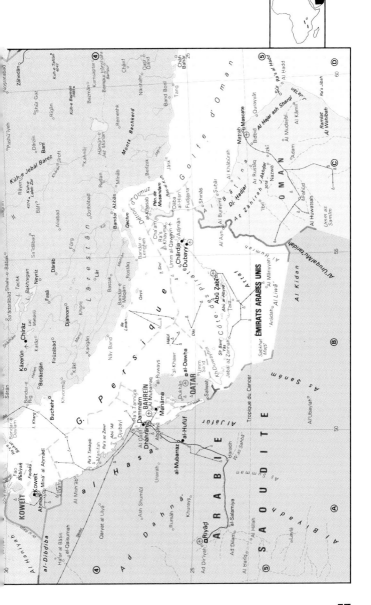

57

ISRAËL ET LIBAN

0   25   50   75   100

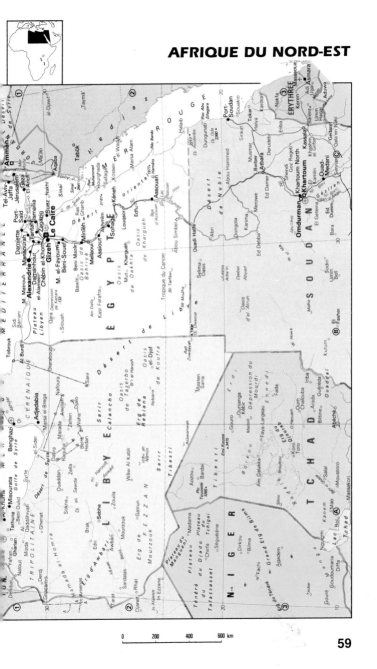

AFRIQUE DU NORD-EST

0   200   400   600 km

AFRIQUE

0   400   800   1200   1600 km

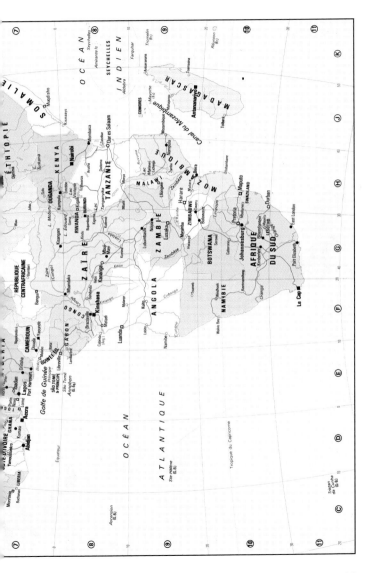

AFRIQUE DU NORD ET DE L'OUEST

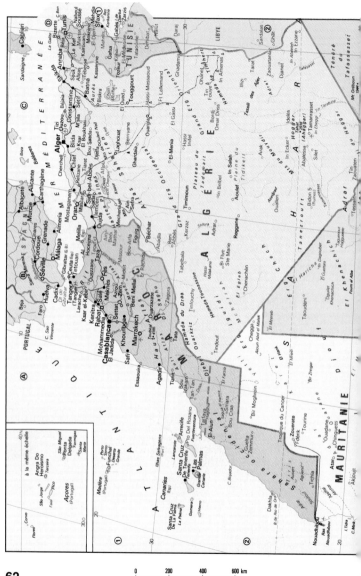

0   200   400   600 km

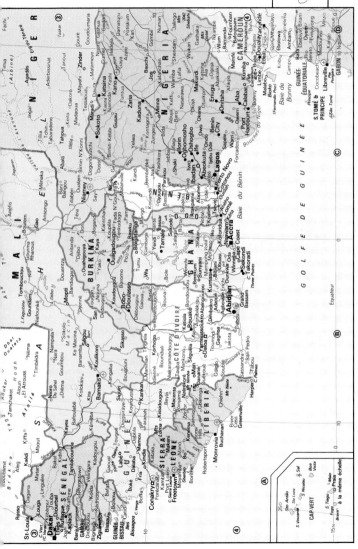

AFRIQUE CENTRALE

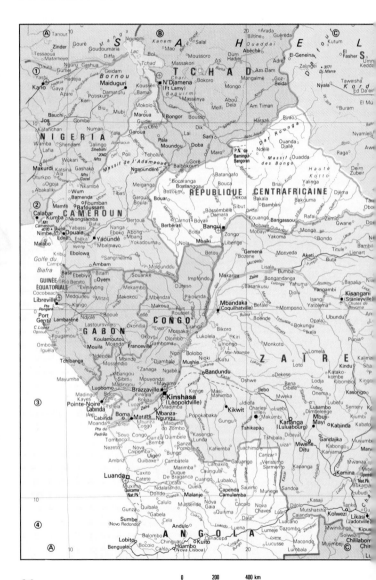

0   200   400 km

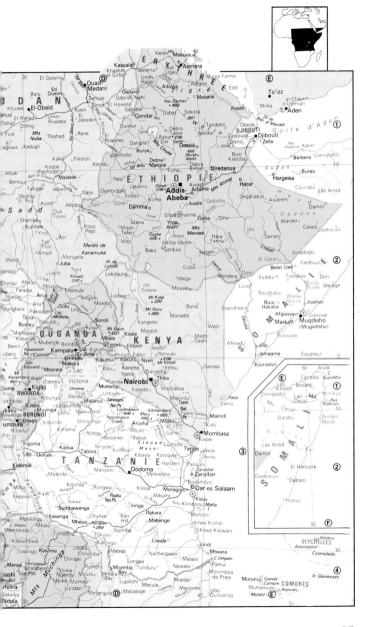

65

AFRIQUE MÉRIDIONALE ET MADAGASCAR

0   200   400   600 km

OCÉANIE

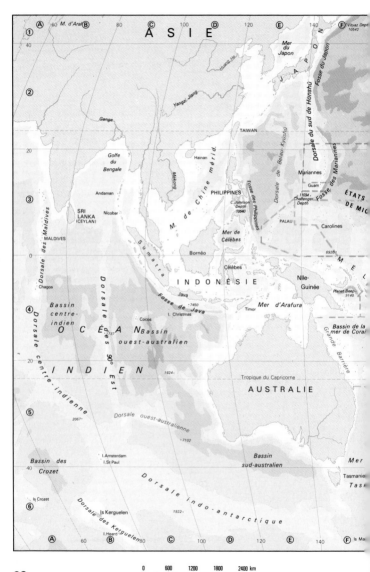

0   600   1200   1800   2400 km

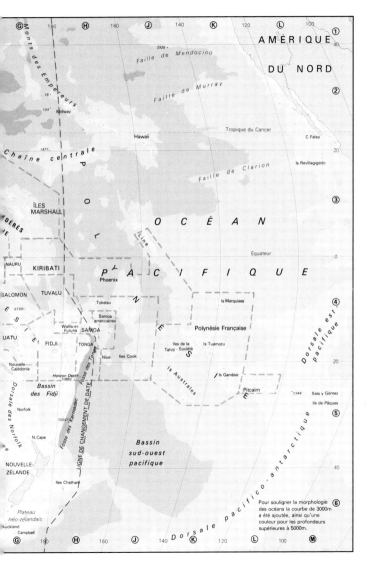

G 180 H 160 J 140 K 120 L 100 ① 40

AMÉRIQUE

DU NORD

Monts des Empereurs

2926 ·

Faille de Mendocino

18·
104· Midway

Faille de Murray

②

Tropique du Cancer

Hawaii

C. Falso

Chaîne centrale

1477·

Is Revillagigedo

20

Faille de Clarion

ÎLES
MARSHALL

ÉDÉRÉS

O

C

É

A

N

③

P

O

L

Line

OCÉAN

NAURU KIRIBATI

Équateur

0

P A C I F I Q U E

Phoenix

SALOMON TUVALU

Tokelau

Is Marquises

④

Samoa
américaines

N

Polynésie Française

Dorsale est
pacifique

UATU

6150·

Wallis-et-
Futuna

SAMOA

FIDJI TONGA

É

Iles de la
Tahiti · Société

Is Tuamotu

Nouvelle-
Calédonie

Niue Iles Cook

S

20

Horizon Depth
10882

/ Is Gambier

Is Australes

Bassin
des Fidji

Pitcairn

1344 · Sala y Gòmez

Ile de Pâques

Norfolk

Dorsale des Norfolk

LIGNE DE CHANGEMENT DE DATE

⑤

N. Cape

10047·

Bassin
sud-ouest
pacifique

40

Dorsale pacifico-antarctique

NOUVELLE-
ZÉLANDE

Iles Chatham

Plateau
néo-zélandais

⑥

Pour souligner la morphologie
des océans la courbe de 3000m
a été ajoutée, ainsi qu'une
couleur pour les profondeurs
supérieures à 5000m.

Auckland
Campbell

G 180 H 160 J 140 _Dorsale_ K 120 L 100 M

69

AUSTRALIE

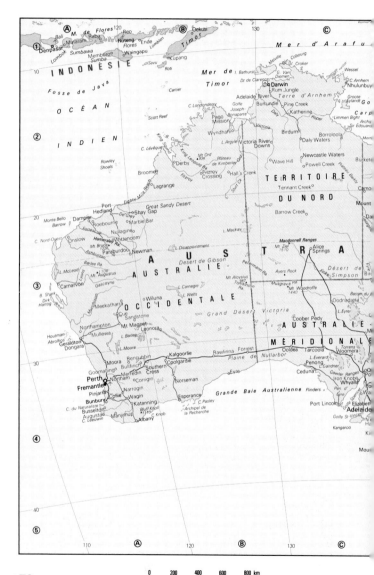

0   200   400   600   800 km

Darù
Golfe de
Papouasie
Popondetta 150
D Port Moresby
Sabai
Dt de Torres
C York
Somerset
Pén.
du
Cap York
Kupiano
Kokoda
Owen Stanley Ra
Aïotau
Samarai
PAPOUASIE
D
Iles d'
Entrecasteaux
Woodlark
Tagula
Rossel
Archipel de la
Louisiade
Nlle
George
Santa Isabel
E
160
Floride
Guadalcanal
Maramasike
Malaita
Honiara
ILES
SALOMON
Stewart
F
San Cristobal
①
10

Neipa
Iron
Range
C Grenville
Ile de la Princesse Charlotte
M   *e*   *r*   *d*   *e*
Rennell
9165

Coen
Mitchell River
Laura
Cooktown
Territoire   des   Iles
Iles Willis
Coringa
Iles Beleo
②

Gilbert
Normanton
Goydon
Forsayth
Ingham
Mt Bartle Frere
1612
Cairns
Innisfail
Palm
de   la   mer   de   Corail
Récifs
d'Entrecasteaux

ncurry
Richmond
Hughenden
Charters Towers
Townsville
Ayr
Bowen
Proserpine
Collinsville
Sarina
Marion Reef
l
Iles
Chesterfield
(Br)
Iles Belep
G
Bellona
Reefs
Lifu
Mueo
Nouvelle-
Bouraïl
Nouméa
Uvea
②

Winton
Longreach
Barcaldine
Blackall
Clermont
Emerald
Mount Morgan
Rockhampton
Gladstone
Swain
Reefs
Northumberland
a   *i*   *l*
Cato
Ile des Pins
Calédonie
20

Windorah
Quilpie
Charleville
Barcoo
Roma
Miles
Theodore
Taroom
Dalby
Bundaberg
Fraser ou
Gt Sandy
Maryborough
Gympie
Tropique du Capricorne
O C É A N
③

Milparinka
St George
Cunnamulla
Toowoomba
Ipswich
Brisbane
Goondiwindi
Warwick
Stanthorpe
Lismore
Casino
P A C I F I Q U E

Wilcannia
roken Hill
Bourke
Walgett
Narrabri
Cobar
Nyngan
Moree
Inverell
Glen
Grafton
Boyd Mtn
Armidale
Tamworth
NLLE-GALLES
DU   SUD
Port Macquarie
Norfolk
(Austr.)
Lord Howe
(Austr.)
③
30

Wilcannia
Menindee
Ivanhoe
Condobolin
Dubbo
Orange
Bathurst
Lithgow
Newcastle
Maitland
Cessnocks
Taree
170

amar
adura
Griffith
Hay
Balranald
Deniliquin
Wagga Wagga
Junee
Cootamundra
Sydney
Wollongong
Canberra
Goulburn
Bourke

bridge
Albury
VICTORIA
Shepparton
Bendigo
Mt Kosciusko
(2230)
Bombala
Alpes Australiennes
C Howe
④

Ararat
Ballarat
Geelong
Morwell
Sale
Bairnsdale
Orbost
Melbourne
Colac
Wonthaggi
Wilson's Prom
M   E   R
D   E

King
Dt de Bass
Iles
Furneaux
C Barren
Flinders
T   A   S   M   A
40

C Grim
Smithton
Queenstown
Burnie
Devonport
Mt Ossa
1617
St Mary's
Launceston
C Farewell
NNOUVELLE-
ZÉLANDE
Westport
Nelson

Geeveston
Hobart
TASMANIE
C Sud-Ouest
C Sud-Est
D
150
E
160
F
Ile
du
Sud
Greymouth

71

NOUVELLE-ZÉLANDE

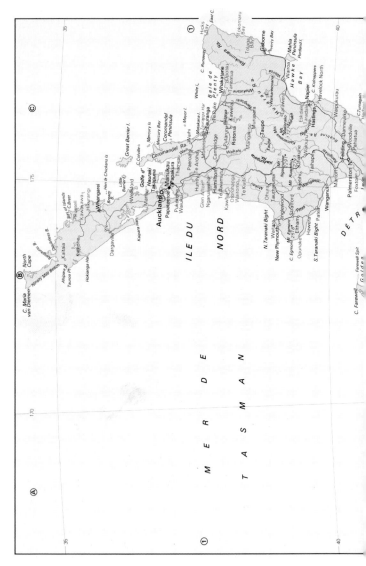

0   50   100   150   200 km

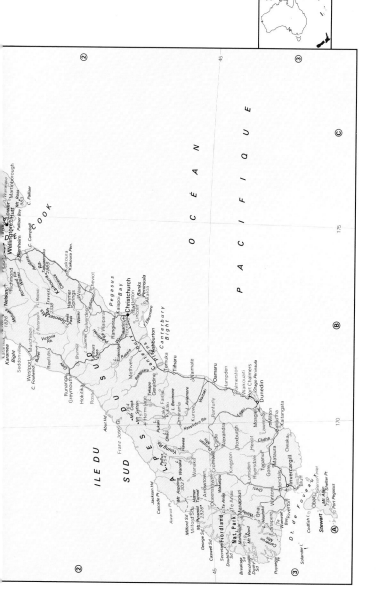

73

AMÉRIQUE DU NORD

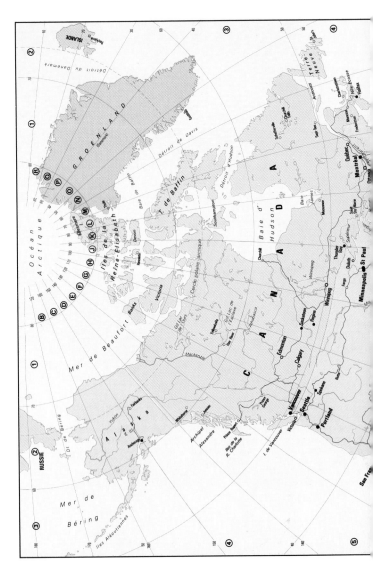

0   250   500   750   1000   1250 km

CANADA (EST)

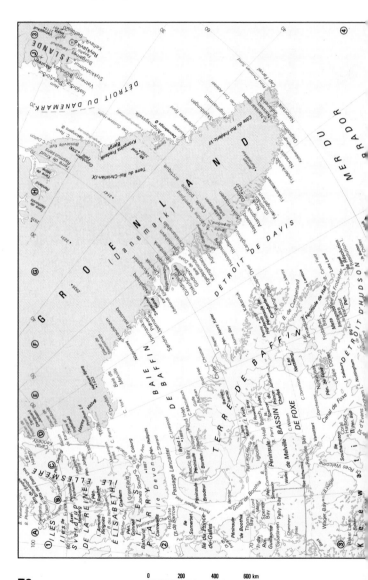

0   200   400   600 km

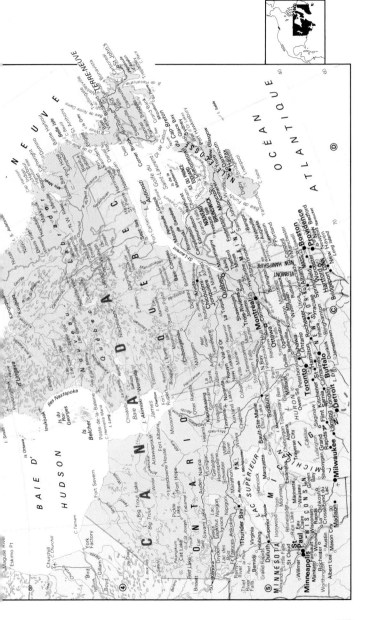

CANADA (OUEST)

0   200   400   600 km

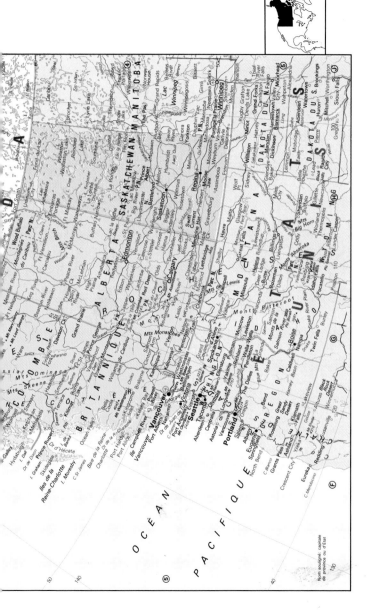

ÉTATS-UNIS (EST)

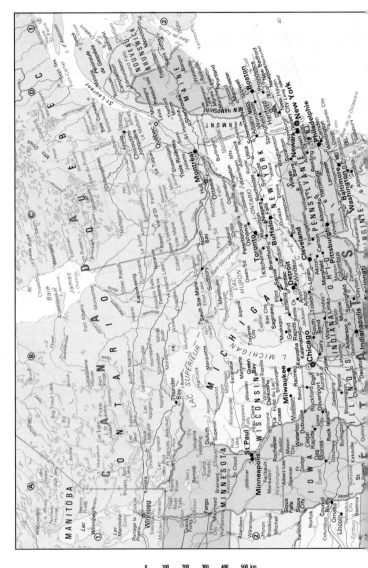

0 100 200 300 400 500 km

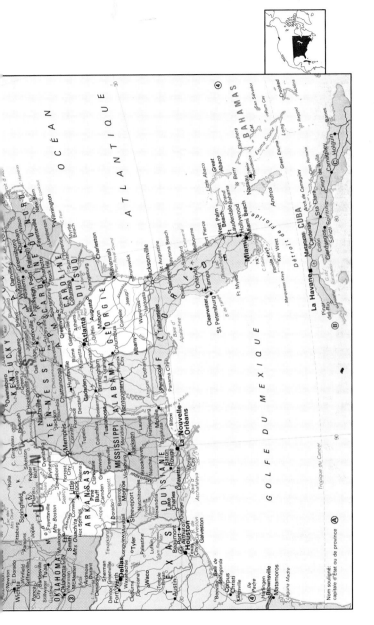

O C É A N

A T L A N T I Q U E

BAHAMAS

Great Abaco
Little Abaco
Grand Bahama
Nassau
Eleuthera
Andros
Cat
San Salvador
Long
Exuma Sound
Great Exuma
Rum Cay
Crooked
Acklins

CUBA
La Havane
Pinar del Río
Matanzas
Cárdenas
Colón
Cienfuegos
Sta Clara
Sancti Spíritus
Ciego de Ávila
Camagüey
Holguín
Banes
Détroit de

West Palm Beach
Fort Lauderdale
Hollywood
Miami Beach
Miami
Fort Pierce
Melbourne
Orlando
Canaveral
Daytona Beach
St. Augustine
Jacksonville
Brunswick
Savannah
Charleston
Myrtle Beach
Wilmington
Fayetteville
New Bern
Lumberton

F L O R I D E

Ft Myers
Clearwater
St Petersburg
Tampa
Ocala
Gainesville
Tallahassee
Panama City
Pensacola
Dothan
Albany
Valdosta
Waycross
Jesup
Cordele
Macon
Columbus

G É O R G I E

Atlanta
Athens
Columbia
Orangeburg
Florence
Greenville
Spartanburg
Rock Hill
Charlotte
Gastonia
Winston-Salem
Greensboro
Durham
Raleigh
Goldsboro
Wilson

C A R O L I N E   D U   N O R D

C A R O L I N E   D U   S U D

Asheville
Knoxville
Johnson City
Bristol

T E N N E S S E E

Nashville
Chattanooga
Huntsville
Decatur
Florence
Tupelo
Gadsden
Birmingham
Bessemer
Tuscaloosa

A L A B A M A

Montgomery
Selma
Troy
Mobile
Biloxi
Laurel
Hattiesburg
Meridian

M I S S I S S I P P I

Jackson
Vicksburg
Greenville
Greenwood
Clarksdale
Cleveland

L O U I S I A N E

Baton Rouge
La Nouvelle-Orléans
Lafayette
Lake Charles
Alexandria
Natchez
Brookhaven

Memphis
Corinth

A R K A N S A S

Little Rock
Hot Springs
Pine Bluff
Camden
El Dorado
Hope
Texarkana
Conway
Searcy
Jonesboro
Helena

O K L A H O M A

Oklahoma City
Norman
Tulsa
Muskogee
McAlester
Ardmore
Durant
Enid
Stillwater
Ponca City

T E X A S

Dallas
Fort Worth
Waco
Austin
Temple
Corsicana
Tyler
Longview
Marshall
Palestine
Lufkin
Beaumont
Port Arthur
Houston
Galveston
Corpus Christi
Brownsville
Harlingen
Kingsville
Matamoros

G O L F E   D U   M E X I Q U E

Tropique du Cancer

Détroit de Floride
Key West

Nom souligné :
capitale d'État ou de province

81

ÉTATS-UNIS (OUEST)

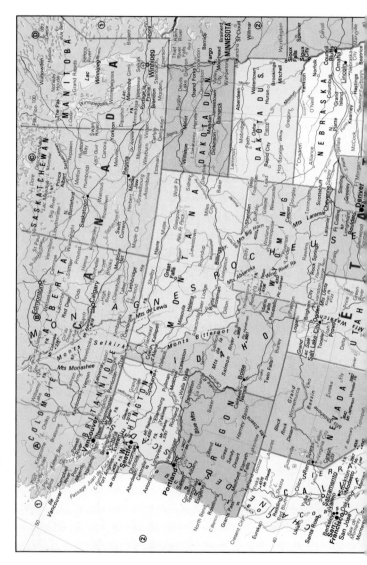

0 100 200 300 400 500 km

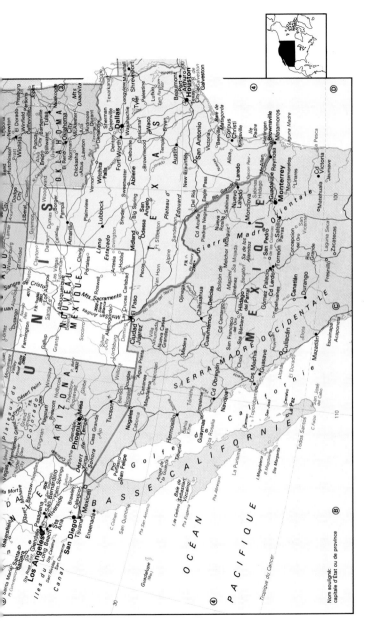

Nom souligné:
capitale d'État ou de province

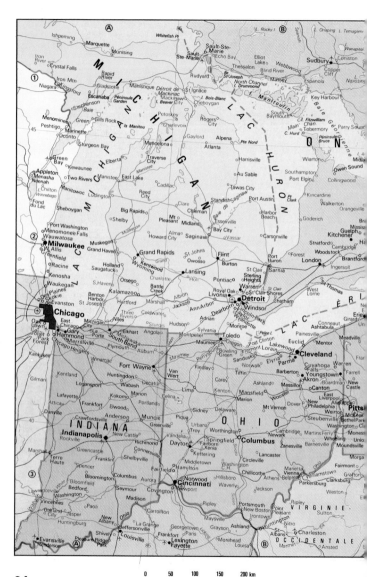

0   50   100   150   200 km

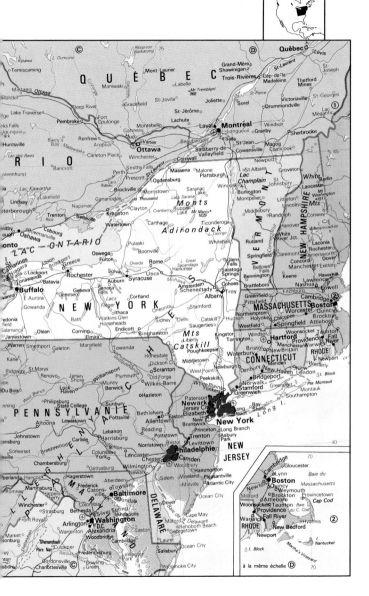

85

MEXIQUE ET AMÉRIQUE CENTRALE

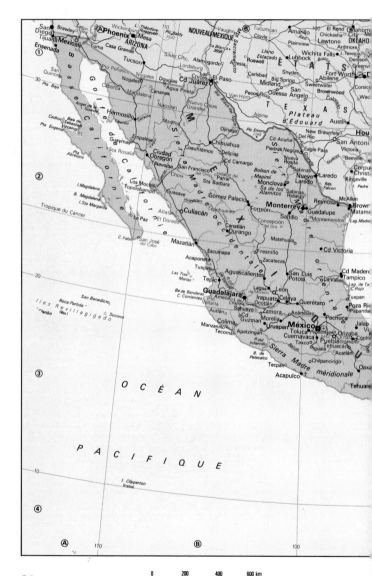

OCÉAN PACIFIQUE

0   200   400   600 km

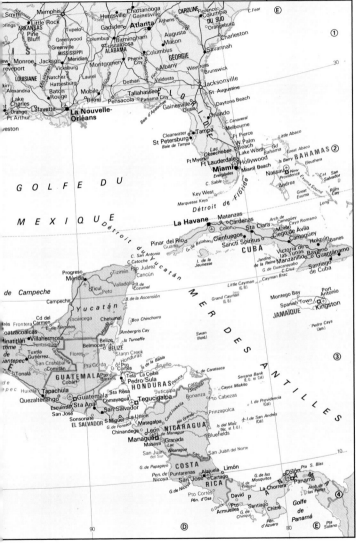

ANTILLES

0   100   200   300   400 km

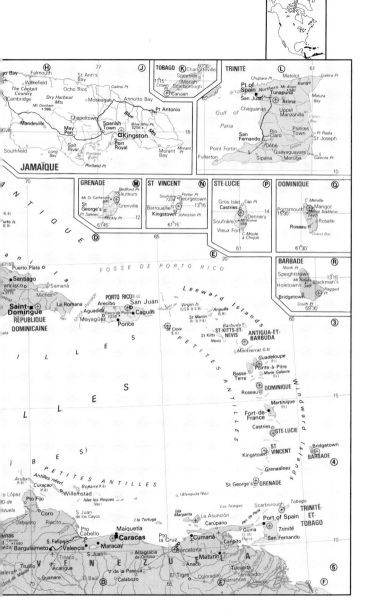

AMÉRIQUE DU SUD

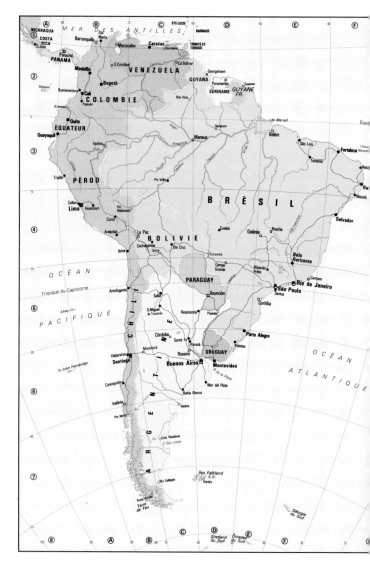

0   250   500   750   1000   1250 km

BRÉSIL ORIENTAL

AMÉRIQUE DU SUD (PARTIE NORD)

0   200   400   600 km

GRENADE
I. de Margarita
St George's
La Asunción Pará
Carúpano de
Güiria Port of
Cumaná Spain
Carúpano TRINITÉ-
Carúpano ET-TOBAGO
Barcelona San
Maturin Fernando
Tigre Tucupita
Barrancas
Cd Bolívar Mabaruma
Cd Guayana Upata
Cd Piar Charity
La Paragua Res. de
El Dorado Guri Suddie Leguan
Salto V-en Hoope Georgetown
Angel Bartica New Amsterdam
La Gran Roraima Linden Nieuw Paramaribo
Sabana Nickerie Totness Nieuw Amsterdam
Sta Elena Chutes Apoera Albina Marienburg
Sa Pacaraima de Kaïeteur Witagron Sinnamary
GUYANA Brokopondo Kourou I. du Diable
Bonfim SURINAME Cayenne
Boa Vista Lethem Julianatop GUYANE C. Orange
1280 FRANÇAISE Olapoque
RORAIMA Serra Tumucumaque Amapá Ile de Maracá
Caracaraí Sa do Navio AMAPÁ
Macapá
Pto Santana
I. de Marajó C. Maguarinho
Oriximiná Amazone Salinópolis
Manaus Óbidos Belém Bragança
Manacapuru Careiro Itacoatiara Santarém Monte Pará Capanema
Tefé Alegre Cametá Abaetetuba
Aveiro Altamira
AMAZONAS Itaituba PARÁ Tucurui
Parc National Pimenta
de l'Amazone Jatoba
AS Jacareacanga Marabá Imperatriz
Lábrea Humaitá S. Félix Pto
Prainha Franco
Pôrto Velho Araguaína Carolina
Aripuanã Serra do Cachimbo Cachimbo C. do Araguaia
Rondônia Vilhena Sa dos Caiabis São Félix TOCANTINS
RONDÔNIA Serra dos Sa Formosa
Guaporé Parecis MATO GROSSO GOIÁS
Trinidad Vilhena Pto Artur
Mato Grosso Aruanã Uruaçu

OCÉAN
ATLANTIQUE

VENEZUELA

BRÉSIL

AMÉRIQUE DU SUD (CENTRE)

0   200   400 km

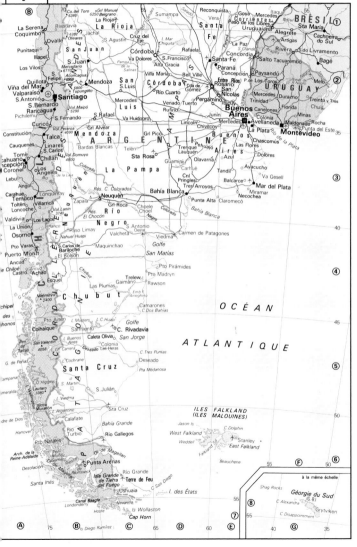

Co. del Toro • Grl Manuel
6380 • 6250 Belgrano
La Serena Rivadavia
Coquimbo
Punitaqui Illapel
Los Vilos
Ovalle
S. Agustín
6280 • Olivares
Jáchal
La Rioja
La Rioja •
Sumampa
Reconquista
Goya Mercedes Itaqui
Vera Corrientes BRÉSIL
Paso de los Libres Sta Maria
Uruguaiana Alegrete Cachoeira
do Sul

S a n t a   F e

S. Juan
Mercedario
6770
Aconcagua
6950
Mendoza
Córdoba
San
Luis
Cruz del
Eje
I. Mar
Chiquita
Rafaela
S. Francisco
Alta Gracia
Va Dolores
Pampa de
las Salinas

Córdoba
Cda de
Gómez
Rosario
Rio Cuarto
Pergamino
San
Nicolás

Santa Fe
La Paz
Paraná
Concepción
Entre Ríos
Santa Fe
R. Grande
Concordia
P. de Los Toros
Paysandú
Salto Tacuarembó
Rivera S do Livramento
Bagé

U R U G U A Y

Quillota
Viña del Mar
Valparaíso
S. Antonio
S. Felipe
Santiago
Rancagua
Pichilemu
Vol Maipo
5290

Mendoza
Mercedes
Venado
Tuerto
Rufino
Junín
Lincoln
Chivilcoy
Pergamino
Buenos
Aires
Avellaneda
La Plata

Durazno
Trinidad
Florida
Minas
Canelones
Melo
Treinta y Tres
Chuy
Rocha
Maldonado
Punta del Este
Montévideo

Curicó
Constitución
Talca
Linares
S. Carlos
Cauquenes
Tomé
Cahuano
Concepción
Coronel
Los
Angeles
Chillán
Vol Petreoa
4090
Vol Maipo
Vol Domuyo
4800
Grl Alvear
Bardas Blancas
Telén
Sta Rosa

M e n d o z a
A R G E N T I N E
L a P a m p a

B u e n o s
A i r e s

Gral Pico
Trenque
Lauquen
Guaminí
Pehuajó
Carhué
Olavarría
Azul

Chascomús
Las Flores
Dolores

Río de la Plata 35

Lebu
Angol
Carahue
Temuco
Toltén
Loncoche
Longuimay
Villarrica
Vol Lanin
3740
Res.
El Chocón
Zapala
Neuquén
Grl Roca
Río
Negro
Choele
Choel

Cnl
Pringles
Tres Arroyos
Bahía Blanca
Punta Alta
Balcarce
Tandil
Ayacucho
Va Gesell
Mar del Plata
Miramar
Necochea
Claromecó

Valdivia
La Unión
Osorno
Los Lagos
Paso Limay
L. Nahuel Huapi
S. Carlos de
Bariloche
El Bolsón

Valcheta
Maquinchao
Carmen de Patagones
Viedma
Golfe
San Matías

40

Pto Varas
Puerto Montt
Ancud
e Chiloé
Castro
Achao

Esquel
Chubut
Trelew
Gaimán
Rawson

Pto Pirámides
Pto Madryn

chipel
des
honos

Pto Aisen
Coihaique

L. Musters
L. Buenos
Aires
Gfo Carrera

L.C Huapi
Sarmiento
Colonia
Las Heras
Caleta Olivia
Deseado

Camarones
C. Dos Bahías
Golfe
C. Rivadavia
San Jorge

O C É A N

45

San Valentin
4058
Pen
de
Taitao

L'Cochrane

S a n t a   C r u z

C Tres Puntas
Deseado
Pta Médanosa

A T L A N T I Q U E

G. de Peñas

campana
esmeralda

dre de Dios

Hanover

L. O'Higgins
Lautaro
3380
L'Viedma
S. Martín
L. Argentino
Calafate
Bahía Grande
Río
Turbio

St Julián

Sta Cruz

ILES FALKLAND
(ILES MALOUINES)

Jason Is
West Falkland
Weddell
Falkland Sd
C. Dolphin
Stanley
East Falkland

50

Arch. de la
Reine-Adélaide

Rio Natales

Pta Natales
Punta Arenas
Canal Beagle
Londonderry

Grl
Muralló
3000

Desolación
Santa Inés

Isla Grande
de Tierra
del Fuego
Ushuaia
Hoste

Río Grande
Terre de Feu
C San Diego

I. des États

Beauchene

55

F

50

à la même échelle

Shag Rocks
Géorgie du Sud
(G. B)
C Alexandra
C Disappointment
Grytviken

A
75

B. Diego Ramírez
C
65

D
60

E

Is Wollaston
Cap Horn

8
56
55

7

G
35

40

0   200   400   600 km

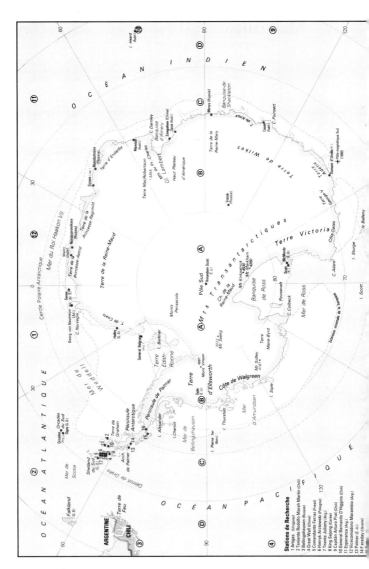

Stations de Recherche
1 Artigas (Uruguay)
2 Teniente Rodolfo Marsh Martin (Chili)
3 Bellingshausen (Russie)
4 Great Wall (Chine)
5 Comandante Ferraz (Brésil)
6 Henryk Arctowski (Pologne)
7 Teniente Jubany (Arg.)
8 King Sejong (Corée)
9 Capitán Arturo Prat (Chili)
10 General Bernardo O'Higgins (Chili)
11 Esperanza (Arg.)
12 Vicecomodoro Marambio (Arg.)
13 Palmer (É.-U.)
14 F Faraday (Ukraine)

0   250   500   750   1000   1250 km

Abréviations ou Expressions
utilisées sur les cartes

Arch.	Archipel	L.	Lac
Aut.	Autonome	M.	Mer
B.	Baie	Mér.	Méridional
Ba	Baia ou Bahía (Baie)	Mgne	Montagne
Bge	Barrage	Mgnes	Montagnes
Bir	Puits (arabe)	Mt	Mont
Bol'sh/aya, -oy -oye	Grand (russe)	Mte	Monte
Büyük	Grand (Turquie)	Mts	Monts
C.	Cap ou Col	Mys	Cap (russe)
Cd	Ciudad	N.	Nord
Ch.	Chaîne	Nada	Mer (Japon)
Chan	Montagne (russe)	Nlle	Nouvelle
Chan.	Channel (canal)	O.	Ouest ou Oued
Cl	Canal	Occ.	Occidental
Coll.	Collines	Or.	Oriental
Cord.	Cordillère	Ostrova	Ile (russe)
D., Daǧ, Daǧh, Daǧi ou Daǧlari	Montagne (Turquie)	Ozero	Lac (russe)
Dép.	Département	P.	Pic
Dés.	Désert	P.N. ou Parc Nat.	Parc National ou Naturel
Do	Ile (Corée)	P.R.	Parc Régional
Dj.	Djebel	Pass	Col (anglais)
Dt	Détroit	Pass.	Passage
E.	Est	Pén.	Péninsule
F.	Firth	Pl.	Plaine
Fj.	Fjord	Plat.	Plateau
Fl.	Fleuve	Prov.	Province
G.	Golfe ou Gebel (Djebel) ou Golü (Lac (Turquie))	Pt	Petit ou (angl.) Pointe, Cap
Gd	Grand	Pte	Petite ou Pointe, Cap
Gl.	Glacier	R.	Rivière, Rio, River, Ria
Gora ou Gory	Montagne (russe)	Range	Montagnes ou Chaîne
Gunung	Montagne (Insulinde)	Rég.	Région
Hawr	Lac (arabe)	Rép. aut.	République autonome
Hd ou Head	Cap ou Promontoire	Rés.	Réservoir
He	Rivière (Chine)	S.	Sud
Hu	Lac (Chine)	Sa	Sierra ou Serra
I.	Ile	Sd ou Sound	Baie ou Bras de mer
Inlet	Crique	Sept.	Septentrional
Is	Iles	Shan	Montagne (Chine)
J. ou Jabal	Jebel (Djebel)	Shima	Ile (Japon)
Jiang ou Kiang	Rivière (Chine)	Shui	Rivière (Chine)
Jima	Ile (Japon)	St, Ste	Saint, Sainte
K. ou Kolpos	Golfe (Grèce)	Suido	Détroit (Japon)
Kep	Iles ou Archipel (Indonésie)	T.	Tunnel ou Terre
Khwar	Rivière (arabe)	Terr.	Territoire
Khr. ou Khrebet	Montagne (russe)	V.	Vallée ou Volcan
Kiang	voir Jiang	W.	Wadi (oued)
Koh ou Kuh	Montagne (perse)	Wan	Baie (Chine et Japon)
Kuala	Baie (malais)	Zemlya	Terre (russe)

Index

Dans l'index le premier chiffre indique la page, la lettre et le dernier chiffre précisent la section de la carte où le nom peut être trouvé. Par exemple, Dakar 63A3 signifie que Dakar peut être trouvé page 63 à l'intersection de la colonne A et de la bande 3.

Abréviations utilisées dans l'index

Afgh.	Afghanistan	Guad.	Guadeloupe	S.L.	Sierra Leone
Afr.	Afrique	Guat.	Guatemala	Slov.	Slovaquie
Afr. du S.	Afrique du Sud	Guinée-B.	Guinée-Bissau	Sl.	Slovénie
Al.	Alaska	Guinée-Éq.	Guinée-Équatoriale	Som.	Somalie
Alb.	Albanie	Guy.	Guyana	Soud.	Soudan
Alg.	Algérie	Guy. Fr	Guyane française	Sri L.	Sri Lanka
All.	Allemagne	Hond.	Honduras	S.	Suisse
Am.	Amérique	H.	Hongrie	Sur.	Suriname
Am. centr.	Amérique centrale	Indon.	Indonésie	Swaz.	Swaziland
And.	Andorre	Irl.	Irlande	Tadj.	Tadjikistan
Ang.	Angola	Irl. du N.	Irlande du Nord	Tanz.	Tanzanie
Antarct.	Antarctique	Isl.	Islande	Th.	Thaïlande
Ar.S.	Arabie Saoudite	Isr.	Israël	Tr.-et-T.	Trinité-et-Tobago
Arct.	Arctique	It.	Italie	Tun.	Tunisie
Arg.	Argentine	J.	Japon	Turkm.	Turkménistan
Arm.	Arménie	Jam.	Jamaïque	Turq.	Turquie
Austr.	Australie	Jord.	Jordanie	Ukr.	Ukraine
Autr.	Autriche	K.	Kenya	Ur.	Uruguay
Azerb.	Azerbaïdjan	Kaz.	Kazakhstan	V.	Viêt Nam
Bangl.	Bangladesh	Kirgh.	Kirghizistan	Ven.	Venezuela
Belg.	Belgique	Les.	Lesotho	Youg.	Yougoslavie
Biél.	Biélorussie	Lett.	Lettonie	Z.	Zaïre
Birm.	Birmanie	Lib.	Liberia	Zimb.	Zimbabwe
Bol.	Bolivie	Lit.	Lituanie		
Bosnie	Bosnie-Herzégovine	Lux.	Luxembourg		
Br.	Brésil	Mac.	Macédoine		
Bulg.	Bulgarie	Mad.	Madagascar		
Burk.	Burkina	Mal.	Malaisie	Arch.	Archipel
Camb.	Cambodge	Mart.	Martinique	B.	Baie
Can.	Canada	Maurit.	Mauritanie	C.	Cap ou Col
Centr.	Centrafricaine (rép.)	Mex.	Mexique	Cl	Canal
Ch.	Chine	Mold.	Moldavie	Dép.	Département
Cisj.	Cisjordanie	Mong.	Mongolie	Dj.	Djebel
Col.	Colombie	Moz.	Mozambique	Dt	Détroit
Corée N.	Corée du Nord	Nam.	Namibie	G.	Golfe
Corée S.	Corée du Sud	Nic.	Nicaragua	I(s).	Île(s)
C.R.	Costa Rica	Nig.	Nigeria	L.	Lac
C.d'Iv.	Côte d'Ivoire	Norv.	Norvège	Lag.	Lagune
Cr.	Croatie	N.-C.	Nouvelle-Calédonie	Mgne(s)	Montagne(s)
Dan.	Danemark	N.-Z.	Nouvelle-Zélande	Mt(s)	Mont(s)
Djib.	Djibouti	Oc.	Océanie	O.	Océan
Dom.(Rép.)	Dominicaine (rép.)	Oug.	Ouganda	Parc nat.	Parc national ou nature
É.A.U.	Émirats Arabes Unis	Ouzb.	Ouzbékistan	Parc rég.	Parc régional
Ég.	Égypte	Pak.	Pakistan	Pén.	Péninsule
El Salv.	El Salvador	Pan.	Panamá	Pl.	Plaine
Éq.	Équateur	P.-N.-G.	Papouasie-Nouvelle-	Plat.	Plateau
Ér.	Érythrée		Guinée	Prov.	Province
Esp.	Espagne	Par.	Paraguay	Pte	Pointe
Est.	Estonie	P.-B.	Pays-Bas	R.	Rivière ou Río ou Ria
É.-U.	États-Unis	Pér.	Pérou	Rég.	Région
Éth.	Éthiopie	Phil.	Philippines	Rég. aut.	Région autonome
Eur.	Europe	Pol.	Pologne	Rég. ou site	Région ou site
Finl.	Finlande	Polyn. Fr.	Polynésie française	hist.	historique
Fr.	France	Port.	Portugal	Rép. aut.	République autonome
Géorg.	Géorgie	Rép. Tch.	République Tchèque	Rés.	Réservoir ou Retenue
Gh.	Ghana	Réun.	Réunion	T.	Tunnel
G.-B.	Grande-Bretagne	Roum.	Roumanie	Terr.	Territoire
Gr.	Grèce	Sah. occ.	Sahara occidental	V.	Vallée ou Volcan
Groenl.	Groenland	Sén.	Sénégal		

A

Aalst *Belg.*	**6C1**
Äänekoski *Finl.*	**12K6**
Aba *Ch.*	**40A3**
Aba *Nig.*	**63C4**
Aba *Zaire*	**65D2**
Ābādān *Iran*	**57A3**
Ābādeh *Iran*	**56B3**
Abadla *Alg.*	**62B1**
Abaetetuba *Br.*	**91B2**
Abagnar Qi *Ch.*	**40D1**
Abakaliki *Nig.*	**63C4**
Abakan *Russie*	**29B2**
Abala *Niger*	**63C3**
Abalessa *Alg.*	**62C2**
Abancay *Pér.*	**92C6**
Abarqu *Iran*	**56B3**
Abashiri *J.*	**42E2**
Abashiri (G. d') *J.*	**42E2**
Abau *P.-N.-G.*	**39F4**
Abaya (Lac) *Éth.*	**65D2**
Abbai (R.) *Éth.*	**65D2**
Abbe (Lac) *Éth.*	**65E1**
Abbeville *Fr.*	**4C1**
Abbottabad *Pak.*	**50C2**
'Abd al 'Azīz (Jebel) *Syrie*	**55D2**
Abdulino *Russie*	**31H3**
Abéché *Tchad*	**64C1**
Abelmarle (Détroit d') *É.-U.*	**81C3**
Abengourou *C. d'Iv.*	**63B4**
Abenra *Dan.*	**24B1**
Abeokuta *Nig.*	**63C4**
Abera *Éth.*	**65D2**
Aberaeron *G.-B.*	**17B3**
Aberdeen *Afr. du S.*	**66B4**
Aberdeen *É.-U.*	**82A2**
Aberdeen *É.-U.*	**82D2**
Aberdeen *É.-U.*	**85C3**
Aberdeen *G.-B.*	**14C2**
Aberdeen (Lac) *Can.*	**78J3**
Abergavenny *G.-B.*	**17C4**
Aberystwyth *G.-B.*	**17B3**
Abhā *Ar. S.*	**47C4**
Abhar *Iran*	**56A2**
Abidjan *C. d'Iv.*	**63B4**
Abilene *É.-U.*	**83D3**
Abingdon *G.-B.*	**17D4**
Abitibi (R.) *Can.*	**77B4**
Abitibi (Lac) *Can.*	**77C5**
Abkhazie (Rép. d') *Géorgie*	**31F5**
Abohar *Inde*	**50C2**
Abomey *Bénin*	**63C4**
Abong Mbang *Cameroun*	**64B2**
Abord (R. d') *Réunion*	**11**
Abou Deia *Tchad*	**64B1**
Abou Hammed *Soud.*	**59C3**
Abou Simbel *Ég.*	**59C2**
Abqayq *Ar. S.*	**57A4**
Abrantes *Port.*	**18A2**
Abreojos (Pointe) *Mex.*	**86A2**
Abri *Soud.*	**59C2**
Abruzzes *It.*	**20B2**
Absaroka (Monts) *É.-U.*	**82B2**
Abū al Abyaḍ *É.A.U.*	**57B5**
Abū 'Alī (Île) *Ar. S.*	**57A4**
Abu Husein (Bir) *Ég.*	**59B2**
Abuja *Nig.*	**63C4**
Abūkamāl *Syrie*	**55D3**
Abunã *Br.*	**93D5**
Abuna (R.) *Bol.*	**92D5**
Abu Shagara (Ras) [Cap] *Soud.*	**59C2**
Abū Sukhayr *Iraq*	**55D3**
Abut (Pointe) *N.-Z.*	**73B2**
Abu'Urug (Puits) *Soud.*	**59C3**
Abuye Meda *Éth.*	**65D1**
Abu Zabad *Soud.*	**65C1**
Abū Zabī *É.-A.-U.*	**46D3**
Abwong *Soud.*	**65D2**
Aby *Dan.*	**24B1**
Abyad (Djebel) *Soud.*	**59B3**

Aby 'Aweigîla (Puits) *Ég.*	**58B3**
Abyei *Soud.*	**65C2**
Abyrnes (Les) *Guadeloupe*	**11**
Acambaro *Mex.*	**86B2**
Acandi *Col.*	**88B5**
Acaponeta *Mex.*	**86B2**
Acapulco *Mex.*	**86B3**
Acariguá *Ven.*	**92B2**
Acatlán *Mex.*	**86C3**
Accra *Gh.*	**63C4**
Achalpur *Inde*	**51D4**
Achao *Chili*	**95B4**
Achères *Fr.*	**10**
Achill (Île) *Irl.*	**15A3**
Achinsk *Russie*	**29B2**
Achgabat *Turkm.*	**33G6**
Acireale *It.*	**21C3**
Acklins (Île) *M. des Antilles*	**88C2**
Acobamba *Pér.*	**92C6**
Aconcagua (Mgne) *Arg.*	**95B2**
Açopiara *Br.*	**91D3**
Açores *Port.*	**60B4**
Acre = 'Akko	
Acre (État) *Br.*	**92C5**
Ada *É.-U.*	**83D3**
Adaja (R.) *Esp.*	**18B1**
Adam *Oman*	**57C5**
Adama *Éth.*	**65D2**
Adamaoua (Massif de l') *Cameroun et Nig.*	**64B2**
Adam (Pont d') *Inde et Sri L.*	**53B3**
Adams (Mt) *É.-U.*	**82A2**
Adana *Turq.*	**54C2**
Adapazari *Turq.*	**54B1**
Adare (Cap) *Antarct.*	**96B7**
Addis-Abeba *Éth.*	**65D2**
Adelaide *Austr.*	**70C4**
Adélaïde (Péninsule) *Can.*	**78J3**
Adelaide River *Austr.*	**70C2**
Adélie (Terre) *Antarct.*	**96C8**
Aden *Yémen*	**47C4**
Aden (Golfe d') *Som. et Yémen*	**47C4**
Aderbissinat *Niger*	**63C3**
Adhra *Syrie*	**58C2**
Adi (Île) *Indon.*	**39E4**
Adige (R.) *It.*	**20B1**
Adigrat *Éth.*	**65D1**
Adilabad *Inde*	**51D5**
Adirondack (Mts) *É.-U.*	**85D2**
Adi Ugai *Ér.*	**65D1**
Adiyaman *Turq.*	**55C2**
Adjedabia *Libye*	**59B1**
Adjlûn *Jord.*	**58B2**
Adjman *É.A.U.*	**57C4**
Adjud *Roum.*	**22C1**
Admiralty (Î.) *É.-U.*	**78E4**
Admiralty Inlet (Baie) *Can.*	**76B2**
Adoni *Inde*	**53B1**
Adour (R.) *Fr.*	**4B3**
Adrar *Alg.*	**62C2**
Adrar *Maurit.*	**62A2**
Adrar des Iforas *Alg. et Mali*	**62C2**
Adrar Soutouf *Maroc*	**62A2**
Adré *Tchad*	**64C1**
Adriatique (Mer) *Europe*	**20B2**
Aduwa *Éth.*	**65D1**
Adzopé *C. d'Iv.*	**63B4**
Afghanistan *Asie*	**46E2**
Afgooye *Som.*	**65E2**
Afikpo *Nig.*	**63C4**
Afjord *Norv.*	**12G6**
Aflou *Alg.*	**62C1**
Afmadu *Som.*	**65E2**
Afollé *Maurit.*	**63A3**
Afrique du Sud *Afr.*	**66B4**
Afula *Isr.*	**58B2**

Afyon *Turq.*	**54B2**
Agadem *Niger*	**59A3**
Agadès *Niger*	**63C3**
Agadir *Maroc*	**62B1**
Agar *Inde*	**51D4**
Agartala *Inde*	**52C2**
Agboville *C. d'Iv.*	**63B4**
Agdam *Azerb.*	**55E1**
Agde *Fr.*	**5C3**
Agematsu *J.*	**43B1**
Agen *Fr.*	**4C3**
Agha Järi *Iran*	**56A3**
Aghios Nikólaos *Gr.*	**23C3**
Agout (R.) *Fr.*	**4C3**
Ägra *Inde*	**51D3**
Ağrı *Turq.*	**55D2**
Ağrı *Turq.*	**55D2**
Agri (R.) *It.*	**21C2**
Agrigente *It.*	**21B3**
Agrinion *Gr.*	**23E3**
Agropoli *It.*	**21B2**
Agryz *Russie*	**31H2**
Aguadilla *Porto Rico*	**89D3**
Agua Prieta *Mex.*	**86B1**
Aguascalientes *Mex.*	**86B2**
Agueda *Port.*	**18A1**
Aguelhok *Mali*	**62C3**
Aguenit (Puits) *Maroc*	**62A2**
Aguilas *Esp.*	**19B2**
Ahaggar = Hoggar	
Ahar *Iran*	**55E2**
Ahipara (Baie) *N.-Z.*	**72B1**
Ahmadābād *Inde*	**51C4**
Ahmadi *Koweït*	**55E4**
Ahmadnagar *Inde*	**53A1**
Ahmar (Mts) *Éth.*	**65E2**
Åhus *Suède*	**12G7**
Ahuvän *Iran*	**56B2**
Ahväz *Iran*	**56A3**
Aiajuela *C.R.*	**88A4**
Aigoual (Mont) *Fr.*	**5C3**
Aigrettes (Pte des) *Réunion*	**11**
Aiguilles (Cap des) *Afr. du S.*	**66B4**
Aikawa *J.*	**43B1**
Ain (Dép.) *Fr.*	**9B2**
Aïn (R.) *Fr.*	**9B2**
Aïn Beni Mathar *Maroc*	**62B1**
Aïn la (Puits) *Ég.*	**58B3**
Aïn el Hadjel *Alg.*	**19C2**
Aïn Oussera *Alg.*	**19C2**
Aïn Galakka *Tchad*	**59A3**
Aïn Sefra *Alg.*	**62B1**
Aïn Sokhna *Ég.*	**58B4**
Aïn Temouchent *Alg.*	**19B2**
Aioi *J.*	**43A2**
Aioun Abd el Malek (Puits) *Maurit.*	**62B2**
Aïoun El Atrouss *Maurit.*	**63B3**
Aïquile *Bol.*	**94C2**
Air *Niger*	**63C3**
Aire (R.) *G.-B.*	**16D3**
Airforce (I.) *Can.*	**76C3**
Aishihik *Can.*	**78E3**
Aisne (Dép.) *Fr.*	**6C2**
Aisne (R.) *Fr.*	**5C2**
Aitape *P.-N.-G.*	**39F4**
Aïtutaki (Île) *Polyn. Fr.*	**11**
Aiun (El-) *Afr.*	**62A2**
Aiviekste (R.) *Lett.*	**26D1**
Aixa Zuogi *Ch.*	**40B2**
Aix-en-Provence *Fr.*	**5D3**
Aix-la-Chapelle *All.*	**25B2**
Aix-les-Bains *Fr.*	**9B2**
Aiyar (Réservoir) *Inde*	**52B1**
Aiyion *Gr.*	**23E3**
Aiyna (Île) *Gr.*	**23E3**
Aiyval *Inde*	**52C2**
Aizeb (R.) *Nam.*	**66A3**
Aizu-Wakamatsu *J.*	**42E3**
Ajaccio *Fr.*	**20A2**
Ajaccio (Golfe d') *Fr.*	**20A2**
Ajigasawa *J.*	**42E2**
Ajjer (Tassili des) *Alg.*	**62C2**

Ajmer *Inde*	**51C3**
Ajo *É.-U.*	**83B3**
Ajo (C. de) *Esp.*	**18B1**
Ak (R.) *Turq.*	**23C3**
Akademii (Baie) *Russie*	**29F2**
Akaishi (Monts) *J.*	**43B1**
Akalkot *Inde*	**53B1**
Akaroa *N.-Z.*	**73B2**
Akashi *J.*	**43A2**
Akbulak *Russie*	**31J3**
Akçakale *Turq.*	**55C2**
Akchar (Oued) *Maurit.*	**62A2**
Ak Dağ (Mgne) *Turq.*	**23C3**
Aketi *Zaire*	**64C2**
Akhalkalaki *Géorgie*	**55D1**
Akhalsikhe *Géorgie*	**55D1**
Akharnái *Gr.*	**23E3**
Akhdar (Dj.) *Libye*	**59B1**
Akhdar (Dj.) *Oman*	**57C5**
Akhisar *Turq.*	**54A2**
Akhiste *Lett.*	**26D1**
Akhmîm *Ég.*	**59C2**
Akhtubinsk *Russie*	**31G4**
Akhtyrka *Ukr.*	**30D4**
Aki *J.*	**43A2**
Akimiski (I.) *Can.*	**77B4**
Akita *J.*	**42E3**
Akjoujt *Maurit.*	**62A3**
'Akko *Isr.*	**58B2**
Aklavik *Can.*	**78E3**
Aklé Aouana *Maurit.*	**63B3**
Akmola anc. Tselinograd *Kaz.*	**33J4**
Akobo *Soud.*	**65D2**
Akobo (R.) *Soud.*	**65D2**
Akoha *Afgh.*	**50B1**
Akola *Inde*	**51D4**
Akot *Inde*	**51D4**
Akpatok (I.) *Can.*	**76D3**
Akranes *Isl.*	**12A2**
Akron *É.-U.*	**80B2**
Akrotiri (B. d') *Chypre*	**58A1**
Aksai Chin (Mgnes) *Ch.*	**50D1**
Aksaray *Turq.*	**54B2**
Aksay *Kaz.*	**31H3**
Aksayquin Hu (Lac) *Ch.*	**50D1**
Akşehir *Turq.*	**54B2**
Akseki *Turq.*	**54B2**
Aksenovo Zilovskoye *Russie*	**36D1**
Aksha *Russie*	**36D1**
Aksu *Ch.*	**33J5**
Aksu *Kaz.*	**33J5**
Aksu *Kaz.*	**31H5**
Aktobe *Kaz.*	**33G4**
Aktogay *Kaz.*	**33J5**
Aktumsyk *Kaz.*	**31J4**
Akureyri *Isl.*	**12B1**
Akyab *Birm.*	**52C2**
Akzhal *Kaz.*	**33K5**
Alabama (État) *É.-U.*	**81B3**
Alabama (R.) *É.-U.*	**87D1**
Ala Daglari (Mgnes) *Turq.*	**54C2**
Alagir *Russie*	**31F5**
Alagoas (État) *Br.*	**91D3**
Alagoinhas *Br.*	**91D4**
Alagón *Esp.*	**19B1**
Alai *Kirgh.*	**48B2**
Alajuela *C.R.*	**87D3**
Alakanuk *É.-U.*	**78B3**
Alakol (Lac) *Kaz.*	**33K5**
Alakurtti *Russie*	**12L5**
Alamein (El-) *Ég.*	**54A3**
Alamitos (Sierra de los) *Mex.*	**86B2**
Alamogordo *É.-U.*	**83C3**
Alamosa *É.-U.*	**83C3**
Åland (Îles) *Finl.*	**13H6**
Alanya *Turq.*	**54B2**
Alapayevsk *Russie*	**33H4**
Alarcón (Réservoir de l') [Rés.] *Esp.*	**19B2**
Alas (R.) *Indon.*	**45B5**
Alaşehir *Turq.*	**54A2**
Ala Shan (Mgnes) *Ch.*	**36C3**
Alaska (État) *É.-U.*	**78C3**

Alaska (Chaîne de l') É.-U.	78C3
Alaska (Golfe d') É.-U.	78D4
Alassio It.	20A2
Alatyr Russie	31G3
Alba It.	20A2
Albacete Esp.	19B2
Alba de Tormes Esp.	18A1
Alba Iulia Roum.	22B1
Albanie Europe	22A2
Albany Austr.	70A4
Albany É.-U.	81B3
Albany É.-U.	82A2
Albany É.-U.	85D2
Albany (R.) Can.	77B4
Albarracín (Sierra de) Esp.	19B1
Albatros (Baie de l') Austr.	39F5
Alberche (R.) Esp.	18B1
Alberta (Prov.) Can.	79G4
Albert Edward (Mgne) P.-N.-G.	39F4
Albert Lea É.-U.	80A2
Albertville Fr.	5D2
Albi Fr.	4C3
Albina Sur.	93G2
Albion É.-U.	84B2
Albion É.-U.	85C2
Alborán (Ile) Esp.	18B2
Ålborg Dan.	12G7
Albuquerque É.-U.	83C3
Albury Austr.	71D4
Alcala de Henares Esp.	18B1
Alcamo It.	21B3
Alcaniz Esp.	19B1
Alcântara Br.	91C2
Alcântara (Embalse de) [Rés.] Esp.	18A2
Alcaraz Esp.	18B2
Alcaraz (Sierra de) Esp.	18B2
Alcázar de San Juan Esp.	18B2
Alcira Esp.	19B2
Alcolea de Pinar Esp.	18B1
Alcoy Esp.	19B2
Alcudia Esp.	19C2
Aldabra (Iles) Seychelles	61J8
Aldan Russie	29E2
Aldan (R.) Russie	29E2
Aldan (Hauteurs de l') Russie	29E2
Aldeburgh G.-B.	17E3
Alderney (Ile) G.-B.	4B2
Aldershot G.-B.	17D4
Aleg Maurit.	63A3
Alegrete Br.	94E4
Aleksandrovsk-Sakhalinskiy Russie	37G1
Aleksandry (Zemlya) Russie	32F1
Alekseyevka Kaz.	33J4
Aleksin Russie	30E3
Ålem Suède	26B1
Alençon Fr.	4C2
Alentejo Esp.	18A2
Aléoutiennes (Ch.) É.-U.	78C4
Aléoutiennes (Iles) É.-U.	74B3
Alep Syrie	54C2
Aleria Fr.	9B3
Alert Can.	76D1
Alès Fr.	5C3
Alessandria It.	20A2
Ålesund Norv.	32B3
Alexander Bay Afr. du S.	66A3
Alexander (Ile) Antarct.	96C3
Alexandra N.-Z.	73A3
Alexandra (Cap) Géorgie du Sud	95G8
Alexandra Fjord Can.	76C2
Alexandre (Archipel) É.-U.	78E4

Alexandria É.-U.	80A2
Alexandria É.-U.	80C3
Alexandria É.-U.	81A3
Alexandrie Ég.	59B1
Alexandroúpolis Gr.	23C2
Aley Liban	58B2
Aleysk Russie	33K4
Alfaro Esp.	19B1
Alfatar Bulg.	22C2
Alfiós (R.) Gr.	23E3
Alfortville Fr.	10
Alga Kaz.	31J4
Algarve Port.	18A2
Alger Alg.	62C1
Algérie Afr.	62B2
Algésiras Esp.	18A2
Alghero It.	21A2
Algonquin Park Can.	85C1
Aliabad Iran	56A2
Aliabad Iran	57C4
Aliákmon (R.) Gr.	23B2
Ali al Gharbi Iraq	55E3
Alibāg Inde	53A1
Alicante Esp.	19B2
Alice É.-U.	83D4
Alice (Punta) It.	21C3
Alice Springs Austr.	70C3
Alicudi (Ile) It.	21B3
Aligarh Inde	50D3
Aligūdarz Iran	56A3
Ali-Khel Afgh.	50B2
Alimniá (Ile) Gr.	23C3
Alin' Sikhote (Monts) Russie	37F2
Alipur Duār Inde	52B1
Aliquippa É.-U.	84B2
Aliwat North Afr. du S.	66B4
Aljezur Port.	18A2
Alkmaar P.-B.	24A2
Allahābād Inde	52A1
Allaket É.-U.	78C3
Allanmyo Birm.	44B2
Allaqi (R.) Ég.	59C2
Allegheny (R.) É.-U.	85C2
Allegheny (Mts) É.-U.	81C3
Allemagne Europe	24C2
Allen (Lac) Irl.	15B3
Allentown É.-U.	85C2
Alleppey Inde	53B3
Alliance É.-U.	82C2
Allier (Dép.) Fr.	7C2
Allier (R.) Fr.	4C2
Alma É.-U.	84B2
Alma-Ata Kaz.	33J5
Almada Port.	18A2
Almagan (Ile) O. Pacifique	39F2
Almansa Esp.	19B2
Almaty Kaz.	33J5
Almazán Esp.	18B1
Almendra (Embalse de) [Rés.] Esp.	18A1
Almeria Esp.	18B2
Almeria (Golfe d') Esp.	18B2
Almetievsk Russie	31H3
Almhult Suède	24C1
Almirós Gr.	23E3
Almodóvar Port.	18A2
Almora Inde	50D3
Alnwick G.-B.	16D2
Alor (Ile) Indon.	70B1
Alor Setar Mal.	45C4
Alost = Aalst	
Alotau P.-N.-G.	71E2
Aloysius (Mt) Austr.	70B3
Alpena É.-U.	84B1
Alpes Europe	20A1
Alpes-de-Haute-Provence (Dép.) Fr.	5B3
Alpes du Sud N.-Z.	73A2
Alpes (Hautes-) [Dép.] Fr.	9B3
Alpes-Maritimes (Dép.) Fr.	9B3
Alpine É.-U.	83C3
Als (Ile) Dan.	24B1
Alsace (Rég.) Fr.	8B2
Alsfeld All.	25B2

Alston G.-B.	16C2
Alta Norv.	12J5
Alta Gracia Arg.	95D2
Altagracia de Orituco Ven.	89D5
Altaï Mong.	36A2
Altaï Russie	33K5
Altamaha (R.) É.-U.	81B3
Altamira Br.	93G4
Altamura It.	21C2
Altamonte (Monte) It.	20B2
Altan Bulag Mong.	36C1
Altandulag Russie	29C3
Altata Mex.	86B2
Altay Ch.	48C1
Altay Mong.	36B2
Alto Molócue Moz.	67C2
Altoona É.-U.	85C2
Altun Shan Ch.	36B3
Alturas É.-U.	82A2
Altus É.-U.	83D3
Alula Som.	65F1
Alva É.-U.	83D3
Alvdalen Suède	13G6
Alvsbyn Suède	12J5
Alxa Yougi Ch.	40A2
Alyat Azerb.	55E2
Alytus Lit.	12D8
Amadi Soud.	65D2
Amādīyah Iraq	55D2
Amadjuak (Lac) Can.	76C3
Amakusa (Iles) J.	42B4
Åmål Suède	12G7
Amalat (R.) Russie	29D2
Amaliás Gr.	23E3
Amalner Inde	51C4
Amami (Ile) J.	37E4
Amami gunto J.	37E4
Amanzintoti Afr. du S.	66C4
Amapá Br.	93G3
Amapá (État) Br.	93G3
'Amāra Iraq	55E3
Amarillo É.-U.	83C3
Amasya Turq.	54C1
Amazonas (État) Br.	92D4
Amazone (Parc nat.) Br.	93F4
Amazone (R.) Br.	93G4
Ambala Inde	50D2
Ambalangoda Sri L.	53C3
Ambalavao Mad.	67D3
Ambam Cameroun	64B2
Ambato Eq.	92B4
Ambato-Boeny Mad.	67D2
Ambatolampy Mad.	67D2
Ambatondrazaka Mad.	67D2
Amberg All.	25C3
Ambergris Cay (Ile) Belize	87D3
Ambert Fr.	9A2
Ambikapur Inde	52A2
Ambilobe Mad.	67D2
Amboasary Mad.	67D3
Ambodifototra Mad.	67D2
Ambohimahasoa Mad.	67D3
Ambon Indon.	39D4
Ambositra Mad.	67D3
Ambovombe Mad.	67D3
Amboyna Cay (Ile) Asie	38C3
Ambre (Cap d') Mad.	67D2
Ambre (Montagne d') Mad.	67D2
Ambriz Ang.	64B3
Am Dam Tchad	64C1
Amderma Russie	32H3
Ameca Mex.	86B2
Ameland (Ile) P.-B.	24B2
Amérique (Haut Plateau d') Antarct.	96B10
Amers (Lacs) Ég.	54B3
Amersfoort Afr. du S.	67G1
Amery (Banquise d') Antarct.	96C10

Amfilokhía Gr.	23E3
Amfissa Gr.	23E3
Amga Russie	29F1
Amgal (R.) Russie	29F1
Amgou Russie	37F2
Amhara Eth.	65D1
Amherst Can.	77D5
Amhur Inde	53B2
Amiata (Monte) It.	20B2
Amiens Fr.	4C2
Amino J.	43B1
Amioune Liban	58B1
Amirante (Iles) O. Indien	61K8
Amlekhgan Népal	52B1
'Ammān Jord.	54C3
Ammänsaario Finl.	12K6
Ammersfoort P.-B.	24B2
Amol Iran	56B2
Amos Can.	77C5
Amou-Daria (R.) Asie	33H5
Amour (R.) Ch. et Russie	37E1
Amoy = Xiamen	
Ampanihy Mad.	67D3
Amposta Esp.	19C1
Amravati Inde	51D4
Amreli Inde	51C4
Amritsar Inde	50C2
Amsterdam Afr. du S.	67H1
Amsterdam É.-U.	85D2
Amsterdam P.-B.	24A2
Amsterdam (Ile) Fr.	68B5
Am Timan Tchad	64C1
Amund Ringes (Ile) Can.	76A2
Amundsen (Golfe d') Can.	78F2
Amundsen (Mer d') Antarct.	96B4
Amundsen-Scott (Station) Antarct.	96A
Amuntai Indon.	38C4
Anaa (Ile) Polyn. Fr.	11
Anaco Ven.	93E2
Anaconda É.-U.	82B2
Anáfi (Ile) Gr.	23C3
'Anah Iraq	55D3
Anaimalai (Collines d') Inde	53B2
Anákapalle Inde	49C4
Analalaya Mad.	67D2
Anambas (Iles) Indon.	45D5
Anamur Turq.	54B2
Anan J.	43A2
Anantapur Inde	53B2
Anantnag Inde	50D2
Anápolis Br.	91B5
Anär Iran	56C3
Anärak Iran	56B3
Anardara Afgh.	56D3
Anatahan (Ile) O. Pacifique	39F2
Anatolie Turq.	54B2
Añatuya Arg.	94D4
Anayza (al-') Ar.S.	46C3
Anbyon Corée du N.	42B3
Ancenis Fr.	4B2
Anchorage É.-U.	78D3
Ancohuma (Mgne) Bol.	94C2
Ancón Pér.	92B6
Ancône It.	20B2
Ancud Chili	95B4
Ancud (G. de) Chili	95B4
Anda Ch.	37E2
Andabuaylas Pér.	92C6
Andalousie Esp.	18A2
Andalsnes Norv.	12F6
Andaman (Iles) Inde	49D4
Andaman (Mer d') O. Indien	49D4
Andelys (Les) Fr.	4C2
Andenes Norv.	12H5
Andernach All.	25B2
Anderson É.-U.	84A2

Anderson (R.) *Can.* 78F3
Andes (Cordillère des) *Am.* 92B5
Andhra Pradesh (État) *Inde* 53B1
Andijan *Ouzb.* 33J5
Andkhui *Afgh.* 33H6
Andong *Corée du S.* 42B3
Andorre *Europe* 19C1
Andorre-la-Vieille *Andorre* 19C1
Andover *G.-B.* 17D4
Andreas (Cap) *Chypre* 54B2
Andria *It.* 21C2
Andros (Île) *Bahamas* 81C4
Andros (Île) *Gr.* 23E3
Androth (Île) *Inde* 53A2
Andújar *Esp.* 18B2
Andulo *Ang.* 66A2
Anéfis *Mali* 63C3
Aného *Togo* 63C4
Aneto (Pic d') *Esp.* 19C1
Angarsk *Russie* 36C1
Angel de la Guarda (Île) *Mex.* 86A2
Angeles *Phil.* 38D2
Angelholm *Suède* 12G7
Angel (Salto del) [Chutes] *Ven.* 93E2
Angemuk (Mgne) *Indon.* 39E4
Angers *Fr.* 16B2
Angkor *Camb.* 44C3
Anglesey (Île) *G.-B.* 15C3
Angleterre *G.-B.* 15C3
Anglo-Normandes (Îles) *G.-B.* 4B2
Angmagssalik *Groenl.* 76G3
Angoche *Moz.* 67D2
Angol *Chili* 95B3
Angola *Afr.* 66A2
Angola *É.-U.* 84B2
Angoulême *Fr.* 4C2
Angra do Heroismo *Açores* 62A1
Anguilla (Île) *M. des Antilles* 89E3
Anguilla Cays (Îles) *M. des Antilles* 88B2
Angul *Inde* 52B1
Angumu *Zaire* 64C3
Anholt (Île) *Dan.* 12G7
Anhua *Ch.* 41C4
Anhui (Prov.) *Ch.* 40D3
Aniak *É.-U.* 78C3
Anie (Pic d') *Fr.* 6B3
Anjero-Soudjensk *Russie* 29A2
Anjou *Fr.* 4B2
Anjouan (Île) *Comores* 67D2
Anjozorobe *Mad.* 67D2
Anju *Corée du N.* 42B3
Ankang *Ch.* 40B3
Ankara *Turq.* 54B2
Ankaratra (Mgne) *Mad.* 67D2
Ankazoabo *Mad.* 67D3
Ankazobe *Mad.* 67D2
Anklam *All.* 24C2
An Loc *V.* 44D3
Anlong *Ch.* 41B4
Anlu *Ch.* 41C3
Annaba *Alg.* 62C1
Annan *G.-B.* 16C2
Annapolis *É.-U.* 85C3
Annapurna (Mgne) *Népal* 52A1
Ann Arbor *É.-U.* 84B2
Annecy *Fr.* 9B2
Annemasse *Fr.* 9B2
An Nhon *V.* 44D3
Anning *Ch.* 41A5
Anniston *É.-U.* 81B3
Annobon (Île) *Guinée-Éq.* 63C4
Annonay *Fr.* 5C2

Annotto Bay (Baie) *Jam.* 89J1
Anqing *Ch.* 41D3
Ansai *Ch.* 40B2
Ansbach *All.* 25C3
Anse-Bertrand *Guadeloupe* 11
Anse d'Hainault *Haiti* 88C3
Anses d'Arlets (Les) *Mart.* 11
Anshan *Ch.* 40E1
Anshun *Ch.* 41B4
Ansongo *Mali* 63C3
Ansted *É.-U.* 84B3
Antakya *Turq.* 54C2
Antalaha *Mad.* 67E2
Antalya *Turq.* 54B2
Antalya (Golfe d') *Turq.* 54B2
Antananarivo *Mad.* 67D2
Antarctique 96
Antarctique (Pén.) *Antarct.* 96C3
Antequera *Esp.* 18B2
Anti-Atlas *Maroc* 62B1
Antibes *Fr.* 5D3
Anticosti (Î. d') *Can.* 77D5
Anticythère (Île) *Gr.* 23E3
Antifer (Cap d') *Fr.* 4C2
Antigua (Île) *M. des Antilles* 89E3
Anti-Liban *Liban et Syrie* 54C3
Antilles (Grandes) *M. des Antilles* 88B2
Antilles (Mer des) *Am. centr.* 88A3
Antilles néerlandaises *M. des Antilles* 89D4
Antilles (Petites) *M. des Antilles* 89D4
Antofagasta *Chili* 94B3
Antongil (Baie d') *Mad.* 67E2
Antony *Fr.* 10
Antseranana *Mad.* 67D2
Antsirabe *Mad.* 67D2
Antsohiny *Mad.* 67D2
Antwerpen = Anvers *Belg.* 44D3
Anupgarh *Inde* 50C3
Anuradhapura *Sri L.* 53C3
Anvers *Belg.* 24A2
Anvik *É.-U.* 78B3
Anxi *Ch.* 36B2
Anyang *Ch.* 40C2
A'nyêmaqên Shan (Hauteurs) *Ch.* 40A3
Anzio *It.* 21B2
Aomori *J.* 42E2
Aoste *It.* 20A1
Aoste (Val d') *It.* 20A1
Aoukar *Maurit.* 63B3
Aoulef *Alg.* 62C2
Aozou *Tchad* 59A2
Apa (R.) *Br. et Par.* 94E3
Apalachee (Baie d') *É.-U.* 81B4
Apaporis (R.) *Col.* 92C3
Aparri *Phil.* 39D2
Apatin *Youg.* 20C1
Apatity *Russie* 12L5
Apatzingan *Mex.* 86B3
Apeldoorn *P.-B.* 24B2
Apennin *It.* 20B2
Apoera *Sur.* 93F2
Aporé (R.) *Br.* 94F2
Apostle (Îles) *É.-U.* 80A2
Appalaches *É.-U.* 81B3
Appleby *G.-B.* 16C2
Appleton *É.-U.* 84A2
Apt *Fr.* 9B3
Apucarana *Br.* 94F3
Apure (R.) *Ven.* 92D2
Apurimac (R.) *Pér.* 92C6
Apuseni (Mts) *Roum.* 22B1
Aqaba (Golfe d') [O. Indien] 54B4

'Aqdā *Iran* 56B3
Aquidauana *Br.* 94E3
Aquila (L') *It.* 20B2
Aquitaine (Rég.) *Fr.* 6B3
Ara *Inde* 52A1
'Araba (Wadi) *Isr. et Jord.* 58B3
Arabie Saoudite *Arabie* 46C3
Aracaju *Br.* 91D4
Aracati *Br.* 91D2
Araçatuba *Br.* 94F3
Aracena *Esp.* 18A2
Araçuai *Br.* 91C5
Arad *Isr.* 58B3
Arad *Roum.* 30B4
Arada *Tchad* 64C1
'Arādah *É.A.U.* 57B5
Arafura (Mer d') *Austr. et Indon.* 70C1
Aragarças *Br.* 94F2
Aragats (Mgne) *Arm.* 55D1
Aragón *Rég. Esp.* 19B1
Aragon (R.) *Esp.* 19B1
Araguaia (R.) *Br.* 93G6
Araguaina *Br.* 91B3
Araguari *Br.* 91B5
Arai *J.* 43B1
Arak *Alg.* 62C2
Arāk *Iran* 56A3
Arakan (Chaîne de l') *Birm.* 44A2
Arakkonam *Inde* 53B2
Aral (Mer d')
Araks (R.) *Azerb. et Iran* 55E2
Arba Minch *Éth.* 65D2
Arbatax *It.* 21A3
Arbil *Irag.* 55D2
Arbrå *Suède* 13H6
Arbroath *G.-B.* 14C2
Arcachon *Fr.* 4B3
Arcos de la Frontera *Esp.* 18A2
Arctic Bay *Can.* 76B2
Arctic Red (R.) *Can.* 78E3
Arctic Village *É.-U.* 78D3
Arctique (Oc.) 1
Arctowski (Station) *Antarct.* 96C2
Arcueil *Fr.* 10
Arda (R.) *Bulg.* 22C2
Ardabil *Iran* 55E2
Ardahan *Turq.* 55D1
Ardal *Norv.* 13F6
Ardèche (Dép.) *Fr.* 9A3
Ardekān *Iran* 56B3
Ardennes (Dép.) *Fr.* 8A2
Ardennes (Rég.) *Belg. et Fr.* 25B2
Ardestan *Iran* 56B3
Ardh es Suwwan *Jord.* 54C3
Ardila (R.) *Port.* 18A2
Ardmore *É.-U.* 83D3
Ardres *Fr.* 17E4
Ardrossan *G.-B.* 16B2
Arecibo *Porto Rico* 89D3
Areia Branca *Br.* 91D2

Arendal *Norv.* 12F7
Arequipa *Pér.* 94B2
Arezzo *It.* 20B2
Arfak (Peg.) [Mgne] *Indon.* 39E4
Argelès-Gazost *Fr.* 4B3
Argenta *It.* 20B2
Argentan *Fr.* 4C2
Argenteuil *Fr.* 10
Argentine *Am. du S.* 90C6
Argentino (Lac) *Arg.* 95B6
Argenton-sur-Creuse *Fr.* 4C2
Argeş (R.) *Roum.* 22C2
Arghardab (R.) *Afgh.* 50B2
Argolide (Golfe d') *Gr.* 23E3
Argos *Gr.* 23E3
Argostólion *Gr.* 23E3
Argyle (Lac) *Austr.* 70B2
Arhus *Dan.* 24C1
Ariamsvlei *Nam.* 66B3
Ariano *It.* 53B3
Arica *Chili* 94B2
Arich (Él-) *Ég.* 54B3
Ariège (Dép.) *Fr.* 7C3
Ariège (R.) *Fr.* 7C3
Arifwala *Pak.* 50C2
Arima *Trinité* 89L1
Arinos (R.) *Br.* 93F6
Aripo (Mt.) *Trinité* 89L1
Aripuana *Br.* 93E5
Aripuanã (R.) *Br.* 93E5
'Arish (Wadi el) *Ég.* 58A3
Ariskere *Inde* 53B2
Arizona (État) *É.-U.* 83B3
Årjäng *Suède* 12G7
Arkadak *Russie* 31F3
Arkalyk *Kaz.* 33H4
Arkansas (État) *É.-U.* 81A3
Arkansas (R.) *É.-U.* 81A3
Arkhangelsk *Russie* 32F3
Arklow *Irl.* 15B3
Arlanzón (R.) *Esp.* 18B1
Arles *Fr.* 5C3
Arlington *É.-U.* 85C3
Arlington Heights *É.-U.* 84A2
Arlon *Belg.* 25B3
Armageddon = Megiddo
Armagh *Irl. du N.* 15B3
Armagós (Île) *Gr.* 23C3
Armavir *Russie* 31F5
Armenia *Col.* 92B3
Arménie (Rép.) *Asie* 33F5
Armentières *Fr.* 4C1
Armidale *Austr.* 71E4
Arnaud (R.) *Can.* 77C3
Arnauti (Cap) *Chypre* 54B2
Arnhem *P.-B.* 24B2
Arnhem (Cap) *Austr.* 70C2
Arnhem (Terre d') *Austr.* 70C2
Arnprior *Can.* 85C1
Aroab *Nam.* 66A3
Arosa *S.* 20A1
Arosa (Ria de) *Esp.* 18A1
Arpajon *Fr.* 10
Arran (Île d') *G.-B.* 16B2
Arras *Fr.* 5C1
Arrecife *Canaries* 62A2
Arrowtown *N.-Z.* 73A2
Arsk *Russie* 31G2
Arta *Gr.* 23E3
Artemovsk *Russie* 29B2
Artemovskiy *Russie* 29D2
Artesia *É.-U.* 83C3
Artesia *É.-U.* 86B1
Arthurs Pass *N.-Z.* 73B2
Arthus *Dan.* 12G7
Artigas *Ur.* 95E2
Artillery (Lac) *Can.* 78H3
Artois *Fr.* 4C1
Arturo Prat (Station) *Antarct.* 96C2
Artvin *Turq.* 55D1
Aru *Zaire* 65D2
Aruană *Br.* 93G6

Aruba (Ile)
M. des Antilles **89C4**
Aru (Iles) Indon. **39E4**
Arun (R.) Népal **52B1**
Arunachal Pradesh
(État) Inde **52C1**
Aruppukkottai Inde **53B3**
Arusha Tanz. **65D3**
Aruwimi (R.) Zaïre **64C2**
Arvayheer Mong. **36C2**
Arvida Can. **77C5**
Arvidsjaur Suède **12H5**
Arvika Suède **12G7**
Arwad (Ile) Syrie **58B1**
Arzamas Russie **31F2**
Arzew Alg. **19B2**
Asadabad Afgh. **50C2**
Asad (Lac) Syrie **55C2**
Asahi (R.) J. **43A2**
Asahi dake (Mgne) J. **42E2**
Asahikawa J. **42E2**
Asansol Inde **52B1**
Asawanwah (Puits)
Libye **59A2**
Asbest Russie **31K2**
Asbury Park É.-U. **85D2**
Ascension (B. de la)
Mex. **87D3**
Ascension (Ile de l')
[Ile] Atlantique **61C8**
Aschaffenburg All. **25B3**
Aschersleben All. **24C2**
Ascoli Piceno It. **20B2**
Asedjrad Alg. **62C2**
Åsele Suède **12H6**
Aselle Éth. **65D2**
Asenovgrad Bulg. **22B2**
Asha Russie **31J2**
Ashburton N.-Z. **73B2**
Ashburton (R.) Austr. **70B3**
Ashdod Isr. **54B3**
Asheville É.-U. **81B3**
Ashford G.-B. **17E4**
Ashikaga J. **42D3**
Ashizuri (Cap d') J. **43A2**
Ashland É.-U. **80B3**
Ashland É.-U. **82A2**
Ashland É.-U. **84B2**
Ash Shabakh Iraq **55D3**
Ash Sharqāt Iraq **55D2**
Ashtabula É.-U. **84B2**
Asilah Maroc **18A2**
Asinara (Ile) It. **21A2**
Asino Russie **29A2**
Asir (Rég.) Ar.S. **47C3**
Aşkale Turq. **55D2**
Askersund Suède **12G7**
Askhelon Isr. **58B3**
Askuanipi (Lac) Can. **77D4**
Asmar Afgh. **50C1**
Asmara Érythrée **65D1**
Asnières-sur-Seine Fr. **10**
Aso J. **43A2**
Asosa Éth. **65D1**
Asoteriba (Dj.) Soud. **59C2**
Aspiring (Mt) N.-Z. **73A2**
Assab Ér. **65E1**
As Sabkhah Syrie **55C2**
Assam (État) Inde **52C1**
Assen P.-B. **24B2**
Assens Dan. **24C1**
Assiniboia Can. **79H5**
Assiniboine (Mt)
Can. **79G4**
Assiout Ég. **59C2**
Assis Br. **94F3**
Assomption (Ile)
Seychelles **65E3**
Assouan Ég. **59C2**
Assouan (Bge d') Ég. **59C2**
Astara Azerb. **55E2**
Asti It. **20A2**
Astipálaia (Ile) Gr. **23C3**
Astorga Esp. **18A1**
Astoria É.-U. **82A2**
Astrakhan' Russie **31G4**
Asturies Esp. **18A1**
Asunción Par. **94E4**
Asunción (La) Ven. **93E1**
Aswa (R.) Oug. **65D2**

Atacama (Désert d')
Chili **94C3**
Atacama (Puna d')
Arg. **94C4**
Ata'ita (Jebel el) Jord. **58B3**
Atakpamé Togo **63C4**
Atambua Indon. **39D4**
Atangmik Groenl. **76E3**
Atar Maurit. **62A2**
Atasu Kaz. **33J5**
Atbara Soud. **59C3**
Atbasar Kaz. **33H4**
Atchafalaya (Baie d')
É.-U. **81A4**
Atchison É.-U. **81A3**
Atessa It. **20B2**
Athabasca Can. **79G4**
Athabasca (R.) Can. **79G4**
Athabasca (Lac) Can. **79H4**
Athènes Gr. **23E3**
Athens G.-B. **81B3**
Athens É.-U. **84B3**
Athis-Mons Fr. **10**
Athlone Irl. **15B3**
Athos (Mt) Gr. **23B2**
Ati Tchad **64B1**
Atikoken Can. **77A5**
Atkarsk Russie **31F3**
Atlanta É.-U. **81B3**
Atlanta É.-U. **84B2**
Atlantic City É.-U. **80C3**
Atlantique (Océan) **2C2**
Atlas (Haut) Maroc **62B1**
Atlas (Moyen) Maroc **62B1**
Atlas Saharien Alg. **62C1**
Atlin Can. **78E4**
Atlin (Lac) Can. **78E4**
'Atlit Isr. **58B2**
Atmore É.-U. **81B3**
Atόhinandrahana
Mad. **67D3**
Atrato (R.) Col. **92B2**
Atrun (El')Oasis
Soud. **59B3**
Attaf É.A.U. **57B5**
Attauapiskat Can. **77B4**
Attauapiskat (R.) Can. **77B4**
At Taysiyah Ar. S. **55D4**
Attica É.-U. **84A2**
Attleboro É.-U. **85D2**
Attopeu Laos **44D3**
Atvidaberg Suède **12H7**
Atyraou, anc.
Gouriev Kaz. **31H4**
Aube (Dép.) Fr. **8A2**
Aubenas Fr. **5C3**
Aubervilliers Fr. **10**
Aubrac Fr. **9A3**
Auburn É.-U. **84A2**
Auburn É.-U. **85C2**
Aubusson Fr. **7C2**
Auch Fr. **4C3**
Auckland N.-Z. **72B1**
Auckland (Iles) N.-Z. **69G6**
Aude (Dép.) Fr. **7C3**
Aude (R.) Fr. **4C3**
Auden Can. **77B4**
Augsburg All. **25C3**
Augusta Austr. **70A4**
Augusta É.-U. **80D2**
Augusta É.-U. **81B3**
Augustow Pol. **26C2**
Augustus (Mt) Austr. **70A3**
Aulnay-sous-Bois Fr. **10**
Auraiya Inde **51D3**
Aurangābād Inde **51D5**
Auray Fr. **6B2**
Aurès Alg. **62C1**
Aurillac Fr. **4C3**
Aurora É.-U. **80B2**
Aurora É.-U. **82C3**
Aurora É.-U. **84B3**
Aus Nam. **66A4**
Au Sable É.-U. **84B2**
Ausert (Puits) Maroc **62A0**
Austin É.-U. **80A2**
Austin É.-U. **83D3**
Australes (Iles)
Poly. Fr. **11**

Australie **70B3**
Australie - Méridionale
Austr. **70C3**
Australienne (Grande
Baie) Austr. **70B4**
Australiennes (Alpes)
Austr. **71D4**
Australie-Occidentale
Austr. **70B3**
Autlán Mex. **86B3**
Autriche Europe **3E4**
Autun Fr. **5C2**
Auvergne (Rég.) Fr. **9A2**
Auvers-sur-Oise Fr. **10**
Auxerre Fr. **5C2**
Avallon Fr. **5C2**
Avalon (Pénin. d')
Can. **77E5**
Avaz Iran **56D3**
Avedat (Site hist.)
Isr. **58B3**
Aveiro Br. **93F4**
Aveiro Port. **18A1**
Avellaneda Arg. **95E2**
Avellino It. **21B2**
Avesta Suède **13H6**
Aveyron (Dép.) Fr. **7C3**
Avezzano It. **20B2**
Aviemore (Lac) N.-Z. **73B2**
Avignon Fr. **5C3**
Avila Esp. **18B1**
Avilés Esp. **18B1**
Avirons (Les) Réunion **11**
Avon (Comté) G.-B. **17C4**
Avon (R.) G.-B. **17D3**
Avon (R.) G.-B. **17D4**
Avonmouth G.-B. **17C4**
Avranches Fr. **4B2**
Avtovac B-H. **20C2**
A'waj (R.) Syrie **58C2**
Awaji (Ile) J. **42D4**
Awarem Éth. **65E2**
Awarua (Pointe) N.-Z. **73A2**
Awash Éth. **65E2**
Awash (R.) Éth. **65E2**
Awa-shima (Ile) J. **43B1**
Awatere (R.) N.-Z. **73B2**
Awbāri Libye **59A2**
Awbāri (Erg de)
Libye **59A2**
Aweil Soud. **64C2**
Awe (L.) G.-B. **14B2**
Awjilan Libye **59B2**
Axel-Heiberg (Ile)
Can. **76A1**
Axminster G.-B. **17C4**
Ayabe J. **43B1**
Ayacucho Arg. **95E3**
Ayacucho Pér. **92C6**
Ayaguz Kaz. **33K5**
Ayakkum Hu (Lac)
Ch. **48C2**
Ayamonte Esp. **18A2**
Ayan Russie **29F2**
Ayauiri Pér. **92C6**
Ayaviri Pér. **54A2**
Ayers Rock Austr. **70C3**
Ayios Evstrátios
(Ile) Gr. **23C3**
Aylesbury G.-B. **17D3**
Ayn (Al') É.A.U. **57C5**
'Ayn al Fijah Syrie **58C2**
Ayn Zalah Iraq **55D2**
Ayn Zuwayyah (Puits)
Libye **59B2**
Ayod Soud. **65D2**
Ayr Austr. **71D2**
Ayr G.-B. **16B2**
Ayr (R.) G.-B. **16B2**
Ayre (Pt of) G.-B. **16B2**
Aytos Bulg. **22C2**
Ayuthia Th. **44C3**
Ayvacik Turq. **23C3**
Ayvalik Turq. **23C3**
Āzamgarh Inde **52A1**
Azaouak Mali **63B3**
Azaouad (Vallée de l')
Niger **63C3**
Azare Nig. **63C3**
Azay-le-Rideau Fr. **6C2**

A'Zāz Syrie **54C2**
Azbine = Aïr
Azeffal (Oued)
Maurit. **62A2**
Azerbaïdjan (Rép.)
Asie **33F5**
Azogues Éq. **92B4**
Azoum (R.) Tchad **64C1**
Azov (Mer d')
Russie/Ukr. **30E4**
Azraq (El) Jord. **54C3**
Azrou Maroc **62B1**
Azuero (Pén. de)
Pan. **92A2**
Azúl Arg. **95E3**

B

Ba'abda Liban **58B2**
Baalbek Liban **54C3**
Ba'al Hazor (Mgne)
Cisj. **58B3**
Baardheere Som. **65E2**
Babadag Roum. **22C2**
Babaeski Turq. **54A1**
Babar (Iles) Indon. **39D4**
Babati Tanz. **65D3**
Babayevo Russie **30E4**
Baberton É.-U. **84B2**
Babine (Lac) Can. **79F4**
Bābol Iran **56B2**
Babuyan (Iles) Phil. **39D2**
Bacabal Br. **91B2**
Bacan (Ile) Indon. **39D4**
Bacau Roum. **30C4**
Bac Can V. **44D1**
Bachkend (Monts) Iran **57C4**
Bachkirie (Rép. de)
Russie **31H3**
Bachu Ch. **33J6**
Back (R.) Can. **78H3**
Bac Ninh V. **44D1**
Bacolod Phil. **39D2**
Badagara Inde **53B2**
Badain Jaran Shamo
(Désert) Ch. **40A1**
Badajoz Esp. **18A2**
Badalona Esp. **19C1**
Badana Ar. S. **55D3**
Badas (Iles) Indon. **45D5**
Baden-Baden All. **25B3**
Bade-Wurtemberg All. **25B3**
Badgastein Autr. **25C3**
Bad-Godesberg All. **25B2**
Bad Hersfeld All. **25B2**
Badi (Al) Iraq **55D2**
Badin Pak. **51B4**
Bad Ischl Autr. **20B1**
Badiyat ash Sham
Iraq et Jordé. **54C3**
Bad-Kreuznach All. **25B3**
Bad Tolz All. **25C3**
Badulla Sri L. **53C3**
Baena Esp. **18B2**
Bafatá Guinée - B. **63A3**
Baffin (Baie de) Can.
et Groenl. **76C2**
Baffin (Terre de ou
Ile) Can. **76C2**
Bafia Cameroun **64B2**
Bafing (R.) Mali **63A3**
Bafoulabé Mali **63A3**
Bafoussam
Cameroun **64B2**
Bâfq Iran **56C3**
Bafra (Cap) Turq. **54C1**
Bâft Iran **57C4**
Bafwasende Zaïre **64C2**
Bagaha Inde **52A1**
Bāgalkot Inde **53B1**
Bagamoyo Tanz. **65D3**
Bagdad Iraq **55D2**
Bagé Br. **95F2**
Bagherhat Bangl. **52B1**
Bāghin Iran **57C3**
Baghlan Afgh. **50B1**

Bagnères-de-Bigorre *Fr.*	4C3
Bagneux *Fr.*	10
Bagnolet *Fr.*	10
Bagnols-sur-Cèze *Fr.*	5C3
Bagoé (R.) *Mali*	63B3
Baguio *Phil.*	39D2
Bahādurābād *Inde*	52B1
Bahamas	
M. des Antilles	81C4
Baharampur *Inde*	52B1
Bahar Dar *Éth.*	65D1
Bahariya (Oasis de)	
Ég.	54A4
Bahawalnagar *Pak.*	50C3
Bahawalpur *Pak.*	50C3
Bahawalpur	
(Prov.)Pak.	50C3
Bahia = Salvador	
Bahia (État) *Br.*	91C4
Bahía Blanca *Arg.*	95D3
Bahía Blanca (Baie)	
Arg.	95B3
Bahía (Is de la) *Hond.*	87D3
Bahía Kino *Mex.*	83B4
Bahías (C. Dos) *Arg.*	95C4
Bahraich *Inde*	52A1
Bahr al Milh (Lac) *Irak*	55D3
Bahr Aouk (R.)	
Centr. et Tchad	64C2
Bahrein *Arabie*	46D3
Bahr el Abiad=Nil Blanc	
Bahr el Arab *Soud.*	64C2
Bahr el Azraq=Nil Bleu	
Bahr el-Gebel (R.)	
Oug.	65D2
Bahr el Ghazal (Oued)	
Tchad	64B1
Bahr el Ghazal (R.)	
Soud.	65D2
Bahu-Kalāt *Iran*	57D4
Baia dos Tigres *Ang.*	66A2
Baia Mare *Roum.*	30B4
Baïbokoum *Tchad*	64B2
Baicheng *Ch.*	37E2
Baie-Comeau *Can.*	77D5
Baie-du-Poste *Can.*	77C4
Baie-Mahault	
Guadeloupe	11
Baies (Lac des) *Can.*	77E5
Baie Verte *Can.*	77E5
Bai He *(R.) Ch.*	40C3
Ba'iji *Iraq*	55D3
Baikal (Lac) *Russie*	36C1
Baïkal (Mts du) *Russie*	29C2
Baikunthpur *Inde*	52A2
Baile Átha Cliath =	
Dublin	
Băilesti *Roum.*	22B2
Bairin Youqi *Ch.*	40D1
Bairin Zuoqi *Ch.*	40D1
Bairnsdale *Austr.*	71D4
Baitadi *Népal*	51E3
Baja *H.*	20C1
Baja (Pointe) *Mex.*	86A2
Bakal *Russie*	31J2
Bakala *Centr.*	64C2
Bakel *Sén.*	63A3
Baker *É.-U.*	79G5
Baker *É.-U.*	82B2
Baker *É.-U.*	82C2
Baker Foreland	
(Pointe) *Can.*	76A3
Baker (Lac) *Can.*	78J3
Baker (Mt) *É.-U.*	82A2
Bakersfield *É.-U.*	83B3
Bakharden *Turkm.*	56C2
Bakhardok *Turkm.*	56C2
Bakhmach *Ukr.*	30D3
Bakhtegan (Lac) *Iran*	57B4
Bakkafloi (Baie) *Isl.*	12C1
Bako *Éth.*	65D2
Bako *Azerb.*	55E1
Bakouma *Centr.*	64C2
Bakungan *Indon.*	45B4
Balá *Turq.*	54B2
Balabac (Île) *Phil.*	38C3
Balabac (Détroit de)	
Mal. et Phil.	38C3
Balaghat *Inde*	52A2
Balagne *Fr.*	9B3
Balaïkarangan *Indon.*	45E5
Balakovo *Russie*	31G3
Bala Murghab *Afgh.*	56D2
Balangir *Inde*	52A2
Balashov *Russie*	31F3
Balasore *Inde*	52B1
Balaton (Lac) *H.*	20C1
Balcarce *Arg.*	95E3
Balchik *Bulg.*	22C2
Balclutha *N.-Z.*	73A3
Baldy (Pic) *É.-U.*	83C3
Bâle *S.*	20A1
Baléares (Îles) *Esp.*	19C2
Baléares (Rivière de la)	
Can.	77D4
Baler *Phil.*	39D2
Balezino *Russie*	31H2
Bali (Île) *Indon.*	70A1
Balikesir *Turq.*	54A2
Balikh (R.) *Syrie*	55C2
Balikpapan *Indon.*	38C4
Balkh *Afgh.*	50B1
Balkhach *Kaz.*	33J5
Balkhach (Lac) *Kaz.*	33J5
Ballancourt-sur-	
Essonne *Fr.*	10
Ballantrae *G.-B.*	16B2
Ballantine *G.-B.*	78G2
Ballapur *Inde*	53B2
Ballarat *Austr.*	71D4
Balleny (Îles) *Antarct.*	96B7
Ballia *Inde*	52A1
Ballina *Irl.*	15B3
Ballymena *Irl. du N*	14B3
Balombo *Ang.*	66A2
Balotra *Inde*	51C3
Baloutchistan *Asie*	50B3
Balrāmpur *Inde*	52A1
Balranald *Austr.*	71D4
Balsas *Br.*	91B3
Balsas (R.) *Mex.*	86B3
Balta *Ukr.*	30C4
Bălti *Mold.*	30C4
Baltim *Ég.*	54B3
Baltimore *É.-U.*	80C3
Baltistan *Rég. Pak.*	50D1
Balurghat *Inde*	52B1
Balyana (El) *Ég.*	59C2
Balykshi *Kaz.*	31H4
Balvy (El) *Russie*	32J2
Bam *Iran*	57C4
Bama *Nig.*	64B1
Bamako *Mali*	63B3
Bambari *Centr.*	64C2
Bamberg *All.*	25C3
Bambili *Zaïre*	64C2
Bamenda *Cameroun*	64B2
Bamingui *Centr.*	64B2
Bamingui-Bangoran	
(Parc nat. de)	
Centr.	64B2
Bamiyan *Afgh.*	50B2
Bampur *Iran*	57D4
Bampur (R.) *Iran*	57D4
Bamba *Zaïre*	64C2
Banamba *Mali*	63B3
Bananal (Ilha do)	
[Rég.] *Br.*	93G6
Ban Aranyaprathet	
Th.	44C3
Banás (Rās) [Cap] *Ég.*	59C2
Ban Ban *Laos*	44C2
Ban Betong *Th.*	45C4
Banbury *G.-B.*	17D3
Banco Chinchorro	
(Îles) *Mex.*	87D3
Bancroft *Can.*	85C1
Bānda *Inde*	52A1
Banda Aceh *Indon.*	45B4
Banda (Îles) *Indon.*	39E4
Bandama (R.) *C. d'Iv.*	63B4
Banda (Mer de)	
Indon.	39D4
Bandar Abbás *Iran*	57C4
Bandar Anzali *Iran*	56A2
Bandar-e Daylam *Iran*	57B4
Bandar-e Lengheh	
Iran	57B4
Bandar-e Māqām *Iran*	57B4
Bandar-e Rig *Iran*	57B4
Bandar Khomeyni	
Iran	57A3
Bandar Seri Begawan	
Brunei	38C3
Bandar Torkman *Iran*	56B2
Band Boni *Iran*	57C4
Banderas (B. de)	
Mex.	86B2
Band-e Turkestán	
Afgh.	56D2
Bandiagara *Mali*	63B3
Band-i-Baba	
(Hauteurs) *Afgh.*	56D3
Bandirma *Turq.*	54A1
Bandundu *Zaïre*	64B3
Bandung *Indon.*	38B4
Banes *Cuba*	87E2
Banff *G.-B.*	14C2
Banff (R.) *Can.*	79G4
Bangalore *Inde*	53B2
Bangassou *Centr.*	64C2
Banggai (Îles) *Indon.*	39D4
Banggi (Île) *Mal.*	38C3
Bang Hieng (R.) *Laos*	44D2
Bangka (Île) *Indon.*	38B4
Bangkinang *Indon.*	45C5
Bangkok *Th.*	44C3
Bangkok (Baie de) *Th.*	44C3
Bangladesh *Asie*	52B1
Bangong Co (Lac) *Ch.*	50D2
Bangor *É.-U.*	80D2
Bangor *G.-B.*	16B3
Bangor *Irl. du N.*	14B3
Bang Saphan Yai *Th.*	44B3
Bangui *Centr.*	64B2
Bangweulu (Lac)	
Zambie	66C2
Ban Hat Yai *Th.*	45C4
Ban Hin Heup *Laos*	44C2
Ban Houei Sai *Laos*	44C1
Ban Hua Hin *Th.*	44B3
Bani (R.) *Mali*	63B3
Bani Bangou *Niger*	63C3
Bāniyās *Syrie*	54C2
Banja Luka *B-H.*	20C2
Banjarmasin *Indon.*	38C4
Banjul *Gambie*	63A3
Ban Kantang *Th.*	45B4
Ban Khemmarat *Laos*	44D2
Ban Khok Kloi *Th.*	45B4
Banks (Pén.) *N.-Z.*	73B2
Banks (I.) *Austr.*	39F5
Banks (I.) [Colombie	
Britannique] *Can.*	79E4
Banks (Île de) *Can.*	78F2
Bankura *Inde*	52B1
Ban Mae Sariang *Th.*	44B2
Ban Mae Sot *Th.*	44B2
Ban Me Thuot *V.*	44D3
Ban Na San *Th.*	45B4
Bannu *Pak.*	50C2
Ban Pak Neun *Laos*	44C2
Ban Pak Phanang *Th.*	45C4
Ban Ru Kroy *Camb.*	44D3
Ban Sai Yok *Th.*	44B3
Ban Sattahip *Th.*	44C3
Banská Bystrica *Slov.*	27B3
Banswara *Inde*	51C4
Ban Tha Kham *Th.*	45B4
Ban Thateng *Laos*	44D2
Ban Tha Tum *Th.*	44C2
Bantry *Irl.*	15B3
Bantry (Baie) *Irl.*	15A3
Banyak (Îles) *Indon.*	45B5
Ban Ya Soup *V.*	44D3
Banyuwangi *Indon.*	38C4
Baofeng *Ch.*	40C3
Bao Ha *V.*	44C1
Baoji *Ch.*	40B3
Bao Loc *V.*	44D3
Baoshan *Ch.*	36B4
Baotou *Ch.*	40C1
Bāpatla *Inde*	53C1
Ba'qūba *Iraq*	55D3
Bar *Youg.*	20C2
Bara *Soud.*	65D1
Baraawe *Som.*	65E2
Bära Banki *Inde*	52A1
Barabinsk *Russie*	33J4
Barabinskaya Step	
Kaz/Russie	33J4
Baracaldo *Esp.*	18B1
Baracoa *Cuba*	88C2
Baradá (R.) *Syrie*	58C2
Bārāmati *Inde*	53A1
Baramula *Pak.*	50C2
Bārān *Inde*	51D3
Baranof (I.) *É.-U.*	78E4
Baranovichi *Biél.*	30C3
Baraúni *Inde*	52B1
Barbacena *Br.*	91C6
Barbade *Antilles*	89F4
Barbastro *Esp.*	19C1
Barberton *Afr. du S.*	67H1
Barbezieux-St-H. *Fr.*	7B2
Barbôsa *Col.*	92C2
Barbuda (Île)	
M. des Antilles	89E3
Barcaldine *Austr.*	71B3
Barce = Mardj (al-)	
Barcellona *It.*	21C3
Barcelona *Esp.*	19C1
Barcelona *Ven.*	93E1
Barcelone *Esp.*	19C1
Barcelonnette *Fr.*	5D3
Barcoo (R.) *Austr.*	71D3
Bardaï *Tchad*	59A2
Bardas Blancas *Arg.*	95C3
Bardawil (Lac) *Ég.*	58A3
Barddhaman *Inde*	52B1
Bardejov *Slov.*	27C3
Bardsey (Î.) *G.-B.*	17B3
Bareilly *Inde*	50D3
Barents (Mer de)	
O. Arctique	32E2
Barentsøya (Île)	
O. Arctique	32D2
Barentu *Ér.*	65D1
Barfleur (Pointe de)	
Fr.	4B2
Bargarh *Inde*	52A2
Barguzin *Russie*	36D1
Barguzin (R.) *Russie*	29D2
Barhi *Inde*	52B1
Bari *It.*	21C2
Barika *Alg.*	19D2
Barinas *Ven.*	92C2
Baripäda *Inde*	52B1
Bari Sādri *Inde*	51C4
Barisal *Bangl.*	52C2
Barisan (Peg.) [Monts]	
Indon.	38B4
Barito (R.) *Indon.*	38C4
Barjuj (Oued) *Libye*	59A2
Barkam *Ch.*	41A3
Barkly East *Afr. du S.*	66B4
Barkly (Plateau) *Austr.*	70C2
Bar-le-Duc *Fr.*	8B2
Barlee (Lac) *Austr.*	70A3
Barlee Range (Mgnes)	
Austr.	70A3
Barletta *It.*	21C2
Barmer *Inde*	51C3
Barmouth *G.-B.*	17B3
Barnard Castle *G.-B.*	16D2
Barnaul *Russie*	33K4
Barnes Icecap *Can.*	76C2
Barnesville *É.-U.*	84B3
Barnsley *G.-B.*	16D3
Barnstaple *G.-B.*	17B4
Baro *Nig.*	63C4
Barpeta *Inde*	52C1
Barquisimeto *Ven.*	92D1
Barra *Br.*	91C4
Barra (I.) *G.-B.*	14B2
Barra Falsa (Punta de)	
Moz.	67C3
Barra Mansa *Br.*	91C6
Barranca *Pér.*	92B6
Barrancabermeja *Col.*	92C2
Barrancas *Ven.*	93E2
Barrancas *Arg.*	94E4
Barranquilla *Col.*	92C1
Barreiras *Br.*	91C4
Barreiro *Port.*	18A2

Barreiros

Barreiros *Br.*	91D3
Barren (C.) *Austr.*	71D5
Barretos *Br.*	91B6
Barrie *Can.*	84C2
Barrington (Mt) *Austr.*	71E4
Barrouaillie *St-Vincent*	89N2
Barrow *É.-U.*	78C2
Barrow (Ile) *Austr.*	70A3
Barrow (R.) *Irl.*	15B3
Barrow Creek *Austr.*	70C3
Barrow (Détroit de) *Can.*	76A2
Barrow-in-Furness *G.-B.*	16C2
Barrow (Pte) *É.-U.*	78C2
Barry's Bay *Can.*	85C1
Barsi *Inde*	53B1
Barstow *É.-U.*	83B3
Bar-sur-Aube *Fr.*	5C2
Bartica *Guy.*	93F2
Bartin *Turq.*	54B1
Bartle Frere (Mt) *Austr.*	71D2
Bartlesville *É.-U.*	83D3
Bartolomeu Dias *Moz.*	67C3
Bartoszyce *Pol.*	26C2
Barú *Pan.*	92A2
Barus *Indon.*	45B5
Baru (Volcan) *Pan.*	88A5
Barwäh *Inde*	51D4
Barwäni *Inde*	51C4
Barysh *Russie*	31G3
Basankusu *Zaire*	64B2
Basento (R.) *It.*	21C2
Bashi Canal *Phil.*	37E4
Basilan *Phil.*	39D3
Basilan (Ile) *Phil.*	39D3
Basildon *G.-B.*	17E4
Basilicate *It.*	21C2
Basingstoke *G.-B.*	17D4
Baskatong (Rés.) *Can.*	85C1
Basque (Pays) *Esp.*	18B1
Basque (Pays) *Fr.*	6B3
Bass (Détroit de) *Austr.*	71D5
Bassac (R.) *Camb.*	44D3
Bassano *It.*	20B1
Bassar *Togo*	63C4
Bassas da India (Ile) *Fr.*	67C3
Bassein *Birm.*	44A2
Basse-Pointe *Mart.*	11
Basse-Terre *Guadeloupe*	11
Basse-Terre (Ile) *Guadeloupe*	11
Bassila *Bénin*	63C4
Bass (Ilots de) *Poly. Fr.*	11
Bassin Rouge (Rég.) *Ch.*	36C3
Bassora *Iraq*	55E3
Båstad *Suède*	12G7
Bastak *Iran*	57B4
Bastelica *Fr.*	9B3
Basti *Inde*	52A1
Bastia *Fr.*	20A2
Bastogne *Belg.*	25B3
Bastrop *É.-U.*	81A3
Bata *Guinée-Éq.*	64A2
Bataan (Pén. de) *Phil.*	38D2
Batabano (G. de) *Cuba*	87D2
Batakan *Indon.*	38C4
Batala *Inde*	50D2
Batan *Ch.*	36B3
Batangafo *Centr.*	64B2
Batangas *Phil.*	39D2
Batan (Is) *Phil.*	37E4
Batano (G. de) *Cuba*	88A2
Batavia *É.-U.*	85C2
Bath *É.-U.*	85C2
Bath *G.-B.*	17C4
Batha (R.) *Tchad*	64B1
Bathurst *Austr.*	71D4
Bathurst *Can.*	77D5
Bathurst (Cap) *Can.*	78F2
Bathurst (I.) *Austr.*	70C2
Bathurst (I.) *Can.*	78H2
Bathurst Inlet *Can.*	78H3
Batié *Burk.*	63B3
Bâtin (Wadi al) *Iraq*	55E4
Bâtna (Al) *Oman*	57C5
Batlaq-e-Gavkhúni *Iran*	56B3
Batman *Turq.*	55D2
Batna *Alg.*	62C1
Baton Rouge *É.-U.*	81A3
Batoumi *Géorgie*	55D1
Batroun *Liban*	58B1
Battambang *Camb.*	44C3
Batticaloa *Sri L.*	53C3
Battle Creek *É.-U.*	80B2
Battle Harbour *Can.*	77E4
Battu (Iles) *Indon.*	45B6
Batu Pahat *Mal.*	45C5
Batu Putch (Gunung) [Mgne] *Mal.*	45C5
Bat Yam *Isr.*	58B2
Baubau *Indon.*	39D4
Bauchi *Nig.*	63C3
Bauges (Mgnes) *Fr.*	7B2
Bauld (C.) *Can.*	77E4
Baule (La) *Fr.*	6B2
Baunt *Russie*	29D2
Bauru *Br.*	91B6
Bautzen *All.*	25C2
Bavière *All.*	25C3
Bawean (Ile) *Indon.*	38C4
Båwiti *Ég.*	59B2
Bawku *Gh.*	63B3
Bawlake *Birm.*	44B2
Bayamo *Cuba*	87E2
Bayandalay *Mong.*	40A1
Bayandzürh *Mong.*	36C2
Bayan Har Shan (Mgnes) *Ch.*	36B3
Bayan Mod *Ch.*	40A1
Bayan Obo *Ch.*	40B1
Bayburt *Turq.*	55D1
Bay City *É.-U.*	80B2
Bay Daglari *Turq.*	54B2
Baydarat (G. de) *Russie*	32H3
Baydhabo *Som.*	65E2
Bayeux *Fr.*	4B2
Bâyir *Jord.*	54C3
Baykit *Russie*	29B1
Baylik Shan (Mgnes) *Ch. et Mong.*	29B3
Baymak *Russie*	31J3
Bay of Islands (Baie) *N.-Z.*	72B1
Bayonne *Fr.*	4B3
Bayreuth *All.*	25C3
Bay Shore *É.-U.*	85D2
Baytik Shan (Mgnes) *Ch. et Mong.*	36A2
Bayt Lahm = Bethléem	
Baza *Esp.*	18B2
Bazaliya *Ukr.*	27D3
Bazaruto (Ile) *Moz.*	67C3
Bazas *Fr.*	4B3
Bazhong *Ch.*	41B3
Bazmän *Iran*	57D4
Bcharre *Liban*	58C1
Beachy Head *G.-B.*	17E4
Beagle (Canal) *Chili*	95B7
Bealanana *Mad.*	67D2
Bear (I) = Bjørnøya	
Béarn *Fr.*	6B3
Beata (Ile) *Dom. (Rép.)*	89C3
Beatrice *É.-U.*	82D2
Beatton River *Can.*	79F4
Beatty *É.-U.*	83B3
Beauce *Fr.*	6C2
Beauchamp *Fr.*	10
Beauchene (Is) *Falkland*	95E6
Beaufort (Massif de) *Fr.*	9B2
Beaufort (Mer de) *Can.*	1B5
Beaufort West *Afr. du S.*	66B4
Beauharnois *Can.*	85D1
Beaujolais *Fr.*	9A2
Beaumont *É.-U.*	81A3
Beaune *Fr.*	5C2
Beauvais *Fr.*	4C2

Beohári

Belle-Isle (Détroit de) *Can.*	77E4
Belleville *Can.*	77C5
Belley *Fr.*	5D2
Bellingham *É.-U.*	82A2
Bellingshausen (Station) *Antarct.*	96C2
Bellingshausen (Mer de) *Antarct.*	96C3
Bellinzona *S.*	20A1
Bello *Col.*	92B2
Bellona Reefs *N.-C.*	71E3
Bellows Falls *É.-U.*	85D2
Bell (Pénin.) *Can.*	76B3
Belluno *It.*	20B1
Bell Ville *Arg.*	95D2
Belmonte *Br.*	91D5
Belmopan *Belize*	87D3
Belogorsk *Russie*	37E1
Beloha *Mad.*	67D3
Belo Horizonte *Br.*	91C5
Beloit *É.-U.*	80B2
Belomorsk *Russie*	32E3
Beloretsk *Russie*	31J3
Belo-Tsiribihina *Mad.*	67D2
Beloye (Lac) *Russie*	30E1
Belozersk *Russie*	30E1
Belpre *É.-U.*	84B3
Belukha (Mgne) *Russie*	36A2
Belush'ye *Russie*	32F3
Bembe *Ang.*	64B3
Bembérèke *Bénin*	63C3
Bemidji *É.-U.*	80A2
Bena *Norv.*	12G6
Bena Dibele *Zaire*	64C3
Benarès *Inde*	52A1
Benavente *Esp.*	18A1
Bencubbin *Austr.*	70A4
Bend *É.-U.*	82A2
Bender Beyla *Som.*	65F2
Bendigo *Austr.*	71D4
Benesov *Rép. Tch.*	25C3
Benevento *It.*	21B2
Bengale (Golfe du) *Asie*	49C4
Bengale-Occidental (État) *Inde*	52B1
Ben Gardane *Libye*	59A1
Bengbu *Ch.*	40D3
Benghazi *Libye*	59B1
Bengkalis *Indon.*	45C5
Bengkulu *Indon.*	38B4
Benguela *Ang.*	66A2
Benha *Ég.*	54B3
Beni *Zaire*	65C2
Béni (R.) *Bol.*	92D5
Beni Abbes *Alg.*	62B1
Benicarló *Esp.*	19C1
Benidji *É.-U.*	77A5
Benidorm *Esp.*	19B2
Beni Mansour *Alg.*	19C2
Beni Mazar *Ég.*	59C2
Beni Mellal *Maroc*	62B1
Bénin (Rép.) *Afr.*	63C4
Bénin (Baie du) *Afr.*	63C4
Benin City *Nig.*	63C4
Ben Oulid *Libye*	59A1
Beni-Saf *Alg.*	19B2
Béni-Souef *Ég.*	59C2
Ben Lawers (Mgne) *G.-B.*	14C2
Ben Macdui (Mgne) *G.-B.*	14C2
Benmore (Lac) *N.-Z.*	73B
Ben More Assynt (Mgne) *G.-B.*	14C2
Ben Nevis (Mgne) *G.-B.*	14C2
Bennington *É.-U.*	85D2
Bénoué (R.) *Cameroun*	64B
Benson *É.-U.*	83B3
Bent Djebail *Liban*	58B
Bentiu *Soud.*	65C2
Benton Harbor *É.-U.*	84A4
Benxi *Ch.*	40E1
Beohári *Inde*	52A1

Beppu J. 42C4
Beqaa (Plaine de la)
  Liban 58C1
Berat Alb. 23A2
Berau (Teluk) [Baie]
  Indon. 39E4
Berber Soud. 59C3
Berbera Som. 60E1
Berbérati Centr. 64B2
Berck Fr. 6C1
Berdichev Ukr. 30C3
Berdyansk Ukr. 30E4
Berekum Gh. 63B4
Berens (R.) Can. 79J4
Berens River Can. 79J4
Berettyoújfalu H. 27C3
Bereza Biél. 26D2
Berezhany Ukr. 27C3
Berezina (R.) Biél. 26D2
Berezniki Russie 31J2
Berezovka Russie 30D4
Berezovo Russie 32H3
Bergama Turq. 54A2
Bergame It. 20A1
Bergen Norv. 13F6
Bergerac Fr. 4C3
Berhala (Détroit de)
  Indon. 45C6
Bering (Détroit de)
  É.-U. et Russie 1C6
Béring (Mer de)
  É.-U. et Russie 74A3
Berizak Iran 57C4
Berja Esp. 18B2
Berkeley É.-U. 82A3
Berkner (I.) Antarct. 96B2
Berkovitsa Bulg. 22B2
Berkshire (Comté)
  G.-B. 17D4
Berlin É.-U. 85D2
Berlin All. 24C2
Bermejo Bol. 94D3
Bermejo (R.) Arg. 94E4
Bermudes G.-B. 75M5
Bernay Fr. 6C2
Bernburg All. 24C2
Berne S. 20A1
Bernier (Baie) Can. 76B2
Berounka (R.)
  Rép. Tch. 25C3
Berriyyane Alg. 62C1
Berry Fr. 4C2
Berry (Is) Bahamas 81C4
Bertoua Cameroun 64B2
Berwick É.-U. 85C2
Berwick-upon-Tweed
  G.-B. 16C2
Berwyn (Mgnes) G.-B. 17C3
Besalampy Mad. 67D2
Besançon Fr. 5D2
Beskides Occidentales
  Pol. 27C3
Besni Turq. 55C2
Besor (R.) Isr. 58B3
Bessemer É.-U. 81B3
Betafo Mad. 67D2
Betanzos Esp. 18A1
Betanzos (Ria de) Esp. 18A1
Bet Guvrin Isr. 58B3
Bethal Afr. du S. 66B3
Bethanie Nam. 66A3
Bethel É.-U. 78B3
Bethel Park É.-U. 84B2
Bethesda É.-U. 85C3
Bethléem Cisj. 58B3
Bethlehem Afr. du S. 66B3
Bethlehem É.-U. 85C2
Béthune Fr. 4C1
Betioky Mad. 67D3
Betou Congo 64B2
Betpak Dala (Steppe)
  Kaz. 33H5
Betroka Mad. 67D3
Betsiamites Can. 77D5
Bettiah Inde 52A1
Bétul Inde 51D4
Betwa (R.) Inde 51D3
Beyla Guinée 63B4
Beypore Inde 53B2
Beyrouth Liban 54C3

Beysehir Turq. 54B2
Beysehir Gölü (Lac)
  Turq. 54B2
Beyt Shean Isr. 58B2
Bezhetsk Russie 30E2
Béziers Fr. 5C3
Bezmein Turkm. 56C2
Beznosova Russie 29C2
Bezons Fr. 10
Bhadgaon Népal 52B1
Bhadrachalam Inde 53C1
Bhadrakh Inde 52B1
Bhadra (Rés. de) Inde 53B2
Bhadravati Inde 53B2
Bhag Pak. 50B3
Bhagalpur Inde 52B1
Bhakkar Pak. 50C2
Bhandara Inde 51D4
Bharatpur Inde 51D3
Bharuch Inde 51C4
Bhatiapara Ghat
  Bangl. 52B1
Bhatinda Inde 50C2
Bhatkal Inde 53A2
Bhatpara Inde 52B1
Bhavnagar Inde 51C4
Bhera Pak. 50C2
Bheri (R.) Népal 52A1
Bhilai Inde 52A2
Bhilwara Inde 51C3
Bhimavaram Inde 53C1
Bhind Inde 51D3
Bhiwani Inde 50D3
Bhongir Inde 53B1
Bhopal Inde 51D4
Bhoutan Asie 52B1
Bhubaneshwar Inde 52B1
Bhuj Inde 51B4
Bhusawal Inde 51D4
Biafra (Golfe du) Afr. 64A2
Bija Inde 50D3
Biak (Ile) Indon. 39E4
Biala Podlaska Pol. 26C2
Bialogard Pol. 26B2
Bialystok Pol. 26C2
Biargtangar (Cap) Isl. 12A1
Biarjmand Iran 56C2
Biarritz Fr. 4B3
Biba Ég. 54B4
Bibai J. 42E2
Bibala Ang. 66A2
Biberach All. 25B3
Bibiani Gh. 63B4
Bicaz Roum. 22C1
Bicha Ar.S. 47C3
Bichkek Kirgh. 33J5
Bida Nig. 63C4
Bidar Inde 53B1
Bidbid Oman 57C5
Bideford G.-B. 17B4
Bideford Bay (Baie)
  G.-B. 17B4
Bidon 5 Alg. 62C2
Biebrza (R.) Pol. 26C2
Bielawa Pol. 27B2
Bielefeld All. 24B2
Biella It. 20A1
Bielorussie Europe 30D3
Bielsk Podlaski Pol. 26C2
Bien Hoa V. 44D3
Bienne S. 20A1
Bienville (Lac) Can. 77C4
Bièvre (R.) Fr. 10
Biferno (R.) It. 21B2
Biga Turq. 54A1
Bigadiç Turq. 23C3
Big Delta É.-U. 78D3
Biggar Kindersley
  Can. 79H4
Big Horn (R.) É.-U. 82C2
Big Horn (Mts) É.-U. 82C2
Big i.) Can. 76C3
Bignona Sén. 63A3
Big Rapids É.-U. 84A2
Big River Can. 79H4
Big Spring É.-U. 83C3
Big Trout (Lac) Can. 77A4
Big Trout Lake Can. 77B4
Bihać Bosnie 20C2

Bihar (État) Inde 52B1
Bihar Inde 52B1
Biharamulo Tanz. 65D3
Bihor (Mt) Roum. 30B4
Bijapur Inde 53B1
Bijapur Inde 53C1
Bijar Iran 56A2
Bijauri Népal 52A1
Bijeljina Bosnie 22A2
Bijie Ch. 41B4
Bijnor Inde 50D3
Bijnot Pak. 50C3
Bikaner Inde 50C3
Bikfaya Liban 58B2
Bikin Russie 37F2
Bikoro Zaïre 64B3
Bilara Inde 51C3
Bilaspur Inde 50D2
Bilaspur Inde 52A2
Bilauktaung Range
  Th. 44B3
Bilbao Esp. 18B1
Bileca Bosnie 20C2
Bilecik Turq. 54B1
Bili (R.) Zaïre 64C2
Billings É.-U. 82C2
Bilma Niger 59A3
Bilma (Grand Erg de)
  Niger 59A3
Biloxi É.-U. 81B3
Biltine Tchad 64C1
Bina-Etawa Inde 51D4
Bindura Zimb. 67C2
Binga Zimb. 66B2
Binga (Mgne) Zimb. 66D2
Bingen All. 25B3
Binghamton É.-U. 80C2
Bingöl Turq. 55D2
Binhai Ch. 40D3
Binibeca (C.) Esp. 19C2
Binja Indon. 45B5
Binjai Indon. 45D5
Bintan (Ile) Indon. 45C5
Bintulu Mal. 38C3
Bío Bío (R.) Chili 95B3
Bioko (Ile) Guin.-Éq. 61E7
Bir Inde 53B1
Bi'r (Al) Ar. S. 54C4
Birao Centr. 64C1
Biratnagar Népal 52B1
Birch (Mts) Can. 79G4
Bird Can. 77A4
Birdsville Austr. 70C3
Birdum Austr. 70C2
Birgang Népal 52A1
Bir Gifgâfa (Puits) Ég. 58A3
Bir Hasana (Puits) Ég. 58A3
Birjand Iran 56C3
Birkat Qarun (Lac) Ég. 54B4
Birkenhead G.-B. 16C3
Birlad Roum. 30C4
Bir Lahfân (Puits) Ég. 58A3
Birmanie Asie 49D3
Birmingham É.-U. 81B3
Birmingham G.-B. 17C3
Bir Moghrein Maurit. 62A2
Birnin Kebbi Nig. 63C3
Birnin N'Konni Nig. 63C3
Birobidzhan Russie 37F2
Bir Rabalou Alg. 19C2
Birsk Russie 31J2
Biryusa (R.) Russie 29B2
Birzai Lit. 12J7
Bishan Ch. 41B4
Bisho Afr du Sud 66B4
Bishop É.-U. 82B3
Bishop Auckland G.-B. 16D2
Bishop's Stortford
  G.-B. 17E4
Bishrämpur Inde 52A2
Biskra Alg. 62C1
Bismarck É.-U. 82C2
Bisotun Iran 56A3
Bissagos (Iles)
  Guinée-B. 63A3
Bissau Guinée - B. 63A3
Bissett Can. 79J4
Bistcho (L.) Can. 79G4
Bistrita (R.) Roum. 22C1
Bitam Gabon 64B2

Bitburg All. 25B3
Bitlis Turq. 55D2
Bitola Mac. 23B2
Bitterfeld All. 24C2
Bitterfontein
  Afr. du S. 66A4
Bitteroot (Monts) É.-U. 82B2
Biu Nig. 63D3
Biwa (Lac) J. 42D3
Biyadh (Al) Ar. S. 57A5
Biyo Kaboba Éth. 65E1
Biysk Russie 33K4
Bizerte Tun. 62C1
Bjelovar Cr. 20C1
Bjørnøya (Ile)
  O. Arctique 32C2
Black (R.) É.-U. 81A3
Blackall Austr. 71D3
Blackburn G.-B. 16C3
Blackburn (Mt) É.-U. 78D3
Black Hills É.-U. 79H5
Blackman's Barbade 89R2
Black Mts G.-B. 17C4
Blackpool G.-B. 16C3
Black River Jam. 89H1
Black Rock Desert
  É.-U. 82B2
Blackwater (R.) Irl. 15B3
Blagoevgrad Bulg. 22B2
Blagoveshchensk
  Russie 37E1
Blanc (Cap) Tun. 21A3
Blanche (Mer) Russie 32E3
Blanc (Le) Fr. 4C2
Blanc-Mesnil (Le) Fr. 10
Blanc (Mont) Fr. 20A1
Blanco (Cap) É.-U. 82A2
Blanc Sablon Can. 77E4
Blandford Forum
  G.-B. 17C4
Blanquilla (Ile) Ven. 89K4
Blantyre Malawi 67C2
Blaye Fr. 4B2
Blenheim N.-Z. 73B2
Bleues (Montagnes)
  É.-U. 81B3
Blida Alg 62C1
Blind River Can. 84B1
Block (Ile) É.-U. 85D2
Bloemfontein
  Afr. du S. 66B3
Bloemhof Afr. du S. 67G1
Bloemhof (Bge de)
  Afr. du S. 66B3
Blois Fr. 6C2
Blommesteinmeer
  (Lac) Sur. 93F3
Blonduós Isl. 12A1
Bloomfield É.-U. 84A3
Bloomington É.-U. 80B2
Bloomington É.-U. 84A3
Blosseville Kyst
  (Mgnes) Groenl. 76H3
Bludenz Autr. 25B3
Bluefield É.-U. 81B3
Bluefields Nic. 92A1
Blue Mountain Peak
  (Mgne) Jam. 88B3
Blue Mts É.-U. 82A2
Blue Mts Jam. 89J1
Bluenose L. Can. 78G3
Bluff N.-Z. 73A3
Bluff Knoll (Mgne)
  Austr. 70A4
Blumenau Br. 94G4
Blyth G.-B. 16D2
Blythe É.-U. 83B3
Blytheville É.-U. 81B3
Bo S.L. 63A4
Boac Phil. 39D2
Boading Ch. 40D2
Boardman É.-U. 84B2
Boa Vista Br. 93E3
Boa Vista (Ile)
  Cap - Vert 63A4
Bobai Ch. 44E1
Bobigny Fr. 10
Bobo-Dioulasso Burk. 63B3
Bobruysk Biél. 30C3

Bōca do Acre *Br.*	92D5	Boma *Zaïre*	64B3
Bocage *Fr.*	6B2	Bombala *Austr.*	71D4
Bocaranga *Centr.*	64B2	Bombay *Inde*	53A1
Bochnia *Pol.*	27C3	Bombetoka (Baie de) *Mad.*	67D2
Bocholt *All.*	24B2	Bombo *Oug.*	65D2
Bocoio *Ang.*	66A2	Bomdila *Inde*	52C1
Boda *Centr.*	64B2	Bomi Hills *Liberia*	63A4
Bodaybo *Russie*	29D2	Bom Jesus da Lapa *Br.*	91C4
Bodélé *Tchad*	59A3	Bomnak *Russie*	29E2
Boden *Suède*	12J5	Bomokandi (R.) *Zaïre*	65C2
Bodhan *Inde*	53B1	Bomu (R.) *Centr. et Zaïre*	64C2
Bodinäyakkanür *Inde*	53B2	Bonaire (Ile) *M. des Antilles*	89D4
Bodjnurd *Iran*	56C2	Bonanza *Nic.*	87D3
Bodmin *G.-B.*	17B4	Bonavista *Can.*	77E5
Bodmin Moor (Hauteurs) *G.-B.*	17B4	Bon (Cap) *Tun.*	62D1
Bodø *Norv.*	12G5	Bondo *Zaïre*	64C2
Bodrum *Turq.*	23C3	Bondoufle *Fr.*	10
Boende *Zaïre*	64C3	Bondoukou *C. d'Iv.*	63B4
Boffa *Guinée*	63A3	Bondy *Fr.*	10
Bogale *Birm.*	44B2	Bone (Golfe de) *Indon.*	39D4
Bogalusa *É.-U.*	81B3	Bonfim *Guy.*	93F3
Bogandé *Burk.*	63C3	Bongandanga *Zaïre*	64C2
Bogarnes *Isl.*	76H3	Bongo (Massif des) *Centr.*	64C2
Bogazliyan *Turq.*	54C2	Bongor *Tchad*	64B1
Bogdanovich *Russie*	31K2	Bonifacio *Fr.*	21A2
Bogda Shan (Mgne) *Ch.*	36A2	Bonifacio (Bouches de) *Méditerranée*	21A2
Bogenfels *Nam.*	66A3	Bonin (Iles) = Ogasawara Gunto	
Bogor *Indon.*	38B4	Bonn *All.*	25B2
Bogorodskoye *Russie*	29G2	Bonne-Espérance (Cap de) *Afr. du S.*	66A4
Bogorodskoye *Russie*	31H2	Bonny (Baie de) *Atlantique*	
Bogorodskoye *Russie*	37G1	Bonthe *S. L.*	63A4
Bogotá *Col.*	92C3	Bonville *É.-U.*	85C2
Bogotol *Russie*	29A2	Boothia (Golfe de) *Can.*	76A2
Bogra *Bangl.*	52B1	Boothia (Péninsule de) *Can.*	76A2
Bohai (Baie de) *Ch.*	40D2	Booué *Gabon*	64B3
Bohai (Golfe de) *Ch.*	40D2	Bor *Soud.*	65D2
Bohème *Rép. Tch.*	25C3	Bor *Turq.*	54B2
Bohmerwald (Hauteurs) *All.*	25C3	Bor *Turq.*	22B2
Bohol (Ile) *Phil.*	39D3	Bora-Bora (Ile) *Polyn. Fr.*	11
Bohol (Mer de) *Phil.*	39D3	Borah (Pic) *É.-U.*	82B2
Bois Blanc (I.) *É.-U.*	84B1	Borås *Suède*	12G7
Bois *É.-U.*	82B2	Borazdjan *Iran*	57B4
Bois (Lac des) *Can.*	77A5	Borborema (Planalto do) *Br.*	91D3
Bois (Lac des) *Can.*	78F3	Bordeaux *Fr.*	4B3
Bois-le-Duc *P.-B.*	24B2	Borden (I.) *Can.*	78G2
Boissy-St-Léger *Fr.*	10	Borden (Péninsule) *Can.*	4C2
Bojador (Cap) *Maroc*	62A2	Borders (Rég.) *G.-B.*	16C2
Bojeador (Cap) *Phil.*	38D2	Bordj Omar Dris *Alg.*	62C2
Boké *Guinée*	63A3	Bordj bou Arreridj *Alg.*	19C2
Boknafjord (Baie) *Norv.*	12F7	Borens River *Can.*	82D1
Boko *Congo*	64B3	Borgarnes *Isl.*	12A2
Bokor *Camb.*	44C3	Borger *É.-U.*	83C3
Bokoro *Tchad*	64B1	Borgholm *Suède*	12H7
Bokungu *Zaïre*	64C3	Borislav *Ukr.*	27C3
Bol *Tchad*	64B1	Borisoglebsk *Russie*	31F3
Bolama *Guinée - B.*	63A3	Borisov *Biél.*	30C3
Bolbec *Fr.*	6B4	Borisovka *Russie*	30E3
Bolesławiec *Pol.*	27B2	Borkou *Tchad*	59A3
Bolgatanga *Gh.*	63B3	Borlänge *Suède*	13H6
Bolgrad *Ukr.*	30C4	Bornéo *Asie*	38C3
Bolivar (Pic) [Mgne] *Ven.*	92C2	Bornes (Massif) *Fr.*	9B2
Bolivie *Am. du S.*	94C2	Bornholm (Ile) *Dan.*	12H7
Bollnäs *Suède*	13H6	Bornova *Turq.*	23C3
Bolobo *Zaïre*	64B3	Boro (R.) *Soud.*	64C2
Bologne *It.*	20B2	Boromo *Burk.*	63B3
Bologoye *Russie*	30D2	Borovichi *Russie*	30D2
Bolon *Russie*	37F1	Borroloola *Austr.*	70C2
Bologoye *Russie*	37F2	Borsa *Roum.*	22B1
Bolon (Lac de) *Russie*	20B2	Borudjerd *Iran*	56A3
Bol'shoy Irgiz (R.) *Russie*	31G3	Borüjen *Iran*	56B3
Bol'shoy Kamen *Russie*	42C2	Borzya *Russie*	36D1
Bol'shoy Uzen (R.) *Kaz.*	31G4	Bosaso *Som.*	65E1
Bolson de Mapimi (Désert) *Mex.*	83C4	Bose *Ch.*	41B5
Bolson (El) *Arg.*	95B4	Boshof *Afr. du S.*	67G1
Bolton *G.-B.*	16C3	Bosna (R.) *Bosnie*	20C2
Bolu *Turq.*	54B1	Bosnie-Herzégovine *Europe*	20C2
Bolugarvik *Isl.*	12A1	Bösö (Pén. de) *J.*	43C1
Bolvadin *Turq.*	54B2	Bosphore *Turq.*	54A1
Bolzano *It.*	20B1	Bosquet *Alg.*	19C2
		Bossangoa *Centr.*	64B2
		Bossembélé *Centr.*	64B2
		Bosten Hu (Lac) *Ch.*	36A2
		Boston *É.-U.*	80C2
		Boston *G.-B.*	17D3
		Boston (Mts) *É.-U.*	81A3
		Botād *Inde*	51C4
		Botevgrad *Bulg.*	22B2
		Bothaville *Afr. du S.*	67G1
		Botletli (R.) *Botswana*	66B3
		Botnie (Golfe de) *Finl.et Suède*	13H6
		Botosani *Roum.*	30C4
		Botswana *Afr.*	66B3
		Botte Donato (Mgne) *It.*	21C3
		Botwood *Can.*	77E5
		Bouaflé *C. d'Iv.*	63B4
		Bouaké *C. d'Iv.*	63B4
		Bouar *Centr.*	64B2
		Bou Arfa *Maroc*	62B1
		Bouca *Centr.*	64B2
		Bouches-du-Rhône (Dép.) *Fr.*	9B3
		Bou-Craa *Sahara occ.*	62A2
		Boufarik *Alg.*	19C2
		Bougouni *Mali*	63B3
		Bouhalla (Djebel) *Maroc*	18A2
		Bouillante *Guadeloupe*	11
		Bouira *Alg.*	19C2
		Bou Izakarn *Maroc*	62B2
		Boulder *É.-U.*	82C2
		Boulder City *É.-U.*	83B3
		Boulogne-Billancourt *Fr.*	10
		Boulogne (Bois de) *Fr.*	10
		Boulogne-sur-Mer *Fr.*	4C1
		Boumba (R.) *Centr.*	64B2
		Bouna *C. d'Iv.*	63B4
		Boundary (Pic) *É.-U.*	82B3
		Boundiali *C. d'Iv.*	63B4
		Bourail *N.-C.*	71F3
		Bourbonnais *Fr.*	7C2
		Bourem *Mali*	63B3
		Bourg-de-Péage *Fr.*	5D2
		Bourg-en-Bresse *Fr.*	9B2
		Bourges *Fr.*	9B2
		Bourget (Lac du) *Fr.*	9B2
		Bourg-Madame *Fr.*	4C3
		Bourgneuf (Baie de) *Fr.*	4B2
		Bourgogne (Rég.) *Fr.*	8A2
		Bourgoin-Jallieu *Fr.*	5D2
		Bourgueil *Fr.*	4C2
		Bouriatie (Rép. de) *Russie*	29D2
		Bourke *Austr.*	71D4
		Bournemouth *G.-B.*	17D4
		Bou Saada *Alg.*	62C1
		Bousso *Tchad*	64B1
		Boutilimit *Maurit.*	63A3
		Bowen *Austr.*	71D2
		Bowling Green *É.-U.*	81B3
		Bowling Green *É.-U.*	84B2
		Bowling Green *É.-U.*	85C3
		Bowmanville *Can.*	85C3
		Bo Xian *Ch.*	40D3
		Boxing *Ch.*	40D2
		Boyabat *Turq.*	54B1
		Boyali *Centr.*	64B2
		Boyd *Can.*	79J4
		Boyle *Irl.*	15B3
		Boyoma (Chutes de) *Zaïre*	64C2
		Bozcaada (Ile) *Turq.*	23C3
		Boz Dağlari (Mgnes) *Turq.*	23C3
		Bozeman *É.-U.*	82B2
		Bozene *Zaïre*	64B2
		Bozoum *Centr.*	64B2
		Brač (Ile) *Croatie*	20C2
		Bracciano (Lac de) *It.*	20B2
		Bracebridge *Can.*	85C1
		Bräcke *Suède*	12H6

Bradford *G.-B.*	16D3
Braemar *É.-U.*	14C2
Braga *Port.*	18A1
Bragança *Port.*	18A1
Bragança *Br.*	91B2
Brahman-Baria *Bangl.*	52C2
Brāhmani (R.) *Inde*	52B1
Brahmapoutre (R.) *Asie*	52C1
Brăila *Roum.*	30C4
Brainerd *É.-U.*	80A2
Brak *Libye*	59A2
Brakna *Maurit.*	63A3
Bralorne *Can.*	79F4
Brampton *Can.*	84C2
Branco (R.) *Br.*	93E3
Brandberg (Mgne) *Nam.*	66A3
Brandebourg (Rég.) *All.*	24C2
Brandenburg *All.*	24C2
Brandon *Can.*	82D2
Brandvlei *Afr. du S.*	66B4
Brandys nad Laben *Rép. Tch.*	25C2
Brandfort *Afr. du S.*	67G1
Braniewo *Pol.*	26B2
Brantford *Can.*	80B2
Bras de la Plaine (R.) *Réunion*	11
Bras d'Or (Lacs) *Can.*	77D5
Brasiléia *Br.*	92D5
Brasilia *Br.*	91B5
Brasov *Roum.*	22C1
Bras-Panon *Réunion*	11
Bratislava *Slovaquie*	27B3
Bratsk *Russie*	29C2
Brattleboro *É.-U.*	85D2
Brava (Ile) *Cap - Vert*	63A4
Bravo del Norte (Rio) *É.-U. et Mex.*	86B1
Brawley *É.-U.*	83B3
Bray (I.) *Can.*	76C3
Brayqah (Al) *Libye*	59A1
Brazos (R.) *É.-U.*	83D3
Brazzaville *Congo*	64B3
Brdy (Hauteurs) *Rép. Tch.*	25C3
Breaksea Sound (Fjord) *N.-Z.*	73A3
Bream (Baie) *N.-Z.*	72B1
Breclav *Rép. Tch.*	27B3
Brecon *G.-B.*	17C4
Brecon Beacons (Mgnes) *G.-B.*	17C4
Brecon Beacons (Parc nat.) *G.-B.*	17C3
Breda *P.-B.*	24A2
Bredasdorp *Afr. du S.*	66B4
Bredbyn *Suède*	12H6
Bredy *Russie*	31J3
Breezewood *É.-U.*	85D2
Breiethafjörethur (Baie) *Isl.*	12A1
Brême *Isl.*	24B2
Bremen *All.*	24B2
Bremer *Autr. et It.*	25C3
Brescia *It.*	20B1
Brésil *Am. du S.*	90D4
Breslau = Wrocław	
Bresse *Fr.*	9A2
Bressuire *Fr.*	4B2
Brest *Fr.*	4B2
Brest *Biél.*	26C2
Bretagne (Rég.) *Fr.*	6B2
Bretagne (Pte de) *Réunion*	11
Brétigny-sur-Orge *Fr.*	10
Brett (Cap) *N.-Z.*	72B1
Breuillet *Fr.*	10
Breyten *Afr. du S.*	67G1
Brežice *Slovénie*	20C1
Bria *Centr.*	64C2
Briançon *Fr.*	5D3
Briansk *Russie*	30D3
Briare *Fr.*	5C2
Bridgeport *É.-U.*	85D2
Bridgetown *Barbade*	89F4
Bridgewater *Can.*	77D5
Bridgwater *G.-B.*	17C4

Bridgwater Bay (Baie)
  G.-B.   17C4
Bridlington G.-B.   16D2
Brie Fr.   6C2
Brie-Comte-Robert Fr.   10
Brigham City É.-U.   82B2
Brighton G.-B.   17D4
Brignoles Fr.   9B3
Brigue S.   20A1
Brindisi It.   21C2
Brioude Fr.   9A2
Brisbane Austr.   71E3
Bristol É.-U.   83B3
Bristol É.-U.   85D2
Bristol G.-B.   17C4
Bristol (Canal de)
  G.-B.   17B4
British Mts Can.   78D3
Brits Afr. du S.   67G1
Brittstown Afr. du S.   66B4
Brive-la-Gaillarde Fr.   4C2
Brno Rép. Tch.   27B3
Broadback (R.) Can.   77C4
Brochet Can.   79H4
Brock (I.) Can.   78G2
Brockport É.-U.   85C2
Brockville Can.   85C2
Brodeur (Péninsule)
  Can.   76B2
Brodick G.-B.   16B2
Brodnica Pol.   26B2
Brodny Ukr.   30C3
Broken Hill Austr.   71D4
Brønnøysund Norv.   12G5
Brooke's Pt Phil.   38C3
Brookfield É.-U.   84A2
Brookhaven É.-U.   81A3
Brookings É.-U.   82D2
Brooks Can.   79G4
Brooks (Chaîne de)
  É.-U.   78C3
Broome Austr.   85D2
Broome Austr.   70B2
Broulkou (Puits)
  Tchad   59A3
Brousse = Bursa
Brownsville É.-U.   83D4
Brownwood É.-U.   83D3
Bruce (Mt) Austr.   70A3
Bruce (Pén.) Can.   84B1
Bruck an der Mur
  Autr.   27B3
Bruges Belg.   24A2
Brunico It.   20B1
Brunner (Lac) N.-Z.   73B2
Brunoy Fr.   10
Brunswick É.-U.   81B3
Brunswick All.   24C2
Brunswick (Pén. de)
  Chili   95B6
Brusenets Russie   31F1
Brus Laguna Hond.   88A3
Bruxelles Belg.   24A2
Bruyères-le-Châtel Fr.   10
Bryan É.-U.   83D3
Bry-sur-Marne Fr.   10
Brzeg Pol.   27B2
Bubiyan (Ile) Koweit   55E4
Bubu (R.) Tanz.   65D3
Buc Fr.   10
Bucaramanga Col.   92C2
Bucarest Roum.   22C2
Buchanan Liberia   63A4
Buchan (Golfe) Can.   76C2
Buchan Ness (Pén.)
  G.-B.   14C2
Buchans Can.   77E5
Bûchehr Iran   57B4
Buckingham G.-B.   17D3
Buco Zau Congo   64B3
Budapest H.   27B3
Budaun Inde   50D3
Bude G.-B.   17B4
Budennovsk Russie   31F5
Budva Youg.   22A2
Buéa Cameroun   64A2
Buenaventura Col.   92B3
Buenos Aires (État)
  Arg.   95E3

Buenos Aires (Lac)
  Arg.   95B5
Buffalo É.-U.   80C2
Buffalo É.-U.   82C2
Buffalo (R.) Afr. du S.   67H1
Buffalo (Lac) Can.   79G3
Buffalo Narrows Can.   79H4
Buftea Roum.   22C2
Bug (R.) Pol. et Ukr.   26C2
Buga Col.   92B3
Bugdayli Turkm.   56B2
Bugey Fr.   9B2
Bugulma Russie   31H3
Buguruslan Russie   31H3
Builth Wells G.-B.   15C3
Bujumbura Burundi   65C3
Bukama Zaïre   64C3
Bukavu Zaïre   65C3
Bukoba Tanz.   65D3
Bula Indon.   39E4
Bulan Phil.   39D2
Bulandshahr Inde   50D3
Bulawayo Zimb.   66B3
Buldan Turq.   23C3
Buldana Inde   51D4
Bulgan Mong.   36C2
Bulgarie Europe   22B2
Buller (R.) N.-Z.   73B2
Bullfinch Austr.   70A4
Bulls Shoals (Lac)
  É.-U.   81A3
Bulolo P.-N.-G.   39F4
Bulltontein Afr. du S.   67G1
Bulu (Gunung)
  Indon.   38C3
Bumba Zaïre   64C2
Bumphal Dam Th.   44B3
Buna K.   65D2
Bunbury Austr.   70A4
Bundaberg Austr.   71E3
Bundi Inde   51D3
Bungo Ang.   64B3
Bungo (Dt de) J.   43A2
Bunguran (Ile) Indon.   45D5
Bunguran (Arch.)
  Indon.   45D5
Bunia Zaïre   65D2
Buntok Indon.   38C4
Buol Indon.   39D3
Burāg Syrie   58C2
Buram Soud.   64C1
Buraymi (Al) Oman   57C5
Burdi (Al) Libye   59B1
Burdur Turq.   54B2
Bureinsky Khrebet
  (Mts) Russie   37F1
Burg All.   24C2
Burgas Bulg.   22C2
Burgersdorp
  Afr. du S.   66B4
Burgos Esp.   18B1
Burgsvik Suède   26B1
Burhanjye Turq.   32J3
Burhaniye Turq.   23C3
Burhānpur Inde   51D4
Buriram Th.   44C2
Burketown Austr.   70C2
Burkina Afr.   60D6
Burks Falls Can.   85C1
Burley É.-U.   82B2
Burlington É.-U.   80A2
Burlington É.-U.   80C2
Burnie Austr.   71D5
Burnley G.-B.   16C3
Burns Lake Can.   79F4
Burqin Ch.   48C1
Bursa Turq.   54A1
Burton É.-U.   84B2
Burton upon Trent
  G.-B.   17D3
Burtrask Suède   12J6
Buru (Ile) Indon.   39D4
Burundi Afr.   65D3
Burundie Austr.   70C2
Burung Indon.   45C5
Burün (Rās) Ég.   58A3
Burye Éth.   65D1

Burynshik Kaz.   31H4
Bury St Edmunds
  G.-B.   17E3
Buşayyah (Al) Iraq   55E3
Busira (R.) Zaïre   64B3
Buskozdroj Pol.   26C2
Busrâ ash Shâm
  Syrie   58C2
Busselton Austr.   70A4
Busto Arsizio It.   20A1
Bustol É.-U.   84B3
Buta Zaïre   64C2
Butare Rwanda   65C3
Bute (Ile) G.-B.   16B2
Butha Qi Ch.   37E2
Butler É.-U.   84C2
Butta Togo   63C4
Butte É.-U.   82B2
Butterworth Mal.   45C4
Butt of Lewis (Cap)
  G.-B.   14B2
Button (Is) Can.   76D3
Butuan Phil.   39D3
Butung (Ile) Indon.   39D4
Buturlinovka Russie   31F3
Butwal Népal   52A1
Buulo Barde Som.   65E2
Buur Hakaba Som.   65E2
Buy Russie   31F2
Buynaksk Russie   31G5
Buyr Nuur (Lac)
  Mong.   36D2
Büyük Ağri Dagi =
  Ararat (Mont)
Büyük Menderes (R.)
  Turq.   54A2
Buzâu Roum.   22C1
Buzau (R.) Roum.   22C1
Buzuluk Russie   31H3
Byala Bulg.   22C2
Byala Slatina Bulg.   22B2
Byam Martin (Détroit)
  Can.   78H2
Byam Martin (I.) Can.   78H2
Byblos Liban   58B1
Bydgoszcz Pol.   26B2
Bygland Norv.   12F7
Bylot (I.) Can.   76C2
Bytom Pol.   27B2

C

Caacupú Par.   94E4
Caala Ang.   66A2
Caazapá Par.   94E4
Caballeria (C. de) Esp.   19C1
Cabanatuan Phil.   39D2
Cabedelo Br.   91E3
Cabeza del Buey Esp.   18A2
Cabimas Ven.   92C1
Cabinda Ang.   64B3
Cabinda (Prov.) Ang.   64B3
Cabo Beata Dom.
  (Rép.)   89C3
Cabo Gracias a Dios
  Hond.   88A4
Cabonga (Rés.) Can.   77C5
Cabonga (Réservoir)
  Can.   80C2
Cabora Bassa (Bge de)
  Moz.   67C2
Caborca Mex.   86A1
Cabot (Détroit de)
  Can.   77D5
Cabra Esp.   18B2
Cabreira (Mgne) Port.   18A1
Cabrera (Ile) Esp.   19C2
Çabriel (R.) Esp.   19B2
Čačak Youg.   22B2
Cáceres Br.   94E2
Cáceres Esp.   18A2
Cachan Fr.   10
Cachemire
  Inde et Pak.   51C4
Cachi Arg.   94C4
Cachimbo Br.   93F5
Cachimbo (Serra do)
  Br.   93F5
Cachoeira Br.   91D4
Cachoeira do Sul Br.   95F2

Cachoeiro de
  Itapemirim Br.   91C6
Cacolo Ang.   66A2
Caconda Ang.   66A2
Caculuvar (R.) Ang.   66A2
Cadca Slov.   27B3
Cader Idris (Mgnes)
     17C3
Cadillac É.-U.   80B2
Cadix Esp.   18A2
Cadix (Golfe de) Esp.   18A2
Caen Fr.   4B2
Caernarfon G.-B.   16B3
Caernarfon Bay (Baie)
  G.-B.   17B3
Caetité Br.   91C4
Cafayate Arg.   94C4
Cafres (Plaine des)
  Réunion   11
Caga Tepe Turq.   54B2
Cagayan de Oro Phil.   39D3
Cagayan Sulu (Ile)
  Phil.   38C3
Cagliari It.   21A3
Cagliari (G. de) It.   21A3
Caguas Porto Rico   89D3
Cagul Mold.   22C1
Cahors Fr.   4C3
Caia Moz.   67C2
Caiabis (Serra dos) Br.   93F6
Caianda Ang.   66B2
Caicó Br.   91D3
Caicos (Iles)
  M. des Antilles   89C2
Caicos (Passage des)
  O. Atlantique   81C4
Caire (Le) Ég.   54B3
Cairns Austr.   71D2
Cairo É.-U.   81B3
Cajabamba Pér.   92B5
Cajamarca Pér.   92B5
Calabozo Ven.   89D5
Calabre (Rég.) It.   21C3
Calafat Roum.   22B2
Calafate Arg.   95B6
Calahorra Esp.   19B1
Calais Fr.   4C1
Calama Chili   94C3
Calamar Col.   92C3
Calamian (Iles) Phil.   38C2
Calang Indon.   45B4
Calapan Phil.   39D2
Călăraşi Mold.   22C1
Calarasi Roum.   22C2
Calatayud Esp.   19B1
Calcanhar (Pointe) Br.   91D3
Calcutta Inde   52B1
Caldas da Rainha Port.   18A2
Caldas Novas Br.   91B5
Caldera Chili   94B4
Caldwell É.-U.   82B2
Caledon (R.) Afr. du S.   66B3
Caleta Olivia Arg.   95C5
Calexico É.-U.   83B3
Calgary Can.   79G4
Cali Col.   92B3
Calicut Inde   53B2
Caliente É.-U.   82B3
Californie É.-U.   82A3
Californie (Basse-)
  [Pén.] Mex.   86A1
Californie (G. de)
  Mex.   86A1
Calimam (Mts) Roum.   22B1
Calimera (Pte) Inde   53B2
Callander Can.   85C1
Callao Pér.   92B6
Caltanissetta It.   21B3
Caluango Ang.   64B3
Calulo Ang.   66A2
Caluquembe Ang.   66A2
Calvados (Dép.) Fr.   6B2
Calvi Fr.   20A2
Calvinia Afr. du S.   66A4
Cam (Cap) Turq.   55C1
Camaguey Cuba   87E2
Camaguey (Arch. de)
  Cuba   88B2
Camaná Pér.   94B2
Camargo Bol.   94C3

Camargue

Camargue Fr.	5C3
Camarones Arg.	95C4
Ca Mau (Cap) Camb.	45C4
Camaxilo Ang.	64B3
Cambatela Ang.	64B3
Cambay (Golfe de) Inde	51C4
Cambodge Asie	44C3
Camborne G.-B.	17B4
Cambrai Fr.	5C1
Cambrian Mts G.-B.	17C3
Cambridge Can.	84B2
Cambridge (Comté) G.-B.	17D3
Cambridge É.-U.	84B2
Cambridge É.-U.	85C3
Cambridge É.-U.	85D2
Cambridge G.-B.	17E3
Cambridge Jam.	89H1
Cambridge N.-Z.	72C1
Cambridge Bay Can.	78H3
Camden É.-U.	81A3
Camden É.-U.	85D3
Cameron (Monts) N.-Z.	73A3
Cameron (I.) Can.	78H2
Cameroun (Mt) Cameroun	64B2
Cametá Br.	64A2
Camiri Bol.	91B2
Camocim Br.	94D3
Camoowael Austr.	91C2
Campana (Ile) Chili	70C2
Campanie (Rég.) It.	95A5
Campbell (Cap) N.-Z.	21B2
Campbell (Ile) N.-Z.	73B2
Campbell (Mt) Can.	69G6
Campbellpore Pak.	78E3
Campbell River Can.	50C2
Campbellton Can.	79F5
Campbeltown G.-B.	77D5
Campeche Mex.	16B2
Campeche (Baie de) Mex.	87C3
Campina Grande Br.	87C2
Campinas Br.	91D3
Campo Cameroun	91B6
Campobasso It.	64A2
Campo Gallo Arg.	21B2
Campo Grande Br.	94D4
Campo Maior Br.	94F3
Campo Mourão Br.	91C2
Campos Br.	94F3
Cam Ranh V.	91C6
Camrose Can.	44D3
Camucuio Ang.	79G4
Canaan Tobago	66A2
Canacupa Ang.	89K1
Canada Am.	66A2
Cañada de Gomez Arg.	74F3
Canadian (R.) É.-U.	95D2
Canakkale Turq.	83C3
Cananea Mex.	54A2
Canarie (Grande) [Ile] Canaries	86A1
Canaries (Iles) Esp.	62A2
Cañatlán Mex.	62A2
Cañaveral É.-U.	86B2
Canavieiras Br.	81B4
Canberra Austr.	91D5
Candala Som.	71D4
Çandarli (Baie de) Turq.	65E1
Canelones Ur.	23C3
Cangamba Ang.	95E2
Cangombe Ang.	66B2
Cangzhou Ch.	66B2
Caniapiscau (R.) Can.	40D2
Caniapiscau (L.) Can.	77D4
Canicatti It.	21B3
Caninde Br.	91D2
Çankiri Turq.	54B1
Cannanore Inde	53B2
Cannes Fr.	5C3
Canõas Br.	95F4
Canon City É.-U.	83C3
Canora Can.	79H4

Cantabrique (Cordillère) Esp.	18A1
Cantal (Dép.) Fr.	7C2
Canterbury G.-B.	17E4
Canterbury Bight (Baie) N.-Z.	73B2
Canterbury Plains N.-Z.	73B2
Can Tho V.	45D4
Canton Ch.	41C5
Canton É.-U.	80B2
Canzar Ang.	64C3
Cao Bang V.	44D1
Cap (Le) Afr. du S.	66A4
Capanema Br.	91B2
Capbreton Fr.	4B3
Cap-Breton (I. du) Can.	77E5
Cap-de-la-Madeleine Can.	85D1
Cap-Est Afr. du Sud	66B4
Cap-Nord Afr. du Sud	66B3
Cap-Ouest Afr. du Sud	66B4
Capdepera Esp.	19C2
Cape Coast Gh.	63B4
Cape Dorset Can.	76C3
Cape Girardeau É.-U.	81B3
Cape Henrietta Maria Can.	76B3
Cape Lisburne É.-U.	78B3
Capelongo Ang.	66A2
Cape May É.-U.	85D3
Cape Mendocino É.-U.	79F5
Capenda Camulemba Ang.	64B3
Cape Parry Can.	78F2
Capesterre-Belle-Eau Guadeloupe	
Cape Tatnam Can.	77A4
Cap-Haïtien Haïti	88C3
Capim (R.) Br.	91B2
Cappadoce (Rég.) Turq.	56A3
Cap Pt (Pointe) Ste-Lucie	89P2
Capri (Ile) It.	21B2
Caprivi (Pointe de) Nam.	66B2
Cap-Vert (Iles du) Atlantique	63A4
Cap York (Pén. du) Austr.	71D2
Caquetá (R.) Col.	92C4
Caracal Roum.	22B2
Caracarai Br.	93E3
Caracas Ven.	89B2
Carahue Chili	95B3
Caraïbes (Mer des) = Antilles (Mer des)	
Carangola Br.	91C6
Caransebes Roum.	22B1
Caratasca Hond.	88A3
Caratasca (Lagune de) Hond.	87D3
Caratinga Br.	91C5
Caravaca Esp.	19B2
Caravela (Presqu'île de la) Mart.	11
Carbet (Pitons du) Mart.	11
Carbonara (C.) It.	21A3
Carbonia It.	21A3
Carborear Can.	77E5
Carcaion Can.	79G4
Carcar (Mts) Som.	65E1
Carcassonne Fr.	4B3
Carcross Can.	78E3
Cardamomes (Ch. des) Camb.	44C3
Cardenas Cuba	87D2
Cardiff G.-B.	17C4
Cardigan G.-B.	17B3
Cardigan (Baie de) G.-B.	17B3
Carei Roum.	22B1
Careiro Br.	93F4
Carélie Russie	12L6
Carey É.-U.	84B2
Carhaix-Plouguer Fr.	4B2
Carhué Arg.	95D3

Cariacica Br.	91C6
Caribou Can.	79J4
Caribou (Montagnes du) [Alberta] Can.	79G4
Caribou (Montagnes du) [Colombie Britannique] Can.	79F4
Caripito Ven.	93E1
Carleton Place Can.	85C1
Carletonville Afr. du S.	67G1
Carlisle É.-U.	85C2
Carlisle G.-B.	16C2
Carlow Irl.	15B3
Carlsbad É.-U.	83C3
Carlyle Can.	79H5
Carmacks É.-U.	78E3
Carmarthen G.-B.	17B4
Carmarthen Bay (Baie) G.-B.	17B4
Carmaux Fr.	7C3
Carmel (Mt) Isr.	58B2
Carmen (Ile) Mex.	83B4
Carmen de Patagones Arg.	95D4
Carmona Esp.	18A2
Carnarvon Afr. du S.	66B4
Carnarvon Austr.	70A3
Carnegie (Lac) Austr.	70B3
Carnot Centr.	64B2
Carolina Afr. du S.	67H1
Carolina Br.	91B3
Caroline du Nord (État) É.-U.	81B3
Caroline du Sud (État) É.-U.	81B3
Caroline (Ile) Polyn. Fr.	11
Carolines O. Pacifique	68F3
Carpates Europe	30B4
Carpates Blanches Europe	27B3
Carpates méridionales Roum.	22B1
Carpates orientales Roum.	27D3
Carpates (Petites) Europe	27B3
Carpentarie (Golfe de) Austr.	70C2
Carpentras Fr.	5D3
Carpi It.	20B2
Carrantuohill (Mgne) Irl.	15B3
Carrare It.	20B2
Carrington É.-U.	79J5
Carrington É.-U.	82D2
Carrión (R.) Esp.	18B1
Carroll É.-U.	80A2
Carrollton É.-U.	84A3
Carsamba (R.) Turq.	54B2
Carson City É.-U.	82B3
Carsonville É.-U.	84B4
Cartagena Col.	92B3
Cartago Col.	87D4
Cartago C.R.	87D4
Cartagena Col.	92C1
Carterton N.-Z.	73C2
Carthage É.-U.	85C2
Carthagène Esp.	19B2
Cartier (Ile) Indon.	70B2
Cartwright Can.	77E4
Caruaru Br.	91D3
Carúpano Ven.	93E1
Carvoeiro (C.) Port.	18A2
Casablanca Maroc	62B1
Casa Grande É.-U.	83B3
Casale Monferrato It.	20A1
Cascade (Pointe) N.-Z.	73A2
Cascades (Chaîne des) É.-U.	79F5
Cascades (Pte des) Réunion	11
Cascavel Br.	94F3
Case-Pilote Mart.	11
Caserta It.	21B2
Casey (Station) Antarct.	96C9
Casino Austr.	71E3
Casma Pér.	92B5

Caspe Esp.	19C1
Casper É.-U.	82C2
Caspienne (Mer) Asie	33G5
Cass É.-U.	84C3
Cassamba Ang.	66B2
Cassiar (Montagnes) Can.	78E3
Cassino It.	21B2
Castagniccia (Pt)	9B3
Castellane Fr.	5D3
Castellón de la Plana Esp.	19C1
Castelo Br.	91C3
Castelo Branco Port.	18A2
Castelo do Bode (do) [Rés.] Port.	18A2
Castelsarrasin Fr.	4C3
Castelvetrano It.	21B3
Castille (Nouvelle-) [Rég.] Esp.	18B2
Castille (Vieille-) [Rég.] Esp.	18B1
Castlebar Irl.	15B3
Castle Douglas G.-B.	16C2
Castres Fr.	4C3
Castries Ste-Lucie	89E4
Castro Arg.	95B4
Castro Br.	94F3
Castro Alves Br.	91D4
Castrovillari It.	21C3
Caswell Sound (Fjord) N.-Z.	73A2
Cat (Ile) Bahamas	87E2
Catacaos Pér.	92A5
Catalão Br.	91B5
Catalogne Esp.	19C1
Catamarca Arg.	94C4
Catamarca (État) Arg.	94C4
Catandica Moz.	67C2
Catanduanes (Ile) Phil.	39D2
Catanduva Br.	91B6
Catane It.	21C3
Catanzaro It.	21C3
Catarman Phil.	39D2
Catatumbo (R.) Ven.	88C5
Catbalogan Phil.	39D2
Catete Ang.	64B3
Catio Guinée - B.	63A3
Cat Lake Can.	77A4
Cato (Ile) Austr.	71E3
Catoche (Cap) Mex.	87D2
Catonsville É.-U.	85C3
Catskill É.-U.	85D2
Catskill (Mts) É.-U.	85D2
Cattégat (Détroit) Dan. et Suède	12G7
Cauca (R.) Col.	92C2
Caucaia Br.	91D2
Caucase (Grand) Europe et Asie	33F5
Caucase (Petit) Europe et Asie	33F5
Caucasia Col.	92B2
Caungula Ang.	64B3
Cauquenes Chili	95B3
Causses Fr.	7C3
Caux (Pays de) Fr.	6C2
Cavaillon Fr.	5D3
Cavally (R.) Liberia	63B4
Cavan Irl.	15B3
Caxias Br.	91C2
Caxias Br.	92C4
Caxias do Sul Br.	94F4
Caxito Ang.	64B3
Cayeli Turq.	55D1
Cayenne Guy. Fr.	93G3
Cayes (Les) Haïti	88C3
Cayeux-sur-Mer Fr.	17E4
Cayman Brac (Ile) G.-B.	87E3
Cayman (Fosse des) M. des Antilles	88A4
Cayman Is G.-B.	88A4
Caynabo Som.	65E4
Cayo Romana (Ile) Cuba	87E...
Cayos Miskito (Iles) Nic.	87D...

Cayos Miskito (Iles)

108

Cay Sal (Ile)	
M. des Antilles	**88A2**
Cazombo *Ang.*	**66B2**
Ceará = Fortaleza	
Ceará (État) *Br.*	**91C3**
Cebu *Phil.*	**39D2**
Cebu (Ile) *Phil.*	**39D3**
Cecina *It.*	**20B2**
Cedar City *É.-U.*	**82B3**
Cedar (Lac) *Can.*	**79J4**
Cedar Rapids *É.-U.*	**80A2**
Cedros (Ile) *Mex.*	**86A2**
Ceduna *Austr.*	**70C4**
Ceelbuur *Som.*	**65E2**
Ceerigaabo *Som.*	**65E1**
Cefalù *It.*	**21B3**
Cegléd *H.*	**27B3**
Cela *Ang.*	**66A2**
Celaya *Mex.*	**86B2**
Célèbes (Ile) *Indon.*	**38C4**
Célèbes (Mer de) *Asie*	**39D3**
Celina *É.-U.*	**84B2**
Celje *Sl.*	**20C1**
Celle *All.*	**24C2**
Celle-St-Cloud (La) *Fr.*	**10**
Cendrawasih (Baie de)	
Indon.	**39E4**
Cendrawasih (Pén. de)	
Indon.	**39E4**
Centrafricaine	
(République) *Afr.*	**64B2**
Central (Cordillera)	
Dom. (Rép.)	**89C3**
Centrale (Chaîne)	
O. Pacifique	**69G3**
Centrale (Région)	
P.-N.-G.	**39F4**
Centralia *É.-U.*	**82A2**
Centre (Rég.) *Fr.*	**6C2**
Centre-Indien (Bassin)	
O. Indien	**68B4**
Centre-Indienne (Dorsale)	
O. Indien	**68B4**
Céphalonie (Ile) *Gr.*	**23E3**
Céram (Ile) *Indon.*	**39D4**
Céram (Mer de)	
Indon.	**39D4**
Ceres *Afr. du S.*	**66A4**
Ceres *Br.*	**91B5**
Céret *Fr.*	**5C3**
Cergy *Fr.*	**10**
Cergy-Pontoise (Ville	
nouvelle) *Fr.*	**10**
Cerignola *It.*	**21C2**
Cernavoda *Roum.*	**30C5**
Cerralvo (Ile) *Mex.*	**83C4**
Cerro de Pasco *Pér.*	**92B6**
Cerron (Mgne) *Ven.*	**89C4**
Cerros Colorados	
(Réservoir) *Arg.*	**95C3**
Cervin (t. et S.	**95C3**
Césarée *Isr.*	**58B2**
Cesena *It.*	**20B2**
Cēsis *Lett.*	**30B2**
České Budejovice	
Rép. Tch.	**25C3**
Çeşme *Turq.*	**23C3**
Cessnock *Austr.*	**71E4**
Cesson *Fr.*	**10**
Cetina (R.) *Cr.*	**20C2**
Ceuta *Afr.*	**18A2**
Cévennes *Fr.*	**9A3**
Ceyhan *Turq.*	**54C2**
Ceyhan (R.) *Turq.*	**54C2**
Ceylan = Sri Lanka	
Ceylanpinar *Turq.*	**55C2**
Chaa-Khol *Russie*	**36B1**
Cha'am *É.A.U.*	**57C4**
Chablais *It.*	**9B2**
Chachapoyas *Pér.*	**92B5**
Chachran *Pak.*	**50C3**
Chachro *Pak.*	**51C3**
Chaco (Prov.) *Arg.*	**94D4**
Chadron *É.-U.*	**82C2**
Chagai (Mts) *Pak.*	**57D4**
Chagda *Russie*	**29F2**
Chagos (Iles) *G.-B.*	**68B4**
Chaguanas *Trinité*	**89L1**
Chahar Burjak *Afgh.*	**56D3**
Chāh Bahār *Iran*	**57D4**
Chahr Kord *Iran*	**56B3**
Chai Badan *Th.*	**44C2**
Chaiyaphum *Th.*	**44C2**
Chakchuran *Afgh.*	**48B2**
Chakhansur *Afgh.*	**56D3**
Chakhty *Russie*	**31F4**
Chakwal *Pak.*	**50C2**
Chala *Pér.*	**94B2**
Chalabesa *Zambie*	**66C2**
Chalap Dalam (Mgnes)	
Afgh.	**50A2**
Chalcidique *Gr.*	**23B2**
Chaleurs (Baie des)	
Can.	**80D2**
Chaling *Ch.*	**41C4**
Châlisgaon *Inde*	**51D4**
Châlons-en-Champagne	
Fr.	**5C2**
Chalon-sur-Saône *Fr.*	**5C2**
Cham *All.*	**25C3**
Chaman *Pak.*	**50B2**
Chamarande *Fr.*	**10**
Chamba *Inde*	**50D2**
Chambal (R.) *Inde*	**51D3**
Chambersburg *É.-U.*	**85C3**
Chambéry *Fr.*	**5D2**
Chambord *Fr.*	**6C2**
Chambourcy *Fr.*	**10**
Chamgordan *Iran*	**56B3**
Chamiye (Plateau de la)	
Ar. S. et Syrie	**55C3**
Chamonix *Fr.*	**9B2**
Champa *Inde*	**52A2**
Champagne (Rég.) *Fr.*	**5C2**
Champagne-Ardenne	
(Rég.) *Fr.*	**8A2**
Champagne Castle	
(Mgne) *Les.*	**67G1**
Champaign *É.-U.*	**80B2**
Champassak *Laos*	**44D3**
Champigny-sur-Marne	
Fr.	**10**
Champlain (Lac)	
Can. et É.-U.	**80C2**
Champsaur *Fr.*	**9B3**
Chämrājnagar *Inde*	**53B2**
Chañaral *Chili*	**94B4**
Chandalar *É.-U.*	**78D3**
Chandalar (R.) *É.-U.*	**78D3**
Chandigarh *Inde*	**50D2**
Chandpur *Bangl.*	**52C2**
Chandrapur *Inde*	**51D5**
Chānf *Iran*	**57D4**
Changara *Moz.*	**67C2**
Changbai *Ch.*	**42B2**
Changchun *Ch.*	**40E1**
Changde *Ch.*	**41C4**
Changhua *Taiwan*	**41D5**
Changjiang *Ch.*	**44D2**
Changjin *Corée du N.*	**42B2**
Chang (Ko) (Ile) *Th.*	**44C3**
Changsha *Ch.*	**41C4**
Changshu *Ch.*	**41E3**
Changtu *Ch.*	**42A2**
Changwu *Ch.*	**40B2**
Changyon	
Corée du N.	**42B3**
Changzhi *Ch.*	**40C2**
Changzhou *Ch.*	**40E3**
Chanteloup-les-Vignes	
Fr.	**10**
Chanthaburi *Th.*	**44C3**
Chao (Lac) *Ch.*	**41D3**
Chaoân *Ch.*	**41D5**
Chao'an *Ch.*	**41D5**
Chao Phraya (R.) *Th.*	**44C2**
Chaoyang *Ch.*	**40E1**
Chapada Diamantina	
(Mgnes) *Br.*	**91C4**
Chapadinha *Br.*	**91C2**
Chapala (Lac de)	
Mex.	**86B2**
Chapayevo *Kaz.*	**31H3**
Chapecó *Br.*	**94F4**
Chapeltown *Jam.*	**89H1**
Chapleau *Can.*	**77B5**
Chaplygin *Russie*	**31F3**
Charcot (Ile) *Antarct.*	**96C3**
Chārdja *É.A.U.*	**57C4**
Charente (Dép.) *Fr.*	**7B2**
Charente (R.) *Fr.*	**4C2**
Charente-Maritime	
(Dép.) *Fr.*	**7B2**
Charenton-le-Pont *Fr.*	**10**
Chari (R.) *Tchad*	**64B1**
Chari Baguirmi (Rég.)	
Tchad	**64B1**
Charikar *Afgh.*	**50B1**
Charity *Guy.*	**93F2**
Charkhāri *Inde*	**51D3**
Charleroi *Belg.*	**25A2**
Charles (Cap) *É.-U.*	**80C3**
Charleston *É.-U.*	**80B3**
Charleston *É.-U.*	**81C3**
Charlesville *Zaïre*	**64C3**
Charleville *Austr.*	**71D3**
Charleville-Mézières	
Fr.	**5C2**
Charlevoix *É.-U.*	**84A1**
Charlotte *É.-U.*	**81B3**
Charlotte *É.-U.*	**84B2**
Charlottesville *É.-U.*	**80C3**
Charlottetown *Can.*	**77D5**
Charlotteville *Tobago*	**89K1**
Charlton (Ile) *Can.*	**77C4**
Charsadda *Pak.*	**50C2**
Charters Towers	
Austr.	**71D3**
Chartres *Fr.*	**4C2**
Chartreuse	
(Massif de la) *Fr.*	**9B2**
Chascomús *Arg.*	**95E3**
Châteaubriant *Fr.*	**4B2**
Château-Chinon *Fr.*	**5C2**
Châteaudun *Fr.*	**4C2**
Château-Gontier *Fr.*	**4B2**
Châteaulin *Fr.*	**4B2**
Châteauroux *Fr.*	**4C2**
Château-Thierry *Fr.*	**5C2**
Châtellerault *Fr.*	**4C2**
Châtenay-Malabry *Fr.*	**10**
Chatham *Can.*	**77D5**
Chatham *Can.*	**84B2**
Chatham *G.-B.*	**17E4**
Chatham (Iles) *N.-Z.*	**69H6**
Chatham Str. (Détroit)	
É.-U.	**78E4**
Châtillon *Fr.*	**10**
Châtillon-sur-Seine *Fr.*	**5C2**
Chatou *Fr.*	**10**
Chatra *Iraq*	**55E3**
Châtre (La) *Fr.*	**4C2**
Chatt al-'Arab	
Iran et Iraq	**57A3**
Chattanooga *É.-U.*	**81B3**
Chauk *Birm.*	**44A1**
Chaumont *Fr.*	**5D2**
Chau Phu *V.*	**45D3**
Chaux-de-Fonds	
(La) *S.*	**8B2**
Chaves *Port.*	**18A1**
Chaville *Fr.*	**10**
Chayk (Dj, el-) *Syrie*	**58B2**
Chconta *Col.*	**92C2**
Cheb *Rép. Tch.*	**25C2**
Chébeli (R.)	
Eth. et Som.	**65E2**
Chébin el-Kom *Ég.*	**59C1**
Cheboygan *É.-U.*	**80B2**
Chech (Erg) *Alg.*	**62B2**
Chechon *Corée du S.*	**42B3**
Cheduba (Ile) *Birm.*	**44A2**
Chegga *Maurit.*	**62B2**
Cheguti *Zimb.*	**66C2**
Cheju *Corée du S.*	**42B4**
Cheju (Ile)	
Corée du S.	**42B4**
Cheju (Dt de)	
Corée du S.	**42B4**
Chekunda *Russie*	**29F2**
Chelkar *Kaz.*	**33G5**
Chelles *Fr.*	**10**
Chelm *Pol.*	**27C2**
Chelmno *Pol.*	**26B2**
Chelmsford *G.-B.*	**17E4**
Cheltenham *G.-B.*	**17C4**
Chemba *Moz.*	**67C2**
Chemnitz *All.*	**25C2**
Chenab (R.)	
Inde et Pak.	**50D2**
Chenachen *Alg.*	**62B2**
Chengda *Ch.*	**40D1**
Chengdu *Ch.*	**41A3**
Chengshan Jiao	
(Pointe) *Ch.*	**40E2**
Chennevières-sur-	
Marne *Fr.*	**10**
Chenonceaux *Fr.*	**6C2**
Chenxi *Ch.*	**41C4**
Chen Xian *Ch.*	**41C4**
Cheo Xian *Ch.*	**41D3**
Chepén *Pér.*	**92B5**
Cher (Dép.) *Fr.*	**6C2**
Cher (R.) *Fr.*	**4C2**
Cherbourg *Fr.*	**4B2**
Cherchell *Alg.*	**62C1**
Chergui (Chott ech)	
Alg.	**62C1**
Cherkassy *Ukr.*	**30D4**
Cherkessk *Russie*	**31F5**
Cherrnushka *Russie*	**31J2**
Chernyakhovsk *Russie*	**30B3**
Cherrapunji *Inde*	**52C1**
Cherven' *Biél.*	**30C3**
Chervonograd *Ukr.*	**27C2**
Chesapeake (Baie de)	
É.-U.	**80C3**
Cheshire (Comté)	
G.-B.	**16C3**
Chesnay (Le) *Fr.*	**10**
Chester *É.-U.*	**85C3**
Chester *G.-B.*	**16C3**
Chesterfield *G.-B.*	**16D3**
Chesterfield (Iles)	
N.-C.	**71E2**
Chesterfield Inlet *Can.*	**76A3**
Chetumal *Mex.*	**87D3**
Cheval-qui-Rue	
(Col du) *Can.*	**79G4**
Cheviot *N.-Z.*	**73B2**
Cheviots (Collines)	
G.-B.	**14C2**
Chevreuse *Fr.*	**10**
Chevreuse (Vallée de)	
Fr.	**10**
Cheyenne *É.-U.*	**82C2**
Chhapra *Inde*	**52A1**
Chhätak *Bangl.*	**52C1**
Chhatarpur *Inde*	**51D4**
Chhindwāra *Inde*	**51D4**
Chhuka *Bhoutan*	**52B1**
Chiange *Ang.*	**66A2**
Chiang Kham *Th.*	**44C2**
Chiangmai *Th.*	**44B2**
Chiayi *Taiwan*	**41E4**
Chiba *J.*	**42E3**
Chibasa *Inde*	**52B1**
Chibia *Ang.*	**66A2**
Chibougamau *Can.*	**77C4**
Chiburi-jima (Ile) *J.*	**43A1**
Chibuto *Moz.*	**67C3**
Chicago *É.-U.*	**80B2**
Chicago Heights *É.-U.*	**84A2**
Chichagof (Ile) *É.-U.*	**78E4**
Chichester *G.-B.*	**17D4**
Chichibu *J.*	**43B1**
Chichi-jima (Ile) *J.*	**37G4**
Chickamauga (Lac)	
É.-U.	**81B3**
Chickasha *É.-U.*	**83D3**
Chicken *É.-U.*	**78D3**
Chiclayo *Pér.*	**92A5**
Chico *É.-U.*	**82A3**
Chico (R.) *Arg.*	**95C4**
Chicoa *Moz.*	**67C2**
Chicopee *É.-U.*	**85D2**
Chicoutimi-Jonquière	
Can.	**77C5**
Chicualacuala *Moz.*	**67C3**
Chidambaram *Inde*	**53B2**
Chidley (Cap) *Can.*	**76D3**
Chiehn *Liberia*	**63B4**
Chiengi *Zambie*	**65C3**
Chieti *It.*	**20B2**
Chifeng *Ch.*	**40D1**
Chigmit (Mts) *É.-U.*	**78C3**
Chihr *Yémen*	**47C4**
Chihuahua *Mex.*	**86B2**
Chik Ballāpur *Inde*	**53B2**
Chikmagalūr *Inde*	**53B2**

Chikwawa

Chikwawa *Malawi* 67C2
Chi-kyaw *Birm.* 44A1
Chilakalürupet *Inde* 53C1
Chilaw *Sri L.* 53B3
Chili *Am. du S.* 90B5
Chililabombwe
  Zambie 66B2
Chilka (Lac) *Inde* 52B1
Chilko (Lac) *Can.* 79F4
Chillicothe *É.-U.* 84B3
Chilly-Mazarin *Fr.* 10
Chilmari *Inde* 52B1
Chiloé (Ile) *Chili* 95B4
Chilongozi *Zambie* 67C2
Chilpancingo *Mex.* 86C3
Chiltern Hills
  (Hauteurs) *G.-B.* 17D4
Chilton *É.-U.* 84A2
Chilumba *Malawi* 67C2
Chilwa (Lac) *Malawi* 67C2
Chimanimani *Zimb.* 67C2
Chimbay *Ouzb.* 33G5
Chimborazo (Mgne)
  Éq. 92B4
Chimbote *Pér.* 92B5
Chimoio *Moz.* 67C2
Chinandega *Nic.* 87D3
Chincha Alta *Pér.* 92B6
Chinde *Moz.* 67C2
Chindwin (R.) *Birm.* 52C2
Chine *Asie* 35E3
Chine Méridionale
  (Mer de) *Asie* 38C2
Chine Orientale (Mer
  de) *Asie* 37E3
Chingola *Zambie* 66B2
Chinguar *Ang.* 66A2
Chinguetti *Maurit.* 62A2
Chinhae
  Corée du S. 42B3
Chinhoyi *Zimb.* 67C2
Chiniot *Pak.* 50C2
Chinju *Corée du S.* 42B3
Chinko (R.) *Centr.* 64C2
Chino *J.* 43B1
Chinon *Fr.* 4C2
Chinsali *Zambie* 67C2
Chio = Khíos
Chioggia *It.* 20B1
Chipata *Zambie* 67C2
Chipinge *Zimb.* 67C3
Chiplün *Inde* 53A1
Chippenham *G.-B.* 17C4
Chippewa Falls *É.-U.* 80A2
Chira (R.) *Pér.* 92A4
Chirala *Inde* 53C1
Chiraz *Iran* 57B4
Chiredzi *Zimb.* 67C3
Chirfa *Niger* 59A2
Chiriqui (G. de) *Pan.* 87D4
Chiriqui (Lac de) *Pan.* 87D4
Chirpan *Bulg.* 22C2
Chirripo Grande
  (Mgne) *C.R.* 92A2
Chirundu *Zimb.* 66B2
Chisamba *Zambie* 66B2
Chisasibi *Can.* 77C4
Chishui He (R.) *Ch.* 41B4
Chişinäu *Mold.* 30C4
Chitado *Ang.* 66A2
Chitembo *Ang.* 66A2
Chitradurga *Inde* 53B2
Chitral *Pak.* 50C1
Chitré *Pan.* 92A2
Chittagong *Bangl.* 52C2
Chittaurgarh *Inde* 51C4
Chittoor *Inde* 53B2
Chiume *Ang.* 66B2
Chivilcoy *Arg.* 95D2
Chivu *Zimb.* 66C2
Chizu *J.* 43A1
Chlef *Alg* 62C1
Chlef (Oued) *Alg.* 19C2
Choele Choel *Arg.* 95C3
Choisy-le-Roi *Fr.* 10
Choix *Mex.* 86B2
Chojnice *Pol.* 26B2
Choke (Mts) *Éth.* 65D1
Cholet *Fr.* 4B2
Choma *Zambie* 66B2

Chomo Yummo
  (Mgne) *Ch. et Inde* 52B1
Chomutov *Rép. Tch.* 25C2
Chona (R.) *Russie* 29C1
Chonan *Corée du S.* 42B3
Chon Buri *Th.* 44C3
Chone *Éq.* 92B4
Chongjin *Corée du N.* 42B2
Chongju *Corée du S.* 42B3
Chongju *Corée du S.* 42B3
Chongoroi *Ang.* 66A2
Chongqing *Ch.* 41B4
Chongup *Corée du S.* 42B3
Chonju *Corée du S.* 42B3
Chonos (Archipel des)
  Chili 95B4
Cho Oyu (Mgne)
  Ch. et Népal 52B1
Chortkov *Ukr.* 27D3
Chorwon *Corée du N.* 42B3
Chorzow *Pol.* 27B2
Choshi *J.* 42E3
Choszczno *Pol.* 26B2
Chota-Nägpur (Plateau)
  Inde 52A2
Chouf (Rég.) *Liban* 58B2
Chranbrey Inlet (Baie)
  Can. 76A3
Christchurch *N.-Z.* 73B2
Christiana *Afr. du S.* 66B3
Christian (C.) *Can.* 76D2
Christianshab *Groenl.* 76E3
Christmas (Ile) *Austr.* 68D4
Christopol *Russie* 31G2
Chu *Kaz.* 33J5
Chu (R.) *Kaz.* 33J5
Chubut (État) *Arg.* 95C4
Chubut (R.) *Arg.* 95C4
Chudovo *Russie* 30D2
Chudskoye Ozer (Lac)
  Est/Russie 32D4
Chugach (Mts) *É.-U.* 78D3
Chügoku (Monts) *J.* 43A1
Chur *Ur.* 95F2
Chuillán *Chili* 95B3
Chukai *Mal.* 45C5
Chukchagirskoye (Lac)
  Russie 37F1
Chu Lai *V.* 44D2
Chulman *Russie* 29D4
Chulucanas *Pér.* 92A5
Chulumani *Bol.* 92B2
Chulym *Russie* 33K4
Chulym (R.) *Russie* 29A2
Chuma (R.) *Russie* 29B2
Chumar *Inde* 50D2
Chumikan *Russie* 29F2
Chumphon *Th.* 45B3
Chunchon
  Corée du S. 42B3
Chunchura *Inde* 52B1
Chungju *Corée du S.* 42B3
Chungking=Chongking
Chunya *Tanz.* 65D3
Chunya (R.) *Russie* 29C1
Chupara (Pte) *Trinité* 89L1
Chuqrä' *Ar. S.* 57B4
Chuquicamata *Chili* 94C3
Chur = Coire
Churáchándpur *Inde* 52C2
Churchill *Can.* 77A4
Churchill (R.) *Can.* 77A4
Churchill (R.) *Can.* 77D4
Churchill (R.) *Can.* 79H4
Churchill (C.) *Can.* 77A4
Churchill Falls *Can.* 77D4
Churchill (Lac) *Can.* 79H4
Chürru *Inde* 50C3
Chusovoy *Russie* 31J2
Chuxiong *Ch.* 36B4
Chu Yang Sin
  (Mgne) *V.* 44D3
Chymkent *Kaz.* 33H5
Chypre *Méditerranée* 54B3
Ciadea *Col.* 92C1
Ciego de Avila *Cuba* 87E2
Ciénaga *Col.* 92C1
Cienfuegos *Cuba* 87D2
Cieszyn *Pol.* 27B3

Cieza *Esp.* 19B2
Cihanbeyli *Turq.* 54B2
Cilacap *Indon.* 38B4
Cilaos *Réunion* 11
Cilaos (Cirque de)
  Réunion 11
Cimarron (R.) *É.-U.* 83C3
Cimone (Monte) *It.* 20B2
Cimpina *Roum.* 22C1
Cinca (R.) *Esp.* 19C1
Cincer (Mgne) *Bosnie* 20C2
Cincinnati *É.-U.* 80B3
Cindrelu (Mgne)
  Roum. 22B1
Cine (R.) *Turq.* 23C3
Cinto (Monte) *Fr.* 20A2
Ciotat (La) *Fr.* 5D3
Circle *É.-U.* 78D3
Circleville *É.-U.* 84B3
Cirebon *Indon.* 38B4
Cirencester *G.-B.* 17D4
Cisjordanie (Rég.)
  Asie 58B3
Citlaltepetl (Mgne)
  Mex. 86C3
Citrusdal *Afr. du S.* 66A4
Città di Castello *It.* 20B2
Ciudad Acuña *Mex.* 86B2
Ciudad Bolivar *Ven.* 92D2
Ciudad Camargo *Mex.* 86B2
Ciudad del Carmen
  Mex. 87C3
Ciudadela *Esp.* 19C2
Ciudad Guayana *Ven.* 92D2
Ciudad Guzman *Mex.* 86B3
Ciudad Juárez *Mex.* 86B1
Ciudad Lerdo *Mex.* 83C4
Ciudad Madero *Mex.* 86C2
Ciudad Obregon *Mex.* 86B2
Ciudad Ojeda *Ven.* 89C4
Ciudad Piar *Ven.* 93E2
Ciudad Real *Esp.* 18B2
Ciudad Rodrigo *Esp.* 18A1
Ciudad Valles *Mex.* 86C2
Ciudad Victoria *Mex.* 86C2
Civitavecchia *It.* 20B2
Cizre *Turq.* 55D2
Clacton-on-Sea *G.-B.* 17E4
Claire (Lac) *Can.* 79G4
Clairton *É.-U.* 84C2
Clamart *Fr.* 10
Clamecy *Fr.* 5C2
Clanwilliam *Afr. du S.* 66A4
Clare *É.-U.* 84B2
Claremont *É.-U.* 85D2
Clarence (R.) *N.-Z.* 73B2
Clarence (Détroit de)
  Austr. 70C2
Clarenville *Can.* 77E5
Claresholm *Can.* 79G4
Clarion *É.-U.* 84C2
Clarion (Ile) *Mex.* 86A3
Clarion (R.) *É.-U.* 85C2
Clarion (Faille de)
  O. Pacifique 69J3
Clark Hill (Rés.) *É.-U.* 81B3
Clark (Pte) *Can.* 84B2
Clarksburg *É.-U.* 84B3
Clarksdale *É.-U.* 81A3
Claromeco *Arg.* 95E3
Clayton *É.-U.* 83C3
Clayton *É.-U.* 85C2
Clear (Cap) *Irl.* 15B3
Clearwater *É.-U.* 81B4
Cleburne *É.-U.* 83D3
Clermont *Austr.* 71D3
Clermont *Fr.* 4C2
Clermont-Ferrand *Fr.* 5C2
Cleveland (Comté)
  G.-B. 16D2
Cleveland *É.-U.* 80B2
Cleveland *É.-U.* 81B3
Clew (Baie) *Irl.* 15B3
Clichy *Fr.* 10
Clichy-sous-Bois *Fr.* 10
Clinton *Can.* 79F4
Clinton-Colden (Lac)
  Can. 78H3
Clipperton (I.) *Fr.* 86B3
Cliza *Bol.* 94C2

Colombie

Cloncurry *Austr.* 71D3
Clonmel *Irl.* 15B3
Cloquet *É.-U.* 80A2
Clovis *É.-U.* 83C3
Cluj-Napoca *Roum.* 22B1
Clutha (R.) *N.-Z.* 73A3
Clwyd (Comté) *G.-B.* 17C3
Clyde *Can.* 76D2
Clyde *Can.* 73A3
Clyde (R.) *G.-B.* 16B2
Crossos *Gr.* 23C3
Coari (R.) *Br.* 93E5
Coast Ranges
  (Mgnes) *É.-U.* 82A2
Coatbridge *G.-B.* 16B2
Coaticook *Can.* 85D1
Coats (I.) *Can.* 76B3
Coats (Terre de)
  Antarct. 96B1
Coatzacoalcos *Mex.* 87C3
Cobalt *Can.* 77C5
Coban *Guat.* 87C3
Cobar *Austr.* 71D4
Cobija *Bol.* 92D5
Coblence *All.* 25B2
Cobourg *Can.* 80C2
Cobourg (Péninsule)
  Austr. 70C2
Coburg *Can.* 25C2
Coburg (I.) *Can.* 76C2
Coca *Éq.* 92B4
Cochabamba *Bol.* 94C2
Cochin *Inde* 53B3
Cochrane *Can.* 77B5
Cochrane (Lac)
  Arg. et Chili 95B5
Cockpit Country (The)
  Jam. 89H1
Coco (Ile) *C.R.* 75K8
Coco (R.)
  Hond. et Nic. 87D3
Cocobeach *Gabon* 64A2
Coco (Grande) *Birm.* 44A3
Cocos (Iles) *Austr.* 68C4
Cocos (B.) *Trinité* 89L1
Cod (Cap) *É.-U.* 80C2
Codfish (I.) *N.-Z.* 73A3
Cod *É.-U.* 77D4
Codi (Sierra del) *Esp.* 19C1
Codó *Br.* 91C2
Cody *É.-U.* 82C2
Coen *Austr.* 71D2
Coesfeld *All.* 24B2
Coeur d'Alene *É.-U.* 82B2
Coffeyville *É.-U.* 83D3
Cognac *Fr.* 4B2
Cohoes *É.-U.* 85D2
Coiba (Ile) *Pan.* 92A2
Coihaique *Chili* 95B5
Coimbatore *Inde* 53B2
Coimbra *Port.* 18A1
Coire *S.*
Cojimies *Éq.* 92A3
Colac *Austr.* 71D4
Colatina *Br.* 91C5
Colbeck (C.) *Antarct.* 96B6
Colchester *G.-B.* 17E4
Coldwater *É.-U.* 84B2
Coleman *É.-U.*
Colenso *Afr. du S.* 67G1
Coleraine *Irl. du N.* 14B2
Coleridge (Lac) *N.-Z.* 73B2
Colesberg *Afr. du S.* 66B4
Colhué Huapi (Lac)
  Arg. 95C5
Colima *Mex.* 86B3
Coll (I.) *G.-B.* 14B2
Collie *Austr.* 70A4
Collier (Baie) *Austr.* 70B2
Collingwood *Can.* 84B2
Collingwood *N.-Z.* 72B2
Collinson (Pén.) *Can.* 78H2
Collinsville *Austr.* 71D3
Colmar *Fr.* 5D2
Colnett (Cabo) [Cap]
  Mex. 83B3
Cologne *All.* 25B2
Colombes *Fr.* 10
Colombia *É.-U.* 85C3
Colombie *Am. du S.* 92C3

Colombie-Britannique

Colombie-Britannique (Prov.) Can. **79F4**
Colombo Sri L. **53B3**
Colón Arg. **95E2**
Colón Cuba **87D2**
Colón Pan. **92B2**
Colonia Ur. **95E2**
Colonia Las Heras Arg. **95C5**
Colonsay (I.) G.-B. **14B2**
Coloradito Ven. **89E5**
Colorado (Etat) É.-U. **83C3**
Colorado (R.) Arg. **95D3**
Colorado (R.) É.-U. **82B3**
Colorado (R.) É.-U. **83D3**
Colorado (Plateaux du) É.-U. **83B3**
Colorado Springs É.-U. **82C3**
Columbia É.-U. **80A3**
Columbia É.-U. **81B3**
Columbia É.-U. **85C2**
Columbia (R.) É.-U. **82A2**
Columbia (Mt) Can. **79G4**
Columbretes (Islas) Esp. **19C2**
Columbus É.-U. **80B2**
Columbus É.-U. **81B3**
Columbus É.-U. **82D2**
Columbus É.-U. **84A3**
Colville (Cap) N.-Z. **72C1**
Colville É.-U. **78C3**
Colville (Lac) Can. **78F3**
Colwyn Bay G.-B. **16C3**
Comayagua Hond. **87D3**
Comber Irl. du N. **16B2**
Combs-la-Ville Fr. **10**
Côme It. **20A1**
Côme (Lac de) It. **20A1**
Comilla Bangl. **52C2**
Comitán Mex. **87C3**
Commentry Fr. **5C2**
Commercy Fr. **8B2**
Committees (Baie) Can. **76B3**
Communisme (Pic) Tadj. **33J6**
Comodoro Rivadavia Arg. **95C5**
Comore (Grande) Comores **67D2**
Comores O. Indien **67D2**
Comorin (Cap) Inde **53B3**
Compiègne Fr. **5C2**
Comrat Mold. **22C1**
Cona Ch. **52C1**
Conakry Guinée **63A4**
Concarneau Fr. **4B2**
Conceição do Araguaia Br. **91B3**
Concepción Chili **95B5**
Concepción Par. **94E3**
Concepción (R.) Arg. **95E2**
Concepción del Oro Mex. **86B2**
Conception (Pointe) É.-U. **83A3**
Conchos (R.) Mex. **83C4**
Concord É.-U. **80C2**
Concordia Arg. **95E2**
Concordia É.-U. **82D3**
Condobolin Austr. **71D4**
Condom Fr. **7C3**
Condrillas Fr. **94F3**
Conflans-Ste-Honorine Fr. **10**
Congo (Rép.) Afr. **64B3**
Congo (R.) Congo **64B3**
Coniston Can. **84B1**
Conn (Lac) Irl. **15B3**
Connaught Irl. **15B3**
Conneaut É.-U. **84B2**
Connecticut (Etat) É.-U. **80C2**
Connecticut (R.) É.-U. **85D2**
Connellsville É.-U. **85D2**
Connersville É.-U. **84A3**
Conselheiro Lafaiete Br. **91C6**
Con Son (Iles) V. **45D4**

Constance All. **8B2**
Constanţa Roum. **30C5**
Constantine Alg. **62C1**
Constitución Chili **95B5**
Contas (R.) Br. **91C4**
Contwoyto (Lac) Can. **78H3**
Conway É.-U. **81A3**
Conway É.-U. **85D2**
Conwy G.-B. **16C3**
Coober Pedy Austr. **70C3**
Cook (Détroit de) N.-Z. **72B2**
Cook (Iles) N.-Z. **69H4**
Cook Inlet (Baie) É.-U. **78C3**
Cook (Mt) N.-Z. **73B2**
Cooktown Austr. **71D2**
Coolgardie Austr. **70B4**
Coondapoor Inde **53A2**
Coonoor Inde **53B2**
Cooper Creek Austr. **70C3**
Cootamundra Austr. **71D4**
Copenhague Dan. **24C1**
Copiapó Chili **94B4**
Copper Center É.-U. **78D3**
Copper Cliff Can. **84B1**
Coppername Can. **78G3**
Coppermine (R.) Can. **78G3**
Coquilhatville = Mbandaka
Coquimbo Chili **94B4**
Corabia Roum. **22B2**
Córdoba Arg. **95D2**
Córdoba (Etat) Arg. **95D2**
Córdoba Mex. **86C3**
Cordoue Esp. **18B2**
Córdova É.-U. **78D3**
Corée (Dt de) – Corée du S. et J. **42B4**
Corée du Nord Asie **42B3**
Corée du Sud Asie **42B3**
Corée (Golfe de) Ch. et Corée **40E2**
Corfou Gr. **21C3**
Corfou (Ile) Gr. **21C3**
Corigliano Calabro It. **21C3**
Corinth É.-U. **81B3**
Corinthe Gr. **23E3**
Corinthe (Golfe de) Gr. **23E3**
Corinto Br. **91C5**
Cork Irl. **15B3**
Çorlu Turq. **54A1**
Cormeilles-en-Parisis Fr. **10**
Corner Brook Can. **77E5**
Cornwall Can. **85C2**
Cornwall (Comté) G.-B. **17B6**
Cornwall (C.) G.-B. **17B4**
Cornwall (I.) Can. **78H2**
Cornwallis (I.) Can. **76A2**
Coro Ven. **92C1**
Coroatá Br. **91C2**
Corogne (La) Esp. **18A1**
Coroico Bol. **94C2**
Coromandel (Pén.) N.-Z. **72C1**
Coromandel (Côte de) Inde **53C2**
Coromandel Range (Massif) N.-Z. **72C1**
Coronation (B. de) C.R. **92A2**
Coronel Chili **95B5**
Coronel Fabriciano Br. **91C5**
Coronel Oviedo Par. **94E4**

Coronel Pringles Arg. **95D3**
Coropuna (Mgne) Pér. **94B2**
Corpus Christi É.-U. **83D4**
Corregidor (Ile) Phil. **38D2**
Corrèze (Dép.) Fr. **7C2**
Corrib (Lac) Irl. **15B3**
Corrientes Arg. **94E4**
Corrientes (Prov.) Arg. **94E4**
Corrientes (C.) Col. **92B2**
Corrientes (C.) Mex. **86B2**
Corryn Austr. **70A4**
Corringe (Iles) Austr. **71E2**
Corse (Rég.) Fr. **20A2**
Corse (Cap) Fr. **20A2**
Corse-du-Sud (Dép.) Fr. **9B3**
Corse (Haute-) Dép. Fr. **9B3**
Corsewall (Pointe) G.-B. **16B2**
Corsicana É.-U. **83D3**
Cort Adelaer (Cap) Groenl. **76F3**
Corte Fr. **20A2**
Cortez É.-U. **83C3**
Cortina d'Ampezzo It. **20B1**
Cortland É.-U. **85C2**
Coruh (R.) Turq. **55D1**
Corum Turq. **54B1**
Corumbá Br. **94E2**
Corvallis É.-U. **82A2**
Corvo (Ile) Açores **62A1**
Corwen G.-B. **17C3**
Cosenza It. **21C3**
Cosmoledo (Iles) Seychelles **67D2**
Cosne Fr. **6C2**
Costa Blanca Esp. **19B2**
Costa Brava Esp. **19C1**
Costa de la Luz Esp. **18B2**
Costa del Sol Esp. **18B2**
Costa Rica (Rép.) Am. centr. **87D3**
Cotabato Phil. **39D3**
Cotagaita Bol. **94C3**
Côte d'Azur Fr. **5D3**
Côte d'Ivoire Afr. **63B4**
Côte-du-Soleil Bulg. **22C2**
Cotentin Fr. **6B2**
Côtes-d'Armor (Dép.) Fr. **6B2**
Côtière (Chaîne) Can. **79E4**
Cotonou Bénin **63C4**
Cotopaxi (Mgne) Éq. **92B4**
Cotswold Hills (Hauteurs) G.-B. **17C4**
Cottbus All. **24C2**
Coulonge (R.) Can. **85C1**
Council É.-U. **78B3**
Council Bluffs É.-U. **82D2**
Courbevoie Fr. **10**
Courlande (G.de) Lit./Russie **26C1**
Courneuve (La) Fr. **10**
Couronnement (Golfe du) Can. **78G3**
Courtrai Belg. **24A2**
Coutances Fr. **4B2**
Coventry G.-B. **17D3**
Covilhã Esp. **18A1**
Covington É.-U. **84B3**
Cowansville Can. **85D1**
Coxim Br. **94F2**
Cox's Bazar Bangl. **52C2**
Cozumel (Ile) Mex. **87D2**
Cracovie Pol. **25D2**
Cradock Afr. du S. **66B4**
Craig É.-U. **82C2**
Crailsheim All. **25C3**
Craiova Roum. **22B2**
Cranberry (Lac) É.-U. **85D2**
Cranbrook Can. **79G5**
Crans S. **9B3**
Crateus Br. **91C3**
Crato Br. **91D3**
Crawfordsville É.-U. **84A2**
Crawley G.-B. **17D4**
Cree (Lac) Can. **79H4**
Creil Fr. **4C2**

Cuyahoga Falls

Crémone It. **20B1**
Cres (Ile) Youg. **20B2**
Crescent City É.-U. **82A2**
Crète Gr. **23E3**
Créteil Fr. **10**
Crète (Mer de) Gr. **23E3**
Creus (Cap) Esp. **19C1**
Creuse (Dép.) Fr. **7C2**
Creuse (R.) Fr. **4C2**
Creusot (Le) Fr. **5C2**
Crewe G.-B. **17D3**
Criciuma Br. **94G4**
Crimée Ukr. **33E5**
Croatie Europe **20C2**
Croker (I.) Austr. **70C2**
Cromer G.-B. **17E3**
Cromwell N.-Z. **73A3**
Crooked (Ile) Bahamas **81C4**
Crookston É.-U. **82D2**
Crossett É.-U. **81A3**
Cross Sound (Détroit) É.-U. **78E4**
Crotone It. **21C3**
Crown (Pte) Tobago **89K1**
Croydon Austr. **71D2**
Croydon G.-B. **17D4**
Crozet (Bassin des) O. Indien **68B5**
Crozet (Iles) **68A6**
Crozier Channel Can. **78F2**
Cruz Alta Br. **94F4**
Cruz (C.) Cuba **87E3**
Cruz (C.) Cuba **88B3**
Cruz del Eje Arg. **95D2**
Cruzeiro do Sul Br. **92C5**
Crystal Falls É.-U. **84A1**
Cuamba Moz. **67C2**
Cuando (R.) Ang. **66B2**
Cuangar Ang. **66B2**
Cuango (R.) = Kwango (R.)
Cuauhtémoc Mex. **86B2**
Cuba (Rép.) Antilles **87D2**
Cubango (R.) Ang. **66A2**
Cuchi Ang. **66A2**
Cuchi (R.) Ang. **66A2**
Cucui Br. **92D3**
Cúcuta Col. **92C2**
Cuddalore Inde **53B2**
Cuddapah Inde **53B2**
Cue Austr. **70A3**
Cuenca Éq. **92B4**
Cuenca Esp. **19B1**
Cuenca (Serrana de) Esp. **19B1**
Cuernavaca Mex. **86C3**
Cuiabá Br. **94E2**
Cuiabá (R.) Br. **94E2**
Cuilo (R.) Ang. **64B3**
Cuito (R.) Ang. **66A2**
Cuito Cunavale Ang. **66A2**
Cu Lao Hon (Ile) V. **45D3**
Culiacán Mex. **86B2**
Culpeper É.-U. **85C3**
Culverdon N.-Z. **73B2**
Cumaná Ven. **93E1**
Cumberland É.-U. **80C3**
Cumberland (R.) É.-U. **81B3**
Cumberland (Péninsule de) Can. **76D3**
Cumberland (Baie de) Can. **76D3**
Cumbria G.-B. **16C2**
Cumnock G. B. **16B2**
Cunene (R.) Ang. et Nam. **66A2**
Cuneo It. **20A2**
Cunnamulla Austr. **71D3**
Cuprija Youg. **22B2**
Curaçao (Ile) M. des Antilles **89D4**
Curicó Chili **95B2**
Curitiba Br. **94G4**
Curoca (R.) Ang. **66A2**
Curvelo Br. **91C5**
Cuttack Inde **52B1**
Cúvelai Moz. **66A2**
Cuxhaven All. **24B2**
Cuyahoga Falls É.-U. **84B2**

Cuzco

Cuzco *Pér.* 92C6
Cyangugu *Zaïre* 65C3
Cyclades *Gr.* 23E3
Cyrénaïque *Libye* 59B1
Cyrus Field (Baie)
 Can. 76D3
Cythère *Gr.* 23E3
Częstochowa *Pol.* 27B2

D

Da (R.) *V.* 44C1
Da'an *Ch.* 37E2
Dab'a *Jord.* 58C3
Dabâ al Hisn *É.A.U.* 57C4
Dabajuro *Ven.* 89C4
Dabaro *Som.* 65E2
Daba Shan (Mgnes)
 Ch. 41B3
Dabat *Éth.* 65D1
Dabhoi *Inde* 51C4
Dabie Shan *Ch.* 40C3
Dabola *Guinée* 63A3
Dabou *C. d'Iv.* 63B4
Dabrowa Gorn. *Pol.* 27B2
Dacca *Bangl.* 52C2
Dachau *All.* 25C3
Dachstein (Mgne)
 Autr. 20B1
Dacht-e Kavir (Désert)
 Iran 56B3
Dacht-e Lut (Désert)
 Iran 56C3
Dacht-e Margo (Désert)
 Afgh. 56D3
Dacht-e Naomid
 (Désert) *Iran* 56D3
Dada He (R.) *Ch.* 41A3
Dadhar *Pak.* 50B3
Dadu *Pak.* 51B3
Dadu He (R.) *Ch.* 36C3
Daet *Phil.* 39D2
Dafang *Ch.* 41B4
Daga (R.) *Birm.* 44B2
Dagana *Russie* 33F5
Daguan *Phil.* 39D2
Dagzê *Ch.* 52C1
Dahab *Ég.* 54B4
Dahna' (Âd) *Ar. S.* 57A4
Dâhod *Inde* 51C4
Dahra *Libye* 59A2
Dahra Rég. *Alg.* 19C2
Dailekh *Népal* 52A1
Dairen = Lüda
Daitö (Îles)
 O. Pacifique 37F4
Dajarra *Austr.* 70C3
Dakar *Sén.* 63A3
Dakhla *Maroc* 62A2
Dakhla (Oasis de) *Ég.* 59B2
Dakoro *Niger* 63C3
Dakota du Nord (État)
 É.-U. 82C2
Dakota du Sud (État)
 É.-U. 82C2
Dakovica *Youg.* 22B2
Dakovo *Croatie* 20C1
Dala *Ang.* 66B2
Dalaba *Guinée* 63A3
Dalai Nur (Lac) *Ch.* 40D1
Dalandzadgad *Mong.* 36C2
Dalangargalan *Mong.* 36C2
Dalat *V.* 44D3
Dalbandin *Pak.* 57D4
Dalby *Austr.* 71E3
Dalen *Norv.* 12F7
Dales (The) [Hauteurs]
 G.-B. 16C2
Dalhart *É.-U.* 83C3
Dalhousie (Cap) *Can.* 78E2
Dallas *É.-U.* 83D3
Dall (I.) *É.-U.* 79E4
Dalli Rajhara *Inde* 52A2
Dallol (R.) *Niger* 63C3
Dallol Bosso (R.)
 Niger 63C3
Dalmatie *Cr.* 20C2
Dal'nerechensk
 Russie 37F2

Daloa *C. d'Iv.* 63B4
Dalou Shan (Mgnes)
 Ch. 41B4
Dältenganj *Inde* 52A2
Dalton (Cap) *Groenl.* 76H3
Daludalu *Indon.* 45C5
Daly (R.) *Austr.* 70C2
Daly Waters *Austr.* 70C2
Damân *Inde* 51C4
Damanhour *Ég.* 54B3
Damar (Île) *Indon.* 39D4
Damara *Centr.* 64B2
Damas *Syrie* 54C3
Damaturu *Nig.* 63D3
Damba *Ang.* 64B3
Dambulla *Sri L.* 53C3
Damghan *Iran* 56B2
Damiette *Ég.* 59C1
Dammâm *Ar. S.* 57B4
Damoh *Inde* 51D4
Damot *Éth.* 65E2
Damour *Liban* 58B2
Dampier *Austr.* 70A3
Dampier (Détroit de)
 Indon. 39E4
Dana *Jord.* 58B3
Danané *Liberia* 63B4
Da Nang *V.* 44D2
Danau Towuti (Lac)
 Indon. 39D4
Danba *Ch.* 41A3
Danbury *É.-U.* 85D2
Dandeldhura *Népal* 52A1
Dandeli *Inde* 53A1
Dandong *Ch.* 42A2
Danemark *Europe* 12F7
Danemark (Détroit de)
 Groenl. et Isl. 1C1
Danger (Pointe)
 Afr. du S. 66A4
Dangila *Éth.* 65D1
Dangrêk *Camb.* 44C3
Daniels Harbour *Can.* 77E4
 Groenl. 76G3
Dannevirke *N.-Z.* 72C2
Dantewära *Inde* 53C1
Dantzig = Gdańsk
Danube (R.) *Europe* 25C3
Danville *É.-U.* 80B2
Danville *É.-U.* 81B3
Danville *É.-U.* 81C3
Daoàb (Jebel Ed)
 Jord. 58B3
Daoua (R.) *Éth.* 65D2
Dao Xian *Ch.* 41C4
Daozhen *Ch.* 41B4
Da Qaidam *Ch.* 36B3
Dárab *Iran* 57B4
Dárán *Iran* 56B3
Darbhanga *Inde* 52B1
Dardanelles (Dt des)
 Turq. 23C2
Dar es-Salaam
 Tanz. 65D3
Darfour *Soud.* 64C1
Dargaville *N.-Z.* 72B1
Darien (G. de)
 Col. et Pan. 88B5
Darjeeling *Inde* 52B1
Darling (R.) *Austr.* 71D4
Darling (Péninsule)
 Can. 76C1
Darlington *G.-B.* 16D2
Darmstadt *All.* 25B3
Darna *Libye* 59B1
Darnley (Baie de) *Can.* 78F3
Darnley (Cap)
 Antarct. 96C10
Daroca *Esp.* 19B1
Dar Rounga *Centr.* 64C2
Dart (R.) *G.-B.* 17C4
Dartmoor (Landes)
 G.-B. 15C3
Dartmoor (Parc nat.)
 G.-B. 17C4
Dartmouth *Can.* 77D5
Dartmouth *G.-B.* 17C4
Daru *P.-N.-G.* 71D1
Daruvar *Cr.* 20C1

Darvel (Télok) [Baie]
 Mal. 38C3
Darweshan *Afgh.* 56D3
Darwin *Austr.* 70C2
Darzin *Iran* 57C4
Dashennongjia (Mgne)
 Ch. 41C3
Dasht *Iran* 56C2
Dasht (R.) *Pak.* 57D4
Datia *Inde* 51D3
Datong *Ch.* 40A2
Datong *Ch.* 40C1
Datong He (R.) *Ch.* 40A2
Datu (Cap) *Indon.* 45D5
Daugava = Dvina
Daugava *Lett.* 13K7
Daugava (R.) *Lett.* 12K7
Daugavpils *Lett.* 30C2
Dauguard Jensen
 (Terre) *Groenl.* 76D1
Daulatabad *Afgh.* 50A1
Daulpur *Inde* 51D3
Daund *Inde* 53A1
Dauphin *Can.* 79H4
Dauphin *Fr.* 5D2
Daura *Nig.* 63C3
Dausa *Inde* 51D3
Dävah Panäh *Iran* 57D4
Dävangere *Inde* 53B2
Davao *Phil.* 39D3
Davao (Golfe de) *Phil.* 39D3
Davenport *É.-U.* 80A2
David *Pan.* 92A2
Davidson (Mts) *É.-U.* 78D3
Davis (Station)
 Antarct. 96C10
Davis (Détroit de)
 Can. et Groenl. 76E3
Davis Inlet *Can.* 77D4
Davlekanovo *Russie* 31J3
Davos *S.* 8B2
Dawan *Ch.* 41A4
Dawat Yar *Afgh.* 50B2
Dawha (al) *Qatar* 57B4
Dawna Range *Birm.* 44B2
Dawson *Can.* 78E3
Dawson (R.) *Austr.* 71D3
Dawson Creek *Can.* 79F4
Dawu *Ch.* 41A3
Dawu *Ch.* 41C3
Daxian *Ch.* 41B3
Daxin *Ch.* 41B5
Daxue Shan *Ch.* 41A3
Dayong *Ch.* 41C4
Dayr'Ali *Syrie* 58C2
Dayr'Atiyah *Syrie* 58C1
Dayton *É.-U.* 80B3
Daytona Beach *É.-U.* 81B4
Dayu *Ch.* 41C4
Da Yunhe *Ch.* 40D2
Da Yunhe *Ch.* 40D2
Dazhu *Ch.* 41B3
De Aar *Afr. du S.* 66B4
Deadman's Cay
 Bahamas 88C2
Dealesville *Afr. du S.* 67G1
Dearborn *É.-U.* 84B2
Dease Arm (Baie) *Can.* 78F3
Dease Lake *Can.* 78E4
Deauville *Fr.* 4C2
Débé *Trinité* 89L1
Debica *Pol.* 27C2
Deblin *Pol.* 26C2
Débo (Lac) *Mali* 63B3
Debra Birhan *Éth.* 65D2
Debra Marqos *Éth.* 65D1
Debra Tabor *Éth.* 65D1
Debrecen *H.* 27C3
Decatur *É.-U.* 80B3
Decatur *É.-U.* 81B3
Decazeville *Fr.* 4C3
Dechang *Ch.* 41A4
Dedougou *Burk.* 63B3
Dedo *Malawi* 67C2
Dee (R.)/Dumfries et
 Galloway *G.-B.* 16B2
Dee (R.) *G.-B.* 14C2
Dee (R.) *G.-B.* 16C3
Deep River *Can.* 85C1

Désert orienta[l]

Deer Lake *Can.* 77E
Deer Lodge *É.-U.* 82B
Défense (La) *Fr.* T
Degahabur *Éth.* 65E
Dêgê *Ch.* 36B
De Grey (R.) *Austr.* 70A
Deh Bid *Iran* 57B
Dehi *Afgh.* 50B
Dehibat *Tun.* 62D
Dehiwala-Mt Lavinia
 Sri L. 53B
Dehloran *Iran* 56A
Dehra Dün *Inde* 50D
Dehri *Inde* 52A
Deim Zubeir *Soud.* 64C
Deir Abu Sa'id *Jord.* 58B
Deir el Ahmar *Liban* 58C
Deir ez-Zor *Syrie* 55D
Dej *Roum.* 30B
De Kastri *Russie* 37G
Dekese *Zaïre* 64C
Dekoa *Centr.* 64B
Delano *É.-U.* 83A
Delareyville *Afr. du S.* 67G
Delaware (État) *É.-U.* 81C
Delaware *É.-U.* 84B
Delaware (R.) *É.-U.* 85C
Delaware (Baie de la)
 É.-U. 80C
Delémont *S.* 8B
Delgado (Cap) *Moz.* 67D
Delhi *É.-U.* 85D
Delhi *Inde* 50D
Delice *Turq.* 54B
Delicias *Mex.* 86B
Delijän *Iran* 56B
Delles *Alg.* 19C
Delmenhorst *All.* 12F
De Long (Mts) *É.-U.* 79H
Deloraine *Can.* 79H
Delos (Île) *Gr.* 23C
Delphes *Gr.* 23E
Del Rio *É.-U.* 83C
Delta *É.-U.* 82E
Delta *É.-U.* 82E
Demävend *Iran* 56B
Demävend (Mgne)
 Iran 56B
Dembidollo *Éth.* 65E
Deming *É.-U.* 83C
Demirköy *Turq.* 22C
Denain *Fr.* 5C
Denau *Ouzb.* 33H
Denbigh *G.-B.* 16C
Dendi *Éth.* 65E
Dengkou *Ch.* 40E
Deng Xian *Ch.* 40C
Den Haag = Haye (La)
Denham (Mt) *Jam.* 89H
Denia *Esp.* 19C
Deniliquin *Austr.* 71E
Denison *É.-U.* 83E
Denizli *Turq.* 54A
Dennery *Ste-Lucie* 89R
Denpasar *Indon.* 70A
Denton *É.-U.* 83E
Denver *É.-U.* 82C
Déo (R.) *Cameroun* 64E
Deoghar *Inde* 52B
Deolâli *Inde* 51C
Deosai Plain *Inde* 50C
Dera *Pak.* 50C
Deraa *Syrie* 58C
Dera Bugti *Pak.* 50B
Dera Ismail Khan *Pak.* 50B
Derby *Austr.* 70B
Derby (Comté) *G.-B.* 17C
Derby *G.-B.* 17C
Derdj *Libye* 59A
Derg (Lac) *Irl.* 15B
Dergachi *Ukr.* 30N
Derna *Libye* 59B
Derudeb *Soud.* 59C
Desaguadero (R.) *Bol.* 94C
Deschambault (Lac)
 Can. 82C
Deseado *Arg.* 95C
Deseado (R.) *Arg.* 95C
Deserta Grande (Île)
 Madère 62A
Désert oriental *Ég.*

Deshu

Deshu *Afgh.* 56D3
Désirade (La)
  Guadeloupe 11
Des Moines *É.-U.* 80A2
Desna (R.) *Russie* 30D3
Desolación (Ile) *Chili* 95B6
Des Plaines *É.-U.* 84A2
Dessau *All.* 24C2
Dessié *Éth.* 65D1
Destruction Bay *É.-U.* 78E3
Deta *Roum.* 22B1
Dete *Zimb.* 66B2
Detroit *É.-U.* 80B2
Det Udom *Th.* 44D3
Deva *Roum.* 22B1
Deventer *P.-B.* 24B2
Devikot *Inde* 51C3
Devils Lake *É.-U.* 82D2
Devizes *G.-B.* 17D4
Devli *Inde* 51D3
Devoll (R.) *Alb.* 23B2
Dévoluy *Fr.* 9B3
Devon (Comté) *G.-B.* 17B4
Devon (Ile) *Can.* 76A2
Devonport *Austr.* 71D5
Dewangiri *Bhoutan* 52C1
Dewàs *Inde* 51D4
Dewetsdorp *Afr. du S.* 67G1
Dewey Res *É.-U.* 81B3
Deyang *Ch.* 41A3
Deyhuk *Iran* 56C3
Dezfúl *Iran* 56A3
Dezhou *Ch.* 40D2
Dezh Shāhpúr *Iran* 56A2
Dhab'i (Wadi edh)
  Jord. 58C3
Dhahran *Ar. S.* 57B4
Dhamavaram *Inde* 53B2
Dhamtari *Inde* 52A2
Dhanbād *Inde* 52B1
Dhangarhi *Népal* 52A1
Dhankuta *Népal* 52B1
Dhar *Inde* 51C4
Dharmapuri *Inde* 53B2
Dharmsāla *Inde* 50D2
Dhar Oualata *Maurit.* 63B3
Dhaulagiri (Mgne)
  Népal 52A1
Dhenkānai *Inde* 52B1
Dhībah *Jord.* 58B3
Dhíkti (Mt) *Gr.* 23C3
Dhomokós *Gr.* 23E3
Dhone *Inde* 53B1
Dhoraji *Inde* 51C4
Dhrāngadhra *Inde* 51C4
Dhuburi *Inde* 52B1
Dhule *Inde* 51C4
Diable (Ile du)
  Guy. Fr. 93G2
Diamantina *Br.* 91C5
Diamantina (R.) *Austr.* 71D3
Diamant (Pointe du)
  Mart. 11
Diamond Harbours
  Inde 52B1
Dibaya *Zaïre* 64C3
Dibdiba (al-) *Ar. S.* 57A4
Dibrugarh *Inde* 52C1
Dickinson *É.-U.* 82C2
Dickson City *É.-U.* 85C2
Dicle (R.) *Turq.* 55D2
Didwāna *Inde* 51C3
Die *Fr.* 9B3
Diébougou *Burk.* 63B3
Diego Ramírez (Is)
  Chili 95C7
Diéma *Mali* 63B3
Dien Bien Phu *V.* 44C1
Diepholz *All.* 24B2
Dieppe *Fr.* 4C2
Dieu (Lac de) *Can.* 77A4
Diffa *Niger* 63D3
Digboi *Inde* 52D1
Digby *Can.* 77D5
Digne-les-Bains *Fr.* 5D3
Digoin *Fr.* 5C2
Digos *Phil.* 39D3
Dígul (R.) *Indon.* 39E4
Dihang (R.) *Inde* 52C1
Dijon *Fr.* 8B2

Dik *Tchad* 64B2
Dikhil *Djib.* 65E1
Dikson *Russie* 33K2
Dilam (Ad) *Ar. S.* 57A5
Dilaram *Afgh.* 56D3
Di Linh *V.* 44D3
Dilling *Soud.* 65C1
Dillingham *É.-U.* 78C4
Dillon *É.-U.* 82B2
Dilolo *Zaïre* 66B2
Dimbelenge *Zaïre* 64C3
Dimbokro *C. d'Iv.* 63B4
Dimitrovgrad *Bulg.* 22C2
Dimitrovgrad *Russie* 31G3
Dimona *Isr.* 58B3
Dimápur *Inde* 52C1
Dinaget (Ile) *Phil.* 39D2
Dinajpur *Inde* 52B1
Dinan *Fr.* 4B2
Dinar *Turq.* 54B2
Dinard *Fr.* 6B2
Dinder (R.) *Soud.* 65D1
Dindigul *Inde* 53B2
Dingbian *Ch.* 40B2
Dinggyé *Ch.* 52B1
Dingle *Irl.* 15A3
Dingle (Baie) *Irl.* 15A3
Dinguiraye *Guinée* 63A3
Dingwall *G.-B.* 14C2
Dingxi *Ch.* 40A2
Ding Xian *Ch.* 40D2
Dinh Lap *V.* 44D1
Diouloulou *Sén.* 63A3
Diphu *Inde* 52C1
Dirédaoua *Éth.* 65E2
Dir'iyah (Ad) *Ar. S.* 57A5
Dirk Hartog (Ile)
  Austr. 70A3
Dirkou *Niger* 59A3
Dirri *Sem.* 65E2
Disappointment (Cap)
  Géorgie du Sud 95G8
Disappointment (Lac)
  Austr. 70B3
Discovery Reef (Ile)
  Asie 38C2
Disko *Groenl.* 76E3
Disko (Baie de)
  Groenl. 76E3
Diskorjord *Groenl.* 76E3
Disna (R.) *Biél.* 26D1
Diu *Inde* 51C4
Divinópolis *Br.* 91C6
Divnoye *Russie* 31F4
Divriği *Turq.* 55C2
Diwaniyya (al-) *Iraq* 55D3
Dixon (Détroit de)
  Can. et É.-U. 79E4
Diyálá (R.) *Iraq* 55E3
Diyarbakir *Turq.* 55D2
Diz *Pak.* 57D4
Diz (R.) *Iran* 56A3
Dja (R.) *Cameroun* 64B2
Djado (Plateau de)
  Niger 59A2
Djafr (al-) *Jord.* 54C3
Djahrom *Iran* 57B4
Djalo *Libye* 59B2
Djalo (Oasis) *Libye* 59B2
Djambala *Congo* 64B3
Djanet *Alg.* 62C2
Djaraboub *Libye* 59B2
Djarābulus *Syrie* 55C2
Djawf (al-) *Ar. S.* 55C4
Djebel *Liban* 58B1
Djedda *Ar. S.* 47B3
Djedi (R.) *Alg.* 62C1
Djelfa *Alg.* 62C1
Djéma *Centr.* 64C2
Djem (El-) *Tun.* 62C1
Djenin *Cisj.* 58B2
Djenné *Mali* 63B3
Djerach *Jord.* 58B2
Djerba (Ile) *Tun.* 62D1
Djezireh *Iraq* et *Syrie* 55D2
Djezkazgan *Kaz.* 33H5
Djibo *Burk.* 63B3
Djibouti *Djib.* 65E1
Djibouti (Rép.) *Afr.* 65E1
Djimma *Éth.* 65D2

Djisr al-Chughúr *Syrie* 54C2
Dizjan *Ar.S.* 47C4
Djof (el-) *Libye* 59B2
Djolfa *Iran* 55E2
Djolu *Zaïre* 64C2
Djoualya *Liban* 58B2
Djouba (R.) *Som.* 65E2
Djouf (El) *Maurit.* 62B2
Djougdjour (Monts)
  Russie 29F2
Djougou *Bénin* 63C4
Djounié *Liban* 58B2
Djourab (Erg du)
  Tchad 59A3
Djubayl *Ar. S.* 57A4
Djugu *Zaïre* 65D2
Djúpivogur *Isl.* 12C2
Djurdjura (Mgnes) *Alg.* 19C2
Dnipropetrovsk *Ukr.* 30E2
Dniepr (R.) *Ukr.* 30D4
Dniepr (Plaine au)
  Ukr. 30C3
Dniestr (R.) *Europe* 30D4
Dniprodzerjynsk *Ukr.* 30D4
Dnipropetrovsk *Ukr.* 30E4
Dno *Russie* 30D1
Doba *Tchad* 64B2
Dobele *Lett.* 26C1
Dobo *Indon.* 39E4
Doboj *Bosnie* 20C2
Dobrič *Bulg.* 22C2
Dobrudja *Roum.* 22C2
Dobrush *Biél.* 30D3
Doce (R.) *Br.* 91C5
Doctor R P Peña *Arg.* 94D3
Dod *Inde* 53B2
Doda Betta (Mgne)
  Inde 53B2
Dodecânese *Gr.* 23C3
Dodge City *É.-U.* 83C3
Dodoma *Tanz.* 65D3
Dōgo (Ile) *J.* 43A1
Dogondoutchi *Niger* 63C3
Doğubayazit *Turq.* 55D2
Dolbeau *Can.* 77C5
Dole *Fr.* 5D2
Dolgellau *G.-B.* 17C3
Dolo *Éth.* 65E2
Dolomites *It.* 20B1
Dolores *Arg.* 95E3
Dolphin and Union Strait
  (Détroit) *Can.* 78G3
Dolphin (C.) *Falkland* 95E6
Dom (Mgne) *Indon.* 39E4
Dombarovskiy *Russie* 33G4
Dombas *Norv.* 12F6
Dombes *Fr.* 9A2
Dombóvár *H.* 20C1
Dôme (Puy de) *Fr.* 7C2
Domfront *Fr.* 4B2
Dominicaine (République)
  Antilles 89C3
Dominion (C.) *Can.* 76C3
Dominique *Antilles* 89E3
Domont *Fr.* 10
Domuyo (Mgne) *Arg.* 95B3
Dom-yansskoya *Russie* 33H4
Don (R.) *G.-B.* 14C2
Don (R.) *Russie* 31F4
Donauworth *All.* 25C3
Don Benito *Esp.* 18A2
Doncaster *G.-B.* 16D3
Dondo *Ang.* 64B3
Dondo *Moz.* 67C2
Dondra Head (Cap)
  Sri L. 53C3
Donegal *Irl.* 14B3
Donegal (Baie) *Irl.* 14B3
Donetsk *Ukr.* 30E4
Dong'an *Ch.* 41C4
Dongara *Austr.* 70A3
Dongchuan *Ch.* 41A4
Dongfang *Ch.* 44D2
Dongfeng *Ch.* 42B2
Donggala *Indon.* 38C4
Donggi Cona (Lac) *Ch.* 36B3
Donggou *Ch.* 42A3

Drummond (I.)

Donghai Dao (Ile) *Ch.* 41C5
Dong He (R.) *Ch.* 40A1
Dong Hoi *V.* 44D2
Dong Jiang (R.) *Ch.* 41C5
Dongola *Soud.* 59C3
Dongou *Congo* 41D5
Dongsha Qundao (Iles)
  Ch. 36D4
Dongsheng *Ch.* 40C2
Dongtai *Ch.* 40E3
Dongting (Lac) *Ch.* 41C4
Dongxing *Ch.* 41B5
Dongzhi *Ch.* 41D3
Donji Vakuf *Bosnie* 20C2
Dönna (Ile) *Norv.* 12G5
Donnybrook
  Afr. du S. 67G1
Doon (Lac) *G.-B.* 16B2
Do Qu (R.) *Ch.* 41A3
Dorado (El) *Ven.* 93E2
Dorchester *G.-B.* 17C4
Dorchester (C.) *Can.* 76C3
Dordogne (Dép.) *Fr.* 7C2
Dordogne *Fr.* 4C2
Dordrecht *P.-B.* 24A2
Dore (Lac) *Can.* 82C1
Dori *Burk.* 63B3
Dornbirn *Autr.* 25B3
Dornoch *G.-B.* 14C2
Dornoch Firth
  (Estuaire) *G.-B.* 14C2
Dorotea *Suède* 12H6
Dorset (Comté) *G.-B.* 17C4
Dortmund *All.* 24B2
Doruma *Zaïre* 64C2
Dosatuy *Russie* 36D1
Doshi *Afgh.* 50B1
Dosso *Niger* 63C3
Dossor *Kaz.* 33G5
Dothan *É.-U.* 81B3
Douai *Fr.* 5C1
Douala *Cameroun* 64A2
Doubs (Dép.) *Fr.* 8B2
Doubs (R.) *Fr.* 5D2
Doubtful Sound
  (Fjord) *N.-Z.* 73A3
Douchanbe *Tadj.* 33H6
Douentza *Mali* 63B3
Dougga *Tun.* 21A3
Douglas *É.-U.* 82C2
Douglas *É.-U.* 83C3
Douglas *G.-B.* 16B2
Dourados *Br.* 94F3
Douro (R.) *Port.* 18A1
Douvres *G.-B.* 17E4
Dover *É.-U.* 84B2
Dover *É.-U.* 85C3
Dover *É.-U.* 85B2
Dover (R.) *G.-B.* 17D3
Downpatrick *Irl. du N.* 16B2
Dozen (Ile) *J.* 43A1
Draa (Oued) *Maroc* 62A2
Draa (Hamada du)
  Alg. 62B2
Draguignan *Fr.* 5D3
Drake (Dt de) *Atlantique
  et Pacifique* 96G3
Drakensberg (Massif du)
  Afr. du S. 67C3
Drakensberg (Mgne)
  Afr. du S. 67G1
Dráma *Gr.* 23B2
Drammen *Norv.* 13G7
Drancy *Fr.* 10
Drangajökull *Isl.* 12A1
Draveil *Fr.* 10
Dresde *All.* 25C2
Dreux *Fr.* 4C2
Drin *Fr.) Alb.* 22B2
Drina (R.) *Youg./
  Bosnie* 22A2
Drissa *Biél.* 26D1
Drobeta-Turnu-Severin
  Roum. 22B2
Drogheda *Irl.* 15B3
Drogobytch *Ukr.* 27C3
Drôme (Dép.) *Fr.* 9B3
Dr P.P. Peña *Par.* 94D3
Drumheller *Can.* 79G4
Drummond (I.) *É.-U.* 84B1

Drummondville

Location	Ref.
Drummondville *Can.*	85D1
Druskininkai *Lit.*	26C2
Druze (Djebel) *Syrie*	54C3
Dryden *Can.*	77A5
Dry Harbour (Mts) *Jam.*	89H1
Duang (Ile) *Birm.*	44B3
Duarte (Pico) *Dom. (Rép.)*	89C3
Dübasari *Mold.*	22C1
Dubawnt (R.) *Can.*	79H3
Dubawnt (Lac) *Can.*	78H3
Dubayy *É.A.U.*	57C4
Dubbo *Austr.*	71D4
Dublin *Irl.*	15B3
Dubna *Russie*	30E2
Dubno *Ukr.*	30C3
Du Bois *É.-U.*	85C2
Dubrovica *Ukr.*	26D2
Dubrovnik *Croatie*	20C2
Dubuque *É.-U.*	80A2
Ducos *Mart.*	11
Dudley *G.-B.*	17C3
Duekoué *C. d'Iv.*	63B4
Duero (R.) *Esp.*	18B1
Dugi Otok (Ile) *Cr.*	20B2
Duisburg *All.*	24B2
Dükan *Iraq*	55E3
Duk Faiwil *Soud.*	65D2
Dukhān *Qatar*	57B4
Dukou *Ch.*	41A4
Dulan *Ch.*	36B3
Dulce (G.) *C.R.*	87D4
Dullabchara *Inde*	52C2
Duluth *É.-U.*	80A2
Dūmā *Syrie*	58C2
Dumai *Indon.*	45C5
Dumas *É.-U.*	83C3
Dumayr *Syrie*	58C2
Dumbarton *G.-B.*	16B2
Dumfries *G.-B.*	16C2
Dumfries and Galloway (Comté) *G.-B.*	16B2
Dumka *Inde*	78G2
Dumoiene (Lac) *Can.*	85C1
Dumont d'Urville (Station) *Antarct.*	96C8
Dunayevtsy *Ukr.*	27D3
Duncansby Head (Pointe) *G.-B.*	14C2
Dundalk *É.-U.*	85C3
Dundalk *Irl.*	15B3
Dundas *Groenl.*	76D2
Dundas (Détroit de) *Austr.*	39E5
Dundas (Pén.) *Can.*	78G2
Dundee *Afr. du S.*	66C3
Dundee *G.-B.*	14C2
Dundrum (Baie) *Irl. du N.*	16B2
Dunedin *N.-Z.*	73B3
Dungarpur *Inde*	51C4
Dungarvan *Irl.*	15B3
Dungeness *Irl.*	17E4
Dungu *Zaïre*	65C2
Dungunab *Soud.*	59C2
Dunhuang *Ch.*	36B2
Dunkerque *Fr.*	14C1
Dunkirk *É.-U.*	80C2
Dunkur *Éth.*	65D1
Dunkwa *Gh.*	63B4
Dun Laoghaire *Irl.*	15B3
Dunmore Town *Bahamas*	88B1
Duns *G.-B.*	16C2
Dunstan (Monts) *N.-Z.*	73A2
Duolun *Ch.*	40D1
Duque de Braganca *Ang.*	64B3
Dura *Cisj.*	58B3
Durance (R.) *Fr.*	5D3
Durango *Esp.*	18B1
Durango *É.-U.*	83C3
Durango *Mex.*	86B2
Durant *É.-U.*	83D3
Duraykish *Syrie*	58C1
Durazho *Ur.*	95E2
Durban *Afr. du S.*	67C3
Durg *Inde*	52A2
Durgapur *Inde*	52B1
Durham (Comté) *G.-B.*	16D2
Durham *É.-U.*	81C3
Durham *G.-B.*	16D2
Durmitor (Mgne) *Youg.*	22A2
Durrës *Alb.*	23A2
Dursunbey *Turq.*	23C3
D'Urville (I.) *N.-Z.*	72B2
Dushak *Turkm.*	56D2
Dushan *Ch.*	41B4
Dusky Sound (Fjord) *N.-Z.*	73A3
Düsseldorf *All.*	24B2
Duwayd (Ad) *Ar. S.*	55D3
Duwayhin (Khōr) [Baie] *G. Persique*	57B5
Duyun *Ch.*	41B4
Düzce *Turq.*	54B1
Dvina (R.) *Lett.*	30C2
Dwārka *Inde*	51B4
Dyer (C.) *Can.*	76D3
Dyersburg *É.-U.*	81B3
Dyfed (Comté) *G.-B.*	17B3
Dykh Tau Daglari (Mgne) *Russie*	31F5
Dzag *Mong.*	36B2
Dzamïn Uüd *Mong.*	36C2
Dzavhan Gol (R.) *Mong.*	36B2
Dzerjinsk *Russie*	31F2
Dzhalinda *Russie*	37E1
Dzhankoy *Ukr.*	30D4
Dzhezkazgan *Kaz.*	33H4
Dzhilikul' *Tadj.*	50B1
Dzhungarskiy Alatau (Mgnes) *Kaz.*	33J5
Dzierzoniow *Pol.*	27B2
Dzoungarie *Ch.*	36A2

E

Location	Ref.
Eabamet (L.) *Can.*	77B4
Eagle Pass *É.-U.*	83C4
Eagle Plain *Can.*	78E3
Eauru *Espa.*	85C2
Eastbourne *G.-B.*	17E4
East (C.) *N.-Z.*	72C1
East Chicago *É.-U.*	84A2
East Falkland (Ile) *Falkland*	95E6
East Lake *É.-U.*	84A2
East Liverpool *É.-U.*	84B2
East London *Afr. du S.*	66B4
Eastmain *Can.*	77C4
Eastmain (R.) *Can.*	77C4
Easton *É.-U.*	85C2
Easton *É.-U.*	85C3
East Retford *G.-B.*	16D3
East St Louis *É.-U.*	81A3
East Sussex (Comté) *G.-B.*	17E4
Eaubonne *Fr.*	10
Eau Claire *É.-U.*	77A5
Eau Claire (Lac l') *Can.*	77C4
Eaurijik (Ile) *O. Pacifique*	39F3
Eauze *Fr.*	4C3
Ebebiyin *Guinée-Éq.*	64B2
Eberswalde *All.*	24C2
Ebian *Ch.*	41A4
Ebinur (Lac) *Ch.*	33K5
Eboli *It.*	21C2
Ebolowa *Cameroun*	64B2
Èbre (R.) *Esp.*	19B1
Eceabat *Turq.*	54A1
Eching *Ch.*	40D2
Echo Bay *Can.*	78G3
Ecija *Esp.*	18A2
Eclipse Sound *Can.*	76B2
Écosse *G.-B.*	14B2
Écouen *Fr.*	10
Écrins (Les) *Fr.*	9B3
Écrins (P.N. des) *Fr.*	9B3
Edd *Ér.*	65E1
Ed Da'ein *Soud.*	64C1
Ed Damer *Soud.*	59C3
Ed Debba *Soud.*	59C3
Ed Dueim *Soud.*	65D1
Edea *Cameroun*	64A2
Eden (R.) *G.-B.*	16C2
Edenburg *Afr. du S.*	66B3
Edendale *N.-Z.*	73A3
Edfou *Ég.*	59C2
Edgell (I.) *Can.*	76D3
Edgeøya (Ile) *O. Arctique*	32D2
Edh Dhahiriya *Cisj.*	58B3
Edhessa *Gr.*	23B2
Edimbourg *G.-B.*	14C2
Edinet *Mold.*	27D3
Edirne *Turq.*	30C5
Edith-Ronne (Terre) *Antarct.*	96B2
Edmonton *Can.*	79G4
Edmundston *Can.*	77D5
Edolo *It.*	20B1
Edom Rég. *Jord.*	58B3
Édouard (Lac) *Oug. et Z.*	65C3
Edremit *Turq.*	54A2
Edremit (Golfe d') *Turq.*	23C3
Edrengiyn Nuruu (Mgnes) *Mong.*	36B2
Edri *Libye*	59A2
Edson *Can.*	79G4
Edwards (Plateau d') *É.-U.*	83C3
Effingham *É.-U.*	80B3
Egates (Iles) *It.*	21B3
Egedesminde *Groenl.*	76E3
Égée (Mer) *Europe*	23E3
Egegik *É.-U.*	78C4
Eger *H.*	27C3
Egersund *Norv.*	12F7
Eglab (El) *Alg.*	62B2
Eglinton (I.) *Can.*	78G2
Egmont (Cap) *N.-Z.*	72B1
Egmont (Mt) *N.-Z.*	72B1
Egridir Gölü (Lac) *Turq.*	54B2
Égypte *Afr.*	59B2
Ehsenvaara *Finl.*	13K6
Eibar *Esp.*	18B1
Eighty Mile Beach *Austr.*	70B2
Eilat *Isr.*	58B4
Eindhoven *P.-B.*	24B2
Ein Yahav *Isr.*	58B3
Eisenach *All.*	25C2
Eisenerz *Autr.*	25C3
Ejin qi *Ch.*	40A1
Eketahuna *N.-Z.*	72C2
Ekibastuz *Kaz.*	33J4
Ekimchan *Russie*	37F1
Eksjo *Suède*	12H7
Ekwen (R.) *Can.*	80B1
Elazig *Turq.*	55C2
El Banco *Col.*	92C2
Elbasan *Alb.*	23B2
El Baúl *Ven.*	89D5
Elba alt. *Rép. Tch.*	24C2
Elbe (Ile d') *It.*	20B2
Elberta *É.-U.*	84A2
Elbert (Mt) *É.-U.*	82C3
Elbeuf *Fr.*	4C2
Elbistan *Turq.*	54C2
Elblag *Pol.*	26B2
Elbourz (Ch. de l') *Iran*	56B2
Elbrous *Russie*	31F5
Elche *Esp.*	19B2
El Chocon (Réservoir) *Arg.*	95C3
Elda *Esp.*	19B2
El Diviso *Col.*	92B3
El Dorado *É.-U.*	81A3
El Dorado *É.-U.*	83D3
El Dorado *Mex.*	86B2
Eldoret *K.*	65D2
Eleşkirt *Turq.*	55D2
Eleuthera (Ile) *Bahamas*	81C4
Elgin *É.-U.*	80B2
Elgin *G.-B.*	14C2
Elgon (Mt) *Kenya et Oug.*	65D2

Engle…

Location	Ref.
El Goran *Éth.*	65E…
El Harra *Ég.*	54A…
El Harrach *Alg.*	19C…
Elisabethville = Lubumbashi	
Elista *Russie*	31F…
Elizabeth *Austr.*	70C…
Elizabeth *É.-U.*	85D…
Elizabeth City *É.-U.*	81C…
Elk *Pol.*	26C…
Elk (R.) *É.-U.*	84B…
Elkhart *É.-U.*	84A…
Elkhovo *Bulg.*	22C…
Elkins *É.-U.*	84C…
Elko *É.-U.*	82B…
El Kuntilla *Ég.*	54B…
Ellensburg *É.-U.*	82A…
Ellesmere (Lac) *N.-Z.*	73B…
Ellesmere (Ile ou Terre d') *Can.*	76B…
Elliot *Afr. du S.*	66B…
Elliot Lake *Can.*	77B…
Ellsworth (Terre d') *Antarct.*	96B…
El Merelé *Maurit.*	62B…
Elmira *É.-U.*	80C…
Elmira *É.-U.*	85C…
Elmshorn *All.*	24B…
Elota *Mex.*	83C…
El Paso *É.-U.*	83C…
El Reno *É.-U.*	83D…
Elsa *Can.*	78E…
El Salvador (Rép.) *Am. centr.*	87D…
Elsterwerde *All.*	25C…
Eltham *N.-Z.*	72B…
El Tûr *Ég.*	54B…
Elūru *Inde*	53C…
Elvas *Port.*	18A…
Elvira *R.*	92C…
Elvira (Cap) *Can.*	78H…
Elwood *É.-U.*	84A…
Ely *É.-U.*	80A…
Ely *É.-U.*	82B…
Ely *G.-B.*	17E…
Elyria *É.-U.*	84B…
Emamrud *Iran*	56C…
Emäm Säheb *Afgh.*	50B…
Eman (R.) *Suède*	26B…
Emba *Kaz.*	31J…
Emba (R.) *Kaz.*	31J…
Embarcación *Arg.*	94D…
Embarras Portage *Can.*	79G…
Embrun *Fr.*	5D…
Embu *K.*	65D…
Emden *All.*	24B…
Emei *Ch.*	41A…
Emerald *Austr.*	71D…
Emeri *Can.*	77D…
Emerson *Can.*	79J…
Emi Koussi *Tchad*	59A…
Émilie-Romagne *It.*	20B…
Émine (Cap) *Bulg.*	22C…
Émirats Arabes Unis *Arabie*	57C…
Emirdag *Turq.*	54B…
Emmen *P.-B.*	24B…
Emory (Pic) *É.-U.*	83C…
Empalme *Mex.*	86A…
Empangeni *Afr. du S.*	67H…
Emperador *Arg.*	94E…
Empereurs (Monts des) *O. Pacifique*	69G…
Empire Britannique (Mts de l') *Can.*	76B…
Emporia *É.-U.*	83D…
Ems (R.) *All.*	24B…
Encarnacion *Par.*	94E…
Enchi *Gh.*	63B…
Ende *Indon.*	70B…
Enderby (Terre d') *Antarct.*	96C1
Endicott *É.-U.*	85C…
Endicott (Mts) *É.-U.*	78C…
Engaño (Cap.) *Phil.*	39D…
En Gedi *Isr.*	58B…
Enggano (Ile) *Indon.*	38B…
Enghien-les-Bains *Fr.*	1…
Englee *Can.*	77E…

nid É.-U.	83D3	
nji (Puits) Maurit.	63B3	
nkoping Suède	12H7	
nna It.	21B3	
n Nahud Soud.	65C1	
nnedi Tchad	59B3	
nniskillen Irl. du N.	15B3	
nn Nâqoûra Liban	58B2	
nns (R.) Autr.	25C3	
nschede P.-B.	12F8	
nsenada Mex.	86A1	
nshi Ch.	41B3	
ntebbe Oug.	65D3	
ntrecasteaux (Iles d') P.-N.-G.	71E1	
ntre-Deux Réunion	11	
ntre Rios (Prov.) Arg.	95D2	
nugu Nig.	63C4	
nzan J.	43B1	
pernay Fr.	5C2	
phèse Turq.	23C3	
pidaure Gr.	23E3	
pinal Fr.	5D2	
pinay-sur-Seine Fr.	10	
pukiro Nam.	66A3	
qlid Iran	56B3	
quateur Am. du S.	92B4	
rciş Turq.	55D2	
rciyas Daglari (Mgne) Turq.	54C2	
rdaobaihe Ch.	42B2	
rdene Mong.	40C1	
rdenet Mong.	36C2	
rdi Tchad	59B3	
rechim Br.	94F4	
règli Turq.	54B1	
règli Turq.	54B2	
renhot Ch.	36D2	
resma (R.) Esp.	18B1	
revan Arm.	55D1	
rfurt All.	25C2	
rgani Turq.	55C2	
rgene (R.) Russie	54A1	
rgli Lett.	26D1	
rguig Tchad	64B1	
rgun' (R.) Russie	29D2	
rgun Zuoqi Ch.	37E1	
riba Soud.	59C3	
rie É.-U.	80C2	
rié (Lac) Can. et É.-U.	80B2	
rin Port G.-B.	25C3	
rlangen All.	25C2	
rmelo Afr. du S.	66B3	
rmont Fr.	10	
rnäkulam Inde	53B3	
rne (Lac) Irl. du N.	15B3	
rode Inde	53B2	
r Rachidia Maroc	62B1	
r Rahad Soud.	65D1	
rrego Moz.	67C2	
rrigal (Mgne) Irl.	14B2	
rris Head (Pointe) Irl.	15A3	
r Rummân Jord.	58B2	
rythrée Afr.	65D1	
rzgebirge (Hauteurs) All.	25C2	
rzincan Turq.	55C2	
rzurum Turq.	55D2	
sbjerg Dan.	24B1	
scalón Mex.	83C4	
scanaba É.-U.	80B2	
scárcega Mex.	87C3	
scaut (R.) Europe	24A2	
sclave (Grand Lac de l') Can.	79G3	
scuinapa Mex.	86B2	
scuintla Guat.	87C3	
sèka Cameroun	64B2	
sera (R.) Esp.	19C1	
showe Afr. du S.	67H1	
skdale N.-Z.	72C1	
skifjörethur Isl.	12C1	
skilstuna Suède	78E3	
skimo (Lacs) Can.	77A3	
skishir Turq.	54B2	
sla (R.) Esp.	18A1	
smeraldas Éq.	92B3	
smerelda Cuba	88B2	

Esmeralda (Ile) Chili	95A5	
Espagne Europe	13	
Espalion Fr.	5C3	
Espanola Can.	84B1	
Esperance Austr.	70B4	
Esperanza (Station) Antarct.	96C2	
Espichel (Cap) Port.	18A2	
Espinhaço (Serra do) Br.	91C5	
Espírito Santo (État) Br.	91C5	
Espungabera Moz.	67C3	
Esquel Arg.	95B4	
Es Samra Jord.	58C2	
Essaouira Maroc	62A1	
Essen All.	24B2	
Essequibo Guy.	93F3	
Essex (Comté) G.-B.	17E4	
Essexville É.-U.	84B2	
Esslingen All.	25B3	
Essonne (Dép.) Fr.	10	
Essonne (R.) Fr.	10	
Estância Br.	91D4	
Estcourt Afr. du S.	66B3	
Esterel (Massif de l') Fr.	9B3	
Esteros Par.	94D3	
Estevan Can.	79H5	
Estonie Europe	30B2	
Est-Pacifique (Dorsale) O. Pacifique	69L4	
Estrela (Serra da) Port.	18A1	
Estrémadure Esp.	18A2	
Estremoz Port.	18A2	
Esztergom H.	27B3	
Étampes Fr.	4C2	
Étang-Salé (L') Réunion	11	
État Libre, anc. État Libre d'Orange Afr. du S.	66B3	
États (Ile des) Arg.	95D6	
États-Unis	75H4	
États-Unis (Mts des)	76B1	
Etawah Inde	51D3	
Éthiopie Afr.	65D2	
Etna (Volcan) It.	21B3	
Eton Can.	76C2	
Etosha (Marais) Nam.	66A2	
Etosha (Parc nat.) Nam.	66A2	
Eubée (Ile) Gr.	23E3	
Euclid É.-U.	84B2	
Eugene É.-U.	82A2	
Eugenia (Pointe) Mex.	86A2	
Euphrate (R.) Asie	55D3	
Eure (Dép.) Fr.	4C2	
Eure-et-Loir (Dép.) Fr.	6C2	
Eureka Can.	76B1	
Eureka É.-U.	82A2	
Eureka É.-U.	82B3	
Eureka Sound (Détroit) Can.	76B2	
Europa (Ile) Fr.	67D3	
Europa (Picos de) Esp.	18B1	
Euskemen Kaz.	33K5	
Euskirchen All.	25B2	
Evans (Cap) Can.	76B1	
Evans (Détroit d') Can.	76B3	
Evans (Lac) Can.	77C4	
Evanston É.-U.	82B2	
Evanston É.-U.	84A2	
Evansville É.-U.	81B3	
Everard (L.) Austr.	70C4	
Everest (Mt) Ch. et Népal	52B1	
Everett É.-U.	82A2	
Everglades É.-U.	81B4	
Evesham G.-B.	17D3	
Évian Fr.	9B2	
Evinayong Guinée-Éq.	64B2	
Evje Norv.	12F7	
Évora Port.	18A2	
Évry (Ville nouvelle) Fr.	10	
Ewo Congo	64B3	
Exeter É.-U.	85D2	
Exeter G.-B.	17C4	

Exmoor (Parc nat.) G.-B.	17C4	
Exmouth G.-B.	17C4	
Exuma Sd Bahamas	87E2	
Eyasi (Lac) Tanz.	65D3	
Eyemouth G.-B.	16C2	
Eyl Som.	65E2	
Eyre Austr.	70B4	
Eyre (Bassin du Lac) Austr.	70C3	
Eyre Creek (R.) Austr.	70C3	
Eyre (Lac) Austr.	70C3	
Eyre (Pén. d') Austr.	70C4	
Ezanville Fr.	10	
Ezine Turq.	23C3	

F

Faaa Polyn. Fr.	11	
Faber (Lac) Can.	78G3	
Fåborg Dan.	12F7	
Fabriano It.	20B2	
Fachi Niger	59A3	
Fachoda voir Kodok Soud.	65D2	
Fada Tchad	59B3	
Fada N'Gourma Burk.	63C3	
Faenza It.	20B2	
Faeringehavn Groenl.	76E3	
Fafa (R.) Centr.	64B3	
Fafan (R.) Éth.	65E2	
Fágáras Roum.	22B1	
Faguibine (Lac) Mali	63B3	
Fahūd Oman	57C5	
Faial (Ile) Açores	62A1	
Fairbanks É.-U.	78D3	
Fairbault É.-U.	77A5	
Fairbury É.-U.	84B3	
Fairfield É.-U.	84B3	
Fair Isle (Ile) G.-B.	14C2	
Fairlie N.-Z.	73B2	
Fairmont É.-U.	84B3	
Fairweather (Mt) É.-U.	78E4	
Fais (Ile) O. Pacifique	39F3	
Faisalabad Pak.	50C2	
Faith É.-U.	82C2	
Fakahira (Ile) Polyn. Fr.	11	
Fakarava (Ile) Poly. Fr.	11	
Fakenham G.-B.	17E3	
Fakfak Indon.	39E4	
Fakōping Suède	12G7	
Falaise Fr.	4B2	
Falam Birm.	52C2	
Falcon (Rés.) É.-U. et Mex.	86C2	
Falémé (R.) Mali et Sén.	63A3	
Falkenberg Suède	12G7	
Falkirk G.-B.	16C2	
Falkland (Iles) Atlantique	95D6	
Falkland Sound (Détroit) Falkland	95E6	
Fallon É.-U.	82B3	
Fall River É.-U.	85D2	
Fallūjah (Al) Iraq	55D3	
Falmouth G.-B.	17B4	
Falmouth Jam.	89H1	
False (Baie) Afr. du S.	66A4	
Falso (Cap) Mex.	86A2	
Falster (Ile) Dan.	24C2	
Falticeni Roum.	22C1	
Falun Suède	13H6	
Famagouste Chypre	54B2	
Fang Th.	44B2	
Fangak Soud.	65D2	
Fangataufa (Ile) Polyn. Fr.	11	
Fang liao Taiwan	41E5	
Fano It.	20B2	
Faraday (Station) Antarct.	96C3	
Faradje Zaïre	65C2	
Farafangana Mad.	67D3	
Farafra (Oasis) Ég.	59B2	
Farah Afgh.	56D3	
Farah (R.) Afgh.	56D3	
Farallon de Medinilla (Ile) O. Pacifique	39F2	

Faranah Guinée	63A3	
Faraulep (Ile) O. Pacifique	39F3	
Fareham G.-B.	17D4	
Farewell (C.) N.-Z.	73B2	
Farewell (Cap) = Farvel (Cap)		
Farewell Spit (Pén) N.-Z.	72B2	
Fargo É.-U.	82D2	
Fari'a (R.) Cisj.	58B2	
Faribault É.-U.	80A2	
Faridpur Bangl.	52B1	
Farimân Iran	56C2	
Farmington É.-U.	83C3	
Faro Port.	18A2	
Fåro (Ile) Suède	12H7	
Farquhar (Iles) O. Indien	61K8	
Farrell É.-U.	84B2	
Fársala Gr.	23E3	
Farsi Afgh.	56D3	
Farsia (El) Maroc	62B2	
Fartak (Ra's) [Cap] Oman	47D4	
Farvel (Cap) Groenl.	76F3	
Fasā Iran	57B4	
Fasher (El) Soud.	64C1	
Fastov Ukr.	30C3	
Fatehpur Inde	52A1	
Fatima du Sul Br.	94F2	
Fatu-Hiva (Ile) Polyn. Fr.	11	
Fauresmith Afr. du S.	67G1	
Fawn (R.) Can.	77B4	
Fax (R.) Suède	12H6	
Faxaflóri (Baie) Isl.	12A2	
Faya-Largeau Tchad	59A3	
Fayetteville É.-U.	81A3	
Fayetteville É.-U.	81C3	
Faylaka (Ile) Koweït	55E4	
Fázilka Inde	50C2	
Fédérik Maurit.	62A2	
Fear (Cap) É.-U.	81C3	
Fécamp Fr.	4C2	
Fechn Ég.	54B4	
Fehmarn (Ile) All.	24C2	
Feijó Br.	92C5	
Feilai Xai Bei Jiang (R.) Ch.	41C5	
Feilding N.-Z.	72C2	
Feira Zambie	66C2	
Feira de Santana Br.	91B4	
Feke Turq.	54C2	
Feldkirch Autr.	25B3	
Felixstowe G.-B.	15D3	
Femund (Lac) Norv.	12G6	
Fengcheng Ch.	42A2	
Fengdu Ch.	41B4	
Fenging Ch.	40D1	
Fengjie Ch.	41B3	
Feng Xian Ch.	40B3	
Fengzhen Ch.	40C1	
Fen He (R.) Ch.	40C2	
Fenoarivo Atsinanana Mad.	67D2	
Feodosiya Ukr.	30E5	
Ferdow Iran	56D3	
Fergana Ouzb.	33J5	
Fernando de Noronha (Ile) Br.	91E2	
Fernandópolis Br.	94G3	
Fernando Poo (Ile) Guinée-Éq.	63C4	
Féroé (Iles) Dan.	12D3	
Ferrare It.	20B2	
Ferrat (Cap) Alg.	19B2	
Ferrehafe Pér.	92B5	
Ferrol (El) Esp.	18A1	
Ferté-Bernard (La) Fr.	4C2	
Fès Maroc	62B1	
Feteşti Roum.	22C2	
Fethiye Turq.	54A2	
Fetisovo Kaz.	31H5	
Fetlar (I.) G.-B.	14C1	
Feuilles (Rivière aux) Can.	77C4	
Feyzabad Afgh.	33J6	
Fezzan Libye	59A2	
Fianarantsoa Mad.	67D3	
Fiche Éth.	65D2	

Ficksburg *Afr. du S.* 66B3
Ficksburg *Afr. du S.* 67G1
Fidan (Wadi) *Jord.* 58B3
Fidji (Iles)
  O. Pacifique 69G4
Fidji (Bassin des)
  O. Pacifique 69G5
Fier *Alb.* 23A2
Figeac *Fr.* 4C3
Figueira da Foz *Port.* 18A1
Figueras *Esp.* 19C1
Figuig *Maroc* 62B1
Filadelfia *Par.* 94E3
Filiaşi *Roum.* 22B2
Filiatrá *Gr.* 23E3
Filicudi (Ile) *It.* 21B3
Findlay *É.-U.* 80B2
Finger (Lacs) *É.-U.* 85C2
Fingoè *Moz.* 67C2
Finike *Turq.* 54B2
Finistère (Dép.) *Fr.* 6B2
Finisterre (Cap) *Esp.* 18A1
Finke (R.) *Austr.* 70C3
Finlande *Europe* 12K6
Finlande (Golfe de)
  Europe 12J7
Finlay (R.) *Can.* 79F4
Finlay Forks *Can.* 79F4
Finnsnes *Norv.* 12H5
Finschhafen *P.-N.-G.* 39F4
Finsterwalde *All.* 24C2
Fiordland (Parc nat.)
  N.-Z. 73A3
Fiq *Syrie* 58B2
Firat (R.) *Turq.* 55C2
Firenze = Florence
Firozâbâd *Inde* 51D3
Firozpur *Inde* 50C2
Firspång *Suède* 12H7
Firth of Clyde (Estuaire)
  G.-B. 16B2
Firth of Forth (Estuaire)
  G.-B. 14C2
Firth of Lorn (Estuaire)
  G.-B. 16A1
Firth of Tay (Estuaire)
  G.-B. 14C2
Fîrûzâbâd *Iran* 57B4
Fish (R.) *Nam.* 66A3
Fisher (Détroit de)
  Can. 76B3
Fishguard *G.-B.* 17B4
Fiskenaesset *Groenl.* 76E3
Fitchburg *É.-U.* 85D2
Fitzroy (R.) *Austr.* 70B2
Fitzroy Crossing
  Austr. 70B2
Fitzwilliam (I.) *Can.* 84B1
Fiume = Rijeka
Fizi *Zaïre* 65C3
Flagstaff *É.-U.* 83B3
Flagstaff (Lac) *É.-U.* 85D1
Flamborough Head
  (Cap) *G.-B.* 16D2
Flaming Gorge (Rés.)
  É.-U. 82C2
Flamingo (Telok)
  [Baie] *Indon.* 39E4
Flandre *Belg. et Fr.* 6C1
Flannan Isles *G.-B.* 14A2
Flathead (Lac) *É.-U.* 82B2
Flattery (C.) *É.-U.* 82A2
Flèche (La) *Fr.* 4B2
Fleetwood *G.-B.* 16C3
Flekkefjord (Baie)
  Norv. 12F7
Fleming Deep
  O. Pacifique 37G4
Flensburg *All.* 24B2
Flers *Fr.* 4B2
Flessingue *P.-B.* 24A2
Fleury-Mérogis *Fr.* 10
Flinders (Ile) *Austr.* 70C4
Flinders (Ile) *Austr.* 71D5
Flinders (R.) *Austr.* 71D2
Flinders Range *Austr.* 70C4
Flin Flon *Can.* 79H4
Flint *É.-U.* 80B2
Flint *G.-B.* 16C3
Flint (R.) *É.-U.* 81B3

Flint (Ile) *Polyn. Fr.* 11
Florac *Fr.* 7C3
Florence *É.-U.* 81B3
Florence *É.-U.* 81C3
Florence *It.* 20B2
Florencia *Col.* 92B3
Florentine Ameghino
  (Lac) *Arg.* 95C4
Flores *Guat.* 87D3
Flores (Ile) *Açores* 62A1
Flores (Ile) *Indon.* 70B1
Flores (Las) *Arg.* 95E3
Flores (Mer de) *Indon.* 38C4
Floriano *Br.* 91C3
Florianópolis *Br.* 94G4
Florida *Ur.* 95E2
Florida (Iles)
  I. Salomon 71E1
Florida Keys *É.-U.* 81B4
Floride (Etat) *É.-U.* 87D2
Floride (Détroit de)
  É.-U. et Cuba 81B4
Flórina *Gr.* 23B2
Florø *Norv.* 12F6
Fly (R.) *P.-N.-G.* 39F4
Focsani *Roum.* 22C1
Foggia *It.* 21C2
Fogo (Ile) *Cap - Vert* 63A4
Foix *Fr.* 4C3
Foley (Ile) *Can.* 76C3
Foligno *It.* 20B2
Folkestone *G.-B.* 17E4
Follonica *It.* 20B2
Fond-du-Lac *Can.* 79H4
Fond du Lac *É.-U.* 80B2
Fonseca (G. de) *Hond.* 87D3
Fontainebleau *Fr.* 4C2
Fontainebleau (Forêt de)
  Fr. 10
Fontenay-aux-Roses *Fr.* 10
Fontenay-le-Comte *Fr.* 4B2
Fontenay-sous-Bois *Fr.* 10
Fonyód *H.* 20C1
Foochow = Fuzhou
Foraker (Mt) *É.-U.* 78C3
Forbach *Fr.* 8B2
Forcados *Nig.* 63C4
Forde *Norv.* 12F6
Forécariah *Guinée* 63A4
Forel (Mt) *Groenl.* 76G3
Forest *Can.* 84B2
Forêt-Noire *All.* 25B3
Forli *It.* 20B2
Formentera (Ile) *Esp.* 19C2
Formentor (Cap) *Esp.* 19C1
Formia *It.* 21B2
Formigas (Iles) *Açores* 62A1
Formosa *Arg.* 94E4
Formosa *Br.* 91B5
Formosa (Prov.) *Arg.* 94D3
Formosa (Serra) *Br.* 93F6
Formosa = Taïwan
Formose (Détroit de)
  Ch. et Taïwan 41D5
Forrest *Austr.* 70B4
Forrest City *É.-U.* 81A3
Forsayth *Austr.* 71D2
Forssa *Finl.* 13J6
Fort Abbas *Pak.* 50C3
Fort Albany *Can.* 77B4
Fortaleza *Br.* 91D2
Fort Augustus *G.-B.* 14C2
Fort Beaufort
  Afr. du S. 66B4
Fort Chevtchenko
  Russie 31H5
Fort Collins *É.-U.* 82C2
Fort Coulogne *Can.* 85C1
Fort-de-France *Mart.* 11
Fort-de-France (Baie de)
  Mart. 11
Fort Dodge *É.-U.* 80A2
Fortescue (R.) *Austr.* 70A3
Fort Frances *Can.* 77A5
Fort Franklin *Can.* 78F3
Fort Good Hope *Can.* 78F3
Fort Hope *Can.* 77B4
Fort Lallemand *Alg.* 62C1
Fort-Lamy=N'Djamena
Fort Lauderdale *É.-U.* 81B4

Fort Liard *Can.* 78F3
Fort Mackay *Can.* 79G4
Fort Macleod *Can.* 79G5
Fort McMurray *Can.* 79G4
Fort McPherson *Can.* 78E3
Fort Morgan *É.-U.* 82C2
Fort Myers *É.-U.* 81B4
Fort Nelson *Can.* 79F4
Fort Norman *Can.* 78F3
Fort Peck (Rés.) *É.-U.* 82C2
Fort Pierce *É.-U.* 81B4
Fort Providence *Can.* 78G3
Fort Resolution *Can.* 78G3
Fort Rousset *Congo* 64B3
Fort-Rupert *Can.* 77C4
Fort St James *Can.* 79F4
Fort-St-John *Can.* 79F4
Fort Selkirk *Can.* 78E3
Fort Severn *Can.* 77B4
Fort Simpson *Can.* 78F3
Fort Smith *Can.* 78G3
Fort Smith *É.-U.* 81A3
Fort Smith (Rég.) *Can.* 78F3
Fort Stockton *É.-U.* 83C3
Fort Vermillion *Can.* 79G4
Fort Wayne *É.-U.* 80B2
Fort William *G.-B.* 14C2
Fort Worth *É.-U.* 83D3
Fort Yukon *É.-U.* 78D3
Foshan *Ch.* 41C5
Fosheim (Péninsule)
  Can. 76B2
Fougamou *Gabon* 64B3
Fougères *Fr.* 4B2
Foula (Ile) *G.-B.* 14C1
Foulness (Ile) *G.-B.* 17E4
Foulwind (Cap) *N.-Z.* 73B2
Foumban *Cameroun* 64B2
Fourmies *Fr.* 5C1
Fournaise (Piton de la)
  Réunion 11
Foúrnoi (Ile) *Gr.* 23C3
Fouta-Djalon *Guinée* 63A3
Foveaux (Détroit de)
  N.-Z. 73A3
Fowey *G.-B.* 17B4
Foxe (Bassin de) *Can.* 76B3
Foxe (Canal de) *Can.* 76B3
Foxe (Pén. de) *Can.* 76C3
Foxton *N.-Z.* 72C2
Foyle (Lough) [Estuaire]
  Irl. et Irl. du N. 14B2
Foz do Cunene *Ang.* 66A2
Foz do Iguaçu *Br.* 94F4
Franca *Br.* 91B6
France *Europe* 6C2
Franceville *Gabon* 64B3
Francfort *All.* 25B2
Francfort-sur-l'Oder
  All. 24C2
Francistown
  Botswana 66B3
François-Joseph (Terre)
  O. Arctique 32F2
François (Le) *Mart.* 11
Franconville *Fr.* 10
Frankfort *Afr. du S.* 67G1
Frankfort *É.-U.* 81B3
Frankfort *É.-U.* 84A3
Franklin *É.-U.* 84A3
Franklin *É.-U.* 84C2
Franklin (Baie de) *Can.* 78F2
Franklin (Détroit de)
  Can. 78J2
Franklin (Mts) *Can.* 78F3
Franz Joseph Glacier
  N.-Z. 73B2
Fraser (Ile) *Austr.* 71E3
Fraser (R.) *Can.* 79F5
Fraserburgh *G.-B.* 14C2
Fredericia *Dan.* 24B1
Frederick *É.-U.* 85C3
Fredericksburg *É.-U.* 85C3
Fredericton *Can.* 77D5
Frederikshap *Groenl.* 76E3
Frederikshavn *Dan.* 12G7
Fredonia *É.-U.* 85C2
Fredrikstad *Norv.* 12G7

Freeport *Bahamas* 88B4
Freetown *S. L.* 63A4
Freistadt *Autr.* 25C2
Fréjus *Fr.* 9B
Fremantle *Austr.* 70A4
Fremont *É.-U.* 84B
Frenda *Alg.* 19C
Fresnillo *Mex.* 86B
Fresno *É.-U.* 82B
Fria *Guinée* 63A
Fribourg *All.* 25B
Fribourg *S.* 20A
Friedrichshafen *All.* 25B
Frioul-Vénétie-Julienne
  It. 20B
Frise du Nord
  (Iles de la) *All.* 12F
Frise occidentale
  (Iles de la *P.-B.* 24A
Frise orientale
  (Iles de la) *All.* 24B
Frobisher (Baie de)
  Can. 76D
Frobisher Bay *Can.* 76D
Frobisher (Lac) *Can.* 79H
Frolovo *Russie* 31F
Frome *G.-B.* 17C
Frome (R.) *G.-B.* 17C
Frome (L.) *Austr.* 70C
Frontera *Mex.* 87C
Frontière du Nord-
  ouest (Prov.) *Pak.* 50C
Frontignan *Fr.* 5C
Front Royal *É.-U.* 85C
Frosinone *It.* 21B
Fuchuan *Ch.* 41C
Fuding *Ch.* 41E
Fudjayra *É.A.U.* 57C
Fuerte (R.) *Mex.* 86B
Fuerte Olimpo *Par.* 94E
Fuerteventura (Ile)
  Canaries 62A
Fugu *Ch.* 40C
Fuhai *Ch.* 36A
Fuji *J.* 43B
Fujian (Prov.) *Ch.* 41D
Fujin *Ch.* 37F
Fujinomiya *J.* 43B
Fujisawa *J.* 43B
Fuji-Yama *J.* 42D
Fuji-Yoshida *J.* 43B
Fukuchi *J.* 33K
Fukuchiyima *J.* 42D
Fukui *J.* 42D
Fukuoka *J.* 42C
Fukushima *J.* 42E
Fukuyama *J.* 42C
Fula (El) *Soud.* 65C
Fulda *All.* 25B
Fulda (R.) *All.* 25B
Fuling *Ch.* 41B
Fullarton *Trinité* 89L
Fulton *É.-U.* 84A
Fulton *É.-U.* 85C
Funabashi *J.* 43B
Funchal *Madère* 62A
Fundy (Baie de) *Can.* 77D
Funhalouro *Moz.* 67C
Funing *Ch.* 40D
Funing *Ch.* 41B
Funtua *Nig.* 63C
Fuqing *Ch.* 41D
Furancungo *Moz.* 67C
Fürg *Iran* 57C
Furneaux (Iles) *Austr.* 71D
Fürstenwalde *All.* 24C
Fürth *All.* 25C
Furukawa *J.* 42D
Furuthi (Al) *Ar. S.* 57A
Fury and Hecla Str.
  (Détroit) *Can.* 76B
Fushun *Ch.* 41A
Fushun *Ch.* 42A
Fusong *Ch.* 42B
Fussen *All.* 25C
Fu Xian *Ch.* 40E
Fuxin *Ch.* 40E
Fuyang *Ch.* 40D
Fuyuan *Ch.* 40E
Fuyuan *Ch.* 41A

Fuyun *Ch.*	36A2
Fuzhou *Ch.*	41D4
Fyn (Ile) *Dan.*	24C1

G

Gaalkacyo *Som.*	65E2
Gabela *Ang.*	66A2
Gabès *Tun.*	62D1
Gaborone *Botswana*	66B3
Gabriel y Galan (Embalse)	
[Rés.] *Esp.*	18A1
Gabrovo *Bulg.*	22C2
Gadsden *É.-U.*	81B4
Gaeta *It.*	21B2
Gaferut (Ile)	
O. Pacifique	39F3
Gafsa *Tun.*	62C1
Gagarin *Russie*	30D2
Gagnoa *C. d'Iv.*	63B4
Gagnon *Can.*	77D4
Gagny *Fr.*	10
Gagra *Géorgie*	31F5
Gaibanda *Inde*	52B1
Gaillac *Fr.*	7C3
Gaimán *Arg.*	95C4
Gainesville *É.-U.*	81B3
Gainesville *É.-U.*	81B4
Gainsborough *G.-B.*	16D3
Gairdner (Lac) *Austr.*	70C4
Gajendragarh *Inde*	53B1
Ga Jiang (R.) *Ch.*	41D4
Galaţi *Ét.*	65E2
Galana K.	65D3
Galapagos (Iles) *Éq.*	92J7
Galashiels *G.-B.*	16C2
Galaţi *Roum.*	22C1
Galena *É.-U.*	78C3
Galeota (Pte) *Trinité*	89L1
Galera (Pte) *Trinité*	89L1
Galeton *É.-U.*	85C2
Galets (Pte des)	
Réunion	11
Galice *Esp.*	18A1
Galich *Russie*	31F2
Galilée (Rég.) *Isr.*	58B2
Galilée (Mer de) =	
Tibériade (Lac de)	
Galina (Pte) *Jam.*	89J1
Galite (La) [Ile] *Tun.*	62C1
Gallabat *Soud.*	65D1
Galle *Sri L.*	53C3
Gállego (R.) *Esp.*	19B1
Galles (Pays de) *G.-B.*	17C3
Gallipoli = Gelibolu	
Gallipoli *It.*	21C2
Gällivare *Suède*	12J5
Galloway (Distr.) *G.-B.*	16B2
Galloway (Mull of)	
G.-B.	16B2
Gallup *É.-U.*	83C3
Galveston *É.-U.*	87C2
Galveston (Baie de)	
É.-U.	81A4
Galway *Irl.*	15B3
Galway (Baie) *Irl.*	15B3
Gamba *Ch.*	52B1
Gambaga *Gh.*	63B3
Gambell *Can.*	78A3
Gambie (Rép.) *Afr.*	63A3
Gambie (R.)	
Gambie et Sén.	63A3
Gambier (Iles)	
Polyn.-Fr.	11
Gamboma *Congo*	64B3
Gambos *Ang.*	66A2
Gámpola *Sri L.*	53C3
Ganale Dorya (R.) *Éth.*	65E2
Gananoque *Can.*	85C2
Gand *Belg.*	16A2
Ganda *Ang.*	66A2
Gandajika *Zaïre*	64C3
Gandava *Pak.*	50B3
Gander *Can.*	77E5
Gāndhidhām *Inde*	51B4
Gāndhinagar *Inde*	51C4
Gāndhi Sāgar (Lac)	
Inde	51D4

Gandia *Esp.*	19B2
Gandja *Azerb.*	55E1
Ganganar *Inde*	50C3
Gangaw *Birm.*	52C2
Gangdise Shan *Ch.*	48C2
Gange (R.) *Inde*	52B1
Gange (Bouches du)	
Bangl. et Inde	52B1
Gangtok *Inde*	52B1
Gangu *Ch.*	40B3
Gannat *Fr.*	5C2
Gannet (Pic) *É.-U.*	82C2
Ganquan *Ch.*	40B2
Gantseviohi *Biél.*	12K8
Ganzhou *Ch.*	41D4
Gao *Mali*	63C3
Gaolan *Ch.*	40A2
Gaoping *Ch.*	40C2
Gaoua *Burk.*	63B3
Gaoual *Guinée*	63A3
Gaoyou Hu (Lac) *Ch.*	40D3
Gaozhou *Ch.*	41C5
Gap *Fr.*	5D3
Gar *Ch.*	50D2
Garanhuns *Br.*	91D3
Garches *Fr.*	10
Garcia de Sola (Embalse	
de) [Rés.] *Esp.*	18A2
Gard (Dép.) *Fr.*	9A3
Garde (Lac de) *It.*	20B1
Garden City *É.-U.*	83C3
Garden (Pén.) *É.-U.*	84A1
Gardez *Afgh.*	50B2
Gardo *Som.*	65E2
Gardula *Éth.*	65D2
Garenne-Colombes	
(La) *Fr.*	10
Gargano (Monte) *It.*	21C2
Garges-lès-Gonesse *Fr.*	10
Garhakota *Inde*	51D4
Gari *Russie*	31K2
Garies *Afr. du S.*	66A4
Garissa *K.*	65D3
Garmisch-Partenkirchen	
All.	25C3
Garmsar *Iran*	56B2
Garnett Peak *É.-U.*	82B2
Garonne (R.) *Fr.*	4C3
Garonne (Haute-)	
Dép. *Fr.*	7C3
Garry (Lac) *Can.*	78H3
Garoua *Cameroun*	64B2
Garoua Boulai	
Cameroun	64B2
Garwa *Inde*	52A2
Gary *É.-U.*	84A2
Garyarsa *Ch.*	48C2
Gasan Kuli *Turkm.*	56B2
Gascogne (Rég.) *Fr.*	4B3
Gascogne (Golfe de)	
Esp. et Fr.	4A2
Gascoyne (R.) *Austr.*	70A3
Gashaka *Nig.*	64B2
Gashi *Iran*	57D4
Gashua *Nig.*	63D3
Gaspé *Can.*	80D2
Gaspé (C.) *Can.*	80D2
Gaspésie (Péninsule	
de) *Can.*	80D2
Gassi (El) *Alg.*	62C1
Gata (Cap) *Chypre*	58A1
Gata (Cap de) *Esp.*	19B2
Gatchina *Russie*	30C2
Gatch Sārān *Iran*	57B3
Gateshead *G.-B.*	16C2
Gatinais *Fr.*	6C2
Gatineau *Can.*	85C1
Gatineau (R.) *Can.*	85C1
Gatrun *Libye*	59A2
Gaud-i-Zirreh (Désert)	
Afgh.	56D3
Gauhāti *Inde*	52C1
Gauja (R.) *Lett.*	26C1
Gauri Phanta *Inde*	52A1
Gauteng (Prov.)	
Afr. du Sud	66B3
Gavdhos (Ile) *Gr.*	23B4
Gävle *Suède*	13H6
Gawler Ranges (Mgnes)	
Austr.	70C4

Gaxun Nur (Lac) *Ch.*	40A1
Gaya *Inde*	52A2
Gaya *Niger*	63C3
Gaylord *É.-U.*	84B1
Gayny *Russie*	31H1
Gaysin *Ukr.*	30C4
Gaza *Asie*	54B3
Gaza (Bande de) *Asie*	58B3
Gaziantep *Turq.*	54C2
Gbaringa *Liberia*	63B4
Gdańsk *Pol.*	26B2
Gdańsk (Baie de) *Pol.*	26B2
Gdov *Russie*	12K7
Gdynia *Pol.*	26B2
Gedaref *Soud.*	65D1
Gediz (R.) *Turq.*	23C3
Gedser *Dan.*	24C2
Geelong *Austr.*	71D4
Geeveston *Austr.*	71D5
Geidam *Nig.*	63D3
Geita *Tanz.*	65D3
Gejiu *Ch.*	41A5
Gela *It.*	21B3
Gelibolu *Turq.*	23C2
Gelidonya (Cap) *Turq.*	54B2
Gelting *All.*	12F8
Gemas *Mal.*	45C5
Gemena *Zaïre*	64B2
Gemerek *Turq.*	54C2
Gemlik *Turq.*	54A1
Gemona *It.*	20B1
Gemsbok (Parc nat.)	
Botswana	66B3
Geneina (El) *Soud.*	64C1
General Alvear *Arg.*	95C2
General Belgrano	
(Station) *Antarct.*	96B2
General Bernardo	
O'Higgins (Station)	
Antarct.	96C2
General Carrera (Lac)	
Chili	95B5
General Eugenio A	
Garay *Arg.*	94D3
General Eugenio A	
Garay *Par.*	94D3
General Manuel Belgrano	
(Mgne) *Arg.*	94C4
General Pico *Arg.*	95D3
General Roca *Arg.*	95C3
General Santos *Phil.*	39D3
Gênes *It.*	20A2
Genesee (R.) *É.-U.*	85C2
Geneseo *É.-U.*	85C2
Gênes (Golfe de) *It.*	20A2
Geneva *É.-U.*	85C2
Genève *S.*	20A1
Genil (R.) *Esp.*	18B2
Genk *Belg.*	8B1
Gennargentu	
(Mgne) *It.*	21A2
Gennevilliers *Fr.*	10
Genteng *Indon.*	38B4
Genthin *All.*	24C2
Geokchay *Azerb.*	55E1
Georga (Zemlya)	
O. Arctique	32F1
George *Afr. du S.*	66B4
George (R.) *Can.*	77D4
George (Lac) *É.-U.*	85D2
George Sound (Fjord)	
N.-Z.	73A2
Georgetown *É.-U.*	84B3
Georgetown *É.-U.*	85C3
Georgetown *Gambie*	63A3
Georgetown *Guy.*	93F2
George Town *Mal.*	45C4
Georgetown	
St-Vincent	89N2
George V (Terre de)	
Antarct.	96C8
Géorgie (État) *É.-U.*	81B3
Géorgie *Asie*	33F5
Géorgie (Détroit de)	
Can.	79F5
Géorgie du Sud (Ile)	
Atlantique	95G8
Georgienne (Baie)	
Can.	84B1
Georgina (R.) *Austr.*	70C3

Georgiu-Dezh *Russie*	31E3
Georgiyevsk *Russie*	31F5
Gera *All.*	25C2
Geraldine *N.-Z.*	73B2
Geraldton *Austr.*	70A3
Geraldton *Can.*	80B2
Gerar (R.) *Isr.*	58B3
Gérardmer *Fr.*	8B2
Gerdine (Mt) *É.-U.*	78C3
Gerik *Mal.*	45C4
Gerlachovka (Mgne)	
Pol.	27C3
Germiston *Afr. du S.*	67G1
Gérone *Esp.*	19C1
Gers (Dép.) *Fr.*	7C3
Gestro (R.) *Éth.*	65E2
Getafe *Esp.*	18B1
Geteina (El) *Soud.*	65D1
Gettysburg *É.-U.*	85C3
Geumpang *Indon.*	45B4
Geureudong (Gunung)	
Indon.	45B5
Gevaş *Turq.*	55D2
Gevgelija *Mac.*	23B2
Ghabãghib *Syrie*	58C2
Ghadaf (Wadi el)	
Jord.	58C3
Ghadamis *Libye*	62C1
Ghaem Shahr *Iran*	56B2
Ghãghara (R.) *Inde*	52A1
Ghana *Afr.*	63B4
Ghanzi *Botswana*	66B3
Ghardaïa *Alg.*	62C1
Gharian *Libye*	59A1
Gharib (Ras) *Ég.*	59C2
Ghãts Occidentaux	
Inde	53A1
Ghãts Orientaux *Inde*	53B2
Ghazawet (El) *Alg.*	19B2
Ghãziãbãd *Inde*	50D3
Ghazi Khan *Pak.*	50C3
Ghazni *Afgh.*	50B2
Gheorghieni *Roum.*	22C1
Gheorghiu G Dei	
Roum.	22C1
Gheriat *Libye*	59A1
Ghisonaccia *Fr.*	9B3
Ghor (Vallée du) *Jord.*	58B3
Ghudaf (Wadi al) *Iraq*	55D3
Ghurian *Afgh.*	56D3
Giarre *It.*	21C3
Gibeon *Nam.*	66A3
Gibraltar *Europe*	18A2
Gibraltar (Détroit de)	
Afr. et Esp.	18A2
Gibson (Désert de)	
Austr.	70B3
Giddalūr *Inde*	53B1
Gien *Fr.*	6C2
Giessen *All.*	25B2
Gif-sur-Yvette *Fr.*	10
Gifu *J.*	42D3
Gigha (Ile) *G.-B.*	16B2
Giglio (Ile) *It.*	20B2
Gijon *Esp.*	18A1
Gilbert (R.) *Austr.*	71D2
Gilé *Moz.*	67C2
Gilgit *Pak.*	50C1
Gilgit (R.) *Pak.*	50C1
Gillam *Can.*	77A4
Gillette *É.-U.*	82C2
Gills Rock *É.-U.*	84A1
Gilman *É.-U.*	84A2
Gimli *Can.*	79J4
Gingindlovu *Afr. du S.*	67H1
Ginir *Éth.*	65E2
Giòna (Mgne) *Gr.*	23E3
Girard *É.-U.*	84B2
Girardot *Col.*	92C3
Giresun *Turq.*	55C1
Gir Hills *Inde*	51C4
Giri (R.) *Zaïre*	64B2
Giridih *Inde*	52B1
Gironde (Dép.) *Fr.*	6B3
Gironde (Estuaire) *Fr.*	4B2
Girvan *G.-B.*	16B2
Gisborne *N.-Z.*	72C1
Gitega *Burundi*	65C3
Giurgiu *Roum.*	22C2
Gizeh *Ég.*	54B3

Gizycko *Pol.* 26C2
Gjirokastër *Alb.* 23B2
Gjoatlaven *Can.* 78J3
Gjøvik *Norv.* 13G6
Glace Bay *Can.* 77D5
Glacier (Détroit du) *Can.* 76B2
Glacier Peak *É.-U.* 82A2
Gladstone *Austr.* 71E3
Gladstone *É.-U.* 84A1
Glama (Mgne) *Isl.* 12A1
Glâma (R.) *Norv.* 13G6
Glasgow *É.-U.* 82C2
Glasgow *G.-B.* 16B2
Glastonbury *G.-B.* 17C4
Glazov *Russie* 31H2
Gleisdorf *Autr.* 27B3
Glen Afton *N.-Z.* 72C1
Glencoe *Afr. du S.* 67H1
Glendale *É.-U.* 83B3
Glendale *É.-U.* 83B3
Glendive *É.-U.* 82C2
Glen Innes *Austr.* 71E3
Glens Falls *É.-U.* 85D2
Glenwood Springs *É.-U.* 82C3
Glitterhrnd (Mgne) *Norv.* 13F6
Gliwice *Pol.* 27B2
Globe *É.-U.* 83B3
Głogów *Pol.* 26B2
Glomfjord *Norv.* 12G5
Glorieuses (Îles) *Fr.* 67D2
Gloucester *G.-B.* 17C4
Glubokoye *Biél.* 26D1
Glukhov *Russie* 30D3
Gmünd *Autr.* 27B3
Gmunden *Autr.* 25C3
Gniezno *Pol.* 26B2
Goálpára *Inde* 53A1
Goálpára *Inde* 52C1
Goba *Éth.* 65D2
Gobabis *Nam.* 66A3
Gobi (Désert de) *Ch. et Mong.* 40B1
Gobo *J.* 43B2
Godag *Inde* 53B3
Godávari (R.) *Inde* 53C1
Goderich *Can.* 84B2
Godhavn *Groenl.* 76E3
Godhra *Inde* 51C4
Godthåb = Nuuk
Godwin Austen = K2
Goiandira *Br.* 94G2
Goiânia *Br.* 94G2
Goiás *Br.* 94G2
Goiás (État) *Br.* 91B4
Goio-Erê Pitanga *Br.* 94F3
Gojab (R.) *Éth.* 65D2
Gôkova (Baie de) *Turq.* 23C3
Göksun *Turq.* 54C2
Gol (R.) *Mong.* 29C3
Goläghåt *Inde* 52C1
Golan Rég. Syrie 58B2
Gölbaği *Turq.* 55C2
Golden (Baie) *N.-Z.* 72B2
Goleniów *Pol.* 24C2
Golmud *Ch.* 36B3
Golocha *Éth.* 65E2
Golovnino *Russie* 42F2
Goma *Zaïre* 65C3
Gombe *Nig.* 63D3
Gomel *Biél.* 30D3
Gomera (Île) *Canaries* 62A2
Gómez Palacio *Mex.* 86B2
Gonam (R.) *Russie* 29E2
Gonâve (Île) *Cuba* 88C3
Gonbad-e Kávús *Iran* 56C2
Gonda *Inde* 52A1
Gondal *Inde* 51C4
Gondar *Éth.* 65D1
Gondia *Inde* 52A2
Gönen *Turq.* 54A1
Gonen (R.) *Turq.* 23C3
Gonesse *Fr.* 10
Gongga Shan *Ch.* 41A4
Gongola (R.) *Nig.* 63D3
Goodland *É.-U.* 82C3
Goole *G.-B.* 16D3

Goomalling *Austr.* 70A4
Goondiwindi *Austr.* 71E3
Goose Bay *Can.* 77E4
Goose (Lac) *É.-U.* 82A2
Gooty *Inde* 53B1
Gorakhpur *Inde* 52A1
Goražde *Bosnie* 22A2
Gordon *É.-U.* 78D3
Gordonsville *É.-U.* 85C3
Goré *Éth.* 65D2
Gore *N.-Z.* 73A3
Goré *Tchad* 64B2
Gore Topko (Mgne) *Russie* 29F2
Gorgán *Iran* 56B2
Goris *Arm.* 55E2
Gorizia *It.* 20B1
Gorlitz *All.* 25C2
Gorna Orjahovica *Bulg.* 22C2
Gorno-Altaysk *Russie* 36A1
Gornozavodsk *Russie* 37G2
Gorodets *Russie* 31F2
Gorodok *Ukr.* 27C3
Gorodok *Ukr.* 27D3
Goroka *P.-N.-G.* 39F4
Gorongosa *Moz.* 67C2
Gorontalo *Indon.* 39D3
Goryachinsk *Russie* 36C1
Goryn' (R.) *Ukr.* 27D3
Gorzów Wielkopolski *Pol.* 12H8
Goshogawara *J.* 42E2
Gosier (Le) *Guadeloupe* 11
Gospić *Cr.* 20C2
Gostivar *Mac.* 22B2
Gostynin *Pol.* 26B2
Göteborg *Suède* 12G7
Gotel (Mts) *Nig.* 64B2
Gotland (Île) *Suède* 12H7
Gotö (Île) *J.* 42B4
Gotska Sandön (Île) *Suède* 12H7
Götsu *J.* 42C3
Goudoumaria *Niger* 64B1
Gouin (Rés.) *Can.* 77C5
Goulburn *Austr.* 71D4
Goumbou *Mali* 63B3
Goundam *Mali* 63B3
Gourbeyre *Guadeloupe* 11
Gourdon *Fr.* 7C3
Gouré *Niger* 64B1
Gouriev = Atyraou
Gourma Rharous *Mali* 63B3
Gouro *Tchad* 59A3
Goussainville *Fr.* 10
Gove (Péninsule de) *Austr.* 39E5
Goverla (Mgne) *Ukr.* 30B4
Governador Valadares *Br.* 91C5
Govind Ballabh Paht Sägar (Lac) *Inde* 52A2
Gowanda *É.-U.* 85C2
Gowärän *Afgh.* 50B3
Goya *Arg.* 94E4
Goz-Beïda *Tchad* 64C1
Gozo (Île) *Malte* 21B3
Goz Regeb *Soud.* 59C3
Graaff Reiner *Afr. du S.* 66B4
Gracefield *Can.* 85D2
Grafton *Austr.* 71E3
Grafton *É.-U.* 84B3
Graham (I.) *Can.* 76A2
Graham (I.) *Can.* 79E4
Grahamstown *Afr. du S.* 66B4
Graham (Terre de) *Antarct.* 96C2
Grajaú *Br.* 91B3
Grajewo *Pol.* 26C2
Grámmos (Mgne) *Alb. et Gr.* 23B2
Grampians (Monts) *G.-B.* 14C2
Granada *Col.* 92C3
Granada *Nic.* 87D3

Granby *Can.* 85D1
Gran Chaco (Rég.) *Arg.* 94D4
Grand (R.) *É.-U.* 84A2
Grand Bahama (Île) *Bahamas* 81C4
Grand Ballon *Fr.* 8B2
Grand Bank *Can.* 77E5
Grand Bassam *C. d'Iv.* 63B4
Grand Bay *Dominique* 89Q2
Grand-Bourg *Guadeloupe* 11
Grand Canyon *É.-U.* 83B3
Grand Cayman (Île) *G.-B.* 88A3
Grand Coulee *É.-U.* 82B2
Grande (R.) *Br.* 91C4
Grande (R.) *Minas Gerais* et São Paulo] *Br.* 94G2
Grande (Bahia) *Arg.* 95C6
Grande Barrière (Récif) *Austr.* 71D2
Grande de Santiago (Rio) *Mex.* 86B2
Grande (La) *É.-U.* 82B2
Grande (Rio) *É.-U. et Mex.* 86B2
Grande (Rio) *Nic.* 87D3
Grande Rivière de la Baleine *Can.* 77C4
Grande Rivière (La) *Can.* 77C4
Grande-Terre (Île) *Guadeloupe* 11
Grand Falls *Can.* 77D5
Grand Falls *Can.* 77E5
Grand Forks *É.-U.* 82D2
Grand Haven *É.-U.* 84A2
Grand Island *É.-U.* 82D2
Grand Junction *É.-U.* 82C3
Grand Lac Salé *É.-U.* 82B2
Grand-Mère *Can.* 85D1
Gråndola *Port.* 18A2
Grand Paradis (Mgne) *It.* 20A1
Grand Prairie *Can.* 79G4
Grand Rapids *Can.* 79J4
Grand Rapids *É.-U.* 80A2
Grand Rapids *É.-U.* 84A2
Grand-St-Bernard (Col du) *It. et S.* 5D2
Grand Sasso *It.* 20B2
Grand Teton (Mgne) *É.-U.* 82B2
Granollers *Esp.* 19C1
Gran Sabana (La) [Mgnes] *Ven.* 93E2
Grantham *G.-B.* 17D3
Grants *É.-U.* 83C3
Grants Pass *É.-U.* 82A2
Granville *Fr.* 4B2
Granville (Lac) *Can.* 79H4
Gras (Lac de) *Can.* 78G3
Grasse *Fr.* 5D3
Gratton *É.-U.* 82D2
Graulhet *Fr.* 7C3
Gravelbourg *Can.* 79H5
Gravelotte *Afr. du S.* 66C3
Gravenhurst *Can.* 85C2
Gray *Fr.* 8B2
Grayson *É.-U.* 84B3
Graz *Autr.* 27B3
Great (R.) *Jam.* 89H1
Great Abaco (Île) *Bahamas* 81C4
Great Barrier (Île) *N.-Z.* 72C1
Great Bend *É.-U.* 83D3
Great Dividing Range *Austr.* 71D3
Great Exuma (Île) *Bahamas* 87E2
Great Falls *É.-U.* 82B2
Great Inagua (Île) *Bahamas* 81C4

Great Ormes Head (Cap) *G.-B.* 16C3
Great Ragged (Île) *Bahamas* 81C4
Great Ruaha (R.) *Tanz.* 65D3
Great Sacandaga (Lac) *É.-U.* 85D2
Great Sandy Desert *Austr.* 70B3
Great Sandy Desert *É.-U.* 82A2
Great Yarmouth *G.-B.* 17E3
Gréboun (Mont) *Niger* 62C2
Grèce *Europe* 23E3
Greco (Cap) *Chypre* 58B1
Gredos (Sierra de) *Esp.* 18A1
Greece *É.-U.* 85C2
Greeley *É.-U.* 82C2
Greely Fjord *Can.* 76B1
Green (R.) *É.-U.* 82C3
Green (Baie) *É.-U.* 84A1
Green Bay *É.-U.* 84A2
Green Bell (I.) *Russie* 32H1
Greencastle *É.-U.* 84A3
Greenfield *É.-U.* 84A2
Greenfield *É.-U.* 85D2
Greenock *G.-B.* 16B2
Greenport *É.-U.* 85D2
Green River *É.-U.* 82B3
Greensburg *É.-U.* 85C2
Greenville *É.-U.* 81A3
Greenville *É.-U.* 81B3
Greenville *É.-U.* 83D3
Greenville *É.-U.* 84B2
Greenville *Liberia* 63B4
Greenville (C.) *Austr.* 39F5
Greenwich *É.-U.* 85D2
Greenwich *G.-B.* 17E4
Greenwood *É.-U.* 81A3
Gregory (R.) *Austr.* 82D2
Gregory Range *Austr.* 71D2
Greifswald *All.* 24C2
Gremikha *Russie* 32E3
Grená *Dan.* 24C1
Grenade *Esp.* 18B2
Grenade *M. des Antilles* 89E4
Grenadines *M. des Antilles* 89E4
Grenoble *Fr.* 5D2
Grenville *Grenade* 89M2
Grenville (C.) *Austr.* 71D2
Grey (R.) *N.-Z.* 73B2
Grey (Is) *Can.* 77E4
Greymouth *N.-Z.* 73B2
Greytown *Afr. du S.* 66C3
Griffin *É.-U.* 81B3
Griffith *Austr.* 71D4
Grigny *Fr.* 10
Grim (C.) *Austr.* 71D5
Grimsby *Can.* 84C2
Grimsby *G.-B.* 16D3
Grímsey (Île) *Isl.* 12B1
Grimstad *Norv.* 12F7
Grindelwald *S.* 9B2
Grinnell (Pén.) *Can.* 76A2
Grise Fjord *Can.* 76B2
Grisons *S.* 8B2
Griva *Russie* 31H1
Grobina *Lett.* 12J7
Grodno *Biél.* 26C2
Groenland *O. Atlantique* 76F2
Groenland (Mer du) *O. Atlantique* 1B1
Gromati (R.) *Inde* 52A1
Groningue *P.-B.* 24B2
Groote Eylandt (Île) *Austr.* 70C2
Grootfontein *Nam.* 66A2
Grootvloer *Afr. du S.* 66A3
Gros Islet (Île) *Ste-Lucie* 89P2
Gros-Morne *Mart.* 11

Gros Morne (Le)
Réunion **11**
Grosseto It. **20B2**
Grossglockner (Mgne)
Autr. **25C3**
Groveton É.-U. **85D2**
Groznyy Russie **31G5**
Grudziadz Pol. **26B2**
Grunau Nam. **66A3**
Gruyères S. **9B2**
Gryazi Russie **31F3**
Gryazovets Russie **31E2**
Grytviken
Géorgie du Sud **95G8**
Gstaad S. **9B2**
Guacanayabo (G. de)
Cuba **88B2**
Guadalajara Esp. **18B1**
Guadalajara Mex. **86B2**
Guadalcanal (Ile)
I. Salomon **71E1**
Guadalimar (R.) Esp. **18B2**
Guadalope (R.) Esp. **19B1**
Guadalquivir (R.) Esp. **18B2**
Guadalupe Mex. **86B2**
Guadalupe (Ile) Mex. **75G6**
Guadalupe (Sierra de)
Esp. **18A2**
Guadarrama (Sierra de)
Esp. **18B1**
Guadeloupe Antilles **11**
Guadian (R.) Esp. **18B2**
Guadiana (R.)
Esp. et Port. **18B2**
Guadix Esp. **18B2**
Guajará Mirim Br. **92D5**
Guajira (Pén. de la)
Col. **92C1**
Gualaceo Éq. **92B4**
Guam (Ile)
O. Pacifique **39F2**
Guamini Arg. **95D3**
Gua Musang Mal. **45C5**
Guanare Ven. **92D2**
Guane Cuba **87D2**
Guangdong (Prov.)
Ch. **41C5**
Guanghan Ch. **41A3**
Guanghua Ch. **40C3**
Guangnan Ch. **41A5**
Guangxi Zhuang
(Prov.) Ch. **41B5**
Guangyuan Ch. **41B3**
Guangze Ch. **41D4**
Guangzhou = Canton
Guania (R.) Col. **92D3**
Guanipa (R.) Ven. **89E5**
Guantánamo Cuba **88B2**
Guanting Shuiku
(Rés.) Ch. **40D1**
Guan Xian Ch. **41A3**
Guapa Col. **92B2**
Guaporé (R.)
Bol. et Br. **93E6**
Guaqui Bol. **94C2**
Guarapuava Br. **94F4**
Guara (Sierra de) Esp. **19B1**
Guarda Port. **18A1**
Guardafui (Cap) Som. **65F1**
Guasave Mex. **83C4**
Guatemala (Rép.)
Am. centr. **87C3**
Guatemala (ville)
Guat. **87C3**
Guavrare (R.) Col. **92C3**
Guayaguayare Trinité **89L1**
Guayaquil Éq. **92A4**
Guayaquil (G. de) Éq. **92A4**
Guaymas Mex. **86A2**
Guba Éth. **65D2**
Guba Zaïre **66B2**
Guban Som. **65E2**
Gubin Pol. **24C2**
Gudar (Sierra de) Esp. **19B1**
Güdür Inde **53B2**
Guebwiller Fr. **8B2**
Guelma Alg. **21A3**
Guelph Can. **84B2**
Guéta Zemmur
Maroc **62A2**

Guenabacoa Cuba **88A2**
Guéréda Tchad **64C1**
Guéret Fr. **4C2**
Guernesey (Ile) G.-B. **4B2**
Guettara (El) [Puits]
Mali **62B2**
Gughe Éth. **65D2**
Gugigu Ch. **37E1**
Guguan (Ile)
O. Pacifique **39F2**
Guider Cameroun **64B2**
Guidong Ch. **41C4**
Guiglo C. d'Iv. **63B4**
Guilin Ch. **41C4**
Guinan Ch. **40A2**
Guinée Afr. **63A3**
Guinée-Bissau Afr. **63A3**
Guinée équatoriale
Afr. **64A2**
Guinée (Golfe de) Afr. **63C4**
Guines Cuba **88A2**
Guingamp Fr. **6B2**
Guir (Puits) Mali **63B3**
Güiria Ven. **93E1**
Guiuan Phil. **39D2**
Gui Xian Ch. **41B5**
Guiyang Ch. **41B4**
Guizhou (Prov.) Ch. **41B4**
Gujerat (État) Inde **51C4**
Gujranwala Pak. **50C2**
Gujrat Pak. **50C2**
Gulbarga Inde **53B1**
Gulbene Lett. **26D1**
Guledagudda Inde **53B1**
Gulin Ch. **41B4**
Güllük (Baie de) Turq. **23C3**
Gulu Oug. **65D2**
Gumel Nig. **63C3**
Gumpla Inde **52A2**
Gümüşhane Turq. **55C1**
Guna Inde **51D4**
Guna (Mgne) Éth. **65D1**
Gungu Zaïre **64B3**
Gunnbjørn Fjeld
(Mgne) Groenl. **76H3**
Guntakal Inde **53B1**
Güntür Inde **53C1**
Gunungsitoli Indon. **45B5**
Gunza Ang. **66A2**
Guoyang Ch. **40D3**
Guranda Éq. **92B4**
Gurdaspur Inde **50D2**
Gurgaon Inde **50D3**
Guri (Réservoir de)
Ven. **93E2**
Gurkha Népal **52A1**
Gürün Turq. **54C2**
Gurupi (R.) Br. **91B2**
Guruve Zimb. **66B3**
Gurvan Sayhan Uul
(Hauteurs) Mong. **40A1**
Gusau Nig. **63C3**
Gusev Russie **26C2**
Gushan Ch. **42A3**
Gus'khrustalnyy
Russie **31F2**
Gustav Holm (Cap)
Groenl. **76G3**
Gustavia (Ile)
St-Barthélemy
Guadeloupe **11**
Gustavus É.-U. **78E4**
Gütersloh All. **24B2**
Guthrie É.-U. **83D3**
Guyana (Rép.)
Am. du S. **93F3**
Guyancourt Fr. **10**
Guyane Française
Am. du S. **93G3**
Guyang Ch. **40C1**
Guydan (Pén) Russie **32C1**
Guyenne (Rég.) Fr. **4B3**
Guymon É.-U. **83C3**
Guyuan Ch. **40B2**
Gwädar Pak. **57D4**
Gwalior Inde **51D3**
Gwanda Zimb. **66B3**

Gwane Zaïre **64C2**
Gwent (Comté) G.-B. **17C4**
Gweru Zimb. **66B2**
Gwydir (R.) Austr. **71E3**
Gwynedd G.-B. **16C2**
Gyangzê Ch. **52B1**
Gyaring Hu (Lac) Ch. **36B3**
Gyirong Ch. **52B1**
Gyldenleues Groenl. **76F3**
Gympie Austr. **71E3**
Gyöngyös H. **27B3**
Györ H. **27B3**

H

Haakon VII (Mer du
Roi) Antarct. **96A12**
Haapajärvi Finl. **12K6**
Haapsalu Est. **30B2**
Haarlem P.-B. **24A2**
Habiganj Bangl. **52C2**
Hachijo (Ile) J. **42D4**
Hachinan J. **43B1**
Hachinohe J. **42E2**
Hachioji J. **43B1**
Hadd (Al) Oman **47D3**
Haddington G.-B. **16C2**
Hadejia Nig. **63C3**
Hadejia (R.) Nig. **63C3**
Hadera Isr. **58B2**
Haderslev Dan. **24B1**
Hadiboh Yémen **47D4**
Hadithah (Al) Ar. S. **54C3**
Hadithah (Al) Iraq **55D3**
Hadjar (Dj.) Oman **57C5**
Hadjara (Plateau d')
Iraq **55D3**
Hadley (Baie d') Can. **78H2**
Hadong V. **41B5**
Hadr (Al) Iraq **55D2**
Hadramaout (Rég.)
Yémen **47C4**
Hadsund Dan. **24C1**
Haeju Corée du N. **42B3**
Hafar al Bâtin Ar. S. **57A4**
Haffners Bjerg (Mgne)
Groenl. **76D2**
Hafizabad Pak. **50C2**
Haflong Inde **52C1**
Hafnafjörethur Isl. **12A2**
Hagen All. **24B2**
Hagerstown É.-U. **85C3**
Hagi J. **43A2**
Ha Giang V. **41A5**
Hague (Cap de la) Fr. **4B2**
Haguenau Fr. **8B2**
Hagunia (Puits)
Maroc **62A2**
Haha-jima (Ile) J. **37G4**
Hah Xil Hu (Lac) Ch. **36B3**
Haicheng Ch. **42A2**
Hai Duong V. **44D1**
Haïfa Isr. **58B2**
Hai He (R.) Ch. **40D2**
Haikang Ch. **41C5**
Haikou Ch. **44E1**
Hä'il Ar.S. **46C3**
Hailäkändi Inde **52C2**
Hailar Ch. **36D2**
Hailong Ch. **42B2**
Hailuoto (Ile) Finl. **12J5**
Hainan (Ile) Ch. **44D2**
Haines É.-U. **78E4**
Haines Junction Can. **78E3**
Hainfeld Autr. **27B3**
Haiphong V. **41B5**
Haiti (Rép.) Antilles **88C3**
Haiya Soud. **59C3**
Haiyan Ch. **40A2**
Haiyuan Ch. **40B2**
Haizhou (Baie de) Ch. **40D3**
Hajar ash Sharqi
Oman **57C5**
Hajdúböszörmény H. **27C3**
Hajiki-saki (Pointe) J. **43B1**
Haka Birm. **52C2**
Hakkâri Turq. **55D2**
Hakodate J. **42E2**
Hakui J. **43B1**
Haku-san (Mgne) J. **43B1**

Halabja Iraq **55E3**
Halaib Soud. **59C2**
Halâl (Gebel) Ég. **58A3**
Halba Liban **58C1**
Halberstadt All. **24C2**
Halden Norv. **12G7**
Haldia Inde **52B1**
Haldwani Inde **50D3**
Halfax Can. **77D5**
Halifax G.-B. **16D3**
Halimah (Jabal) Liban
et Syrie **58C1**
Hall (Bassin de) Can. **76D1**
Hall Beach Can. **76B3**
Halle All. **24C2**
Halley (Station)
Antarct. **96B1**
Hallingdal (R.) Norv. **13F6**
Hall (Pén. de) Can. **76D3**
Hall's Creek Austr. **70B2**
Hallstattee (Ile) Indon. **39D3**
Halmstad Suède **12G7**
Haltern All. **24B2**
Haltia (Mgne) Norv. **12J5**
Haltwhistle G.-B. **16C2**
Haluza (Site hist.) Isr. **58B3**
Hamâ Syrie **54C2**
Hamad Ar. S. **55C3**
Hamada J. **43A2**
Hamadhän Iran **56A3**
Hamamatsu J. **43B2**
Hamar Norv. **13G6**
Hamâta (Gebel) Ég. **59C2**
Hambantota Sri L. **53C3**
Hambourg All. **24B2**
Hämeenlinna Finl. **13J6**
Hamersley Range
Austr. **70A3**
Hamgyong Sanmaek
(Mgnes)
Corée du N. **42B2**
Hamhung
Corée du N. **42B2**
Hami Ch. **36B2**
Hamidiyah Syrie **58B1**
Hamilton Austr. **71D4**
Hamilton Can. **84C2**
Hamilton É.-U. **84B2**
Hamilton G.-B. **16B2**
Hamilton N.-Z. **72C1**
Hamilton Inlet (Baie)
Can. **77E4**
Hamina Finl. **13K6**
Hamirpur Inde **52A1**
Hamm All. **24B2**
Hammamet Tun. **21B3**
Hammamet (Golfe de)
Tun. **21B3**
Hammerdal Suède **12H6**
Hammerfest Norv. **12J4**
Hammond É.-U. **84A2**
Hammonton É.-U. **85D3**
Hampden N.-Z. **73B3**
Hampshire (Comté)
G.-B. **17D4**
Hämün-e Jaz Mürian
(Lac) Iran **57C4**
Hamun-i-Lora Pak. **50B3**
Hamun-i Mashkel Pak. **57D4**
Hamurre (El) Som. **65E2**
Hanamaki J. **42E3**
Hancheng Ch. **40C2**
Hanchuan Ch. **41C3**
Hancock É.-U. **77B5**
Hancock É.-U. **85C3**
Handa J. **43B2**
Handan Ch. **40C2**
Handeni Tanz. **65D3**
Hanggin Qi Ch. **40B2**
Hangö Finl. **12J7**
Hangzhou Ch. **41E3**
Hangzhou (Baie de)
Ch. **41E3**
Haniyah (Al) Iraq **55E4**
Hanmer Springs N.-Z. **73B2**
Hanna Can. **79G4**
Hanöbukten (Baie)
Suède **12G7**
Hanoi V. **44D1**
Hanover É.-U. **85D2**

Entry	Ref.
Hanover (Ile) Chili	95B6
Hanovre All.	24B2
Han Shui Ch.	40B3
Han Shui (R.) Ch.	41C3
Hänsi Inde	50D3
Hantay Mong.	36C2
Hanzhong Ch.	40B3
Hao (Ile) Polyn. Fr.	11
Haparanda Suède	12J5
Hápoli Inde	52C1
Haql Ar. S.	54C4
Haradh Ar. S.	57A5
Hara Fanna Éth.	65E2
Haramachi J.	43C1
Harar Éth.	65E2
Harare Zimb.	67C2
Harash (Bi'r al) Libye	59B2
Harazé Tchad	64C1
Harbin Ch.	37E2
Harbor Beach É.-U.	84B2
Harda Inde	51D4
Hardangerfjord Norv.	13F6
Harding Afr. du S.	66C4
Hareidin (Wadi) Ég.	58B3
Hargeisa Som.	65E2
Har Hakippa (Mgne) Isr.	58B3
Harhu (Lac) Ch.	36B3
Hari (R.) Indon.	45C6
Haricha (El) Mali	60B2
Harima-nada (Baie) J.	43A2
Hariq' (Al) Ar. S.	57A5
Harir (Wadi al) Syrie	58C2
Harlingen É.-U.	83D4
Harlingen P.-B.	24B2
Harlow G.-B.	17E4
Harney Basin É.-U.	82B2
Härnösand Suède	12H6
Haroujd el-Aswad (el-) Libye	59A2
Harper Liberia	63B4
Harpers Ferry É.-U.	85C3
Harrah (Al) Ar. S.	55C3
Har Ramon (Mgne) Isr.	58B3
Harricanaw (R.) Can.	77C4
Harrington Harbour Can.	77E4
Harris (I.) G.-B.	14B2
Harrisburg É.-U.	85C2
Harrismith Afr. du S.	66B3
Harrisonburg É.-U.	85C3
Harrison (Cap) Can.	77E4
Harrisville É.-U.	84B2
Harrogate G.-B.	16D2
Har Saggi (Mgne) Isr.	58B3
Harstad Norv.	12H5
Härteigen (Mgne) Norv.	13F6
Hartford É.-U.	84A2
Hartkjølen (Mgne) Norv.	12G6
Hartland Pt G.-B.	17B4
Hartlepool G.-B.	16D2
Hartz (R.) Afr. du S.	67F1
Har Us Nuur (Lac) Mong.	36B2
Harut (R.) Afgh.	56D3
Harvey É.-U.	82C2
Harwich G.-B.	17E4
Haryâna (État) Inde	50D3
Hâsä Jord.	58B3
Hasa (al-) [Rég.] Ar. S.	57A4
Hasa (Wadi el) Jord.	58B3
Hâsbaiya Liban	58B2
Haselmere G.-B.	17D4
Hashimoto J.	43B2
Hashtpar Iran	56A2
Hashtrüd Iran	56A2
Haskovo Bulg.	22C2
Hassan Inde	53B2
Hasselt Belg.	24B2
Hassetché Syrie	55D2
Hassi Inifel Alg.	62C2
Hassi Mdakane (Puits) Alg.	62B2
Hassi Messaoud Alg.	62C1
Hässleholm Suède	13G7
Hastings É.-U.	82D2
Hastings G.-B.	17E4
Hastings N.-Z.	72C1
Hâthras Inde	51D3
Ha Tinh V.	44D2
Hatteras (Cap) É.-U.	81C3
Hattiesburg É.-U.	81B3
Hatvan H.	27B3
Hau Bon V.	44D3
Haud Éth.	65E2
Haugesund Norv.	12F7
Hauhungaroa Ra. (Massif) N.-Z.	72C1
Hauraki (Golfe d') N.-Z.	72B1
Hauroko (Lac) N.-Z.	73A3
Hauts-de-Seine (Dép.) Fr.	10
Hauzdar Iran	57D3
Havane (La) Cuba	87D2
Havankulam Sri L.	53B3
Havelock North N.-Z.	72C1
Haverfordwest G.-B.	17B4
Haverhill É.-U.	85D2
Häveri Inde	53B2
Havlíčkův Brod Rép Tch.	27B3
Havre É.-U.	82C2
Havre (Le) Fr.	4C2
Havre-St-Pierre Can.	77D4
Havsa Turq.	22C2
Hawaii É.-U.	69J2
Hawata (El) Soud.	65D1
Hawea (Lac) N.-Z.	73A2
Hawera N.-Z.	72B1
Hawick G.-B.	16C2
Hawjä' (Al) Ar. S.	55C4
Hawkdun Ra. (Massif) N.-Z.	73A2
Hawke Bay (Golfe) N.-Z.	72C1
Hawng Luk Birm.	44B1
Hawr al Habbaniyah (Lac) Iraq	55D3
Hawrän (Wadi) Iraq	55D3
Hay Austr.	71D4
Hay (R.) Can.	79G3
Haycock É.-U.	78B3
Haye (La) P.-B.	24A2
Hayes (R.) Can.	77A4
Hayes Halvø (Rég.) Groenl.	76D2
Hayes (Mt) É.-U.	78D3
Hay-les-Roses (L') Fr.	10
Hay River Can.	79G3
Hays É.-U.	83D3
Hayy Iraq	55E3
Hazâradjat (Rég.) Afgh.	56D2
Hazâribâg Inde	52B1
Hazelton Can.	79F4
Hazen (Baie d') É.-U.	78B3
Hazen (Détroit d') Can.	78G2
Hazen (Lac) Can.	76D1
Hazeva Isr.	58B3
Hazleton É.-U.	85C2
Heard (I.) O. Indien	68B6
Hearst Can.	80B2
Hebei Ch.	40C2
Hebei (Prov.) Ch.	40D2
Hebian Ch.	40C2
Hébrides G.-B.	14B2
Hebron Can.	77D4
Hébron (Isr.)	58B3
Hécate (Détroit d') Can.	79E4
Hechi Ch.	41B5
Hecla et Griper (Baie)	78G2
Hector (Mt) N.-Z.	73C2
Hede Suède	12G6
Hedemora Suède	13H6
Hedjaz (Rég.) Ar. S.	59C2
Heerenveen P.-B.	24B2
Hefei Ch.	41D3
Hefeng Ch.	41C4
Hegang Ch.	37F2
Hegura-jima (Ile) J.	43B1
Heho Birm.	44B1
Heidan (R.) Jord.	58B3
Heide All.	24B2
Heidelberg Afr. du S.	67G1
Heidelberg All.	25B3
Heidenheim All.	25C3
Heihe Chine	29E2
Heilbron Afr. du S.	66B3
Heilbronn All.	25B3
Heiligenstadt All.	24C2
Heinola Finl.	13K6
Hejiang Ch.	41B4
Hekla (Mgne) isl.	76J3
Hekou V.	44C1
Hekou Yaozou Zizhixian Ch.	41A5
Helan Ch.	40B2
Helan Shan Ch.	40B2
Helder (Le) P.-B.	24A2
Helena É.-U.	81A3
Helena É.-U.	82B2
Helleh (R.) Iran	57B4
Hellin Esp.	19B2
Helmand (R.) Afgh.	56D3
Helmeringhausen Nam.	66A3
Helong Ch.	42B2
Hélouân Ég.	54B4
Helsingfors = Helsinki	
Helsingør Dan.	24C1
Helsinki Finl.	13J6
Helston G.-B.	17B4
Hemse Suède	12H7
Henan Ch.	40A3
Henan (Prov.) Ch.	40C3
Hen and Chicken (Iles) N.-Z.	72B1
Henderson É.-U.	83B3
Henderson É.-U.	84A3
Hengchun Taiwan	41E5
Hengduan Shan Ch.	36B4
Hengelo P.-B.	24B2
Hengshan Ch.	40B2
Hengshui Ch.	40D2
Heng Xian Ch.	44D1
Hengyang Ch.	41C4
Henhoaha Inde	45A4
Henley-on-Thames G.-B.	17D4
Henrietta Maria (C.) Can.	77B4
Henry Kater (Pén.) Can.	76D3
Hentiyn Nuruu (Mgnes) Mong.	36C2
Henzada Birm.	44B2
Hepu Ch.	41B5
Herat Afgh.	56D3
Hérault (Dép.) Fr.	9A3
Herbert Can.	79H4
Herbertville N.-Z.	72C2
Herblay Fr.	10
Heredia C.R.	88A4
Hereford G.-B.	17C3
Hereford et Worcester (Comté) G.-B.	17C3
Hereheretue (Ile) Polyn. Fr.	11
Heriot N.-Z.	73A3
Herkimer É.-U.	85D2
Herma Ness (Pén.) G.-B.	14C1
Hermitage N.-Z.	73B2
Hermon (Mont) Liban et Syrie	58B2
Hermosillo Mex.	86A2
Herning Dan.	24B1
Herowabad Iran	56A2
Herrera del Duque Esp.	18B2
Hertford (Comté) G.-B.	17D4
Herzliyya Isr.	58B3
Hesse All.	24B2
Hexham G.-B.	16C2
He Xian Ch.	41C5
Heyuan Ch.	41C5
Hez Bay N.-Z.	40D2
Hidalgo del Parral Mex.	86B2
Hierro (Ile) Canaries	62A2
Higashi (Dt de) J.	42B4
Higashine J.	43C1
High Point É.-U.	81B3
High Prairie Can.	79G4
High River Can.	79G4
High Wycombe G.-B.	17D4
Hiiumaa (Ile) Est.	30B2
Hijanah (Al) Syrie	58C2
Hikigawa J.	43B2
Hikone J.	43B1
Hikueru (Ile) Polyn. Fr.	11
Hikurangi N.-Z.	72B1
Hildago Mex.	83C4
Hildago del Parral Mex.	83C4
Hildesheim All.	24B2
Hilla Iraq	55D3
Hillaby (Mt) Barbade	89R2
Hillah (Al) Ar. S.	57A5
Hillerød Dan.	24C1
Hillsboro É.-U.	84B3
Hilvan Turq.	55C2
Hilversum P.-B.	24B2
Himachal Pradesh (État) Inde	50D2
Himâlaya Asie	48C3
Himalaya (Grand) Asie	52B1
Himatnagar Inde	51C4
Himeji J.	42C4
Himi J.	42D3
Hindaun Inde	51D3
Hindú Küch Afgh.	50B1
Hindupur Inde	53B2
Hines Creek Can.	79G4
Hinganghät Inde	51D4
Hingol (R.) Pak.	51B3
Hingol Inde	51D5
Hinnøya (Ile) Norv.	12H5
Hirfanli Baraji (Rés. de) Turq.	54B2
Hirihar Inde	53B2
Hirosaki J.	42E2
Hiroshima J.	42C4
Hirşova Roum.	22C2
Hirtshals Dan.	24B1
Hisär Inde	50D3
Hispaniola (Ile) M. des Antilles	88C3
Hisyah Syrie	58C1
Hit Iraq	55D3
Hitachi J.	42E3
Hitachi-Ota J.	43C1
Hitchin G.-B.	17D4
Hitra (Ile) Norv.	12F6
Hiuchi-nada (Baie) J.	43A2
Hiva-Oa (Ile) Polyn. Fr.	11
Hiwasa J.	43A2
Hjørring Dan.	24B1
Hka (R.) Birm.	44B1
Ho Gh.	63C4
Hoa Binh V.	44D1
Hoa Da V.	44D3
Hobart Austr.	71D5
Hobbs É.-U.	83D3
Hobro Dan.	24B1
Hobyo Som.	65E2
Hoceima (Al-) Maroc	62B1
Hô Chi Minh-Ville V.	44D3
Hockönig (Mgne) Autr.	25C3
Hödmezö'hely H.	22B1
Hodna (Chott el) Alg.	19C3
Hodna (Monts du) Alg.	19C2
Hodonin Rép. Tch.	27B3
Hoeryong Corée du N.	42B2
Hof All.	25C2
Hofsjökull (Mgnes) Isl.	12B2
Höfu J.	42C4
Hoggar Alg.	62C2
Hoggar (Tassili du) Alg.	62C2
Hohhot Ch.	40C1
Höhn Isl.	76J3
Hoh Sai Hu (Lac) Ch.	36B3
Hoh Xil Shan Ch.	48C2
Hoima Oug.	65D2
Hojäi Inde	52C1
Hojo J.	43A2
Hokianga (Crique de) N.-Z.	72B1

Iles de la Mer de Corail (Territoire des)

Hokitika *N.-Z.*	**73B2**	Horseheads *É.-U.*	**85C2**	Huê *V.*	**44D2**	Iakoutsk *Russie*	**29E1**
Hokkaidō *J.*	**42E2**	Horsens *Dan.*	**24C1**	Huelva *Esp.*	**18A2**	Ialomiţa (R.) *Roum.*	**22C2**
Hokmābād *Iran*	**56C2**	Horsham *Austr.*	**71D4**	Hüercal Overa *Esp.*	**19B2**	Iamal (Pén. de) *Russie*	**32J2**
Hokota *J.*	**43C1**	Horsham *G.-B.*	**17D4**	Huesca *Esp.*	**19B1**	Iaroslavl *Russie*	**31E2**
Holbrook *É.-U.*	**83B3**	Horten *Norv.*	**12G7**	Hufuf (al-) *Ar. S.*	**57A4**	Iaşi *Roum.*	**22C1**
Hole Narsipur *Inde*	**53B2**	Horton (R.) *Can.*	**78F3**	Hughenden *Austr.*	**71D3**	Ibadan *Nig.*	**63C4**
Holetown *Barbade*	**89R2**	Hose (Mts) *Mal.*	**38C3**	Hughes *É.-U.*	**78C3**	Ibagué *Col.*	**92B3**
Holguín *Cuba*	**88B2**	Hoshab *Pak.*	**57D4**	Hugli (R.) *Inde*	**52B1**	Ibar (R.) *Youg.*	**22B2**
Hollabrunn *Autr.*	**27B3**	Hoshangābād *Inde*	**51D4**	Hui'an *Ch.*	**41D4**	Ibarra *Éq.*	**92B3**
Holland *É.-U.*	**84A2**	Hoshiārpur *Inde*	**50D2**	Huiarau (Monts) *N.-Z.*	**72C1**	Ibérique (Cordillère)	
Hollywood *É.-U.*	**81B4**	Hospet *Inde*	**53B1**	Huichon *Corée du N.*	**42B2**	*Esp.*	**19B1**
Holman Island *Can.*	**78G2**	Hospitalet *Esp.*	**19C1**	Huifa (He (R.) *Ch.*	**42B2**	Ibici (R.) *Br.*	**94E4**
Holmsund *Suède*	**12J6**	Hoste (Ile) *Chili*	**95C7**	Huilai *Ch.*	**41D5**	Ibicuy *Arg.*	**95E2**
Holon *Isr.*	**58B2**	Hotan *Ch.*	**48B2**	Huili *Ch.*	**41A4**	Ibiza (Ile) *Esp.*	**19C2**
Holstebro *Dan.*	**24B1**	Hot Springs *É.-U.*	**81A3**	Huinan *Ch.*	**42B2**	Ibiza *Esp.*	**19C2**
Holsteinborg *Groenl.*	**76E3**	Hot Springs *É.-U.*	**82C2**	Huixtla *Mex.*	**87C3**	Ibo *Moz.*	**67D2**
Holt *É.-U.*	**84B2**	Hottah (Lac) *Can.*	**78G3**	Huize *Ch.*	**41A4**	Ibotirama *Br.*	**91C4**
Homer *É.-U.*	**78C4**	Hotte (Massif de la)		Huizhou *Ch.*	**41C5**	'Ibri *Oman*	**57C5**
Homer Tunnel *N.-Z.*	**73A2**	*Haïti*	**88C3**	Hulin *Ch.*	**37F2**	Ica *Pér.*	**92B6**
Homnābād *Inde*	**53B1**	Houilles *Fr.*	**5C1**	Hull *Can.*	**85C1**	Icá (R.) *Br.*	**92D4**
Homoine *Moz.*	**67C3**	Houma *É.-U.*	**40C2**	Hull *G.-B.*	**16D3**	Icana *Br.*	**92D3**
Homra (Hamada el-)		Hourghada *Ég.*	**59C2**	Hulla (Mgne) *Col.*	**92B3**	Ichalkaranji *Inde*	**53A1**
Libye	**59A2**	Houston *É.-U.*	**81A4**	Hultsfred *Suède*	**25D2**	Ichihara *J.*	**42E3**
Homs *Syrie*	**54C2**	Houtman (Iles) *Austr.*	**70A3**	Hulun Nur (Lac) *Ch.*	**36D2**	Ichinomiya *J.*	**43B1**
Hondo (R.) *Mex.*	**86D3**	Hovd *Mong.*	**36B2**	Huma *Ch.*	**37E1**	Ichinoseki *J.*	**42E3**
Honduras (Rép.)		Hövsgöl Nuur (Lac)		Humaita *Br.*	**93E5**	Icy (Cap) *É.-U.*	**78B2**
Am. centr.	**87D3**	*Mong.*	**36C1**	Humansdorp		Ida (Mont) *Gr.*	**23E3**
Honduras (G. du)		Howard City *É.-U.*	**84A2**	*Afr. du S.*	**66B4**	Idaho (État) *É.-U.*	**82B2**
Hond.	**87D3**	Howe (Cap) *Austr.*	**71D4**	Humber (R.) *G.-B.*	**16D3**	Idaho Falls *É.-U.*	**82B2**
Hønefoss *Norv.*	**13G6**	Howick *Afr. du S.*	**67H1**	Humberside (Comté)		Idelès *Alg.*	**62C2**
Honesdale *É.-U.*	**85C2**	Howrah *Inde*	**52B1**	*G.-B.*	**16D3**	Iderlym Gol (R.) *Mong.*	**36B2**
Hong (R.) *V.*	**44C1**	Hoy (I.) *G.-B.*	**14C2**	Humboldt *Can.*	**79H4**	Idiofa *Zaire*	**64B3**
Hon Gai *V.*	**44D1**	Høyanger *Norv.*	**13F6**	Humboldt (Glacier de)		Idlib *Syrie*	**54C2**
Hongguo *Ch.*	**41A4**	Hradec-Králové		*Groenl.*	**76D2**	Idritsa *Russie*	**12K7**
Hong Hu (Lac) *Ch.*	**41C4**	*Rép. Tch.*	**27B2**	Humpata *Ang.*	**66A2**	Idutywa *Afr. du S.*	**66B4**
Honghui *Ch.*	**40B2**	Hranice *Rép. Tch.*	**27B3**	Hünah (Al) *É.A.U.*	**57B5**	Iefremovy *Russie*	**30E3**
Hongjiang *Ch.*	**41C4**	Hron (R.) *Slov.*	**27B3**	Hünaflói (Baie) *Isl.*	**12A1**	Ieïssk *Russie*	**30E4**
Hongkong *Ch.*	**41C5**	Hsinchu *Taiwan*	**41E5**	Hunan (Prov.) *Ch.*	**41C4**	Iekaterinbourg *Russie*	**33H4**
Hongor *Mong.*	**36D2**	Hsipaw *Birm.*	**44B1**	Hunchun *Ch.*	**42C2**	Ielets *Russie*	**30E3**
Hongrie *Europe*	**27B3**	Hsüeh Shan *Taiwan*	**41E5**	Hunedoara *Roum.*	**22B1**	Iéna *All.*	**25C2**
Hongshui He (R.) *Ch.*	**41B5**	Huachi *Ch.*	**40B2**	Hungnam *Corée du N.*	**42B3**	Ienisseï (R.) *Russie*	**28F2**
Hongyuan *Ch.*	**40A3**	Huacho *Pér.*	**92B6**	Hunjiang *Ch.*	**42B2**	Ienisseï (Golfe de l')	
Hongze (Lac) *Ch.*	**40D3**	Huade *Ch.*	**40C1**	Huntingburg *É.-U.*	**84A3**	*Russie*	**32J2**
Honiara *I. Salomon*	**71E1**	Huahine (Ile) *Polyn. Fr.*	**11**	Huntingdon *É.-U.*	**84A2**	Ierapetra *Gr.*	**23C3**
Honjō *J.*	**43C1**	Huaibei *Ch.*	**40D3**	Huntingdon *G.-B.*	**17D3**	Ievlakh *Azerb.*	**55E1**
Hon Khoai (Ile) *Camb.*	**45C4**	Huaibin *Ch.*	**40D3**	Huntington *É.-U.*	**84B3**	Ievpatoria *Ukr.*	**30D4**
Hon Lan (Ile) *V.*	**44D3**	Huai He (R.) *Ch.*	**40D3**	Huntly *N.-Z.*	**72C1**	Ifakara *Tanz.*	**65D3**
Honningsvåg *Norv.*	**12K4**	Huaihua *Ch.*	**41C4**	Hunt (Mt) *Can.*	**78F3**	Ifalik (Ile) *O. Pacifique*	**39F3**
Hon Panjang (Ile) *V.*	**45C4**	Huaiji *Ch.*	**41C5**	Huntsville *Can.*	**85C1**	Ifanadiana *Mad.*	**67D3**
Honshū (Ile) *J.*	**42D3**	Huainan *Ch.*	**40D3**	Huntsville *É.-U.*	**81B3**	Ife *Nig.*	**63C4**
Honshū (Dorsale du		Hualien *Taiwan*	**37E4**	Hunza (R.) *Pak.*	**50C1**	Iférouane *Niger*	**63C3**
Sud de)		Huallaga (R.) *Pér.*	**92B5**	Huong Khe *V.*	**44D2**	Igan *Mal.*	**45E5**
O. Pacifique	**68F2**	Huallanca *Pér.*	**92B5**	Huon (Pén.) *P.-N.-G.*	**39F4**	Igdir *Iran*	**55E2**
Hood (Mt) *É.-U.*	**82A2**	Huamachuco *Pér.*	**92B5**	Hurd (Cap) *Can.*	**84B1**	Iggesund *Suède*	**13H6**
Hoonah *É.-U.*	**78E4**	Huambo *Ang.*	**66A2**	Huron *É.-U.*	**82D2**	Iglesias *It.*	**21A3**
Hooper Bay *É.-U.*	**78B3**	Huanay *Bol.*		Huron (Lac) *Can. et*		Igloolik *Can.*	**76B3**
Hoopstad *Afr. du S.*	**67G1**	Huancabamba *Pér.*	**92B5**	*É.-U.*	**84B1**	Igma (El) *Ég.*	**54B4**
Hoorn *P.-B.*	**24A2**	Huancavelica *Pér.*	**92B6**	Hurunui (R.) *N.-Z.*	**73B2**	Ignace *Can.*	**80A2**
Hoover Dam *É.-U.*	**83B3**	Huancayo *Pér.*	**92B6**	Husavik *Isl.*	**12B1**	Igneada (Cap) *Turq.*	**54A1**
Hope *É.-U.*	**81A3**	Huangchuan *Ch.*	**41D3**	Huşi *Roum.*	**22C1**	Igoumenitsa *Gr.*	**23E3**
Hopedale *Can.*	**77D4**	Huang He (R.) *Ch.*	**40D2**	Huskvarna *Suède*	**12G7**	Igra *Russie*	**31H2**
Hopen (Ile)		Huangling *Ch.*	**40B2**	Husn *Jord.*	**58B2**	Iguaçu (Chutes de l')	
O. Arctique	**32D2**	Huangliu *Ch.*	**41C5**	Husum *All.*	**24B2**	*Arg. et Br.*	**94F4**
Hopes Advance (Cap)		Huangpi *Ch.*	**41C3**	Hutchinson *É.-U.*	**83D3**	Iguala *Mex.*	**86C3**
Can.	**76D3**	Huangshi *Ch.*	**41D3**	Hutuo He (R.) *Ch.*	**40D2**	Iguape *Br.*	**91B6**
Hopetown *Afr. du S.*	**66B3**	Huangyan *Ch.*	**41E4**	Huwatsah (Al) *Oman*	**57C5**	Iguatu *Br.*	**91D3**
Hopkinsville *É.-U.*	**81B3**	Huanren *Ch.*	**42B2**	Huzhu *Ch.*	**40A2**	Iguéla *Gabon*	**64A3**
Horasan *Turq.*	**55D2**	Huánuco *Pér.*	**92B5**	Hvar (Ile) *Cr.*	**20C2**	Iguidi (Erg) *Alg.*	**62B2**
Hordiyo *Som.*	**65F1**	Huanuni *Bol.*	**94C2**	Hwange *Zimb.*	**66B2**	Ihosy *Mad.*	**67D3**
Horizon Depth		Huan Xian *Ch.*	**40B2**	Hwange (Parc nat. de)		Iida *J.*	**42D3**
O. Pacifique	**69H5**	Huaráz *Pér.*	**92B5**	*Zimb.*	**66B2**	Iide-san (Mgne) *J.*	**43B1**
Horlivka *Ukr.*	**30E4**	Huarmey *Pér.*	**92B6**	Hyaryas Nuur (Lac)		Iisalmi *Finl.*	**12K6**
Horn *Autr.*	**27B3**	Huascarán *Pér.*	**92B5**	*Mong.*	**36B2**	Iizuka *J.*	**43A2**
Hornavan (Lac) *Suède*	**12H5**	Huasco *Chili*	**95B4**	Hydaburg *É.-U.*	**79E4**	Ijebu Ode *Nig.*	**63C4**
Hornby *N.-Z.*	**73B2**	Hua Xian *Ch.*	**40C2**	Hyderābād *Inde*	**53B1**	Ijevsk *Russie*	**33G4**
Horn (Cap) *Chili*	**95C7**	Huayapan (R.) *Mex.*	**86C2**	Hyderābād *Pak.*	**51B3**	IJsselmeer (Lac) *P.-B.*	**24B2**
Horn (Cap) *Isl.*	**76H3**	Hubei (Prov.) *Ch.*	**41C3**	Hydra (Ile) *Gr.*	**23E3**	Ikaria (Ile) *Gr.*	**23C3**
Hornepayne *Can.*	**77B5**	Hubli *Inde*	**53B1**	Hyères *Fr.*	**9B3**	Ikeda *J.*	**42E2**
Horn (Mts) *Can.*	**78F3**	Huchang *Corée du N.*	**42B2**	Hyères (Iles d') *Fr.*	**5D3**	Ikela *Zaire*	**64C3**
Hornsea *G.-B.*	**16D3**	Hudayda (al-)		Hyndman (Pic) *É.-U.*	**82B2**	Ikhtiman *Bulg.*	**22B2**
Horn Uul (Mgne)		*Yémen*	**47C4**	Hyrynsalmi *Finl.*	**12K6**	Ikopa (R.) *Mad.*	**67D2**
Mong.	**40B1**	Huddersfield *G.-B.*	**16D3**	Hyūga *J.*	**42C4**	Ilagan *Phil.*	**39D2**
Horqueta *Par.*	**94E3**	Hudiksvall *Suède*	**13H6**	Hvinkää *Finl.*	**13J6**	Ilam *Iran*	**56A3**
		Hudson *É.-U.*	**84B2**			Ilebo *Zaire*	**64C3**
		Hudson *É.-U.*	**85D2**		**I**		Ile-de-France (Rég.) *Fr.*	**6C2**
		Hudson (R.) *É.-U.*	**85D2**			Ilek (R.) *Russie*	**31J3**
		Hudson (Baie d') *Can.*	**77B4**	Iablonovyï (Monts)		Ile-Rousse (L') *Fr.*	**9B3**
		Hudson Bay *Can.*	**79H4**	*Russie*	**36C1**	Iles de la Mer de Corail	
		Hudson (Détroit d')		Iachkoul *Russie*	**31F4**	(Territoire des)	
		Can.	**76C3**	Iaçu *Br.*	**91C4**	*Austr.*	**71E2**

121

Iles (Lac aux)

Iles (Lac aux) Can.	77A4
Ilfracombe G.-B.	17B4
Ilgaz Daglari (Mgnes) Turq.	54B1
Ilha Solteira (Barrage d') Br.	94F3
Ilhéus Br.	91D4
Iligan Phil.	39D3
Ilim (R.) Russie	29C2
Il'inskiy Russie	37G2
Iliodhrómia (Ile) Gr.	23E3
Ilapel Chili	95B2
Ille-et-Vilaine (Dép.) Fr.	6B2
Illéla Niger	63C3
Illiamna (L.) É.-U.	78C4
Illinois (Etat) É.-U.	84A2
Illizi Alg.	62C2
Ilmen (Lac) Russie	30D2
Ilo Pér.	94B2
Iloilo Phil.	39D2
Ilomantsi Finl.	12L6
Ilorin Nig.	63C4
Imabari J.	43A2
Imalchi J.	43B1
Imandra (Lac) Russie	12L5
Imatra Finl.	12K6
Imbituba Br.	94G4
Imérina Mad.	67D2
Imi Éth.	65E2
Imola It.	20B2
Imperatriz Br.	91B3
Imperia It.	20A2
Impfondo Congo	64B2
Imphâl Inde	52C2
Imroz (Ile) Turq.	23C2
Ina J.	43B1
In Afahleleh (Puits) Alg.	62C2
Inamba-jima (Ile) J.	43B2
In Amenas Alg.	62C2
Inari Finl.	12K5
Inari (Lac) Finl.	12K5
Inawashiro (Lac) J.	43C1
In Belbel Alg.	62C2
Incekum (Cap) Turq.	54B2
Inchon Corée du S.	42B3
Incudine (Mgne) Fr.	20A2
In Dagouber (Puits) Mali	62B2
Indals (R.) Suède	12H6
Inde Asie	52
Inderagiri (R.) Indon.	45C6
Inderborskiy Kaz.	31H4
Indiana (État) É.-U.	84A2
Indiana É.-U.	85C2
Indianapolis É.-U.	84A3
Indian Harbour Can.	77E4
Indien (Océan)	68B4
Indo-Antarctique (Bassin) O. Indien	68C6
Indochine Asie	44B3
Indonésie Asie	38D4
Indore Inde	51D4
Indre (Dép.) Fr.	7C2
Indre (R.) Fr.	4C2
Indre-et-Loire (Dép.) Fr.	6C2
Indus (R.) Pak.	51B3
Indus (Bouches de l') Pak.	51B4
Inebolu Turq.	54A1
In Ecker Alg.	62C2
Inegöl Turq.	54A1
In Ezzane Alg.	62D2
Infiernillo (Pico del) Mex.	86B3
Ingal Niger	63C3
Ingersoll Can.	84B2
Ingham Austr.	71D2
Inglefield (Terre d') Can.	76D2
Inglewood N.-Z.	72B1
Ingólfshöfdi (Ile) Isl.	12B2
Ingolstadt All.	25C3
Ingouchie (Rég.)	33
Ingraj Bázár Inde	52B1
In-Guezzam (Puits) Alg.	62C3
Inhambane Moz.	67C3
Inharrime Moz.	67C3
Inirida (R.) Col.	92D3
Inn (R.) Autr.	25C3
Innisfail Austr.	71D2
Innsbruck Autr.	25C3
Inongo Zaïre	64B3
Inowroclaw Pol.	26B2
In Salah Alg.	62C2
Intérieure (Mer) J.	43A2
Interlaken S.	9B2
Inubo (Cap) J.	43C1
Inukjuak Can.	77C4
Inuvik Can.	78E3
Inuvik (Rég.) Can.	78E3
Invercargill N.-Z.	73A3
Inverness G.-B.	14C2
Inya Russie	36A1
Inyanga Zimb.	67C2
Inzia (R.) Zaïre	64B3
Ioánnina Gr.	23E3
Iochkar-Ola Russie	31G2
Iôna (Parc nat.) Ang.	66A2
Ionienne (Mer) Gr. et It.	21C3
Ioniennes (Iles) Gr.	23E3
Ios (Ile) Gr.	23C3
Ioujno-Sakhalinsk Russie	37G2
Iowa (État) É.-U.	80A2
Iowa City É.-U.	80A2
Ipatovo Russie	31F4
Ipiales Col.	92B3
Ipiaú Br.	91D4
Ipoh Mal.	45C5
Iporá Br.	94F2
Ipsala Turq.	23C2
Ipswich Austr.	71E3
Ipswich G.-B.	17E3
Iquape Br.	94G3
Iquique Chili	94B3
Iquitos Pér.	92C4
Iráklion Gr.	23C3
Iran Asie	46D2
Iránshahr Iran	57D4
Irapuato Mex.	86B2
Iraq Asie	55D3
Irā Wan (Oued) Libye	59B3
Irbid Jord.	58B2
Irbit Russie	33H4
Ireng (R.) Guy.	93F3
Iri Corée du S.	42B3
Irian Jaya Indon.	39B4
Iringa Tchad	59B3
Iringa Tanz.	65D3
Iriomote (Ile) J.	41E5
Iriona Hond.	88A3
Iriri (R.) Br.	93G5
Irkoutsk Russie	36C1
Irlande Europe	15B3
Irlande du Nord G.-B.	14B3
Irlande (Mer d') G.-B. et Irl.	16B3
Irlysh Kaz.	33J4
Iro (Cap) J.	43B2
Iron Knob Austr.	70C4
Iron Mountain É.-U.	84A1
Iron Range Austr.	71D2
Iron River É.-U.	84A1
Irontown É.-U.	84B3
Iroquois Falls Can.	80D1
Irrawaddy (R.) Birm.	44B2
Irrawaddy (Bouches de l') Birm.	44B3
Irtych (R.) Russie	33H4
Irun Esp.	19B1
Irvine G.-B.	16B2
Isabela (Cordillera) Nic.	87D3
Isachsen Can.	78H2
Isachsen (Cap) Can.	78H2
Isafjörethur Isl.	76H3
Isahaya J.	42C4
Isalo (Massif de l') Mad.	67D3
Isangi Zaïre	64B3
Isawniyah (Al') Ar. S.	55C3
Ischia (Ile) It.	21B2
Ise J.	43B2
Ise (Baie d') Fr.	43B2
Isère (Dép.) Fr.	9B2
Isère (R.) Fr.	9B2
Isernia It.	21B2
Ishigaki (Ile) J.	37E4
Ishikari (R.) J.	42E2
Ishikari (G. d') J.	42E2
Ishim Russie	33H4
Ishim (R.) Kaz. et Russie	33H4
Ishinomaki J.	42E3
Ishioka J.	43C1
Ishkashim Afgh.	50C1
Ishpeming É.-U.	84A1
Isiolo K.	65D2
Isiro Zaïre	64C2
Iskår (R.) Bulg.	22B2
Iskenderun Turq.	54C2
Iskenderun (G. d') Turq.	54C2
Iskilip Turq.	54B1
Iskitim Russie	33K4
Islâmâbâd Pak.	50C2
Islande O. Atlantique	12A1
Islay (I.) G.-B.	14B2
Isle Fr.	4C2
Ismaïlia Ég.	54B3
Isoanala Mad.	67D3
Isoka Zambie	67C2
Isosaki J.	43B1
Ispahan Iran	56B3
Isparta Turq.	54B2
Israël Asie	58B2
Isser (R.) Alg.	19C2
Issoire Fr.	5C2
Issoudun Fr.	4C2
Issyk-Koul (Lac) Russie	33J4
Issy-les-Moulineaux Fr.	10
Istanbul Turq.	54A1
Istiáia Gr.	23E3
Istranca (Mts) Turq.	22C2
Istres Fr.	9A3
Istrie Cr.	20B1
Itabira Br.	91C5
Itabuna Br.	91C4
Itacoatiara Br.	93F4
Itagui Col.	92B2
Itaituba Br.	93F4
Itajaí Br.	94G4
Italie Europe	20B2
Itamaraju Br.	91D5
Itanagar Inde	52C1
Itanhaém Br.	94G3
Itaperuna Br.	91C6
Itapetinga Br.	91C5
Itapetininga Br.	94G3
Itapeva Br.	94G3
Itapipoca Br.	91D2
Itaqui Br.	94E4
Itararé Br.	94G3
Iténez (R.) Bol. et Br.	93E6
Ithaca É.-U.	85C2
Ithriyat (Jebel) Jord.	58C3
Itimbiri (R.) Zaïre	64C2
Itivdleq Groenl.	76E3
Itjordal Norv.	12G6
Ito J.	43B2
Itoigawa J.	43D3
Itonomas (R.) Bol.	93E6
Itumbiara Br.	94F2
Iturama Br.	94F2
Iturbe Arg.	94C3
Iturup (Ile) Russie	37G2
Itzehoe All.	24B2
Ivacevichi Biél.	26D2
Ivalo Finl.	12K5
Ivangrad Youg.	22A2
Ivanhoe Austr.	71D4
Ivano-Frankivsk Ukr.	27C3
Ivanovo Russie	31F2
Ivdel' Russie	33G3
Ivindo (R.) Gabon	64B2
Ivohibe Mad.	67D3
Ivongo Soanierana Mad.	67D2
Ivrée It.	20A1
Ivry-sur-Seine Fr.	10
Ivujivik Can.	76C3
Iwaki J.	42E3
Iwakuni J.	42C4
Iwanai J.	42E2

Jamkhandi

Iwo Nig.	63C4
Iwo Jima (Ile) J.	37G4
Ixtepec Mex.	86C3
Iyo J.	43A2
Iyo-nada (Baie) J.	43A2
Izhma Russie	32G3
Izki Oman	57C5
Izmail Ukr.	30C4
Izmir Turq.	54A2
Izmir (Baie d') Turq.	23C3
Izmit Turq.	54A1
Iznik Turq.	54A1
Iznik Golü (Lac) Turq.	23C2
Izra' Syrie	58C2
Izumi-sano J.	43B2
Izumo J.	43A1
Izu-shotó (Iles) J.	42D4

J

Jabal al 'Arab Syrie	58C2
Jabal az Zannah E.A.U.	57B5
Jabalpur Inde	52A2
Jablonec nad Nisou Rép. Tch.	27B2
Jaboatão Br.	91D3
Jabung (Cap) Indon.	45C6
Jaca Esp.	19B1
Jacareacanga Br.	93F5
Jacarezinho Br.	94F3
Jáchal Arg.	95C2
Jackson É.-U.	81A3
Jackson É.-U.	81B3
Jackson É.-U.	84B2
Jackson É.-U.	84B3
Jackson (Cap) N.-Z.	73B2
Jackson (Pointe) N.-Z.	73A2
Jacksonville É.-U.	81B3
Jacmel Haïti	88C3
Jacobabad Pak.	50B3
Jacobina Br.	91C4
Jacuipe (Rio de) Br.	91D4
Jadida (El) Maroc	62B1
Jadotville = Likasi	
Jaén Esp.	18B2
Jaén Pér.	92B5
Jaffna Sri L.	53B3
Jâfür (Al) Ar. S.	57B5
Jagannathganj Ghat Bangl.	52B1
Jagdalpur Inde	53C1
Jagin (R.) Iran	57C4
Jagtial Inde	53B1
Jaguarão (R.) Br. et Ur.	95F2
Jaina Inde	51D5
Jainca Ch.	40A2
Jaipur Inde	51D3
Jaisalmer Inde	51C3
Jajarm Iran	56C2
Jajce Bosnie	20C2
Jakarta Indon.	38B4
Jakobshavn Groenl.	76E3
Jakobstad Finl.	12J6
Jalalabad Afgh.	50B2
Jalamid (Al) Ar. S.	55D3
Ja'lân (Dj) Oman	57C5
Jalapa Mex.	86C3
Jaleswar Népal	52B1
Jalgaon Inde	51D4
Jalingo Nig.	63D4
Jalón (R.) Esp.	19B1
Jálor Inde	51C3
Jalpáiguri Inde	52B1
Jamâl Kaz.	33J5
James (R.) É.-U.	82D2
James (Baie) Can.	77B4
Jameson É.-U.	79J5
Jamestown É.-U.	85C2
Jamkhandi Inde	53B1

Jammu *Inde*	50C2	Jesup *É.-U.*	81B3	Johnston (Pte)
Jammu et Cachemire		Jeunesse (I. de la)		St-Vincent	89N2
(État) *Inde*	50D2	Cuba	88A2	Johnstown *É.-U.*	85C2
Jamnagar *Inde*	51B4	Jezerce (Mgne) *Alb.*	22A2	Johore Baharu *Mal.*	45C5
Jampur *Pak.*	50C3	Jezzine *Liban*	58B2	Joigny *Fr.*	5C2
Jämsä *Finl.*	12K6	Jhābua *Inde*	51C4	Joinville *Br.*	94G4
Jamshedpur *Inde*	52B3	Jhālāwar *Inde*	51D4	Jok (R.) *Russie*	31H3
Janab (Wadi el) *Jord.*	58C3	Jhang Maghiana *Ch.*	50C2	Jokkmokk *Suède*	12H5
Janakpur *Népal*	52B1	Jhānsi *Inde*	51D3	Joliet *É.-U.*	80B2
Jandaq *Iran*	56B3	Jhārsuguda *Inde*	52A2	Joliette *Can.*	77C5
Jan Mayen (Ile) *Norv.*	1B1	Jhelum *Ch.*	50C2	Jolo *Phil.*	39D3
Januária *Br.*	91B5	Jhelum (R.) *Pak.*	50C2	Jolo (Ile) *Phil.*	39D3
Jaora *Inde*	51D4	Jhunjhunūn *Inde*	50D3	Joma (Mgne) *Ch.*	48D2
Japon *Asie*	42D3	Jiamusi *Ch.*	37F2	Jonava *Lit.*	26C1
Japon (Fosse du)		Ji'an *Ch.*	41C4	Jonê *Ch.*	40A3
O. Pacifique	68F2	Jian *Ch.*	42B2	Jonesboro *É.-U.*	81A3
Japon (Mer du) *Asie*	42C3	Jiande *Ch.*	41D4	Jones Sound *Can.*	76B2
Japurá (R.) *Br.*	92D4	Jiang'an *Ch.*	41B4	Joniškis *Lit.*	26C1
Jaraguá *Br.*	91B5	Jiangbiancun *Ch.*	41D4	Jönköping *Suède*	12G7
Jarama (R.) *Esp.*	18B1	Jiangcheng *Ch.*	41A5	Jonzac *Fr.*	4B2
Jardim *Br.*	94E3	Jiang Jiang (R.) *Ch.*	41B3	Joplin *É.-U.*	81A3
Jardin (R.) *Esp.*	19B2	Jiangjin *Ch.*	41B4	Jordanie *Asie*	54C3
Jardins de la Reine		Jiangmen *Ch.*	41C5	Jorhāt *Inde*	52C1
(Iles) *Cuba*	88B2	Jiangsu (Prov.) *Ch.*	40D3	Jörn *Suède*	12J5
Jari (R.) *Br.*	93G3	Jiangxi (Prov.) *Ch.*	41C4	Jørpeland *Norv.*	12F7
Jaria Jhānjail *Bangl.*	52C1	Jiangyou *Ch.*	41B3	Jos *Nig.*	63C3
Jarocin *Pol.*	26B2	Jianping *Ch.*	40D1	Joseph-Bonaparte
Jaroslaw *Pol.*	27C2	Jianshui *Ch.*	41A5	(Golfe) *Austr.*	70B2
Järpen *Suède*	12G6	Jian Xi (R.) *Ch.*	41D4	Joseph (Lac) *Can.*	77D4
Jartai *Ch.*	40B2	Jianyang *Ch.*	41D4	Jotunheim (Massif)
Jasdan *Inde*	51C4	Jiaonan *Ch.*	40E2	Norv.	13F6
Jäsk *Iran*	57C4	Jiao Xian *Ch.*	40E2	Jourdain (R.) *Asie*	58B2
Jaslo *Pol.*	27C3	Jiaozhou (Baie de)		Jouy-en-Josas *Fr.*	10
Jason Is *Falkland*	95D6	Ch.	40E2	Jowai *Inde*	52C1
Jasper *Can.*	79G4	Jiaozuo *Ch.*	40C2	Jowhar *Som.*	65E2
Jasper *É.-U.*	84A3	Jiaxiang *Ch.*	41E3	Juàjeiro *Br.*	91C3
Jastrowie *Pol.*	26B2	Jiayuguan *Ch.*	36B3	Juan de Fuca (Détroit de)
Jatai *Br.*	94F2	Jieshou *Ch.*	40D3	Can. et É.-U.	79F5
Játiva *Esp.*	19B2	Jiexiu *Ch.*	40C2	Juan de Nova (Ile)
Jatobá *Br.*	91B3	Jigzhi *Ch.*	40A3	O. Indien	67D2
Jauja *Pér.*	92B6	Jihlava *Rép. Tch.*	27B3	Juan Fernández (Iles)
Jaumave *Mex.*	83D4	Jilib *Som.*	65E2	O. Pacifique	94H6
Jaune (Fleuve) = Huang He		Jilin *Ch.*	37E2	Juazeiro do Norte *Br.*	91D3
Jaune (Mer)		Jilin (Prov.) *Ch.*	40E1	Juba *Soud.*	65D2
Ch. et Corée	37E3	Jiloca (R.) *Esp.*	19B1	Jubbah *Ar. S.*	55D4
Jaunpur *Inde*	52A1	Jiménez *Mex.*	83C4	Juby (Cap) *Maroc*	62A2
Java *Indon.*	38B4	Jinan *Ch.*	40D2	Júcar (R.) *Esp.*	19B2
Javadi (Collines de)		Jind *Inde*	50D3	Judée (Rég.) *Cisj.*	58B3
Inde	53B2	Jingbian *Ch.*	40B2	Judenburg *Autr.*	26C3
Java (Fosse de)		Jingdezhen *Ch.*	41D4	Juilaca *Pér.*	94B2
O. Indien	70A2	Jinghong *Ch.*	44C1	Juiling Shan (Collines)
Java (Mer de) *Indon.*	38B4	Jingmen *Ch.*	41C3	Ch.	41C4
Javand *Afgh.*	56D2	Jingning *Ch.*	40B2	Juiz de Fora *Br.*	91C6
Javari = Yavari		Jing Xiang *Ch.*	41B4	Jujuy (Etat) *Arg.*	94C3
Jayapura *Indon.*	39F4	Jinhua *Ch.*	41D4	Juli *Pér.*	94C2
Jayrud *Syrie*	58C2	Jining *Ch.*	40C1	Julianatop (Mgne)
Jebba *Nig.*	63C4	Jining *Ch.*	40D2	Sur.	93F3
Jebbaim		Jinja *Oug.*	65D2	Julianehab *Groenl.*	76D3
Jebelein (El) *Soud.*	65D1	Jinping *Ch.*	44C1	Jullundur *Inde*	50D2
Jedburgh *G.-B.*	16C2	Jinsha Jiang (R.) *Ch.*	41A4	Jumla *Népal*	52A1
Jedrzejów *Pol.*	27C2	Jinshi *Ch.*	41C4	Jum Suwwāna (Mgne)
Jefferson City *É.-U.*	81A3	Jinxi *Ch.*	40E1	Jord.	58B3
Jefferson (Mt) *É.-U.*	82B3	Jin Xian *Ch.*	40E2	Júnágadh *Inde*	51C4
Jeffersonville *É.-U.*	84A3	Jinzhou *Ch.*	40E1	Junan *Ch.*	40D2
Jeib (Wadi el)		Jiparaná (R.) *Br.*	93E5	Junction City *É.-U.*	83D3
Isr. et Jord.	58B3	Jipijapa *Éq.*	92A4	Jundiaí *Br.*	91B6
Jekabpils *Lett.*	30G2	Jīroft *Iran*	57C4	Juneau *É.-U.*	78E4
Jelenia Góra *Pol.*	27B2	Jishou *Ch.*	41B4	Junee *Austr.*	71D4
Jelgava *Lett.*	30B2	Jiu (R.) *Roum.*	22B2	Jungfrau (Mgne) *Suisse*	20A1
Jember *Indon.*	38C4	Jiujiang *Ch.*	41D4	Junin *Arg.*	95D2
Jena = Iéna		Jiulong *Ch.*	41A4	Junlian *Ch.*	41A4
Jenaja *Indon.*	45D5	Jiulong Jiang (R.) *Ch.*	41D4	Juquiá *Br.*	91B6
Jendouba *Tun.*	21A3	Jiwani *Pak.*	57D4	Jur (R.) *Soud.*	65C2
Jensen Nunatakker		Jixi *Ch.*	37F2	Jura (Dép.) *Fr.*	9B2
(Mgne) *Groenl.*	76F3	Jiza *Jord.*	58B3	Jura (Ile) *G.-B.*	16B2
Jens Munk (I.) *Can.*	76B3	Joal *Sén.*	63A3	Jura Franconien *All.*	25C3
Jequié *Br.*	91D4	João Pessoa *Br.*	91E3	Jura (Mts du) *Fr. et S.*	5B2
Jequitinhonha (R.) *Br.*	91C5	João Pirheiro *Br.*	91B5	Jura Souabe *All.*	25B3
Jerez de la Frontera		Jodhpur *Inde*	51C3	Jurd ed Darawish
Esp.	18A2	Joensuu *Finl.*	12K6	Jord.	58B3
Jerez de los Caballeros		Jogbani *Inde*	52B1	Jurga *Russie*	33K4
Esp.	18A2	Jog Falls *Inde*	53A2	Jūrmala *Lett.*	30B2
Jéricho *Cisj.*	58B3	Jogjakarta *Indon.*	38C4	Juruá (R.) *Br.*	92D4
Jersey (Ile) *G.-B.*	4B2	Johannesburg		Juruena (R.) *Br.*	93F6
Jersey City *É.-U.*	80C2	Afr. du S.	66B3	Jūsiyah *Syrie*	58C1
Jersey Shore *É.-U.*	85C2	Johan (R.) *Can.*	76C2	Jutaí (R.) *Br.*	92D4
Jérusalem *Isr. et Cisj.*	54C3	John H. Kerr (Lac)		Juticalpa *Hond.*	87D3
Jesenice *Sl.*	20B1	É.-U.	81C4	Jutland = Jylland
Jeseniky (Hauteurs)		Johnston Depth		Juvisy-sur-Orge *Fr.*	10
Rép. Tch.	27B2	O. Pacifique	68E3	Jüymand *Iran*	56C3
Jessore *Bangl.*	52B1				

Jylland (Pén.) *Dan.*	24B1		
Jytomyr *Ukr*	30C3		
Jyväskylä *Finl.*	12K6		

K

K2 (Mgne) *Ch. et Pak.*	50D1
Kaakhka *Turkm.*	56C2
Kabaena (Ile) *Indon.*	39D4
Kabala *S. L.*	63A4
Kabale *Oug.*	65D3
Kabalo *Zaïre*	64C3
Kabambare *Zaïre*	65C3
Kabarole *Oug.*	65D2
Kabia (Ile) *Indon.*	39D4
Kabinda *Zaïre*	64C3
Kabir Kuh (Mgnes)	
Iran	56A3
Kabir (Wāw Al) *Libye*	59A2
Kabompo *Zambie*	66B2
Kabompo (R.) *Zambie*	66B2
Kabongo *Zaïre*	64C3
Kaboul *Afgh.*	50B2
Kāchān *Iran*	56B3
Kachkanar *Russie*	31J2
Kachug *Russie*	36C1
Kadan *Birm.*	44B3
Kadi *Inde*	51C4
Kadinhani *Turq.*	54B2
Kadiri *Inde*	53B2
Kadiyevka *Ukr.*	30E4
Kadoma *Zimb.*	66B2
Kadugli *Soud.*	65C1
Kaduna *Nig.*	63C3
Kaduna (R.) *Nig.*	63C3
Kadūr *Inde*	53B2
Kaédi *Maurit.*	63A3
Kaesong *Corée du N.*	42B3
Kafanchan *Nig.*	63C4
Kaffrine *Sén.*	63A3
Kafiréus (Cap) *Gr.*	23E3
Kafrün Bashür *Syrie*	58C1
Kafue *Zambie*	66B2
Kafue (R.) *Zambie*	66B2
Kafue (Parc nat.de la)	
Zambie	66B2
Kaga *Kaz.*	42D3
Kagan *Ouz.*	33H6
Kağizman *Turq.*	55D2
Kagoshima *J.*	42C4
Kāhak *Iran*	56C2
Kahama *Tanz.*	65D3
Kahan *Pak.*	50B3
Kahemba *Zaïre*	64B3
Kahnūj *Iran*	57C4
Kahramanmaraş *Turq.*	54C2
Kaiapoi *N.-Z.*	73B2
Kaieteur (Chutes de)	
Guy.	93F2
Kaifeng *Ch.*	40C3
Kai (Iles) *Indon.*	39E4
Kaikohe *N.-Z.*	72B1
Kaikoura *N.-Z.*	73B2
Kaikoura (Pén.) *N.-Z.*	73B2
Kaikoura Ra. (Massif)	
N.-Z.	73B2
Kaili *Ch.*	41B4
Kaimana *Indon.*	39E4
Kaimanawa (Monts)	
N.-Z.	72C1
Kainan *J.*	42B2
Kainji (Rés. de) *Nig.*	63C3
Kaiparoa (Crique de)	
N.-Z.	72B1
Kaiping *Ch.*	41C5
Kairouan *Tun.*	62C1
Kaiserslautern *All.*	25B3
Kaishantun *Ch.*	42B2
Kaisiadorys *Lit.*	26D2
Kaitaia *N.-Z.*	72B1
Kaitangata *N.-Z.*	73A3
Kaithal *Inde*	50D3
Kai Xian *Ch.*	41B3
Kaiyuan *Ch.*	41A5
Kaiyuan *Ch.*	42A2
Kajaani *Finl.*	12K6
Kajaki *Afgh.*	50B2
Kajiado *K.*	65D3
Kajrän *Afgh.*	50B2
Kaka *Soud.*	65D1

Kakamega K. 65D2
Kake J. 43A2
Kakhovka (Rés. de) Ukr. 33E5
Käki Iran 57B4
Kākināda Inde 53C1
Kakogawa J. 43A2
Kaktovik É.-U. 78D2
Kakuda J. 43C1
Kalabáka Gr. 23E3
Kalabo Zambie 66B2
Kalach Russie 31F3
Kalach-na-Donu Russie 31F4
Kaladan (R.) Birm. 52C2
Kalahari (Désert du) Botswana 66B3
Kalajoki Finl. 12J6
Kalakan Russie 29D2
Kalakepen Indon. 45B5
Kalam Pak. 50C1
Kalamata Gr. 23E3
Kalamazoo É.-U. 80B2
Kalat Pak. 50B3
Kalecik Turq. 54B1
Kalémié Zaire 65C3
Kalevala Russie 12L5
Kalewa Birm. 52C2
Kalgoorlie Austr. 70B4
Kali (R.) Inde 52A1
Kaliakra (Cap) Bulg. 22C2
Kalima Zaire 64C3
Kalimantan (Prov.) Indon. 45E6
Kálimnos (Ile) Gr. 23C3
Kálimpang Inde 52B1
Kaliningrad Russie 30A3
Kalinkovichi Biél. 30C3
Kalispell É.-U. 82B2
Kalisz Pol. 26B2
Kaliua Tanz. 65D3
Kalix (R.) Suède 12J5
Kaljoki Finl. 12J6
Kalkfeld Nam. 66A3
Kalkrand Nam. 66A3
Kallávesi (Lac) Finl. 12K6
Kallonis Kólpos (Baie) Gr. 23C3
Kalmar Suède 12H7
Kalmoukis (Rép. des) Russie 31G4
Kalomo Zambie 66B2
Kalpeni (Ile) Inde 53A2
Kálpi Pol. 51D3
Kaluga Russie 30E3
Kalundborg Dan. 12G7
Kalush Ukr. 27C3
Kalyān Inde 53A1
Kalyandrug Inde 53B2
Kalyazin Russie 30E2
Kama (R.) Russie 31F3
Kamaishi J. 42E3
Kamalia Pak. 50C2
Kamanjab Nam. 66A2
Kamara Ch. 37E1
Kamban Inde 53B3
Kambarka Russie 31H2
Kambia S. L. 63A4
Kamechliyé Syrie 55D2
Kamenets Podolskiy Ukr. 27D3
Kamenka Russie 31F3
Kamen-na-Obi Russie 33K4
Kamensk-Ouralski Russie 31K2
Kamet (Mgne) Inde 50D2
Kāmil (Al) Oman 57C5
Kamilukuak (Lac) Can. 79H3
Kamina Zaire 64C3
Kaminak (Lac) Can. 77A3
Kamiogawa J. 43C1
Kamlin (El) Soud. 59C3
Kamloops Can. 79F4
Kamo Arm. 55E1
Kamogawa J. 43C1
Kampala Oug. 65D2
Kampar R. Indon. 45C5
Kampar P.-B. 45C5
Kampen P.-B. 24B2
Kamphaeng Phet Th. 44B2

Kampot Camb. 45C3
Kamsaptar Iran 57D4
Kamsk (Rés. de) Russie 31J2
Kāmthi Inde 51D4
Kamyshin Russie 31G3
Kamyshlov Russie 31K2
Kanaauscow (R.) Can. 77C4
Kananga Zaire 64C3
Kanash Russie 31G2
Kanayama J. 43B1
Kanazawa J. 42D3
Kānchipuram Inde 53B2
Kandahar Afgh. 50B2
Kandalakcha (Golfe de) Russie 12L5
Kandalaksha Russie 32F3
Kandangan Indon. 38C4
Kandi Bénin 63C3
Kandy Sri L. 53C3
Kane É.-U. 85C2
Kane (Bassin de) Can. 76C2
Kanem Tchad 64B1
Kangaba Mali 63B3
Kangal Turq. 54C2
Kangāmiut Groenl.
Kangān Iran 57B4
Kangar Mal. 45C4
Kangaroo (Ile) Austr. 70C4
Kanga'tsiaq Groenl. 76E3
Kangavar Iran 56A3
Kangbao Ch. 40C1
Kangchenjunga (Mgne) Népal 52B1
Kangding Ch. 41A4
Kangerdlugssuaq (Baie) Groenl. 76G3
Kangerdlugssvatsaiq (Baie) Groenl. 76G3
Kangetet K. 65D2
Kangnye Corée du N. 42B2
Kangiqsualujjuaq Can. 77D4
Kangiqsujuak Can. 76C3
Kangirsuk Can. 77C3
Kangnung Corée du S. 42B3
Kango Gabon 64B2
Kangto (Mgne) Ch. 36B4
Kang Xian Ch. 40B3
Kaniama Zaire 64C3
Kani Giri Inde 53B1
Kanin Nos (Cap) Russie 32F3
Kanin (Pén. de) Russie 32F3
Kankaanpää Finl. 13J6
Kankakee É.-U. 84A2
Kankakee (R.) É.-U. 84A2
Kankan Guinée 63B3
Kānker Inde 52C2
Kanniyākuman Inde 53B3
Kano Nig. 65D3
Kanoya J. 42C4
Kānpur Inde 52A1
Kansas (État) É.-U. 83D3
Kansas City É.-U. 80A3
Kanshi Ch. 41D5
Kansk Russie 29B2
Kantchari Burk. 63C3
Kanté Togo 63C4
Kanthi Inde 52B1
Kantishna É.-U. 78C3
Kanye Botswana 66B3
Kaohsiung Taiwan 41D5
Kaoka Veld Nam. 66A2
Kaolack Sén. 63A3
Kaoma Zambie 66B2
Kapanga Zaire 64C3
Kapellskär Suède 12H7
Kapiri Zambie 66B2
Kaplice Rép. Tch. 25C3
Kapoe Th. 45B4
Kapona Zaire 65C3
Kaposvár H. 20C1
Kapuas (R.) Indon. 45D6
Kapurthala Inde 50D2
Kapuskasing Can. 77B5
Kapydzhik (Mgne) Arm. 55E2
Kara (Mer de) Russie 32J2

Kara-Bogaz Gol Turkm. 33G5
Karabük Turq. 54B1
Karacabey Turq. 23C2
Karāchi Pak. 51B4
Karād Inde 53A1
Karadj Iran 56B2
Karaftit Russie 36D1
Karagandy Kaz. 33J5
Karagayly Kaz. 33J5
Karaikal Inde 53B2
Karak Jord. 54C3
Karakalpakie Ouzb. 33G5
Karakax He (R.) Ch. 50D1
Karakelong (Ile) Indon. 39D3
Karakoro (R.) Maurit. et Sén. 63A3
Karakorum (Massif du) Asie 50D1
Karakorum (Passe du) Chine et Inde 50D1
Karakoum (Canal du) Russie 56D2
Karakoum (Désert du) Russie 33G6
Karama Jord. 58B3
Karaman Turq. 54B2
Karamay Ch. 33K5
Karamea N.-Z. 73B2
Karamea Bight (Baie) N.-Z. 73B2
Kāranja Inde 51D4
Karapinar Turq. 54B2
Karasburg Nam. 66A3
Karasjok Norv. 12J5
Karasuk Russie 33J4
Karataş Turq. 54C2
Kara Tau (Mgnes) Kaz. 33H5
Karathuri Birm. 44B3
Karatsu J. 42B4
Karāz Iran 57B4
Karbalā' Iraq 55D3
Karcag H. 27C3
Kardhitsa Gr. 23E3
Kârdžali Bulg. 22C2
Karesvando Suède 12J5
Karet Maurit. 62B2
Kargasok Russie 33K4
Kari Nig. 63D3
Kariba Zimb. 66B2
Kariba (Bge de) Zambie et Zimb. 66B2
Kariba (Lac) Zambie et Zimb. 66B2
Karima Soud. 59C3
Karimata (Ile) Indon. 45D6
Karimganj Bangl. 52C2
Karimnagar Inde 53B1
Karin Som. 65E1
Kāris Finl. 12J6
Karishimbe Zaire 65C3
Káristos Gr. 23E3
Kárkal Inde 53A2
Karkar (Ile) P.-N.-G. 39F4
Karkheh (R.) Iran 56A3
Karkinitsky (G. de) Ukr. 30D4
Karlik Shan Ch. 36B2
Karlino Pol. 26B2
Karl Marx Stadt = Chemnitz
Karlobag Croatie 20C2
Karlovac Croatie 20C1
Karlovo Bulg. 22B2
Karlovy Vary Rép. Tch. 25C2
Karlshamn Suède 12G7
Karlskoga Suède 12G7
Karlskrona Suède 12H7
Karlsruhe All. 25B3
Karlstad Suède 12G7
Karluk É.-U. 78C4
Karnal Inde 50D3
Karnāphuli (Rés. de) Bangl. 52C2
Karnātaka (État) Inde 53A1
Karnobat Bulg. 22C2
Karoi Zimb. 66B2

Karonga Malawi 65D3
Karora Soud. 59C3
Karpathos (Ile) Gr. 23C3
Karrats Fjord Groenl. 76E2
Karroo (Grand) Afr. du S. 66B4
Kars Turq. 55D1
Karsakpay Kaz. 33H4
Kärsava Lett. 26D1
Karshi Ouzb. 33H6
Karskiye Vorota (Détroit) Russie 32G2
Karstula Finl. 12J6
Kartaba Liban 58B1
Kartal Turq. 22C2
Kartaly Russie 31K3
Kārūn (R.) Iran 56A3
Karwa Inde 52A1
Kärwär Inde 53A2
Karymskoye Russie 36D1
Kasai (R.) Zaire 64B3
Kasaji Zaire 66B2
Kasama Zambie 67C2
Kasanga Tanz. 65D3
Käsaragod Inde 53A2
Kasba (Lac) Can. 79H3
Kasempa Zambie 66B2
Kasenga Zaire 66B2
Kasese Oug. 65D2
Kashi Ch. 33J6
Kāshipur Inde 50D3
Kashiwazaki J. 42D3
Kashmar Iran 56C2
Kasnov Russie 31F3
Kaskinen Finl. 12J6
Kasli Russie 31K2
Kaslo Can. 79G5
Kasonga Zaire 64C3
Kasongo-Lunda Zaire 64B3
Kásos (Ile) Gr. 23C3
Kaspiyskiy Russie 31G4
Kasr Farafra Eg. 59B2
Kassala Soud. 66B3
Kassel All. 24B2
Kasserine Tun. 62C1
Kassinga Ang. 66A2
Kastamonou Turq. 54B1
Kastélli Gr. 23E3
Kastellorizon (Ile) Gr. 54A2
Kastéllo Gr. 23B2
Kástron Gr. 23C3
Kasugai J. 42D3
Kasumi J. 43A1
Kasungu Malawi 67C2
Kasur Pak. 50C2
Kataba Zambie 66B2
Katako-kombe Zaire 64C3
Katalla É.-U. 78D3
Katangli Russie 37G1
Katanning Austr. 70A4
Katerini Gr. 23B2
Kates Needle (Mgne) Can. et É.-U. 79E4
Katherine Austr. 70C2
Katha Birm. 48D3
Käthiäwär (Pén. de) Inde 51C4
Kathua Inde 50D2
Katihār Inde 52B1
Katima Mulilo Nam. 66B2
Katmai (Mt) É.-U. 78C4
Katmandou Népal 52B1
Katni Inde 52A2
Katowice Pol. 27B2
Katrineholm Suède 12G7
Katsina (R.) Nig. 63C3
Katsina Ala Nig. 63C4
Katsuura J. 43C1
Katsuura J. 43C1
Katsuy J. 43B1
Kattakurgan Ouzb. 33H5
Kattara (Dépression de) Eg. 59B2
Kaunas Lit. 30B3
Kaura Namoda Nig. 63C3
Kautokeino Norv. 12J5
Kavadarci Mac. 23B2
Kavaje Alb. 23A2
Kavála Gr. 23B2

Kavali *Inde* 53B2
Kãvda *Inde* 51B4
Kavir-e Namak *Iran* 56C3
Kãviri (R.) *Inde* 53B2
Kawagoe *J.* 43B1
Kawaguchi *J.* 43B1
Kawakawa *N.-Z.* 72B1
Kawambwa *Zambie* 65C3
Kawardha *Inde* 52A2
Kawartha (Lac) *Can.* 85C2
Kawasaki *J.* 42D3
Kawerau *N.-Z.* 72C1
Kawhia *N.-Z.* 72B1
Kaya *Burk.* 63B3
Kayan (R.) *Indon.* 38C3
Kãyankulam *Inde* 53B3
Kayes *Mali* 63A3
Kayseri *Turq.* 54C2
Kazakh *Azerb.* 55E1
Kazakhstan *Asie* 33G5
Kazan' *Russie* 31G2
Kazanlak *Bulg.* 22C2
Kazan Retto (Iles) *J.* 37G4
Käzerün *Iran* 57B4
Kazhim *Russie* 31H1
Kazi Magomed *Azerb.* 55E1
Kazincbarcika *H.* 27C3
Kéa (Ile) *Gr.* 23E3
Kearney *É.-U.* 82D2
Keban (Rés. de) *Turq.* 55C2
Kébémer *Sén.* 63A3
Kebili *Tun.* 62C1
Kebir (R.)
  Liban et Syrie 58C1
Kebnekaise (Mgne)
  Suède 12H5
Kecskemét *H.* 27B3
Kedainiai *Lit.* 26C1
Kediri *Indon.* 38C4
Kédougou *Sén.* 63A3
Keele Peak (Mgne)
  Can. 78E3
Keeling (Iles) *Austr.* 38A5
Keelung *Taiwan* 41E4
Keene *É.-U.* 85D2
Keetmanshoop *Nam.* 66A3
Keewatin (Rég.) *Can.* 76A3
Kefallonía=Céphalonie
Kefar Sava *Isr.* 58B2
Keffi *Nig.* 63C4
Keflavik *Isl.* 12A2
Kef (Le) *Tun.* 62C1
Keg River *Can.* 79G4
Kehsi Mansam *Birm.* 44B1
Keith Arm (Baie)
  Can. 78F3
Kekertuk *Can.* 76D3
Kekri *Inde* 51D3
Kelang *Mal.* 45C5
Kelantan (R.) *Mal.* 45C4
Kelif *Turkm.* 50B1
Kelkit (R.) *Turq.* 54C1
Kellé *Congo* 64B3
Kellet (Cap) *Can.* 78F2
Kelloselka *Finl.* 32D3
Kells Range *G.-B.* 16B2
Kelme *Lit.* 26C1
Kelowna *Can.* 79G5
Kelsey Bay *Can.* 79F4
Kelso *G.-B.* 16C2
Kem' *Russie* 32E3
Ke Macina *Mali* 63B3
Kemerovo *Russie* 29A2
Kemi *Finl.* 12J5
Kemi (R.) *Finl.* 12K5
Kemijärvi *Finl.* 12K5
Kemps Bay *Bahamas* 85D3
Kempten *All.* 25C3
Kempt (Lac) *Can.* 85D1
Kenai *É.-U.* 78C3
Kenai (Péninsule)
  É.-U. 78C3
Kenamuke (Marais de)
  Soud. 65D2
Kenãyis (Râs el) *Ég.* 54A3
Kendal *G.-B.* 16C2
Kendari *Indon.* 39D4
Kendawangan *Indon.* 38C4
Kendrãpara *Inde* 52B1

Keneh *Ég.* 59C2
Kenema *S. L.* 63A4
Kenge *Zaïre* 64B3
Kengtung *Birm.* 44B1
Kenhardt *Afr. du S.* 66B3
Kéniéba *Mali* 63A3
Kenitra *Maroc* 62B1
Kennedy (Canal) *Can.* 76D1
Kennett *É.-U.* 84A3
Kenny Dam *Can.* 79F4
Kenora *Can.* 77A5
Kenosha *É.-U.* 80B2
Kent (Comté) *G.-B.* 17E4
Kentland *É.-U.* 84A2
Kenton *É.-U.* 84B2
Kent (Péninsule)
  Can. 78H3
Kentucky (État) *É.-U.* 81B3
Kentucky (Lac) *É.-U.* 81B3
Kentwood *É.-U.* 84A2
Kenya *Afr.* 65D2
Kenya (Mt) *K.* 65D3
Keonchi *Inde* 52A2
Keonjhargarh *Inde* 52B1
Kepno *Pol.* 27B2
Ker (R.) *Russie* 29A2
Kerala (État) *Inde* 53B2
Kerava *Finl.* 13J6
Kerema *P.-N.-G.* 39F4
Keren *Ér.* 65D1
Kerguelen (Dorsale des)
  O. Indien 68B6
Kerguelen (Iles) *Fr.* 68B6
Kericho *K.* 65D3
Kerinci *Indon.* 45C6
Kerio (R.) *K.* 65D2
Kérkyra = Corfou
Kermadec (Fosse des)
  O. Pacifique 69H5
Kerman *Iran* 57C3
Kermãnchãh *Iran* 56A3
Kerme Körfezi (Baie)
  Turq. 23C3
Kertamulia *Indon.* 45D6
Kertch *Alg.* 30E4
Kerulen (R.) *Mong.* 36D2
Kerzaz *Alg.* 62B2
Keşan *Turq.* 22C2
Kesennuma *J.* 42E3
Kestenga *Russie* 12L5
Keswick *G.-B.* 16C2
Keta *Gh.* 63C4
Ketapang *Indon.* 45E6
Ketchikan *É.-U.* 79E4
Ketia *Niger* 63C3
Keti Bandar *Pak.* 51B4
Ketrzyn *Pol.* 26C2
Kettering *É.-U.* 84B3
Kettering *G.-B.* 17D3
Kettlestone (Baie) *Can.* 77C3
Kewaunee *É.-U.* 84A2
Key Harbour *Can.* 84B1
Key West *É.-U.* 81B4
Kezhma *Russie* 29C2
K'feleghäza *H.* 20C1
Khabab *Syrie* 58C2
Khabarovsk *Russie* 37F2
Khãbürah (Al) *Oman* 46D3
Khãbür (al) [R.] *Syrie* 55D2
Khairpur *Pak.* 51B3
Khairpur (Rég.) *Pak.* 51B3
Khakhea *Botswana* 66B2
Khalil (El) = Hébron
Khãlis (Al) *Iraq* 55D3
Khálki (Ile) *Gr.* 23C3
Khalkís *Gr.* 23E3
Khalturin *Russie* 31G2
Khãmgaon *Inde* 51D4
Kham Keut *Laos* 44C2
Khammam *Inde* 53C1
Khamseh (Mgnes)
  Iran 56A2
Khan (R.) *Laos* 44C2
Khanabad *Afgh.* 50B1
Khãnaqin *Iraq* 55E3
Khandwa *Inde* 51D4
Khanewal *Pak.* 50C2
Khan ez Zabib *Jord.* 58C3

Khanh Hung *V.* 45D4
Khaniá *Gr.* 23E3
Khanka (Lac)
  Ch. et Russie 37F2
Khanpur *Pak.* 50C3
Khanty-Mansiysk
  Russie 32H3
Khan Yunis *Ég.* 58B3
Khapalu *Inde* 50D1
Khapcheranga *Russie* 36C2
Kharabali *Russie* 31G4
Kharagpur *Inde* 52B1
Kharan *Iran* 57C4
Kharan *Pak.* 50B3
Kharanaq *Iran* 56B3
Kharg (Ile de) *Iran* 57B4
Khargon *Inde* 51D4
Kharguèh *Ég.* 59C2
Kharguèh (Oasis de)
  Ég. 59C2
Kharkiv anc. Kharkov
  Ukr. 30E4
Kharkov = Kharkiv
Kharmanli *Bulg.* 22C2
Kharovsk *Russie* 31F2
Khartoum *Soud.* 59C3
Khartoum North
  Soud. 59C3
Khasab (al-) *Oman* 57C4
Khasan *Russie* 42C2
Khash *Afgh.* 56D3
Khãsh *Iran* 57D4
Khash (R.) *Afgh.* 56D3
Khashm el Girba
  Soud. 65D1
Khasi et de Jaintia
  (Mts de) *Inde* 52C1
Khawr (al-) *Qatar* 57B4
Khawr al Hammãr (Lac)
  Iraq 55E3
Khawsa *Birm.* 44B3
Khaybar (Passe de)
  Afgh. et Pak. 50C2
Khe Bo *V.* 44C2
Khed Brahma *Inde* 51C4
Khemis *Alg.* 19C2
Khenachich (El) *Mali* 62B2
Kherrata *Alg.* 19D2
Kherson *Ukr.* 30D4
Khilok *Russie* 29D2
Khingan (Grand) *Ch.* 37E2
Khingan (Petit) *Ch.* 37E2
Khíos *Gr.* 23C3
Khíos (Ile) *Gr.* 23C3
Khmel'nitskiy *Ukr.* 30C4
Khodjent *Tadj.* 33H5
Khodorov *Ukr.* 27C3
Kholm *Russie* 50B1
Khong *Laos* 44D3
Khonj *Iran* 57B4
Khor *Russie* 37F2
Khorog *Tadj.* 50C1
Khorramãbad *Iran* 56C3
Khorramchahr *Iran* 57A3
Khosf *Iran* 56C3
Khost *Pak.* 50B2
Khotin *Ukr.* 30C4
Khouribga *Maroc* 62B1
Khoy *Iran* 55D2
Khoyniki *Biél.* 30D3
Khulna *Bangl.* 52B1
Khums (Al-) *Libye* 59A1
Khunjerab (Passe de)
  Ch. et Inde 50D1
Khunsar *Iran* 56B3
Khurays *Ar. S.* 57A4
Khurda *Inde* 52B1
Khurja *Inde* 50D3
Khushab *Pak.* 50C2
Khushniyah *Syrie* 58B2
Khust *Ukr.* 27C3
Khuwei *Soud.* 65C1
Khuzdar *Pak.* 51B3
Khvaf *Iran* 56D3
Khvalynsk *Russie* 31G3
Khvoy *Iran* 55D2
Khvormüj *Iran* 57C3
Khwaja Muhammad
  (Mgnes) *Afgh.* 50C1
Kiambi *Zaïre* 64C3

Kibangou *Congo* 64B3
Kibaya *Tanz.* 65D3
Kibombo *Zaïre* 64C3
Kibondo *Tanz.* 65D3
Kibungu *Rwanda* 65D3
Kičevo *Mac.* 23B2
Kidal *Mali* 63C3
Kidan (Al) *Ar. S.* 57B5
Kidderminster *G.-B.* 17C3
Kidira *Sén.* 63A3
Kidnappers (Cap)
  N.-Z. 72C1
Kiel *All.* 24C2
Kiel (Baie de) *All.* 24C2
Kielce *Pol.* 27C2
Kiev *Ukr.* 30D3
Kiffa *Maurit.* 63A3
Kigali *Rwanda* 65D3
Kigoma *Tanz.* 65C3
Kii (Monts) *J.* 43B2
Kii (Dt de) *J.* 42C4
Kikinda *Youg.* 22B1
Kikon *P.-N.-G.* 39F4
Kikori *P.-N.-G.* 39F4
Kikwit *Zaïre* 64B3
Kilbuck (Mts) *É.-U.* 78C3
Kilchu *Corée du N.* 42B2
Kilifi *K.* 65E3
Kilimandjaro *Tanz.* 65D3
Kilindoni *Tanz.* 65D3
Kilis *Turq.* 54C2
Kilkenny *Irl.* 15B3
Kilkis *Gr.* 23B2
Killarney *Irl.* 15B3
Killin (Mgne) *Gr.* 23E3
Kilmarnock *G.-B.* 16B2
Kil'mez *Russie* 31H2
Kilosa *Tanz.* 65D3
Kilrush *Irl.* 15B3
Kilwa *Zaïre* 65D3
Kilwa Kisiwani *Tanz.* 65D3
Kilwa Kivinje *Tanz.* 65D3
Kimberley *Afr. du S.* 66B3
Kimberley *Can.* 82B2
Kimberley (Plateau de)
  Austr. 70B2
Kimchaek *Corée du N.* 42B2
Kimchon *Corée du S.* 42B3
Kimi *Gr.* 23E3
Kimry *Russie* 30E2
Kinabalu (Mont) *Mal.* 38C3
Kincardine *Can.* 84B2
Kinda *Guinée* 63A3
Kindu *Zaïre* 64C3
Kinechma *Russie* 31F2
Kinel' *Russie* 31H3
King (Ile) *Austr.* 71D5
Kingcome Inlet *Can.* 79F4
King Leopold Range
  Austr. 70B2
Kingman *É.-U.* 83B3
Kingoué *Congo* 64C3
Kingsford *É.-U.* 84A1
King's Lynn *G.-B.* 17E3
King Sound *Austr.* 70B2
Kings Peak (Mgne)
  É.-U. 82B2
Kingston *Can.* 70C4
Kingston *É.-U.* 77C5
Kingston *É.-U.* 85D2
Kingston *Jam.* 87E3
Kingston *N.-Z.* 73A3
Kingstown *St-Vincent* 89E4
Kingsville *É.-U.* 83D4
King William's Town
  Afr. du S. 66B4
Kinkala *Congo* 64B3
Kinna *Suède* 12G7
Kinomoto *J.* 43B1
Kinshasa *Zaïre* 64B3
Kintap *Indon.* 38C4
Kintyre (Pén.) *G.-B.* 16B2
Kinyeti *Soud.* 65D2
Kiparissia *Gr.* 23E3
Kipawa (Lac) *Can.* 85C1
Kipili *Tanz.* 65D3
Kipushi *Zaïre* 66B2
Kirensk *Russie* 29C2
Kirghize (Ch.) *Kirgh.* 48B1
Kirghizistan *Asie* 33J5

Kiri

Kiri Zaïre	64B3
Kiribati (Îles) O. Pacifique	69G4
Kirikkale Turq.	54B2
Kirishi Russie	30D2
Kirithar (Mts) Pak.	51B3
Kirkagaç Turq.	23C3
Kirkaldy G.-B.	14C2
Kirk Bulāg Dāgh (Mgne) Iran	55E2
Kirkby G.-B.	16C2
Kirkcudbright G.-B.	16B2
Kirkenes Norv.	12K5
Kirkland Lake Can.	77B5
Kirklareli Turq.	54A1
Kirkpatrick (Mt) Antarct.	96A
Kirksville É.-U.	80A2
Kirkük Iraq	55D2
Kirkwall G.-B.	14C2
Kirov Russie	30D3
Kirov Russie	31G2
Kirovgrad Russie	31J2
Kirovhorad Ukr.	30D4
Kirovsk Russie	32E3
Kirs Russie	31H2
Kirşehir Turq.	54B2
Kiruna Suède	12J5
Kiryū J.	43B1
Kisangani Zaïre	64C2
Kisaran Indon.	45B5
Kisarazu J.	43B1
Kishanganj Inde	52B1
Kishangarh Inde	51C3
Kishiwada J.	43B2
Kisii K.	65D3
Kisiju Tanz.	65D3
Kiskunhalas H.	27B3
Kislovodsk Russie	33F5
Kismaayo Som.	65E3
Kiso (Monts) J.	43B1
Kissidougou Guinée	63B4
Kistna (R.) Inde	53B1
Kisumu K.	65D3
Kisvárda H.	27C3
Kiswah (Al) Syrie	58C2
Kita Mali	63B3
Kitab Ouzb.	33H6
Kitakata J.	43C1
Kita-Kyūshū J.	42C4
Kitale K.	65D2
Kitalo (Île) J.	37G4
Kitami J.	42E2
Kitchener Can.	77B5
Kitgum Oug.	65D2
Kithnos (Île) Gr.	23E3
Kiti (Cap) Chypre	58A1
Kitikmeot (Rég.) Can.	78G2
Kitimat Can.	79F4
Kitnen (R.) Finl.	12K5
Kitsuki J.	43A2
Kittanning É.-U.	85C2
Kittilä Finl.	12J5
Kitunda Tanz.	65D3
Kitwe Zambie	66B2
Kitzbühel Autr.	25C3
Kitzingen All.	25C3
Kiumbi Zaïre	64C3
Kivalina É.-U.	78B3
Kivercy Ukr.	27D2
Kivu (L.) Rwanda et Zaïre	65C3
Kiwalik É.-U.	78B3
Kizel Russie	31J2
Kizil Irmak (R.) Turq.	54B2
Kizyl-Arvat Turkm.	33G6
Kizyl-Artek Turkm.	56B2
Kjustendil Bulg.	22B2
Kladno Rép. Tch.	25C2
Klagenfurt Autr.	25C3
Klaipéda Lit.	30B2
Klamath (R.) É.-U.	82A2
Klamath Falls É.-U.	82A2
Klatovy Rép. Tch.	25C3
Kleiat Liban	58B1
Klerksdorp Afr. du S.	66B2
Klin Russie	30E2
Klintehamn Suède	26B1
Klintsy Russie	30D3
Ključ Bosnie	20C2
Kłodzko Pol.	27B2
Klondike Plateau Can.	78D3
Klosterneuburg Autr.	27B3
Kluczbork Pol.	27B2
Knighton G.-B.	17C3
Knin Cr.	20C2
Knob (C.) Austr.	70A4
Knox (Terre de) Antarct.	96C9
Knoxville É.-U.	81B3
Knud Ramsussens (Terre de) Groenl.	76H3
Kobbermirebugt Groenl.	76F3
Kobe J.	42D4
Koblenz = Coblence	
Kobrin Russie	30B3
Kobroör (Île) Indon.	39E4
Kocani Mac.	22B2
Koch Bihār Inde	52B1
Kōchi J.	42C4
Koch (Île) Can.	76C3
Kodiak É.-U.	78C4
Kodiak (Île) É.-U.	78C4
Kodikkarai Inde	53B2
Kodok Soud.	65D2
Koes Nam.	66A3
Koffiefontein Afr. du S.	66B3
Koffielontein Afr. du S.	67G1
Koforidua Gh.	63B4
Kōfu J.	42D3
Koga J.	43B1
Køge Dan.	12G7
Kohat Pak.	50C2
Koh-i-Baba (Mgnes) Afgh.	50B2
Koh-i-Hisar (Mgnes) Afgh.	50B1
Koh-i-Khurd (Mgne) Afgh.	50B1
Kohima Inde	52C1
Koh-i-Mazar (Mgne) Afgh.	50B1
Koh-i-Qaisar (Mgne) Afgh.	56D3
Kohlu Pak.	50B3
Kohtla Järve Est.	30C1
Koide J.	43B1
Koihoa (Îles) Inde	45A4
Koje (Île) Corée du S.	42B4
Kokchetav Kaz.	33H4
Kokemäki Finl.	13J6
Kokkola Finl.	12J6
Kokoda P.-N.-G.	71D1
Kokomo É.-U.	84A2
Kokonau Indon.	39E4
Kokpekty Kaz.	33K5
Koksoak (R.) Can.	77D4
Kola Russie	12L5
Kolaka Indon.	39D4
Kola (Pén. de) Russie	32E3
Kolār Inde	53B2
Kolār Gold Fields Inde	53B2
Kolda Sén.	63A3
Kolding Dan.	12F7
Kolepom (I.) Indon.	39E4
Kolguyev (Île) Russie	32F3
Kolhāpur Inde	53A1
Kolin Rép. Tch.	27B2
Köln = Cologne	
Kolobrzeg Pol.	26B2
Kolokani Mali	63B3
Kolomna Russie	30E2
Kolomyya Ukr.	30C4
Kolpashevo Russie	33K4
Kolpekty Kaz.	36A2
Kolvereid Norv.	12G6
Kolwezi Zaïre	66B2
Kom (Mgne) Bulg. et Youg.	22B2
Koma Éth.	65D2
Komaduga Gana (R.) Nig.	63D3
Komárno Slov.	27B3
Komati (R.) Afr. du S.	67H1
Komatsu J.	42D3
Komatsushima J.	43A2
Komis (Rép. des) Russie	32G3
Komodo (Île) Indon.	38C4
Komoran (Île) Indon.	39E4
Komoran J.	43B1
Komotiní Gr.	22C2
Kompong Cham Camb.	44D3
Kompong Chhnang (Mgnes) Camb.	44C3
Kompong Thom Camb.	44D3
Kompong Trabek Camb.	44D3
Komsomol'sk na Amure Russie	37F1
Konda (R.) Russie	33H4
Kondoa Tanz.	65D3
Kondukūr Inde	53B1
Kong Karls Land (Îles) O. Arctique	32D2
Kongolo Zaïre	64C3
Kongsberg Dan.	12F7
Kongsvinger Norv.	13G6
Konin Pol.	26B2
Konjic Bosnie	20C2
Konosha Russie	31F1
Konosu J.	43B1
Konotop Ukr.	30D3
Końskie Pol.	27C2
Kontagora Nig.	63C3
Kontum V.	44D3
Konya Turq.	54B2
Kopargaon Inde	51C5
Köpasker Isl.	76J3
Kópavogur Isl.	12A2
Koper Slovénie	20B1
Kopet Dag (Mgnes) Iran et Turkm.	33G6
Kopeysk Russie	31K2
Ko Phangan (Île) Th.	45C4
Köping Suède	12H7
Koppal Inde	53B1
Koprivnica Cr.	20C1
Korangi Pak.	51B4
Korba Inde	52A2
Korbach All.	25B2
Korbuk (R.) É.-U.	78B3
Korçë Alb.	23B2
Korcula (Île) Cr.	20C2
Kordofan Soud.	64C1
Korec Ukr.	27D2
Korhogo C. d'Iv.	63B4
Kori Creek Inde	51B4
Köriyama J.	42E3
Korkino Russie	31K3
Korkuteli Turq.	54B2
Korla Ch.	48C1
Kornat (Île) Cr.	20C2
Koroglu Tepesi (Mgne) Turq.	54B1
Korogwe Tanz.	65D3
Koror O. Pacifique	39E3
Körös (R.) H.	27C3
Korosten Ukr.	30C3
Koro Toro Tchad	59A3
Korsakov Russie	37G2
Korsør Dan.	12G7
Kós (Île) Gr.	23C3
Ko Samui (Île) Th.	45C4
Koscierzyna Pol.	26B2
Kosciusko (Mgne) Austr.	71D4
Koshikijima (Îles) J.	42B4
Košice Slovaquie	27C3
Kosong Corée du N.	42B3
Kosovo Youg.	22B2
Kosseir Ég.	59C2
Kossou (Lac de) C. d'Iv.	63B4
Kostanai Kaz.	33H4
Koster Afr. du S.	67G1
Kosti Soud.	65D1
Kostopol' Ukr.	27D2
Kostroma Russie	31F2
Kostrzyn Pol.	24C2
Koszalin Pol.	12H8
Kota Inde	51D3
Kota Baharu Indon.	45E6
Kota Baharu Mal.	45C4
Kot Addu Pak.	50C2
Kota Kinabalu Mal.	38C3
Kotapad Inde	53C1
Kotel'nich Russie	31G2
Kotel'nikovo Russie	31F4
Kotka Finl.	13K6
Kotlas Russie	32F3
Kotlik É.-U.	78B3
Kotor Youg.	20C2
Kotovsk Ukr.	30C4
Kotri Pak.	51B3
Kottagudem Inde	53C1
Kottayam Inde	53B3
Kotto (R.) Centr.	64C2
Kotto (Haute) Centr.	64C2
Kottüru Inde	53B2
Kotzebue É.-U.	78B3
Kotzebue Sound (Baie) É.-U.	78B3
Kouandé Bénin	63C3
Kouango Centr.	64C2
Koudougou Burk.	63B3
Koufra (Oasis de) Libye	59B2
Kouïbychev (Rés. de) Russie	31G3
Koukou Nor (Lac) Ch.	36B3
Koulamoutou Gabon	64B3
Koulikoro Mali	63B3
Kouma (R.) Russie	31G5
Koupéla Burk.	63B3
Kouriles (Îles) Russie	37G2
Kourou Guy. Fr.	93G2
Kouroussa Guinée	63B3
Koursk Russie	30E3
Kousséri Cameroun	64B1
Kouvola Finl.	13K6
Kouznetsk Russie	31G3
Kovdor Russie	12L5
Kovdozero (Lac) Russie	12L5
Kovel Ukr.	30B3
Kovno = Kaunas	
Kovrov Russie	31F2
Kovylkino Russie	31F3
Kovzha (R.) Russie	30E1
Ko Way (Île) Th.	45C4
Koweït Asie	46C3
Koweït Koweït	55E4
Kowt-e-Ashrow Afgh.	50B2
Köyceggiz Turq.	54A2
Koydor Russie	12L5
Koyna (Rés. de) Inde	53A1
Koyukuk (R.) É.-U.	78C3
Kozan Turq.	54C2
Kozani Gr.	23B2
Kozhikode = Calicut	
Koz'modemyansk Russie	31G2
Kōzu-shima (Île) J.	43B2
Kpalimé Togo	63C4
Kragerø Norv.	12F7
Kraguievac Youg.	22B2
Kra (Isthme de) Birm. et Mal.	45B3
Krak des Chevaliers (Site hist.) Syrie	58C1
Kraljevo Youg.	22B2
Kramatorsk Ukr.	30E4
Kramfors Suède	12H6
Kranj Slovénie	20B1
Krapotkin Russie	31F4
Krasavino Russie	31G1
Krasino Russie	32G2
Kraśnik Pol.	27C2
Krasnoarmeysk Russie	31G3
Krasnodar Russie	30E5
Krasnoïarsk Russie	29B2
Krasnokamsk Russie	31J2
Krasnotur'insk Russie	31K2
Krasnoufimsk Russie	31J2
Krasnousol'-skiy Russie	31J3

Krasnovishersk Russie	33G3
Krasnystaw Pol.	27C2
Krasnyy Kut Russie	31G3
Krasnyy Luch Ukr.	30E4
Krasnyy Yar Russie	31G4
Kratie Camb.	44D3
Kraulshavn Groenl.	76E2
Krefeld All.	24B2
Kremenets Ukr.	27D2
Krementchouk Ukr	30D4
Krementchouk (Rés de) Ukr	30D4
Kribi Cameroun	64A2
Krichev Biél.	30C3
Krishnagiri Inde	53B2
Krishnangar Inde	52B1
Kristiansand Norv.	12F7
Kristianstad Suède	12G7
Kristiansund Norv.	32B3
Kristiinankaupunki Finl.	12J6
Kristinehamn Suède	12G7
Krk (Ile) Croatie	20B1
Kryvyi-Rih Ukr.	30D4
Kronpris Frederik Bjerge (Mgnes) Groenl.	76G3
Kronshtadt Russie	12K7
Kroonstad Afr. du S.	66B3
Kropotkin Russie	33F5
Kruger (Parc nat.) Afr. du S.	67C3
Krugersdorp Afr. du S.	66B3
Kruje Alb.	23A2
Krupki Biél.	26D2
Krustpils Lett.	22B2
Krym (R.) Ukr.	30D5
Krymsk Russie	30E5
Krzyz Pol.	26B2
Ksar El-Boukhari Alg.	62C1
Ksar el-Kebir Maroc	62B1
Ksour (Monts des) Alg.	62C1
Kuala Indon.	45B5
Kuala Dungun Mal.	45C5
Kuala Kerai Mal.	45C4
Kuala Kubu Baharu Mal.	45C5
Kuala Lipis Mal.	45C5
Kuala Lumpur Mal.	45C5
Kualasimpang Indon.	45B5
Kuala Terengganu Mal.	45C4
Kuandang Indon.	39D3
Kuandian Ch.	42A2
Kuantan Mal.	45C5
Kuba Azerb.	55F5
Kubar P.-N.-G.	39F4
Kuching Mal.	45E5
Kudat Mal.	38C3
Kudymkar Russie	25C3
Kufstein Autr.	25C3
Kuhak Iran	57D4
Kuh Duren (Hauteurs) Iran	56C3
Kuh e Bazmān (Mgne) Iran	57C4
Kuh-e Dinar (Mgne) Iran	56B3
Kuh-e Hazār Masjed (Mgnes) Iran	56C2
Kuh-e Jebāl Barez (Mgnes) Iran	57C4
Kuh e Karkas (Mgnes) Iran	56B3
Kuh-e Laleh Zar (Mgne) Iran	57C4
Kuh-e Sahand (Mgne) Iran	56A2
Kuh e Taftān (Mgne) Iran	57D4
Kühhaye Sabalan (Monts) Iran	
Kuhmo Finl.	12K6
Kühpāyeh Iran	56B3
Kühpāyeh (Mgne) Iran	57C3

Kuh (Ras-al-) Iran	57C4
Küh ye Sabalan (Mgne) Iran	56A2
Kuibis Nam.	66A3
Kuito Ang.	66A2
Kuji J.	42E2
Kuju-san (Mgne) J.	43A2
Kukës Alb.	22B2
Kukup Mal.	45C5
Kül (R.) Iran	57C4
Kula Turq.	23C3
Kulabu (Gunung) Indon.	45B5
Kulakshi Kaz.	31J4
Kulal (Mt.) K.	65D2
Kulata Bulg.	23B2
Kuldiga Lett.	30B2
Kul'sary Kaz.	31H4
Kulu Inde	50D2
Kulu Turq.	54B2
Kulunda Russie	33J4
Kumagaya J.	43B1
Kumai Indon.	38C4
Kumamoto J.	42C4
Kumano J.	43B2
Kumanovo Mac.	22B2
Kumara Ch.	37E1
Kumasi Gh.	63B4
Kumba Cameroun	64A2
Kumbakonam Inde	53B2
Kumertau Russie	31J3
Kumhwa Corée du S.	42B3
Kumla Suède	12H7
Kumta Inde	53A2
Kümüx Ch.	48C1
Kunar (R.) Afgh.	50C2
Kunda Est.	12K7
Kundla Inde	51C4
Kunduz Afgh.	50B1
Kungsbacka Suède	12G7
Kungur Russie	31J2
Kunhing Birm.	44B1
Kunlun (Mgnes) Ch.	48C2
Kunming Ch.	41A4
Kuopio Finl.	12K6
Kupa (R.) Cr./Bosnie	20C1
Kupang Indon.	70B2
Kupiano P.-N.-G.	71D2
Kupreanof (Ile) É.-U.	79E4
Kupyansk Ukr.	30E4
Kura (R.)...	48C1
Kurabe J.	43B1
Kurashiki J.	42C4
Kurayoshi J.	43A1
Kurdistan (Rég.) Iran, Turq. et Iraq	55D2
Kure J.	42C4
Kuressaare Est.	13J7
Kureyka (R.) Russie	29A1
Kurgan Russie	33H4
Kurikka Finl.	12J6
Kurnool Inde	53B1
Kuroiso J.	43C1
Kurow N.-Z.	73B2
Kuroktag (R.) Ch.	36A2
Kuruman Afr. du S.	66B3
Kuruman (R.) Afr. du S. et Botswana	66B3
Kurume J.	42C4
Kurunegala Sri L.	53C3
Kusa Russie	31J2
Kuşadasi (Golfe de) Turq.	23C3
Kus Golü (Lac) Turq.	23C2
Kushimoto J.	42D4
Kushiro J.	42B2
Kushka Afgh.	50D2
Kushtia Bangl.	52B1
Kushum (R.) Kaz.	31H3
Kushva Russie	33H4
Kuskokwim (R.) É.-U.	78B3
Kuskokwim (Mts) É.-U.	78C3
Kusma Népal	52A1
Kussharo (Lac) J.	42E2
Kút Iraq	55E3
Kutahya Turq.	56A2
Kutaisi Géorgie	46C1
Kutch (G. de) Inde	51B4

Kutch (Rann de) Inde	51B4
Kut (Ko) [Ile] Th.	44C3
Kutná Hora Rép. Tch.	27B3
Kutno Pol.	26B2
Kutu Zaïre	64B3
Kutubdia (Ile) Bangl.	52C2
Kutum Soud.	64C1
Kuujjuaq Can.	77D4
Kuusamo Finl.	12K5
Kuvandyk Russie	31J3
Kuwana J.	43B1
Kuybyshev Russie	33J4
Kuyto (Lac) Russie	12L6
Kuytun Ch.	29C2
Kvaenangen (Baie) Norv.	12J4
Kvigtind (Mgne) Norv.	12G5
Kvikkjokk Suède	12H5
Kwale K.	65D3
Kwangju Corée du S.	42B3
Kwango (R.) Zaïre	64B3
Kwazulu-Natal Afr. du Sud	66C3
Kwekwe Zimb.	66B2
Kwidryn Pol.	26B2
Kwigillingok É.-U.	78B4
Kwoka (Mgne) Indon.	39N4
Kyaikkami Birm.	44B2
Kyaikto Birm.	44B2
Kyakhta Russie	36C1
Kyaukme Birm.	44B1
Kyauk-padaung Birm.	44B1
Kyaukpyu Birm.	44A2
Kyle of Lochalsh G.-B.	14B2
Kyoga (Lac) Oug.	65D2
Kyongju Corée du S.	42B3
Kyoto J.	42D3
Kyshtym Russie	33H4
Kyushu (Ile) J.	42C4
Kyzyl Russie	36B1
Kyzyljar Kaz	33H4
Kyzylkoum (Désert) Ouzb.	33H5
Kyzylorda Kaz.	33H5

L

Laas Caanood Som.	65E2
Labé Guinée	63A3
Labe (R.) Rép. Tch.	27B2
Labelle Can.	85D1
Labinsk Russie	31F5
Laboué Liban	58C1
Labrador (Rég.) Can.	77D4
Labrador City Can.	77D4
Labrador (Mer du) Can. et Groenl.	77E4
Lábrea Br.	93E5
Labuhanbilik Indon.	45C5
Labuk (B.) Mal.	38C3
Labutta Birm.	44A2
Labytnangi Russie	32H3
La Ceiba Hond.	87D3
Lachish (Site hist.) Isr.	58B3
Lachlan (R.) Austr.	71D4
La Chorrera Pan.	92B2
Lachute Can.	85D1
Lackawanna É.-U.	85C2
Lac Megantic Can.	85D1
Lacombe Can.	79G4
Laconia É.-U.	85D2
Laconie (Golfe de) Gr.	23E3
La Crosse É.-U.	80A2
Ladákh (Rég.) Inde	50D2
Ladd Reef (Ile) Asie	38C3
Ladismith Afr. du S.	66B4
Ladner Can.	79D4
Lādnūn Inde	51C3
Ladoga (Lac) Russie	12L6
Ladong Ch.	41B5
Lady Ann (Détroit de) Can.	76B2
Ladybrand Afr. du S.	67G1
Ladysmith Afr. du S.	66C3
Lae P.-N.-G.	39F4
Laem Ngop Th.	44C3
Laeso (Ile) Dan.	24C1
Lafayette É.-U.	80B2
Lafayette É.-U.	81A3

Lafia Nig.	63C4
Lafiagi Nig.	63C4
Lagan (R.) Suède	24C1
Lagarto Br.	91D4
Lage (Ria de) Esp.	18A1
Laghouat Alg.	62C1
Lago Agrio Éq.	92B4
Lagos Nig.	63C4
Lagos Port.	18A2
Lagos de Moreno Mex.	86B2
Lagowa (El) Soud.	65C1
Lagrange Austr.	70B2
La Grange É.-U.	81B3
La Grange É.-U.	84A3
Laguna Seca Mex.	83C4
Lahad Datu Mal.	38C3
Lahewa Indon.	45B5
Lahijan Iran	56B2
Lahore Pak.	50C2
Lahti Finl.	13K6
Lai Tchad	64B2
Laibin Ch.	41B5
Lai Chau V.	44C1
Laihia Finl.	12J6
Laingsburg Afr. du S.	66B4
Laiyang Ch.	40E2
Laizhou (Baie de) Ch.	40D2
Lajāh (Al) [Mgne] Syrie	58C2
Laja (Lac de la) Chili	95B3
Lajes Br.	94F4
La Junta É.-U.	83C3
Lake Charles É.-U.	81A3
Lake District (Rég.) G.-B.	16C2
Lakefield Can.	85C2
Lake Geneva É.-U.	84A2
Lake Harbour Can.	76D3
Lake Pukaki N.-Z.	73B2
Lake Traverse Can.	85C1
Lakeview É.-U.	82A2
Lakewood É.-U.	84B2
Lake Worth É.-U.	87D2
Lakhimpur Inde	52A1
Lakhpat Inde	51B4
Lakki Pak.	50C2
Lakota C. d'Iv.	63B4
Laksefjord (Baie) Norv.	12K4
Lakselv Norv.	12K4
Lakshadweep= Laquedives	
Lalibela Éth.	59C3
La Libertad Éq.	92A4
Lalitpur Inde	51D4
La Luz Nic.	88A4
Lamar É.-U.	83C3
Lambaréné Gabon	64B3
Lambayeque Pér.	92A5
Lambert (Gl.) Antarct.	96B10
Lambton (Cap) Can.	78F2
Lam Chi (R.) Th.	44C2
Lamego Port.	18A1
Lamentin Guadeloupe	11
Lamentin (Le) Mart.	11
La Merced Pér.	92B6
Lamia Gr.	23E3
Lammermuir Hills G.-B.	16C2
Lammhult Suède	12G7
Lamotrek (Ile) O. Pacifique	39F3
Lampeter G.-B.	17B3
Lamu K.	65E3
Lanao (Lac) Phil.	39D3
Lanark G.-B.	16C2
Lanbi (Ile) Birm.	44B3
Lancang (R.) Ch.	44C1
Lancashire (Comté) G.-B.	16C3
Lancaster É.-U.	80C3
Lancaster É.-U.	84B3
Lancaster É.-U.	85D2
Lancaster G.-B.	16C2
Lancaster (Passage) Can.	76B2
Landak (R.) Indon.	45D6
Landeck Autr.	25C3
Lander É.-U.	82C2

Landes (Dép.) Fr. **6B3**
Landes (Rég.) Fr. **4B3**
Landsberg All. **25C3**
Lands End (Cap) Can. **78F2**
Land's End (Pointe) G.-B. **17B4**
Landshut All. **25C3**
Landskrona Suède **12G7**
Langenhagen All. **24B2**
Langholm G.-B. **16C2**
Langjökull (Mgnes) Isl. **12A2**
Langkawi (Ile) Mal. **45B4**
Langon Fr. **4B3**
Langres Fr. **5D2**
Langsa Indon. **45B5**
Lang Shan (Mgnes) Ch. **36C2**
Lang Son V. **44D1**
Languedoc Fr. **5C3**
Languedoc-Roussillon (Rég.) Fr. **9A3**
Lanin (Mgne) Arg. **95B3**
Lannion Fr. **6B2**
Lansdowne House Can. **77B4**
Lansing É.-U. **80B2**
Lanta (Ile) Th. **45B4**
Lanzarote (Ile) Canaries **62A2**
Lanzhou Ch. **40A2**
Laoag Phil. **38D2**
Lao Cai V. **44C1**
Laoha He (R.) Ch. **40D1**
Laoise Port Irl. **15B3**
Laon Fr. **5C2**
La Oroya Pér. **92B6**
Laos Asie **5C2**
Lapalisse Fr. **5C2**
Las Palmas Pan. **92B2**
La Paz Mex. **86A2**
La Pérouse (Dt de) J. et Russie **37G2**
Laponie Finl. et Suède **12H5**
La Porte É.-U. **84A2**
Lappeenranta Finl. **13K6**
Lapua Finl. **12J6**
Laqiya Arba'in (Puits) Soud. **59B2**
Laquedives (Iles) Inde **53A2**
Lär Iran **57B4**
Larache Maroc **63C4**
Laramie É.-U. **82C2**
Laramie (Monts) É.-U. **82C2**
Lardy Fr. **10**
Laredo É.-U. **83D4**
Lärestän Rég. Iran **57B4**
Largs G.-B. **16B2**
Lāri Iran **56A2**
Lárissa Gr. **23E3**
Larkana Pak. **51B3**
Lárnaka Chypre **54B3**
Lárnaka (Baie de) Chypre **58A1**
Lárne Irl. du N. **14B3**
La Romana Dom. (Rép.) **89D3**
Larvik Norv. **12F7**
Lar'yak Russie **32J3**
Larzac (Causse du) Fr. **5C3**
La Salle Can. **85D1**
Las Cruces É.-U. **83C3**
Lasengmia Ch. **40B2**
Lash-e-Joveyn Afgh. **56D3**
Lashio Birm. **44B1**
Läsjerd Iran **56B2**
Las Khoreh Som. **65E1**
Lastoursville Gabon **64B3**
Lastovo (Ile) Cr. **20C2**
Las Vegas É.-U. **83B3**
Las Vegas É.-U. **83C3**
Latina It. **21B2**
Latium Isr. **20B2**
Latrun Isr.
Lattaquié Syrie **54C2**
Lätur Inde **53B1**
Launceston Austr. **71D5**
Launceston G.-B. **17B4**
La Union El Salv. **87D3**
La Unión Esp. **92B5**
Laura Austr. **71D2**

Laurel É.-U. **81B3**
Laurel É.-U. **85C3**
Lausanne S. **20A1**
Laut (Ile) Indon. **38C4**
Lautaro Chili **95B5**
Laval Can. **85D1**
Laval Fr. **4B2**
Lavan (Ile) Iran **57B4**
Lavras Br. **91C6**
Lavrentiya Russie **78A3**
Lavumisa Swaz. **67H1**
Lawksawk Birm. **44B1**
Lawrence É.-U. **81A3**
Lawrence É.-U. **85D2**
Lawrence N.-Z. **73A3**
Lawrenceville É.-U. **84A3**
Lawton É.-U. **83D3**
Lawz (Jebel al) Ar. S. **54C4**
Laylá Ar.S. **47C3**
Laylo Soud. **65D2**
Laz Daua Som. **65E1**
Lead É.-U. **82C2**
Leba Pol. **26B2**
Lebanon É.-U. **85C2**
Lebombo (Mts) Afr. du S. Moz et Swaz. **67C3**
Lebork Pol. **26B2**
Lebu Chili **95B3**
Lecce It. **21C2**
Lecco It. **20A1**
Ledbury G.-B. **17C3**
Leeds G.-B. **15C3**
Leek G.-B. **17C3**
Leer All. **24B2**
Leeuwarden P.-B. **24B2**
Leeuwin (C.) Austr. **70A4**
Leeward Is M. des Antilles **89E3**
Lefkara Chypre **58A1**
Legazpi Phil. **39D2**
Legnica Pol. **27B2**
Leguan (Ile) Guy. **93F2**
Legulzamo Col. **92C4**
Leh Inde **50D2**
Leiah Pak. **50C2**
Leibnitz Autr. **27B3**
Leicester (Comté) G.-B. **17D3**
Leicester G.-B. **17D3**
Leichhardt (R.) Austr. **70C2**
Leigh Creek Austr. **70C4**
Leighton Buzzard G.-B. **17D4**
Leine (R.) All. **24B2**
Leipzig All. **25C2**
Leiria Port. **18A2**
Leirvik Norv. **12F7**
Leiyang Ch. **41C4**
Leizhou (Baie de) Ch. **41C5**
Leizhou (Pén. de) Ch. **41B5**
Lek (R.) P.-B. **24A2**
Lekemti Éth. **65D2**
Lelija (Mgne) Bosnie **20C2**
Léman (Lac) Fr. et S. **20A1**
Lemicux (Iles) Can. **76D3**
Lemmon É.-U. **82C2**
Lempdes Fr. **5C2**
Lemro (R.) Birm. **52C2**
Lena (R.) Russie **29E1**
Lendery Russie **12L6**
Lengshujiang Ch. **41C4**
Leningorak Russie **31H3**
Leninogorsk Russie **36A1**
Leninsk-Kuznetskiy Russie **29A2**
Leninskoye Russie **37F2**
Lens Fr. **5C1**
Lensk Russie **29D1**
Lentini It. **21B3**
Lenya (R.) Birm. **44B3**
Leoben Autr. **20B1**
Leominster G.-B. **17C3**
León Esp. **18A1**
León Mex. **86B2**
León Nic. **87D3**
León (Rég.) Esp. **18A1**
Léon (Rég.) Fr. **6B2**
Leonardville Nam. **66A3**
Leonora Austr. **70B3**

Léopoldville=Kinshasa
Lepel Biél. **30C3**
Leping Ch. **41D4**
Léré Tchad **64B2**
Leribe Les. **67G1**
Lérida Esp. **19C1**
Lérins (Iles de) Fr. **9B3**
Léros (Ile) Gr. **23C3**
Lerwick G.-B. **14C1**
Lesbos (Ile) Gr. **23C3**
Leshan Ch. **41A4**
Leskovac Youg. **22B2**
Leslie Afr. du S. **67G1**
Lesnoy Russie **31H2**
Lesosibirsk Russie **29B2**
Lesotho Afr. **66B3**
Lesozavodsk Russie **37F2**
Leszno Pol. **26B2**
Letha (Monts) Birm. **52C2**
Lethbridge Can. **79G5**
Lethem Guy. **93F3**
Letichev Ukr. **27D3**
Leti (Iles) Indon. **70B1**
let Oktyobr'ya Russie **29D2**
Letong Indon. **45D5**
Letpadan Birm. **44B2**
Lettonie Europe **30B2**
Leucate (Ile) Gr. **23E3**
Leuser (Gunung) Indon. **45B5**
Levädhia Gr. **23E3**
Levalloula-Perret Fr. **10**
Levanger Norv. **12G6**
Lévêque (C.) Austr. **70B2**
Levice Slov. **27B3**
Levin N.-Z. **72C2**
Lévis Can. **77C5**
Levitown É.-U. **85D2**
Lévka (Mt) Gr. **23E3**
Levkás Gr. **23E3**
Levski Bulg. **22C2**
Lewes G.-B. **17E4**
Lewis (Ile) G.-B. **14B2**
Lewis (Monts de) É.-U. **82B2**
Lewis Pass N.-Z. **73B2**
Lewiston É.-U. **80C2**
Lewiston É.-U. **82B2**
Lewistown É.-U. **82C2**
Lewistown É.-U. **85C2**
Lexington-Fayette É.-U. **81B3**
Lexington Park É.-U. **85C3**
Leyde P.-B. **24A2**
Leyte (Ile) Phil. **39D2**
Lezhe Alb. **22A2**
Lhassa Ch. **48D2**
Lhazê Ch. **52B1**
Lhokseumawe Indon. **45B4**
Lhozhag Ch. **52C1**
Lhunze Ch. **36B4**
Liancourt Rocks = Tok
Liangdang Ch. **40B3**
Lianjiang Ch. **41C5**
Lianping Ch. **41C5**
Lian Xian Ch. **41C5**
Lianyungang Ch. **40D3**
Liaodong Bandao (Pén.) Ch. **40E1**
Liaodong (Baie de) Ch. **40E1**
Liao He (R.) Ch. **40E1**
Liaoning (Prov.) Ch. **40E1**
Liaoyang Ch. **40E1**
Liaoyuan Ch. **40E1**
Liard (R.) Can. **78F3**
Liard River Can. **78F4**
Liban Asie **54C3**
Liban (Ch. du) Liban **58B2**
Libenge Zaïre **64B2**
Liberal É.-U. **83C3**
Liberec Rép. Tch. **25C2**
Liberia Afr. **63A4**
Liberty É.-U. **85D2**
Libni (Gebel) Ég. **58A3**
Libourne Fr. **4B3**
Libreville Gabon **64B2**
Libye Afr. **59A2**
Libye (Désert de) Afr. **59B2**
Libyen (Plateau) Ég. **59B1**
Licata It. **21B3**
Lichfield G.-B. **17D3**

Lichinga Moz. **67C2**
Lichtenburg Afr. du S. **66B3**
Licking (R.) É.-U. **84B3**
Licosa (Punta) It. **21B2**
Lida Biél. **30C3**
LidKöping Suède **12G7**
Lido di Ostia It. **21B2**
Liechtenstein Europe **20A1**
Liège Belg. **25B2**
Lielupe (R.) Lett. **26C1**
Lienart Zaïre **64C2**
Lienz Autr. **25C3**
Liepaia ou Liepāja Lett. **12J7**
Lièvre (R.) Can. **85D1**
Liezen Autr. **25C3**
Ligne du changement de date **69H5**
Ligonha (R.) Moz. **67C2**
Ligurie It. **20A2**
Ligurienne (Mer) Méditerranée **20A2**
Likasi Zaïre **66B2**
Lilas (Les) Fr. **10**
Lille Fr. **5C1**
Lillehammer Norv. **13G6**
Lillestrøm Norv. **12G7**
Lilongwe Malawi **67C2**
Lim (R.) Youg. **22A2**
Lima Esp. **18A1**
Lima É.-U. **80B2**
Lima Pér. **92B6**
Limassol Chypre **54B3**
Limbe Malawi **67C2**
Limburg All. **25B2**
Limeira Br. **91B6**
Limerick Irl. **15B3**
Limfjord (Lac) Dan. **24B1**
Limmen Bight (Baie) Austr. **70C2**
Limnos (Ile) Gr. **23C3**
Limoeiro Br. **91D3**
Limoges Fr. **4C2**
Limón C.R. **87D4**
Limon É.-U. **82C3**
Limours Fr. **10**
Limousin (Rég.) Fr. **7C2**
Limoux Fr. **7C3**
Limpopo (R.) Afr. **66C3**
Linares Chili **95B3**
Linares Esp. **18B2**
Linares Mex. **83D4**
Lincang Ch. **36B4**
Lincoln Arg. **95D2**
Lincoln (Comté) G.-B. **16D3**
Lincoln É.-U. **82D2**
Lincoln É.-U. **85D2**
Lincoln G.-B. **16D3**
Lincoln N.-Z. **73B2**
Lincoln (Mer de) Groenl. **1A**
Lincoln Park É.-U. **84B2**
Lindau All. **25B3**
Linden Guy. **93F2**
Lindesnes (Cap) Norv. **12F7**
Lindi Tanz. **65D3**
Lindi (R.) Zaïre **64C2**
Lindley Afr. du S. **66B3**
Lindos Gr. **23C3**
Lindsay Can. **85C2**
Line (Iles) O. Pacifique **69J3**
Linea (La) Esp. **18A2**
Linfen Ch. **40C2**
Lingao Ch. **44D2**
Lingayen Phil. **38D2**
Lingen All. **24B2**
Lingga (Arch.) Indon. **45C6**
Lingling Ch. **41C4**
Lingshan Ch. **41B6**
Lingshi Ch. **40C2**
Linguère Sén. **63A3**
Linhai Ch. **41E4**
Linhares Br. **91D6**
Linhe Ch. **40B1**
Linjiang Ch. **42B2**
Linköping Suède **12H7**
Lintao Ch. **40A2**
Linxi Ch. **36D2**
Linxia Ch. **40A2**

inz *Autr.* 25C3
on (Golfe du) *Fr.* 5C3
pari (Ile) *It.* 21B3
pari (Iles) *It.* 21B3
petsk *Russie* 31E3
pova *Roum.* 22B1
ppe (R.) *All.* 24B2
ra *Oug.* 65D2
ranga *Congo* 64B3
sala *Zaïre* 64C2
san (El)Pén. *Jord.* 58B3
sboa = Lisbonne
sbonne *Port.* 18A2
shui *Ch.* 41D4
Shui (R.) *Ch.* 41C4
sieux *Fr.* 4C2
smore *Austr.* 71E3
tang *Ch.* 41B5
tani (R.) *Liban* 58B2
tani (R.) *Sur.* 93G3
th (al-) *Ar.S.* 47C3
thgow *Austr.* 71E4
thinos (Cap) *Gr.* 23B4
tovko *Russie* 37F2
ttle Abaco (Ile)
  Bahamas 81C4
ttle Barrier (I.) *N.-Z.* 72C1
ttle Cayman (Ile)
  G.-B. 87D3
ttle Falls *É.-U.* 77A5
ttle Inagua (Ile) *M.*
  des Antilles 88C2
ttle Rock *É.-U.* 81A3
ttleton *É.-U.* 85D2
tuanie *Europe* 30B2
uhe *Ch.* 42B2
uzhou *Ch.* 41B5
vanátais *Gr.* 23E3
váni *Lett.* 26D1
verpool *Can.* 77D5
verpool *G.-B.* 16C3
verpool (Baie de)
  Can. 78F3
verpool Bay (Baie)
  G.-B. 16C3
verpool (Cap) *Can.* 77D5
vingston *É.-U.* 82B2
vingstone=Maramba
vno *Bosnie* 20C2
vny *Russie* 30E3
vonia *É.-U.* 84B2
vourne *It.* 20B2
vry-Gargan *Fr.* 10
wâ (Al) *É.A.U.* 47D3
wale *Tanz.* 65D3
ubljana *Sl.* 20B1
ungan (R.) *Suède* 12G6
ungby *Suède* 12G7
usdal *Suède* 13H6
usnan (R.) *Suède* 13H6
andeilo *G.-B.* 17C4
andovery *G.-B.* 17C4
andrindod Wells
  G.-B. 17C3
andudno *G.-B.* 16C3
anelli *G.-B.* 17B4
angollen *G.-B.* 17C3
ano Estacado *É.-U.* 83C3
anos (Rég.)
  Col. et Ven. 92C2
anos de Chiquitos
  (Rég.) *Bol.* 92D2
erena *Esp.* 18A2
eyn (Pén.) *Fr.* 17B3
lim (R.) *Russie* 29C2
imsk *Russie* 29C2
orin *Nig.* 63C4
oydminster *Can.* 79H4
ullaillaco (Mgne)
  Arg. et Chili 94C3
oa (R.) *Chili* 94C3
oange (R.) *Zaïre* 64B3
obatse *Botswana* 66B3
obaye (R.) *Centr.* 64B2
obito *Nig.* 9B2
ob Nor (Lac) *Ch.* 36B2
ocarno *S.* 9B2
oche (La) *Can.* 79H4
oches *Fr.* 4C2

Lockerbie *G.-B.* 16C2
Lock Haven *É.-U.* 85C2
Lockport *É.-U.* 85C2
Loc Ninh *V.* 44D3
Locri *It.* 21C3
Lod *Isr.* 58B3
Lodève *Fr.* 5C3
Lodeynoye Pole
  Russie 30C1
Lodhran *Pak.* 50C3
Lodi *It.* 20A1
Lodja *Zaïre* 64C3
Lodwar *K.* 65D2
Łódź *Pol.* 26B2
Lofoten (Iles) *Norv.* 12G5
Logan (Mt) *Can.* 78D3
Logansport *É.-U.* 84A2
Logroño *Esp.* 18B1
Lohârdaga *Inde* 52A2
Lohja *Finl.* 13J6
Loikaw *Birm.* 44B2
Loimaa *Finl.* 13J6
Loir (R.) *Fr.* 4C2
Loire (Dép.) *Fr.* 9A2
Loire (R.) *Fr.* 4C2
Loire-Atlantique (Dép.)
  Fr. 6B2
Loire (Haute-) [Dép.]
  Fr. 9A2
Loire (Pays de la) [Rég.]
  Fr. 6B2
Loiret (Dép.) *Fr.* 6C2
Loir-et-Cher (Dép.) *Fr.* 6C2
Loja *Éq.* 92B4
Loja *Esp.* 18B2
Lokan Tekojärvi (Rés.)
  Finl. 12K5
Lokialaki (Gunung)
  [Mgne] *Indon.* 38D4
Lokitaung *K.* 65D2
Lokoro (R.) *Zaïre* 64C3
Loks Land (Ile) *Can.* 76D3
Lolland (Ile) *Dan.* 24C2
Lom *Bulg.* 22B2
Lomami (R.) *Zaïre* 64C3
Loma (Mts)
  Guinée et S. L. 63A4
Lombardie *It.* 20A1
Lombien (Ile) *Indon.* 70B1
Lombok (Ile) *Indon.* 70A1
Lombok (Détroit de)
  Indon. 38C4
Lomé *Togo* 63C4
Lomela *Zaïre* 64C3
Lomela (R.) *Zaïre* 64C3
Lomond (Lac) *G.-B.* 14C2
Lomonosov *Russie* 30C2
Lonàvale *Inde* 53A1
Loncoche *Chili* 95B3
Longford *Irl.* 15B3
Longhua *Ch.* 40D1
Long (Ile) *Can.* 77C4
Long (Ile) *É.-U.* 80C2
Longlac *Can.* 77B4
Long (Lac) *É.-U.* 79H5
Longlin *Ch.* 41B5
Longmont *É.-U.* 82C2
Longnawan *Chili* 95B3
Longreach *Austr.* 71D3
Longshou Shan *Ch.* 40A2
Longtown *G.-B.* 16C2
Longueuil *Can.* 85D1

Longview *É.-U.* 81A3
Longview *É.-U.* 82A2
Longwy *Fr.* 5D2
Longxi *Ch.* 40A3
Long Xuyen *V.* 45D3
Longyan *Ch.* 41D4
Longzhou *Ch.* 41B5
Lons-le-Saunier *Fr.* 5D2
Lookout (Cap) *É.-U.* 81C3
Loolmalasin *Tanz.* 65D3
Lop Buri *Th.* 44C3
Lopez (Cap) *Gabon* 64A3
Lora del Rio *Esp.* 18A2
Lorain *É.-U.* 80B2
Loralai *Pak.* 50B2
Lorca *Esp.* 19B2
Lordegan *Iran* 56B3
Lord Howe (Ile) *Austr.* 71E4
Lord Howe (Dorsale)
  O. Pacifique 69G5
Lord Mayor (Baie)
  Can. 76A3
Lordsburg *É.-U.* 83C3
Lorestan *Rég. Iran* 56A3
Lorient *Fr.* 4B2
Lorrach *All.* 25B3
Lorraine (Rég.) *Fr.* 8B2
Lorrain (Le) *Mart.* 11
Los Alamos *É.-U.* 83C3
Los Angeles *Chili* 95B3
Los Angeles *É.-U.* 65D3
Los Filabres (Sierra de)
  Esp. 18B2
Lošinj (Ile) *Cr.* 20B2
Los Lagos *Chili* 95B3
Los Mochis *Mex.* 86B2
Los Roques (Is) *Ven.* 92D1
Los Testigos (Iles)
  Ven. 89E4
Los Vilos *Chili* 95B2
Lot (Dép.) *Fr.* 7C3
Lot (R.) *Fr.* 4C3
Lot-et-Garonne (Dép.)
  Fr. 7C3
Lothian (Rég.) *G.-B.* 16C2
Lotikipi (Plaine de)
  Kenya et Soud. 65D2
Loto *Zaïre* 64C3
Lotta (R.) *Finl. et*
  Russie 12K5
Loudéac *Fr.* 4B2
Loudun *Fr.* 4C2
Louga *Sén.* 63A3
Loughborough *G.-B.* 17D3
Lougheed (Ile) *Can.* 78H2
Louhans *Fr.* 9A2
Louhansk *Ukr.* 31E4
Louisa *É.-U.* 84B3
Louisa Reef (Ile) 38C3
Louisiade (Arch. de la)
  I. Salomon 71E2
Louisiane (État) *É.-U.* 81A3
Louis Trichardt
  Afr. du S. 67C3
Louisville *É.-U.* 81B3
Loukhi *Russie* 12L5
Louqsor *Ég.* 59C2
Lourdes *Fr.* 4B3
Louth *G.-B.* 16D3
Louvain *Belg.* 25A2
Louvière (La) *Belg.* 8A1
Louviers *Fr.* 4C2
Louvres *Fr.* 10
Lovat (R.) *Russie* 30D2
Lovech *Bulg.* 22B2
Lövere *It.* 20B1
Lovington *É.-U.* 83C3
Low (Cap) *Can.* 76B3
Lowell *É.-U.* 80C2
Lower Hutt *N.-Z.* 73B2
Lower Seal (Lac) *Can.* 77C4
Lowestoft *G.-B.* 17E3
Lowicz *Pol.* 26B2
Loyd George (Mt) *Can.* 79F4
Lozère (Dép.) *Fr.* 5C2
Lozère (Mt) *Fr.* 9A3
Loznica *Youg.* 22A2
Lozva (R.) *Russie* 32H3
Luacano *Ang.* 66B2
Luachimo *Ang.* 64C3

Lualaba (R.) *Zaïre* 64C3
Luampa *Zambie* 66B2
Luân *Ang.* 66B2
Lu'an *Ch.* 41D3
Luanda *Ang.* 64B3
Luando (R.) *Ang.* 66A2
Luanginga (R.) *Ang.* 66B2
Luang Namtha *Laos* 44C1
Luang Prabang *Laos* 44C2
Luangue *Ang.* 64B3
Luangwa (R.) *Zambie* 67C2
Luan He (R.) *Ch.* 40D1
Luanping *Ch.* 40D1
Luanshya *Zambie* 66B2
Luapula (R.) *Zaïre* 66B2
Luarca *Esp.* 18A1
Lubalo *Ang.* 64B3
L'uban *Biél.* 26D2
Lubango *Ang.* 66A2
Lubbock *É.-U.* 83C3
Lübeck *All.* 24C2
Lubefu *Zaïre* 64C3
Lubefu (R.) *Zaïre* 64C3
Lubero *Zaïre* 65C2
Lubéron *Fr.* 9B3
Lubilash (R.) *Zaïre* 64C3
Lublin *Pol.* 27C2
Lubny *Ukr.* 30D3
Lubok Antu *Mal.* 45E5
Lubudi *Zaïre* 64C3
Lubudi (R.) *Zaïre* 64C3
Lubuklinggau *Indon.* 38B4
Lubumbashi *Zaïre* 64C3
Lubutu *Zaïre* 64C3
Luce (Baie) *G.-B.* 16B2
Lucena *Phil.* 39D2
Lucenec *Slov.* 27E3
Lucerne *S.* 20A1
Luchuan *Ch.* 41C5
Luckenwalde *All.* 24C2
Luckhoff *Afr. du S.* 67F1
Lucknow *Inde* 52A1
Luçon (Ile) *Phil.* 39D2
Luçon (Détroit de)
  Phil. 39D1
Lucques *It.* 20B2
Lucusse *Ang.* 66B2
Lüda *Ch.* 40E2
Lüderitz *Nam.* 66A3
Ludhiana *Inde* 50D2
Ludington *É.-U.* 84A2
Ludlow *G.-B.* 17C3
Ludogorie (Hauteurs)
  Bulg. 22C2
Luduş *Roum.* 22B1
Ludvika *Suède* 13H6
Ludwigsburg *All.* 25B3
Ludwigshafen *All.* 25B3
Ludwigslust *All.* 24C2
Luebo *Zaïre* 64C3
Luema (R.) *Zaïre* 64C3
Luembe (R.) *Ang.* 64C3
Luena *Ang.* 66A2
Luena (R.) *Zaïre* 66B2
Luengvang *Ch.* 40B3
Lufeng *Ch.* 41D5
Lufkin *É.-U.* 81A3
Luga *Russie* 30C2
Luga (R.) *Russie* 30C2
Lugano *S.* 20A1
Lugela *Moz.* 67C2
Lugenda (R.) *Moz.* 67C2
Lugo *Esp.* 18A1
Lugoj *Roum.* 22B1
Luhfi (Wadi) *Jord.* 58C2
Lui (R.) *Ang.* 64B3
Luiana *Ang.* 66B2
Luiana (R.) *Ang.* 66B2
Luichow Peninsula =
  Leizhou (Pén. de)
Luionga (R.) *Zaïre* 64B2
Luipan Shan *Ch.* 40B2
Luishia *Zaïre* 66B2
Luiza *Zaïre* 36B4
Luiza *Zaïre* 64C3
Lujiang *Ch.* 41D3
Lukenie (R.) *Zaïre* 64B3
Lukolela *Zaïre* 64B3
Luków *Pol.* 26C2
Lukuga (R.) *Zaïre* 64C3

Lukulu Zambie 66B2
Lule (R.) Suède 12J5
Luleå Suède 12J5
Lüleburgaz Turq. 22C2
Lüliang Shan Ch. 40C2
Lullaillaco (Volcan) Chili 94C3
Lulonga (R.) Zaïre 64C2
Luluabourg = Kananga
Lumbala Ang. 66B2
Lumberton É.-U. 81C3
Lumding Inde 52C1
Lumeje Ang. 66B2
Lumsden N.-Z. 73A3
Lund Suède 12G7
Lundazi Zambie 67C2
Lundi (R.) Zimb. 66C3
Lundy (Ile) G.-B. 17B4
Lüneburg All. 24C2
Lunéville Fr. 8B2
Lunga (R.) Zambie 66B2
Lunglei Inde 52C1
Lungue Bungo (R.) Ang. 66A2
Luninec Biél. 26D2
Luobomo Congo 64B3
Luocheng Ch. 41B5
Luoding Ch. 41C5
Luohe Ch. 40C3
Luo He (R.) Ch. 40B2
Luo He (R.) Ch. 40C3
Luoxiao Shan (Collines) Ch. 41C4
Luoyang Ch. 40C3
Luozi Zaïre 64B3
Lupane Zimb. 66B2
Lupilichi Moz. 67C2
Lu Qu = Tao He
Luque Fr. 94E4
Lure Fr. 8B2
Lurio (R.) Moz. 67C2
Lusaka Zambie 66B2
Lusambo Zaïre 64C3
Lushnje Alb. 23A2
Lushoto Tanz. 65D3
Lushui Ch. 36B4
Lüshun Ch. 40E2
Luton G.-B. 17D4
Lutsk Ukr. 30C3
Luuq Som. 65E2
Luvua (R.) Zaïre 65C3
Luwegu (R.) Tanz. 65D3
Luwingu Zambie 65C2
Luwuk Indon. 39D4
Luxembourg (Grand-Duché) Europe 5D2
Luxembourg Lux. 5D2
Luxeuil-les-Bains Fr. 8B2
Luxi Ch. 41A5
Luza Russie 31G1
Luza (R.) Russie 31G1
Luzhai Ch. 41B5
Luzhi Ch. 41B4
Luzhou Ch. 41B4
Lviv anc. Lvov Ukr 27C3
Lvov = Lviv 27C3
Lycksele Suède 12H6
Lydenburg Afr. du S. 66B3
Lyell (Mt) É.-U. 82B3
Lyme Bay (Baie) G.-B. 17C4
Lyme Regis G.-B. 17C4
Lynchburg É.-U. 81C3
Lynn Lake Can. 79H4
Lynx (Lac) Can. 79H3
Lyon Fr. 5C2
Lyons (R.) Austr. 70A3
Lyssytchansk Ukr. 30E4
Lys'va Russie 31J2
Lyttelton N.-Z. 73B2
Lyubeshov Ukr. 26D2
Lyublino Russie 30E2

M

Ma (R.) V. 44C1
Ma'agan Jord. 58B2
Ma'alot Tarshiha Isr. 58B2
Ma'an Jord. 54C3
Ma'anshan Ch. 41D3

Maarat en-Nomân Syrie 54C2
Maastricht P.-B. 25B2
Maaten Sarra (Puits) Libye 59B2
Mabalane Moz. 67C3
Mabaruma Guy. 93F2
Mablethorpe G.-B. 16E3
Mabote Moz. 67C3
Mabrita Biél. 26C2
M'adel Biél. 26D2
McAlester É.-U. 83D3
McAllen É.-U. 83D4
Macaloge Moz. 67C2
Macao Port. 41C5
Macapá Br. 93G3
Macas Éq. 92B4
Macassar = Ujung Pandang Indon. 38C4
Macassar (Détroit de) Indon. 38C4
Macaú Br. 91D3
M'Bari (R.) Centr. 64C2
Macclesfield G.-B. 16C3
McClintock (Baie) Can. 76B1
MacClintock (Canal) Can. 78H2
McClure (Détroit de) Can. 78G2
McCook É.-U. 82C2
McCulloch (Cap) Can. 76C2
McDame Can. 78F4
Macdonnell Ranges Austr. 70C3
Macedo de Cavaleiros Port. 18A1
Macédoine Gr. 23B2
Macédoine Europe 22B2
Maceió Br. 91D3
Macenta Guinée 63B4
Macerata It. 20B2
McGrath É.-U. 78C3
Machaïla Moz. 67C3
Machakos K. 65D3
Machala Éq. 92B4
Machaze Moz. 67C3
Mächerla Inde 53B1
Machgharab Liban 58B2
Machilipatnam Inde 53C1
Machiques Ven. 92C1
Machu-Picchu (Site hist.) Pér. 92C6
Maciá Moz. 67C3
Macina Mali 63B3
Mackay Austr. 71D3
Mackay (Lac) Austr. 70B3
McKeesport É.-U. 84C2
Mackenzie (Île) Can. 78G2
Mackenzie (R.) Can. 78F3
Mackenzie (Baie du) Can. 78E3
Mackenzie (Monts ou Monts du) Can. 78E3
Mackinac (Détroit de) É.-U. 84B1
Mackinaw City É.-U. 84B1
McKinley (Mt) É.-U. 78C3
Mackinson Inlet (Baie) Can. 76C2
Maclear Afr. du S. 66B4
McLennan Can. 79G4
McLeod (Baie) Can. 78G3
Mcleod (Lac) Austr. 70A3
Macmillan (R.) Can. 78E3
McMurdo (Station) Antarct. 96B7
Macomer It. 21A2
Macomia Moz. 67C2
Mâcon É.-U. 81B3
Mâcon Fr. 5C2
Macondo Ang. 66B2
Macquarie (Iles) Austr. 68F6
Mac Robertson (Terre) Antarct. 96B11
M'Sila Alg. 62C1
McTavish Arm (Baie) Can. 78G3
McVicar Arm (Baie) Can. 78F3
M'yaróvár H. 27B3

Mädabä Jord. 58B3
Madadi (Puits) Tchad 59B3
Madagascar (Ile) O. Indien 61J9
Madama Niger 59A2
Madang P.-N.-G. 39F4
Madaoua Niger 63C3
Madaripur Bangl. 52C2
Madau Turkm. 56B2
Madawaska (R.) Can. 85C1
Madeira (R.) Br. 93E5
Madeleine (Iles de la) Can. 77D5
Madera Mex. 86B2
Madère (Ile) Port. 62A1
Madgaon Inde 53A1
Madhubani Inde 52B1
Madhya Pradesh (État) Inde 52A2
Madikeri Inde 53B2
Madimba Zaïre 64B3
Madingo Kayes Congo 64B3
Madingou Congo 64B3
Madison É.-U. 80B2
Madison É.-U. 80B3
Madjma'a (al-) Ar. S. 57A4
Mado Gashi K. 65D2
Madrakah (Ra's al) (Cap) Oman 47D4
Madras Inde 53C2
Madre de Dios (Ile) Chili 95A6
Madre de Dios (R.) Bol. 92D5
Madre (Lagune) Mex. 86C2
Madre Méridionale (Sierra) Mex. 86B3
Madre Occidentale (Sierra) Mex. 86B2
Madre Orientale (Sierra) Mex. 86B2
Madrid Esp. 18B1
Madridejos Esp. 18B2
Madura (Ile) Indon. 38C4
Madurai Inde 53B3
Maebashi J. 43B1
Mae Khlong (R.) Th. 44B3
Mae Nam Lunang (R.) Th. 45B4
Mae Nam Mun (R.) Th. 44C2
Mae Nam Ping (R.) Th. 44B2
Maevatanana Mad. 67D2
Mafate (Cirque de) Réunion 11
Mafeking Afr. du S. 66B3
Mafeteng Les. 67G1
Mafia (Ile) Tanz. 65D3
Mafikeng Afr. du S. 67G1
Mafra Br. 94G4
Mafraq Jord. 54C3
Magadan Russie 28J3
Magargué Col. 92C2
Magdalena Mex. 86A1
Magdalena (Ile) Mex. 86A2
Magdalena (R.) Col. 88C4
Magdalena Mex. 86A2
Magdeburg All. 24C2
Magdalena (R.) Col. 92C2
Magé Br. 91C6
Magellan (Détroit de) Am. du S. 95B6
Maghâgha Ég. 54B4
Maghâira (Gebel) Ég. 58A3
Maglie It. 21C2
Magnitogorsk Russie 31J3
Magoé Moz. 67C2
Magog Can. 85D1
Magumeri (C.) Br. 91B2
Maguse River Can. 77A3
Magwe Birm. 44B1
Mahâbâd Iran 55E2
Mahâbhârat (Monts) Népal 52B1
Mahabo Mad. 67D3
Mahad Inde 53A1

Mahadeo (Collines de) Inde 51D4
Mahajamba (Baie de) Mad. 67D2
Mahajanga Mad. 67D2
Mahalapye Botswana 66B1
Mahānadi (R.) Inde 52A2
Mahanoro Mad. 67D2
Maharashtra (État) Inde 53A
Mahārlū (Lac) Iran 57B2
Mahāsamund Inde 52A
Maha Sarakham Th. 44C2
Mahavavy (R.) Mad. 67D2
Mahbübnagar Inde 53B
Mahdia Tun. 62D
Mahe Inde 53B
Mahekar Inde 51D
Mahendragarh Inde 52A
Mahenge Tanz. 65D
Mahesāna Inde 51C
Mahia (Pén) N.-Z. 72C
Mahoba Inde 51D
Mahón Esp. 19C
Mahrès Tun. 62D
Mahuva Inde 51C
Maicao Col. 92C
Maidstone G.-B. 17E
Maiduguri Nig. 64B
Maihar Inde 52A
Maijdi Bangl. 52C
Mailkala (Monts) Inde 52A
Mail Kyun (Ile) Birm. 44B
Main (R.) All. 25B
Main Channel (Cl) Can. 84B
Mai-Ndombe (Lac) Zaïre 64B
Maine (État) É.-U. 80D
Maine (Rég.) Fr. 4B
Maine-et-Loire (Dép.) Fr. 6B
Mainpuri Inde 51D
Maintirano Mad. 67D
Maio (Ile) Cap - Vert 63A
Maïpo (Mgne) Arg. et Chili 95C
Maïquetía Ven. 92D
Mairābari Inde 52C
Maïskhal (Ile) Bangl. 52C
Maisons-Alfort Fr. 1
Maisons-Laffitte Fr. 1
Maitland Austr. 71E
Maiz (Ile) M. des Antilles 87D
Maïz (Is del) M. des Antilles 88A
Maizuru J. 42D
Majene Indon. 38C
Majes (R.) Pér. 94B
Majeur (Lac) It. et S. 20A
Maji Éth. 65D
Majia He (R.) Ch. 40D
Majorque (Ile) Esp. 19C
Majunga = Mahajanga
Makale Indon. 38C
Makalu (Mgne) Ch. et Népal 52B
Makari Cameroun 64B
Makarska Cr. 20C
Makaryev Russie 31F
Makat Kaz. 31H
Makatea (Ile) Polyn. Fr. 1
Makemo (Ile) Polyn. Fr. 1
Makeni S. L. 63A
Makgadikgadi Botswana 66B
Makhachkala Russie 31G
Makindu K. 65D
Makivka Ukr. 30E
Makkovik Can. 77E
Makó H. 27C
Makokou Gabon 64B
Makorako (Mt) N.-Z. 72C
Makoua Congo 64B
Makrán (Rég.) Iran et Pak. 57C
Makrāna Inde 51C

Makrān

Makrān (Ch. centrale du)
Pak. **57D4**
Makrān (Ch. côtière
du) Pak. **51A3**
Maksotag Iran **57D4**
Maktar Iran **62C1**
Mākū Iran **56A3**
Makumbi Zaïre **64C3**
Makurazaki J. **42C4**
Makurdi Nig. **63C4**
Malabār (Côte du)
Inde **53B2**
Malabo Bioko **63C4**
Malacca (Détroit de)
Asie **45C5**
Málaga Col. **92C2**
Málaga Esp. **18B2**
Malaimbandy Mad. **67D3**
Malaise (Péninsule)
Mal. **45C5**
Malaisie Asie **38B3**
Malaisie (Rég.) Mal. **45C5**
Malaita (Ile)
I. Salomon **71F1**
Malakal Soud. **65D2**
Malakand Pak. **50C2**
Malakoff Fr. **10**
Malanbang Phil. **39D3**
Malang Indon. **38C4**
Malanje Ang. **64B3**
Malanville Bénin **63C3**
Mälaren (Lac) Suède **12H7**
Malatya Turq. **55C2**
Malawi Afr. **67C2**
Malawi (Lac) Afr. **67C2**
Malåyer Iran **56A3**
Malazgirt Turq. **55D2**
Malbaie (La) Can. **77C5**
Malbork Pol. **26B2**
Malchin All. **24C2**
Malden É.-U. **44A3**
Maldives (Dorsale des)
O. Indien **68B3**
Maldives (Iles)
O. Indien **49B5**
Maldonado Ur. **95F2**
Malée (Cap) Gr. **23E3**
Malegaon Inde **51C4**
Malema Moz. **67C2**
Mälestän Afgh. **50B2**
Maleuz Russie **31J3**
Malgomaj (Lac) Suède **12H5**
Malgomaj (R.) Suède **12H5**
Malha (Puits) Soud. **59B3**
Mali Afr. **63B3**
Malinau Indon. **38C3**
Malindi K. **65E3**
Malines Belg. **24A2**
Malin Head
(Pointe) Irl. **14B2**
Malkāpur Inde **51D4**
Malkara Turq. **23C2**
Malko Turnovo Bulg. **22C2**
Mallaig G.-B. **14B2**
Malm Norv. **12G6**
Malmberget Suède **12J5**
Malmesbury
Afr. du S. **66A4**
Malmesbury G.-B. **17C4**
Malmö Suède **12G7**
Malmyzj Russie **31G2**
Malone É.-U. **85D2**
Maloti (Mts) Les. **67G1**
Malouines (Iles)=
Falkland (Iles)
Måløy Norv. **12F6**
Malpelo (Ile) Col. **92A3**
Mālpura Inde **51D3**
Malta É.-U. **82C2**
Malta Höhe Nam. **66A3**
Malte Méditerranée **21B3**
Malton G.-B. **16D2**
Ma'lūlā (Jebel) Syrie **58C2**
Malung Suède **13G6**
Mälvan Inde **53A1**
Malwa (Plateau) Inde **51D4**
Malyy Uzen (R.) Kaz. **31D5**
Mama Russie **29D2**
Mamadysh Russie **31H2**
Mambasa Zaïre **65C2**

Mamberamo (R.)
Indon. **39E4**
Mambéré (R.) Centr. **64B2**
Mamers Fr. **4C2**
Mamfé Cameroun **64A2**
Mamoré (R.) Bol. **92D5**
Mamou Guinée **63A3**
Mamoudzou Mayotte **67D2**
Mampikony Mad. **67D2**
Mampong Gh. **63B4**
Mamry (Lac) Pol. **26C2**
Mamshit (Site hist.)
Isr. **58B3**
Mamuju Indon. **38C4**
Mamuno Botswana **66B3**
Man C. d'Iv. **63B4**
Manacapuru Br. **93E4**
Manacor Esp. **19C2**
Manado Indon. **39D3**
Managua Nic. **87D3**
Managua (Lac de) Nic. **87D3**
Manakara Mad. **67D3**
Manāma Bahreïn **57B4**
Mananara Mad. **67D2**
Mananjary Mad. **67D3**
Manapouri N.-Z. **73A3**
Manapouri (Lac) N.-Z. **73A3**
Manas (Bhoutan) **52C1**
Manas Hu (Lac) Ch. **33K5**
Manaslu (Mgne)
Népal **52A1**
Manaus Br. **93F4**
Manavgat Turq. **54B2**
Manbidj Syrie **55C2**
Man (Calf of) [Ile] G.-B. **16B2**
Manche (Dép.) Fr. **6B2**
Manche (Mer)
Fr. et G.-B. **15C3**
Manche (La) Rég. Esp. **18B2**
Mancheral Inde **53B1**
Manchester É.-U. **80C2**
Manchester É.-U. **85D2**
Manchester G.-B. **16C3**
Manchester (Grand
[Comté) G.-B. **16C3**
Mand (R.) Iran **57B4**
Manda Tanz. **65D3**
Mandal Norv. **12F7**
Mandala (Peak) Indon. **39E4**
Mandalay Birm. **44B1**
Mandalgovi Mong. **36C2**
Mandal Ovoo Mong. **40A1**
Mandalya Körfezi
(Baie) Turq. **23C3**
Mandan É.-U. **82C2**
Mandchourie Ch. **37E2**
Mandelona É.-U. **84A2**
Mandera Éth. **65E2**
Mandeville Jam. **88B3**
Mandimba Moz. **67C2**
Mandla Inde **52A4**
Mandritsara Mad. **67D2**
Mandsaur Inde **51D4**
Manduria It. **21C2**
Māndvi Inde **51B4**
Mandya Inde **53B2**
Manevichi Ukr. **26D2**
Manfredonia It. **21C2**
Manga Niger **64B1**
Mangakino N.-Z. **72C1**
Mangalia Roum. **22C2**
Mangalmé Tchad **64B1**
Mangalore Inde **53A2**
Mangareva (Ile)
Polyn. Fr. **11**
Mangnia Ch. **36B3**
Mango Togo **63C3**
Mangoche Malawi **67C2**
Mangoky (R.) Mad. **67D3**
Mangole (Ile)
Indon. **39D4**
Mangrai Inde **51B4**
Mangui Ch. **37E1**
Manguychlak (Pén. de)
Russie **31H5**
Manhattan É.-U. **82D3**
Manhica Moz. **67D2**
Manhuaçu Br. **91C6**
Mania (R.) Mad. **67D2**
Manica Moz. **67C2**

Manicouagan (R.)
Can. **77D5**
Manicouagan (Rés.)
Can. **77D5**
Manifah Ar. S. **57A4**
Manihi (Ile) Polyn. Fr. **11**
Man (Ile de) G.-B. **16B2**
Manille Phil. **39D2**
Maninian C. d'Iv. **63B3**
Manipur (État) Inde **52C2**
Manipur (R.) Birm. **52C2**
Manisa Turq. **54A2**
Manistee É.-U. **84A2**
Manistee (R.) É.-U. **84A2**
Manistique É.-U. **84A1**
Manitoba (Prov.)
Can. **79J4**
Manitoba (Lac) Can. **79J4**
Manitou (Iles) É.-U. **84A1**
Manitoulin (Ile) Can. **77B5**
Manitowoc É.-U. **84A2**
Maniwaki Can. **85C1**
Ma'niyah (Al) Iraq **55D3**
Manizales Col. **92B2**
Manja Mad. **67D3**
Manjimup Austr. **70A4**
Mankato É.-U. **83B1**
Mankato É.-U. **80A2**
Mankono C. d'Iv. **63B4**
Manly N.-Z. **72B1**
Manmād Inde **51C4**
Mannar Sri L. **53B3**
Mannar (Golfe de)
Inde et Sri L. **53B3**
Mannargudi Inde **53B2**
Mannheim All. **25B3**
Mano S. L. **63A4**
Mano (Baie de) J. **43B1**
Manokwari Indon. **39E4**
Manono Zaïre **64C3**
Manoron Birm. **44B3**
Manosque Fr. **5D3**
Manouane (Lac) Can. **77C4**
Manpo Corée du N. **42B2**
Mänsa Inde **50D2**
Mansa Zambie **66B2**
Mansel (Ile) Can. **76B3**
Mansfield É.-U. **80B2**
Mansfield É.-U. **85C2**
Mansfield G.-B. **16D3**
Mans (Le) Fr. **4C2**
Mansourah Ég. **54B3**
Mansyu Deep
O. Pacifique **39E2**
Mantaro (R.) Pér. **92B6**
Mantes Fr. **4C2**
Mantoue It. **20B1**
Mantta Finl. **12J6**
Manturovo Russie **31F2**
Manu (Parc nat.) Pér. **92C6**
Manuae (Ile) Polyn. Fr. **11**
Manukan Phil. **39D3**
Manukau N.-Z. **72B1**
Manus (Ile)
O. Pacifique **39F4**
Manzanares Esp. **18B2**
Manzanillo Cuba **87E2**
Manzanillo Mex. **86B3**
Manzhouli Chine **36D2**
Manzil Jord. **58C3**
Manzini Swaz. **67C3**
Mao Tchad **64B1**
Maoke (Pengunungan)
Indon. **39E4**
Maomao Shan Ch. **40A2**
Maoming Ch. **41C5**
Mapai Moz. **67C3**
Mapia (Iles)
O. Pacifique **39E3**
Maple Creek Can. **79H5**
Maputo Moz. **67C3**
Maputo (R.) Moz. **67H1**
Maqalié Éth. **65D1**
Maqu Ch. **40A3**
Maquan He (R.) Ch. **52B1**
Maquela do Zombo
Ang. **64B3**
Maquinchao Arg. **95C4**
Marabá Br. **91B3**
Maracá Br. **93G3**

Maracaibo Ven. **92C1**
Maracaibo (Lac de)
Ven. **92C2**
Maracay Ven. **92D1**
Marada Libye **59A2**
Maradi Niger **63C3**
Maragheh Iran **55E2**
Marajó (Ile) Br. **93G4**
Marajó (B. de) (Baie)
Br. **91B2**
Maralal K. **65D2**
Maramasike (Ile)
I. Salomon **71F1**
Maramba Zambie **66B2**
Marand Iran **55E2**
Maranhão (État) Br. **91B2**
Maranhão (Barrage de)
Port. **18A2**
Marañón (R.) Pér. **92B4**
Marathon Can. **77B5**
Marbella Esp. **18B2**
Marble Bar Austr. **70A3**
Marblehall Afr. du S. **66B3**
Marburg All. **25B2**
Marca (Punta da)
Ang. **66A2**
Marche Belg. **25B2**
Marchean Esp. **18A2**
Marches It. **20B2**
Mar Chiguita (Lac)
Arg. **95D2**
Marcy (Mgne) É.-U. **85D2**
Mardan Pak. **50C2**
Mar del Plata Arg. **95E3**
Mardin Turq. **55D2**
Mardj (al-) Libye **59B1**
Mardjayun Liban **58B2**
Mareb (R.) Éth. **65D1**
Margarita (Ile) Ven. **89E4**
Margate G.-B. **17E4**
Marghita Roum. **22B1**
Maria (I.) Poly. Fr. **11**
Mariäni Inde **52C1**
Mariannes (Iles)
O. Pacifique **68F3**
Mariannes du Nord (Iles)
O. Pacifique **39F2**
Mariannes (Fosse des)
O. Pacifique **68F3**
Maria van Diemen
(Cap) N.-Z. **72B1**
Mariazell Autr. **27B3**
Maribor Sl. **20C1**
Marica (R.) Bulg. **22C2**
Maridi Soud. **65C2**
Marie-Byrd (Terre)
[Rég.] Antarct. **96B5**
Marie-Galante (Ile)
Guadeloupe **11**
Mariehamn Finl. **13H6**
Marienburg Sur. **93G2**
Mariental Nam. **66A3**
Mariestad Suède **12G7**
Marietta É.-U. **81B3**
Marietta É.-U. **84B3**
Marigot Dominique **89Q2**
Marigot (St-Martin)
Guadeloupe **11**
Marilia Br. **91B6**
Marimba Ang. **64B3**
Marinette É.-U. **80B2**
Maringá Br. **94F3**
Maringa (R.) Zaïre **64C2**
Mari (Le) Mart. **11**
Marion É.-U. **80B2**
Marion (Lac) É.-U. **81B3**
Marion Reef Austr. **71E2**
Marioupol Ukr. **30E4**
Marismas (Las) Esp. **18A2**
Maris (Rép. des)
Russie **31G2**
Māriyyah (Al) É.A.U. **57B5**
Marj (al-) Libye **59B1**
Marjina Gorki Biél. **26D2**
Marka Jord. **58B3**
Marka Som. **65E2**
Markaryd Suède **24C1**
Market Drayton G.-B. **17C3**
Market Harborough
G.-B. **17D3**

Market Harborough

131

Markham (Mt)
  Antarct. 96A
Marlborough Austr. 71D3
Marly (Forêt de) Fr. 10
Marly-le-Roi Fr. 10
Marmande Fr. 4C3
Marmara Adasi (Ile)
  Turq. 23C2
Marmara (Mer de) 54A1
Marmaris Turq. 23C3
Marmet É.-U. 84B3
Marmolada (Mgne) It. 20B1
Marne (Dép.) Fr. 8A2
Marne (R.) Fr. 8B2
Marne (Haute-) [Dép.]
  Fr. 8B2
Marne-la-Vallée (ville
  nouvelle) Fr. 10
Maro Tchad 64B2
Maroantsetra Mad. 67D2
Maroc Afr. 62B1
Marolles-en-Hurepoix
  Fr. 10
Marondera Zimb. 67C2
Maroni (R.) Guy. Fr. 93G3
Maroua Cameroun 64B1
Marovoay Mad. 67D2
Marquesas Keys É.-U. 81B4
Marquette É.-U. 80B2
Marquises (Iles)
  Polyn. Fr. 11
Marra (Dj.) Soud. 64C1
Marracuene Moz. 67H1
Marrakech Maroc 62B1
Marree Austr. 70C3
Marromeu Moz. 67C2
Marrupa Moz. 67C2
Marsa Alam Ég. 65D2
Marsabit K. 65D2
Marsa el-Brega Libye 59B1
Marsa Fatma Ér. 65E1
Marsala It. 21B3
Marsa-Matrouh Ég. 54A3
Marseille Fr. 5D3
Marshall É.-U. 81A3
Marshall É.-U. 84A3
Marshall É.-U. 84B2
Marshall (Iles)
  O. Pacifique 69G3
Marsh Harbour
  Bahamas 88B1
Marsouins (R. des)
  Réunion 11
Marta Éq. 92A4
Martadian (Golfe de)
  Birm. 44B2
Martigny S. 5D2
Martigues Fr. 5D3
Martin Slovaquie 27B3
Martinborough N.-Z. 73C2
Martinique (Ile) Fr. 11
Martinsburg É.-U. 85C3
Martins Ferry É.-U. 84B2
Marton N.-Z. 72C2
Martos Esp. 18B2
Martre (Lac la) Can. 78G3
Maruf Afgh. 50B2
Marugame J. 43A2
Marutea (Ile) Polyn. Fr. 11
Mârwâr Inde 51C3
Mary Turkm. 33H6
Maryborough Austr. 71E3
Mary Henry (Mt) Can. 78F3
Maryland (État) É.-U. 81C3
Maryport G.-B. 16C2
Maryville É.-U. 80A2
Mas'adah Syrie 58B2
Masai (Steppe) Tanz. 65D3
Masaka Oug. 65D3
Masally Azerb. 55E2
Masan Corée du S. 42B3
Masasi Tanz. 67C3
Masaya Nic. 87D3
Masbate Phil. 39D2
Masbate (Ile) Phil. 39D2
Mascara Alg. 62B1
Mascate Oman 47D3
Maseru Les. 66B3
Mashaki Afgh. 50B2

Mashkel (R.) Pak. 57D4
Masi-Manimba Zaïre 64B3
Masindi Oug. 65D2
Masira (Ile) Oman 47D3
Masira (Golfe de)
  Oman 47D3
Masisi Zaïre 65C3
Masjed-e Soleymân
  Iran 56A3
Masoala (Cap) Mad. 67E2
Mason City É.-U. 80A2
Massa It. 20B2
Massachusetts (État)
  É.-U. 80C2
Massada Isr. 58B3
Massakori Tchad 64B1
Massangena Moz. 67C3
Massaoua Ér. 65D1
Massena É.-U. 85D2
Massénya Tchad 64B1
Massey Can. 84B1
Massif Central Fr. 5C2
Massillon É.-U. 84B2
Massina Moz. 67C3
Massingir Moz. 67C3
Massy Fr. 10
Masteksay Kaz. 31H4
Masterton N.-Z. 73C2
Masuda J. 42C4
Masyâf Syrie 54C2
Mât (R. du) Réunion 11
Matadi Zaïre 64B3
Matagalpa Nic. 87D3
Matagami Can. 77C4
Matagorda (Baie)
  É.-U. 83D4
Matakana (I.) N.-Z. 72C1
Matala Ang. 66A2
Matale Sri L. 53C3
Matam Sén. 63A3
Matameye Niger 63C3
Matamoros Mex. 86C2
Matane Can. 77D5
Matanzas Cuba 87D2
Matapan (Cap) Gr. 23E3
Matara Sri L. 53C3
Mataram Indon. 70A1
Matarani Pér. 94B2
Mataró Esp. 19C1
Mataura N.-Z. 73A3
Matehuala Mex. 86B2
Matelot Trinité 89L1
Matera It. 21C2
Mátészalka H. 27C3
Mateur Tun. 21A3
Mathura Inde 51D3
Matlock G.-B. 17D3
Mato Grosso Br. 93F6
Mato Grosso (État) Br. 93F6
Mato Grosso do Sul
  (État) Br. 94E2
Mato Grosso
  (Planalto de) Br. 94F2
Matola Moz. 67H1
Matrah Oman 57C5
Matsue J. 42C3
Matsumae J. 42E2
Matsumoto J. 42D3
Matsusaka J. 42C4
Matsuyama J. 42C4
Mattagami (R.) Can. 77B5
Mattawa Can. 85C1
Matthew Town
  Bahamas 88C2
Mattoon É.-U. 84A3
Matun Afgh. 50B2
Matura (Baie) Trinité 89L1
Maturin Ven. 93E2
Mau Inde 52A1
Maúa Moz. 67C2
Maubeuge Fr. 5C1
Maumee É.-U. 84B2
Maumee (R.) É.-U. 84B2
Maun Botswana 66B2
Maunoir (Lac) Can. 78F3
Maures (Massif des) Fr. 9B3
Mauriac Fr. 4C2
Maurice (Ile)
  O. Indien 67E3
Maurienne Fr. 9B2

Mauritanie Afr. 62A2
Mavinga Ang. 66B2
Mawlaik Birm. 52C2
Mawson (Station)
  Antarct. 96C10
Maxuto (Baie de)
  Moz. 67H1
Maya (Ile) Indon. 45D6
Maya (R.) Russie 29F2
Mayadin Syrie 55D2
Mayaguana (Ile)
  Bahamas 81C4
Mayagüez Porto Rico 89D3
Mayahi Niger 63C3
Mayama Congo 64B3
Mayamey Iran 56C2
Maybole G.-B. 16B2
May (Cap) É.-U. 80C3
Mayence All. 25B2
Mayenne (Dép.) Fr. 6B2
Mayenne Fr. 4B2
Maykop Russie 31E5
Maymyo Birm. 44B1
Mayor (I.) N.-Z. 72C1
Mayor (Mgne) Esp. 19C2
Mayor P Lagerenza
  Par. 94D2
Mayotte (Ile) Fr. 67D2
May Pen Jam. 89H2
Maysville É.-U. 84B3
Mayumba Gabon 64B3
Mazabuka Zambie 66B2
Mazamet Fr. 4C3
Mazar Ch. 50D1
Mazâr Jord. 58B3
Mazara del Vallo It. 21B3
Mazar-e-Charif Afgh. 50B1
Mazarrón (G. de) Esp. 19B2
Mazatlán Mex. 86B2
Mazeikiai Lit. 30B8
Mazra Jord. 58B3
Mbabane Swaz. 66C3
Mbaïki Centr. 64B2
Mbala Zambie 65D3
Mbalabala Zimb. 66B3
Mbale Oug. 65D2
Mbalmayo Cameroun 64B2
Mbam (R.) Cameroun 64B2
Mbamba Bay Tanz. 67C2
Mbandaka Zaïre 64B2
Mbanza Congo Ang. 64B3
Mbanza-Ngungu Zaïre 64B3
Mbarara Oug. 65D3
Mbinza Congo 64B2
Mbéré (R.) Cameroun 64B2
Mbeya Tanz. 65D3
Mbinda Congo 64B3
Mbout Maurit. 63A3
Mbuji-Mayi Zaïre 64B3
Mbulu Tanz. 65D3
Mcherrah Alg. 62B2
Mchinji Malawi 67C2
Mdina It. 44D3
Mead (Lac) É.-U. 83B3
Meadow (Lac) Can. 79H4
Meadville É.-U. 84B2
Mealy (Mts) Can. 77E4
Meander River Can. 79G4
Meaux Fr. 5C2
Mécatina (Rivière du
  Petit) [R.] Can. 77D4
Mecheria Alg. 62B1
Mechhed Iran 56C2
Mecklembourg-
  Poméranie-
  Occidentale All. 24C2
Mecklenburg (Baie de)
  All. 24C2
Meconta Moz. 67C2
Mecque (La) Ar. S. 47B3
Mecuburi Moz. 67C2
Mecufi Moz. 67D2
Mecula Moz. 67C2
Medan Indon. 45B5
Médanosa (Pointe)
  Arg. 95C5
Médéa Alg. 19C2
Medellín Col. 92B2
Médenine Tun. 62C1

Medford É.-U. 82A2
Medgidia Roum. 22C2
Medias Roum. 22B1
Medicine Hat Can. 79G5
Medinaceli Esp. 18B1
Medina del Campo
  Esp. 18A1
Medina de Rio Seco
  Esp. 18A1
Médine Ar. S. 46B3
Médinet el-Fayoum
  Ég. 54B4
Medinipur Inde 52B1
Méditerranée (Mer)
  O. Atlantique 60E4
Medjerda (R) Alg. 21A3
Mednogorsk Russie 31J3
Médoc Fr. 7B2
Médoc Ch. 52D1
Medouneu Gabon 64B2
Medvedista (R.)
  Russie 31F3
Medvezh'yegorsk
  Russie 32E3
Meekatharra Austr. 70A3
Meerut Inde 50D3
Mega Éth. 65D2
Megalópolis Gr. 23E3
Mégara Gr. 23E3
Megève Fr. 9B2
Meghalaya (État) Inde 52C1
Meghna (R.) Bangl. 52C2
Megiddo Isr. 58B2
Méhallet el-Kobra Ég. 54B3
Mehran (R.) Iran 57B4
Mehriz Iran 56B3
Meiganga Cameroun 64B2
Meigle (La) Fr. 5D2
Meiktila Birm. 44B1
Meishan Ch. 41A4
Meissen All. 25C2
Mei Xian Ch. 41D5
Meizhou Ch. 41D5
Mejillones Chili 94B3
Mekambo Gabon 64B2
Meknès Maroc 62B1
Mékong (R.) Asie 44D3
Mékong (Bouches du)
  V. 45D4
Mekrou (R.) Bénin 63C3
Melaka Mal. 45C5
Mélanésie
  O. Pacifique 68F4
Melbourne Austr. 71D4
Melbourne É.-U. 81B4
Melchor Muźguiz
  Mex. 83C4
Melfi Tchad 64B1
Melfort Can. 79H4
Melilla Afr. 62B1
Melimoyu (Mgne)
  Chili 95B4
Melitopol' Ukr. 30E4
Mellaoui Ég. 59C2
Mellègue (Oued) Tun. 21A3
Melmoth Afr. du S. 67H1
Melo Ur. 95F2
Melrhir (Chott) Alg. 62C1
Melton Mowbray G.-B. 17D3
Melun Fr. 5C2
Melun-Sénart (Ville
  nouvelle) Fr. 10
Melville Can. 79H4
Melville (Baie de)
  Groenl. 76D2
Melville (Cap)
  Dominique 89Q2
Melville (Collines de)
  Can. 78F3
Melville (Détroit de)
  Can. 78H2
Melville (Ile) Austr. 70C2
Melville (Ile) Can. 78G2
Melville (Lac) Can. 77E4
Melville (Pénin. de)
  Can. 76B3
Melyana Alg. 19C2
Memba Moz. 67D2
Memboro Indon. 70A1
Memmingen All. 25C3

Mempawah *Indon.*	45D5
Memphis *É.-U.*	81B3
Menai Str. (Détroit)	
G.-B.	17B3
Ménaka *Mali*	63C3
Menasha *É.-U.*	84A2
Mendawai (R.) *Indon.*	38C4
Mende *Fr.*	5C3
Mendeb (Mts) *Éth.*	65D2
Menderes (R.) *Turq.*	54A2
Mendi *P.-N.-G.*	39F4
Mendip Hills (Hauteurs)	
G.-B.	17C4
Mendocino (Faille de)	
O. Pacifique	69J2
Mendoza *Arg.*	95C2
Menemen *Turq.*	23C3
Mengcheng *Ch.*	40D3
Menghai *Ch.*	44B1
Menglian *Ch.*	44B1
Mengzi *Ch.*	41A5
Menia (El-) *Alg.*	62C1
Menindee *Austr.*	71D4
Mennecy *Fr.*	10
Menominee *É.-U.*	84A1
Menomonee Falls	
É.-U.	84A2
Menongue *Ang.*	66A2
Mentawai (Détroit de)	
Indon.	45B6
Mentawai (Îles) *Indon.*	38A4
Mentok *Indon.*	38B4
Mentor *É.-U.*	84B2
Menyapa (Mgne)	
Indon.	38C3
Menyuan *Ch.*	40A2
Menzel-Bourguiba	
Tun.	21A3
Menzelinsk *Russie*	31H2
Meppen *All.*	24B2
Mequinenza (Embalse	
de) [Rés.] *Esp.*	19B1
Merano *It.*	20B1
Meratus (Mts) *Indon.*	38C4
Merauke *Indon.*	39E4
Mercantour *Fr.*	9B3
Merced *É.-U.*	82A3
Mercedario (Mgne)	
Chili	95B2
Mercedes *Arg.*	94E4
Mercedes *Arg.*	95C2
Mercedes *Arg.*	95E2
Mercedes *Ur.*	95E2
Mercury (Baie) *N.-Z.*	72C1
Mercury (I.) *N.-Z.*	72C1
Mercy (Baie) *Can.*	78F2
Mercy (Cap) *Can.*	76D3
Meregh *Som.*	65E2
Mergui *Birm.*	44B3
Mergui (Archipel)	
Birm.	44B3
Mérida *Esp.*	18A2
Mérida *Mex.*	87D2
Mérida *Ven.*	92C2
Mérida (Cordillère de)	
Ven.	92C2
Meriden *É.-U.*	85D2
Meridian *É.-U.*	81B3
Méron (Mt) *Isr.*	58B2
Merowe *Soud.*	59C3
Merredin *Austr.*	70A4
Merrick (Mgne) *G.-B.*	16B2
Merrillville *É.-U.*	84A2
Mers-el-Kebir *Alg.*	19B2
Mersey (R.) *G.-B.*	16C3
Merseyside (Comté)	
G.-B.	16C3
Mersin *Turq.*	54B2
Mersing *Mal.*	45C5
Merta *Inde*	51C3
Merthyr Tydfil *G.-B.*	17C4
Mertola *Port.*	18A2
Meru (Mt) *Tanz.*	65D3
Merzifon *Turq.*	54C1
Mesa *É.-U.*	83B3
Mescit Dag (Mgne)	
Turq.	55D1
Meshra Er Req *Soud.*	65C2
Messalo (R.) *Moz.*	67C2
Messénie (G.de) *Gr.*	23E3

Messina *Afr. du S.*	66B3
Messine *It.*	21C3
Messine (Détroit de)	
It.	21C3
Messini *Gr.*	23E3
Mesta (R.) *Bulg.*	22B2
Mestre *It.*	20B1
Meta (R.) *Col.*	92C3
Meta (R.) *Russie*	30D2
Meta (R.) *Ven.*	92C2
Meta Incognito Pen.	
Can.	76C3
Métallifères (Mts)	
Roum.	22B1
Metán *Arg.*	94D4
Metangula *Moz.*	67C2
Métaponte *It.*	21C2
Methven *N.-Z.*	73B2
Metlakatla *É.-U.*	79E4
Mettür *Inde*	53B2
Metz *Fr.*	5D2
Meudon *Fr.*	10
Meudon (forêt de) *Fr.*	10
Meulaboh *Indon.*	45B4
Meurthe-et-Moselle	
(Dép.) *Fr.*	9B2
Meuse (Dép.) *Fr.*	8B2
Meuse (R.) *Europe*	5D2
Mexicali *Mex.*	86A1
Mexico *Mex.*	86C3
Mexique (Golfe du)	
Am. centr.	86B2
Mexique (Golfe du)	
Am. centr.	87C2
Meymaneh *Afgh.*	50A1
Mezen' *Russie*	32F3
Mézenc (Mont) *Fr.*	10
Mezhdusharskiy (I.)	
Russie	32G2
Mhow *Inde*	51D4
Miami *É.-U.*	81B4
Miami Beach *É.-U.*	81B4
Miandowáb *Iran*	55E2
Miandrivazo *Mad.*	67D2
Mianeh *Iran*	55E2
Mianwali *Pak.*	50C2
Mianyang *Ch.*	41A3
Mianyang *Ch.*	41C3
Mianzhu *Ch.*	41A3
Miaodao Qundao *Ch.*	40E2
Miao Ling (Hauteurs)	
Ch.	41B4
Miass *Russie*	31K3
Michalovce *Slov.*	27C3
Miches *Dom.* (Rép.)	89D3
Michigan (État) *É.-U.*	80B2
Michigan City *É.-U.*	84A2
Michigan (Lac) *É.-U.*	80B2
Michipicoten (I.) *Can.*	77B5
Michurin *Bulg.*	22C2
Michurinsk *Russie*	31F3
Michurinsk *Russie*	33F4
Micronésie	
O. Pacifique	68F3
Micronésie (États Fédérés	
de) *O. Pacifique*	39F3
Midai (Île) *Indon.*	45D5
Middelburg *Afr. du S.*	66B3
Middelburg *Afr. du S.*	66B4
Middelbury *É.-U.*	85D2
Middlesboro *É.-U.*	81B3
Middlesbrough *G.-B.*	16D2
Middletown *É.-U.*	84B3
Middletown *É.-U.*	85D2
Midelt *Maroc*	62B1
Mid Glamorgan (Comté)	
G.-B.	17C4
Midi d'Ossau (Pic du)	
Fr.	6B3
Midi-Pyrénées (Rég.)	
Fr.	7C3
Midland *Can.*	77C5
Midland *É.-U.*	84B2
Midland *É.-U.*	84B2
Midongy Atsimo *Mad.*	67D3
Midway (Îles)	
O. Pacifique	69H2
Midyat *Turq.*	55D2
Midzor (Mgne) *Young.*	22B2
Mielec *Pol.*	27C2
Miercurea-Ciuc *Roum.*	22C1

Mieres *Esp.*	18A1
Mihara *J.*	43A2
Mijun Shuiku (Rés.)	
Ch.	40D1
Mikhayiovka *Russie*	33F4
Mikhayiovka *Russie*	31F3
Mikhaylovskiy *Russie*	33J4
Mikkeli *Finl.*	12K6
Mikulov *Rép. Tch.*	27B3
Mikumi *Tanz.*	65D3
Mikuni (Monts) *J.*	43B1
Mikura-jima (Île) *J.*	43B2
Milagro *Éq.*	92B4
Milan *It.*	20A1
Milange *Moz.*	67C2
Milano = Milan	
Milas *Turq.*	54A2
Mildura *Austr.*	71D4
Mile *Ch.*	41A5
Miles *Austr.*	71E3
Miles City *É.-U.*	82C2
Miletto (Monte) *It.*	21B2
Milford *É.-U.*	85C3
Milford *É.-U.*	85D2
Milford Haven *G.-B.*	17B4
Milford Haven (Baie)	
G.-B.	17B4
Milford Sound (Fjord)	
N.-Z.	73A2
Milk (R.) *Can.*	82B2
Millau *Fr.*	5C3
Millerovo *Russie*	31F4
Millville *É.-U.*	85D3
Milne (Terre de) [Île]	
Groenl.	76H2
Milos (Île) *Gr.*	23E3
Milparinka *Austr.*	71D3
Milton *N.-Z.*	73A3
Milwaukee *É.-U.*	84B2
Mimizan *Fr.*	4B3
Mina (R.) *Alg.*	19C2
Mina' al Ahmadi	
Koweït	55E4
Minab *Iran*	57C4
Minamata *J.*	42C4
Minas *Indon.*	45C5
Minas *Ur.*	95E2
Minas Gerais (État) *Br.*	91B5
Minatitlan *Mex.*	87C3
Minbu *Birm.*	44A1
Minbya *Birm.*	44A1
Minch (The) *G.-B.*	14B2
Mindanao (Île) *Phil.*	39B3
Minden *All.*	24B2
Mindoro (Île) *Phil.*	38D2
Mindoro (Détroit de)	
Phil.	38C2
Minehead *G.-B.*	17C4
Mineiros *Br.*	94F2
Minguetchaour (Rés.	
de) *Azerb.*	55E1
Minhe *Ch.*	40A2
Minicoy (Île) *Inde*	53A3
Minié *Liban*	58B1
Minleh *Ég.*	54B4
Min Jiang *Ch.*	41A4
Min Jiang (R.) *Ch.*	41D4
Minle *Ch.*	40A2
Minna *Nig.*	63C4
Minneapolis *É.-U.*	80A2
Minnedosa *Can.*	79J4
Minnesota (État) *É.-U.*	80A2
Miño (R.) *Esp.*	18A1
Minorque (Île) *Esp.*	19C1
Minot *É.-U.*	82C2
Minqin *Ch.*	40A2
Min Shan (Hauteurs)	
Ch.	40A3
Minsk *Biél.*	30C3
Minsk Mazowiecki *Pol.*	26C2
Minto Inlet (Baie) *Can.*	78G2
Minto (Lac) *Can.*	77C4
Minusinsk *Russie*	29B2
Min Xian *Ch.*	40A3
Miquelon *É.-U.*	77E5
Mirabéllos (Golfe de)	
Gr.	23C3
Mirah (Wadi al)	
Ar. S. et Iraq	55D3
Miraj *Inde*	53A1

Miramar *Arg.*	95E3
Miram Shah *Pak.*	50B2
Miranda de Ebro *Esp.*	18B1
Mirande *Fr.*	7C3
Mir Bachchen Küt	
Afgh.	50B2
Miri *Mal.*	38C3
Miri (Mgne) *Pak.*	57D4
Mirik (Cap) *Maurit.*	62A3
Mirim (Lac) *Br. et Ur.*	95F2
Mirjäveh *Iran*	57D4
Mirnoye *Russie*	29A1
Mirnyy *Russie*	29D1
Mirnyy (Station)	
Antarct.	96C9
Mirpur *Pak.*	50C2
Mirpur Khas *Pak.*	51B3
Miryang *Corée du S.*	42B3
Mirzäpur *Inde*	52A1
Misáha (Bîr) [Puits]	
Ég.	59B2
Misgar *Pak.*	50C1
Mish'ab (Al-) *Ar. S.*	57A4
Mishawaka *É.-U.*	84A2
Mi-shima (Île) *J.*	43A2
Misima (Île)	
I. Salomon	71E2
Misiones (Prov.) *Arg.*	94F4
Miskolc *H.*	27C3
Mismiyah *Syrie*	58C2
Misoöl (Île) *Indon.*	39E4
Misourata *Libye*	59A1
Missilonghi *Gr.*	23E3
Missinaibi (R.) *Can.*	77B5
Mississauga *Can.*	84C2
Mississippi (État) *É.-U.*	81A3
Mississippi (R.) *É.-U.*	80A3
Missoula *É.-U.*	82B2
Missour *Maroc*	62B1
Missouri (État) *É.-U.*	81A3
Missouri (R.) *É.-U.*	81A3
Mistassini (Lac) *Can.*	77C4
Misti (Mgne) *Pér.*	94B2
Mistra *Gr.*	23E3
Mitchell *É.-U.*	82D2
Mitchell (R.) *Austr.*	71D2
Mitchell (Mt) *É.-U.*	81B3
Mitchell River *Austr.*	71D2
Mithankot *Pak.*	50B3
Mitrovica *Youg.*	22B2
Mitu *Col.*	92C3
Mitumba (Chaîne des)	
Zaïre	66C3
Mitwaba *Zaïre*	64C3
Mitzic *Gabon*	64B3
Miura *J.*	43B1
Mi Xian *Ch.*	40C3
Miyake (Île) *J.*	37F3
Miyake-jima (Île) *J.*	43B2
Miyako (Île) *J.*	37E4
Miyakonojö *J.*	42C4
Miyazaki *J.*	42C4
Miyazu *J.*	43B1
Miyoshi *J.*	42C4
Miyun *Ch.*	40D1
Mizan Teferi *Éth.*	65D2
Mizda *Libye*	59A1
Mizil *Roum.*	22C1
Mizo (Collines de)	
Inde	52C2
Mizoram (État) *Inde*	52C2
Mizpe Ramon *Isr.*	58B3
Mizuho (Station)	
Antarct.	96B 11
Mizusawa *J.*	42E3
Mjölby *Suède*	12H7
Mkushi *Zambie*	66B2
Mkuzi *Afr. du S.*	67H1
Mladá Boleslav	
Rép. Tch.	25C2
Mława *Pol.*	26C2
Mljet (Île) *Cr.*	20C2
Mmabatho	
Afr. du Sud	66B3
Mnadi *Inde*	50B2
Moa (R.) *S. L.*	63A4
Moab *É.-U.*	82C3
Moab Rég. *Jord.*	58B3
Moamba *Moz.*	67C3
Moanda *Congo*	64B3

Moanda *Gabon* **64B3**
Moba *Zaïre* **65C3**
Mobara *J.* **43C1**
Mobaye *Centr.* **64C2**
Mobayi *Zaïre* **64C2**
Moberly *É.-U.* **80A3**
Mobile *É.-U.* **81B3**
Mobile (Baie de) *É.-U.* **81B3**
Mobridge *É.-U.* **82C2**
Mobutu (Lac)
  Oug. et Z. **65D2**
Moçâmedes = Namibe
Moc Chau *V.* **44C1**
Mochudi *Botswana* **66B3**
Mocimboa da Praia
  Moz. **67D2**
Mocoa *Col.* **92B3**
Mocuba *Moz.* **67C2**
Modder (R.) *Afr. du S.* **66B3**
Modène *It.* **20B2**
Modesto *É.-U.* **82A3**
Modica *It.* **21B3**
Mödling *Autr.* **27B3**
Moffat *G.-B.* **16C2**
Moga *Inde* **50D2**
Mogilev Podolskiy
  Ukr. **30C4**
Mogincual *Moz.* **67D2**
Mogocha *Russie* **36D1**
Mogochin *Russie* **33K4**
Moguer *Esp.* **18A2**
Mohaka (R.) *N.-Z.* **72C1**
Mohammadia (El-)
  Alg. **19C2**
Mohammedia *Maroc* **62B1**
Mohanganj *Bangl.* **52C2**
Mohave (Désert) *É.-U.* **83B3**
Mohawk (R.) *É.-U.* **85D2**
Mohéli (Ile) *Comores* **67D2**
Mohoro *Tanz.* **65D3**
Moili = Mohéli
Mointy *Kaz.* **33J5**
Mo i Rana *Norv.* **12G5**
Moissac *Fr.* **4C3**
Moissy-Cramayel *Fr.* **10**
Moka *Yémen* **47C4**
Mokama *Inde* **52B1**
Mokau (R.) *N.-Z.* **72B1**
Mokhotlong. *Les.* **67G1**
Moknine *Tun.* **62D1**
Mokokchúng *Inde* **52C1**
Mokolo *Cameroun* **64B1**
Mokpo *Corée du S.* **42B4**
Moláoi *Gr.* **23E3**
Moldavie *Europe* **30C4**
Molde *Norv.* **12F6**
Moldoveanu (Pointe)
  Roum. **22B1**
Molepolole *Botswana* **66B3**
Molfetta *It.* **21C2**
Molise *It.* **21B2**
Mollendo *Pér.* **94B2**
Molodechno *Biél.* **30C3**
Molodezhnaya (Station)
  Antarct. **96C11**
Moloma (R.) *Russie* **31G2**
Molopo (R.) *Afr. du S.*
  et Botswana **66B3**
Moloundou
  Cameroun **64B2**
Molson (Lac) *Can.* **82D1**
Moluques *Indon.* **39D4**
Moluques (Mer des)
  Indon. **39D4**
Moma *Moz.* **67C2**
Mombaça *Br.* **91C3**
Mombasa *K.* **65D3**
Momboyo *Zaïre* **64C2**
Mon (Ile) *Dan.* **24C2**
Monaco *Europe* **5D3**
Monaghan *Irl. du N.* **15B3**
Mona Pass
  M. des Antilles **89D3**
Monashee (Mts) *Can.* **79G4**
Monasterevin *Irl.* **15B3**
Monastir *Tun.* **21B3**
Monção *Br.* **91B2**
Monchegorsk *Russie* **12L5**
Mönchen-Gladbach
  All. **24B2**

Monclova *Mex.* **86B2**
Moncton *Can.* **77D5**
Mondego (R.) *Port.* **18A1**
Mondovi *It.* **20A2**
Moneague *Jam.* **89H1**
Monessen *É.-U.* **84C2**
Monfalcone *It.* **20B1**
Monforte de Lemos
  Esp. **18A1**
Monga *Zaïre* **64C2**
Mongala (R.) *Zaïre* **64C2**
Mongalla *Soud.* **65D2**
Mong Cai *V.* **44D1**
Mongo *Tchad* **64B1**
Mongolie (Rép.) *Asie* **36B2**
Mongolie-Intérieure
  (Rég. aut.) *Ch.* **36C2**
Mongu *Zambie* **66B2**
Mönhhaan *Mong.* **36D2**
Monkoto *Zaïre* **64C3**
Monmouth *G.-B.* **17C4**
Mono (R.) *Togo* **63C4**
Monopoli *It.* **21C2**
Monreal del Campo
  Esp. **18B1**
Monroe *É.-U.* **81A3**
Monroe *É.-U.* **84B2**
Monrovia *Liberia* **63A4**
Mons *Belg.* **25A2**
Mönsterås *Suède* **26B1**
Montague (Ile) *É.-U.* **78D4**
Montaigu *Fr.* **4B2**
Montalto (Mgne) *It.* **21C3**
Montana *Bulg.* **22D2**
Montana (État) *É.-U.* **82B2**
Montana *S.* **96B2**
Montañas de León
  Esp. **18A1**
Montargis *Fr.* **5C2**
Montauban *Fr.* **4C3**
Montauk *É.-U.* **85D2**
Montauk (Pointe)
  É.-U. **85D2**
Montbard *Fr.* **5C2**
Montbéliard *Fr.* **5D2**
Montbrison *Fr.* **9A2**
Montceau-les-Mines
  Fr. **5C2**
Mont-Cenis (Col du) *Fr.* **9B2**
Montceny (Mgne)
  Esp. **19C1**
Mont-de-Marsan *Fr.* **4B3**
Montdidier *Fr.* **5C2**
Monteagudo *Bol.* **94D2**
Monte Alegre *Br.* **93G4**
Montebello (Iles)
  Austr. **70A3**
Montecristi *Dom.*
  (Rép.) **88C3**
Montecristo (Ile) *It.* **20B2**
Montego Bay *Jam.* **88B3**
Montélimar *Fr.* **5C3**
Montemo-o-Novo
  Port. **18A2**
Montemorelos *Mex.* **86C2**
Montená *Col.* **88B5**
Montenegro (Rég.)
  Youg. **22A2**
Montepuez *Moz.* **67C2**
Montereau *Fr.* **5C2**
Monterey *É.-U.* **82A3**
Monterey *É.-U.* **18C3**
Monterey (Baie de)
  É.-U. **82A3**
Montería *Col.* **92B2**
Montero *Bol.* **94D2**
Monterrey *Mex.* **86B2**
Montes Claros *Br.* **91C5**
Montevideo *Ur.* **95E2**
Montfermeil *Fr.* **10**
Montgeron *Fr.* **10**
Mont Gimie (Mgne)
  Ste-Lucie **89P2**
Montgomery *É.-U.* **81B3**
Monticello *É.-U.* **83C3**
Mont-Laurier *Can.* **77C5**
Montlhéry *Fr.* **10**
Montluçon *Fr.* **5C2**
Montmagny *Can.* **77C5**

Montmorency *Fr.* **10**
Montmorency (Forêt de)
  Fr. **10**
Montmorillon *Fr.* **4C2**
Montoro *Esp.* **18B2**
Montpelier *É.-U.* **80C2**
Montpelier *É.-U.* **84B2**
Montpellier *Fr.* **5C3**
Montréal *Can.* **77C5**
Montréal (Lac) *Can.* **82C1**
Montreuil *Fr.* **4C1**
Montreuil *Fr.* **10**
Montreux *S.* **20A1**
Montrose *É.-U.* **82C3**
Montrose *G.-B.* **14C2**
Montrouge *Fr.* **10**
Mont-St-Michel (Le) *Fr.* **4B2**
Montserrat (Ile) *M. des
  Antilles* **89E3**
Montsoult *Fr.* **10**
Monument Valley
  É.-U. **83B3**
Monveda *Zaïre* **64C2**
Monywa *Birm.* **44B1**
Monza *It.* **20A1**
Monze *Zambie* **66B2**
Mooi (R.) *Afr. du S.* **67H1**
Mooi River *Afr. du S.* **67G1**
Moora *Austr.* **70A4**
Moorea (Ile) *Polyn. Fr.* **11**
Moore (Lac) *Austr.* **70A3**
Moorfoot Hills *G.-B.* **16C2**
Moorhead *É.-U.* **82D2**
Moose (R.) *Can.* **77B4**
Moose Jaw *Can.* **79H4**
Moosomin *Can.* **79H4**
Moosonee *Can.* **77B4**
Mopti *Mali* **63B3**
Moquegua *Pér.* **94B2**
Mora *Suède* **13G6**
Morada *Br.* **91D3**
Morádábád *Inde* **50D3**
Morafenobe *Mad.* **67D2**
Moramanga *Mad.* **67D2**
Morant Bay *Jam.* **89J2**
Morant (Pte) *Jam.* **89J2**
Moratuwa *Sri L.* **53B3**
Morava (R.)
  Autr. et Slov. **27B3**
Morava (R.) *Youg.* **22B2**
Moraveh Tappeh *Iran* **56C2**
Moravie *Rép. Tch.* **27B3**
Moray Firth (Estuaire)
  G.-B. **14C2**
Morbi *Inde* **51C4**
Morbihan (Dép.) *Fr.* **6B2**
Mor Dağ (Mgne)
  Turq. **55D2**
Morden *Can.* **79J5**
Mordovie *Russie* **31F3**
Morecambe *G.-B.* **16C2**
Morecambe Bay (Baie)
  G.-B. **16C2**
Moree *Austr.* **71D3**
Morehead *É.-U.* **84B3**
Morelia *Mex.* **86B3**
Morena *Inde* **51D3**
Morena (Sierra) *Esp.* **18A2**
Moresby (Ile) *Can.* **79E4**
Morgan City *É.-U.* **81A4**
Morgantown *É.-U.* **84C3**
Morgenzon *Afr. du S.* **67G1**
Mori *J.* **42E2**
Moriatio *Tobago* **89K1**
Morioka *J.* **42E3**
Morkoka (R.) *Russie* **29D1**
Morley *Fr.* **4B2**
Morne-à-l'Eau
  Guadeloupe **11**
Morne Diablotin (Mgne)
  Dominique **89Q2**
Morne-Rouge (Le) *Mart.* **11**
Mornington (Ile)
  Austr. **70C2**
Moro *Pak.* **51B3**
Morobe *P.-N.-G.* **39F4**
Moro (Golfe) *Phil.* **39D3**
Morogoro *Tanz.* **65D3**

Morombe *Mad.* **67D3**
Morón *Cuba* **88B2**
Morondava *Mad.* **67D3**
Moron de la Frontera
  Esp. **18A2**
Moroni *Comores* **67D2**
Morotai (Ile) *Indon.* **39D3**
Moroto *Oug.* **65D2**
Morozovsk *Russie* **31F4**
Morpeth *G.-B.* **16D2**
Morrinsville *N.-Z.* **72C1**
Morristown *É.-U.* **85C2**
Morrumbala *Moz.* **67C2**
Morrumbene *Moz.* **67C3**
Morsang-sur-Orge *Fr.* **10**
Morshansk *Russie* **31F3**
Mortagne *Fr.* **4C2**
Morte (Mer)
  Isr. et Jord. **54C3**
Mortes (R.) *Br.* **93G6**
Mort (Parc national de la
  Vallée de la) *É.-U.* **83B3**
Mort (Vallée de la)
  É.-U. **83B3**
Moruga *Trinité* **89L1**
Morvan *Fr.* **5C2**
Morwell *Austr.* **71D4**
Moscos *Is Birm.* **44B3**
Moscou *Russie* **32E4**
Moscow *É.-U.* **82B2**
Moselle (Dép.) *Fr.* **8B2**
Moselle (R.) *Europe* **25B2**
Mosgiel *N.-Z.* **73B3**
Moshi *Tanz.* **65D3**
Mosjøen *Norv.* **12G5**
Moskal'vo *Russie* **37G1**
Moskova (R.) *Russie* **31F3**
Moskvitos (G. des)
  Pan. **92A2**
Moss *Norv.* **12G7**
Mossaka *Congo* **64B3**
Mossel Bay *Afr. du S.* **66B4**
Mossendjo *Congo* **64B3**
Mossoró *Br.* **91D3**
Mossoul *Iraq* **55D2**
Most *Rép. Tch.* **25C2**
Mostaganem *Alg.* **62B1**
Mostar *Bosnie* **20C2**
Mosty *Biél.* **26C2**
Motala *Suède* **12G7**
Motherwell *G.-B.* **16C2**
Motihári *Inde* **52A1**
Motilla del Palancar
  Esp. **19B2**
Motril *Esp.* **18B2**
Motueka *N.-Z.* **73B2**
Motueka (R.) *N.-Z.* **73B2**
Mouila *Gabon* **64B3**
Mould Bay *Can.* **78G2**
Moule à Chique (Cap)
  Ste-Lucie **89P2**
Moule (Le)
  Guadeloupe **11**
Moulins *Fr.* **5C2**
Moulmein *Birm.* **44B2**
Moulouya (Oued)
  Maroc **62B1**
Moundou *Tchad* **64B2**
Moundsville *É.-U.* **84B3**
Mountain Village *É.-U.* **78B3**
Mount Gambier
  Austr. **71D4**
Mount Hagen *P.-N.-G.* **39F4**
Mount Isa *Austr.* **70C3**
Mount Magnet *Austr.* **70A3**
Mount Morgan *Austr.* **71E3**
Mounts Bay (Baie)
  G.-B. **17B4**
Mount Vernon *É.-U.* **81B3**
Mourdi (Dépression du)
  Tchad **59B3**
Mourmansk *Russie* **12L5**
Mourzouq *Libye* **59A2**
Mourzouq (Erg de)
  Libye **59A2**
Mouscron *Belg.* **6C1**
Moussoro *Tchad* **64B1**
Mouydir (Mts du) *Alg.* **62C2**
Mouyondzi *Congo* **64B3**
Moyale *K.* **65D2**

Moyamba *S. L.*	63A4
Moyeni *Les.*	66B4
Moyo *Oug.*	65D2
Moyobamba *Pér.*	92B5
Moyu *Ch.*	50D1
Mozambique *Afr.*	67C3
Mozambique *Moz.*	67D2
Mozambique (Canal du)	
O. Indien	67C3
Mozhga *Russie*	31H2
Mozyr *Biél.*	30C3
Mozyr (R.) *Biél.*	12K8
Mpanda *Tanz.*	65D3
Mpika *Zambie*	67C2
Mporokosa *Zambie*	65D3
Mposhi *Zambie*	66B2
Mpulungu *Zambie*	65D3
Mpumalanga,	
anc. Transvaal-Est	
Afr du Sud	66C3
Mpwapwa *Tanz.*	65D3
Mreitl (El) [Puits]	
Maurit.	62B2
Msaken *Tun.*	21B3
Mtsensk *Russie*	30E3
Mtubatuba *Afr. du S.*	67C3
Mtwara *Tanz.*	67D2
Muang Chainat *Th.*	44C2
Muang Chiang Rai *Th.*	44C2
Muang Kalasin *Th.*	44C2
Muang Khon Kaen	
Th.	44C2
Muang Lampang *Th.*	44B2
Muang Lamphun *Th.*	44B2
Muang Loei *Th.*	44C2
Muang Lom Sak *Th.*	44C2
Muang Nakhon	
Phanom *Th.*	44C2
Muang Nakhon Sawan	
Th.	44B2
Muang Nan *Th.*	44B2
Muang Phayao *Th.*	44C2
Muang Phetchabun	
Th.	44C2
Muang Phichit *Th.*	44C2
Muang Phitsanulok	
Th.	44C2
Muang Phrae *Th.*	44C2
Muang Roi Et *Th.*	44C2
Muang Sakon Nakhon	
Th.	44C2
Muang Samut Prakan	
Th.	44C3
Muang Uthai Thani	
Th.	44C2
Muang Yasothon *Th.*	44C2
Muar *Mal.*	45C5
Muara *Indon.*	45C6
Muaratebo *Indon.*	45C6
Muaungmaya *Birm.*	44A2
Mubarraz (al-) *Ar. S.*	57A4
Mubende *Oug.*	65D2
Muchinga (Mts)	
Zambie	67C2
Mucusso *Ang.*	66B2
Mudanjiang *Ch.*	37E2
Mudawwara (Al) *Jord.*	54C4
Mudaybi (Al) *Oman*	57C5
Mudeisisat (Jebel)	
Jord.	58C3
Mudon *Birm.*	44B2
Mueda *Moz.*	67C2
Mueo *N.-C.*	71F3
Mufulira *Zambie*	66B2
Mufu Shan (Collines)	
Ch.	41C4
Mughayra *Ar. S.*	55C4
Mugla *Turq.*	54A2
Muglad (El) *Soud.*	64C1
Muguaping *Ch.*	41A3
Muhammad (Ras) *Ég.*	59C2
Muharraq *Bahreïn*	57B4
Muhaywir *Iraq*	55D3
Mühldorf *All.*	25C3
Muhlhausen *All.*	25C2
Muhos *Finl.*	12K6
Mujib (Wadi) *Jord.*	58B3
Mujimbeji *Zambie*	66B2
Mukachevo *Ukr.*	27C3
Mukah *Mal.*	38C3

Mukallā (al-) *Yémen*	47C4
Muko-jima (Ile) *J.*	37G4
Muktinath *Népal*	52A1
Mukur *Afgh.*	50B2
Mulde (R.) *All.*	24C2
Mulgrave (I.) *Austr.*	39F5
Mulhacén (Pic) *Esp.*	18B2
Mulhouse *Fr.*	15D2
Mull (I.) *G.-B.*	14B2
Mullaitvu *Sri L.*	53C3
Muller (Peg.) [Monts]	
Indon.	38C3
Mullewa *Austr.*	70A3
Mullingar *Irl.*	15B3
Mull of Kintyre	
(Pointe) *G.-B.*	16B2
Mulobezi *Zambie*	66B2
Multan *Pak.*	50C2
Mumbwa *Zambie*	66B2
Muma *Russie*	31G4
Muna (Ile) *Indon.*	39D4
München = Munich	
Muncie *É.-U.*	84A2
Muncy *É.-U.*	85C2
Münden *All.*	24B2
Mungbere *Zaïre*	65C2
Mungeli *Inde*	52A2
Munger *Inde*	52B1
Munich *All.*	25C3
Munising *É.-U.*	84B2
Munku Sardyk *Russie*	36B1
Muñoz Gomeron (Pén.)	
Chili	95B6
Munster *Irl.*	15B3
Münster *All.*	24B2
Munzur Silsilesi	
(Mgnes) *Turq.*	55C2
Muomio *Finl.*	32D3
Muong Khoua *Laos*	44C1
Muong Man *V.*	44D3
Muong Nong *Laos*	44D2
Muong Ou Neua *Laos*	44C1
Muong Sai *Laos*	44C1
Muong Sen *V.*	44C2
Muong Sing *Laos*	44C1
Muong Son *Laos*	44C1
Muonio *Finl.*	12J5
Muonio (R.)	
Finl. et Suède	12J5
Muqdadiya *Iraq*	55E3
Muqdisho *Som.*	65E2
Mur (R.) *Autr.*	20B1
Muraille (Grande) *Ch.*	40B2
Murakami *J.*	42D3
Murallón (Mgne)	
Arg. et Chili	95B5
Murashi *Russie*	31G2
Murat (R.) *Turq.*	55D2
Muravera *It.*	21A3
Murcheh Khvort *Iran*	56B3
Murchison *N.-Z.*	73B2
Murchison (R.) *Austr.*	70A3
Murcie *Esp.*	19B2
Murcie (Rég.) *Esp.*	19B2
Mures (R.) *Roum.*	22B1
Muresui (R.) *Roum.*	22B1
Muret *Fr.*	7C3
Murgab (R.) *Turkm.*	33H6
Murge (Rég.) *It.*	21C2
Murgha Kibzai *Pak.*	50B2
Muri *Inde*	52B1
Muriege *Ang.*	64C3
Murom *Russie*	31F2
Muroran *J.*	42E2
Muros *Esp.*	18A1
Muroto *J.*	42C4
Muroto (Cap) *J.*	43A2
Murray (R.) *Austr.*	71D4
Murray Bridge *Austr.*	70C4
Murray (Faille de)	
O. Pacifique	69J2
Murray (Lac) *P.-N.-G.*	39F4
Murupara *N.-Z.*	72C1
Mururoa (Ile) *Polyn. Fr.*	11
Murwara *Inde*	52A2
Muryo (Mgne) *Indon.*	38C4
Mus *Turq.*	55D2
Musala (Mgne) *Bulg.*	22B2
Musan *Corée du N.*	42B2

Musandam (Pén.de	
Oman	57C4
Musayyib (Al) *Iraq*	55D3
Musgrave Range	
Austr.	70C3
Mushie *Zaïre*	64B3
Muskegon *É.-U.*	84A2
Muskegon (R.) *É.-U.*	84A2
Muskogee *É.-U.*	81A3
Muskoka (Lac) *Can.*	85C2
Musmar *Soud.*	59C3
Musoma *Tanz.*	65D3
Musselshell (R.) *É.-U.*	82C2
Mussende *Ang.*	66A2
Mussidan *Fr.*	14C2
Mustafa-Kemalpasa	
Turq.	23C2
Mustang *Népal*	52A1
Musters (Lac) *Arg.*	95C5
Mut *Ég.*	59B2
Mutarara *Moz.*	67C2
Mutare *Zimb.*	67C2
Mutoko *Zimb.*	67C2
Mutsamudu	
Comores	67D2
Mutshatsha *Zaïre*	66B2
Mutsu *J.*	42E2
Mutsu (B. de) *J.*	42E2
Mu Us Shamo (Désert)	
Ch.	40B2
Muxima *Ang.*	64B3
Muya *Russie*	29D2
Muyezerskiy *Russie*	12L6
Muyinga *Burundi*	65D3
Muyumba *Zaïre*	64C3
Muyun Kum (Désert)	
Kaz.	33H5
Muzaffarābad *Pak.*	50C2
Muzaffargarh *Pak.*	50C2
Muzaffarnagar *Inde*	50C3
Muzaffarpur *Inde*	52B1
Muzhi *Russie*	32H3
Muzlag (Mgne) *Ch.*	48C2
Muztagala (Mgne)	
Ch.	48B2
Mvuma *Zimb.*	66D2
Mvuma *Tanz.*	65D3
Mwanza *Zaïre*	64C3
Mweka *Zaïre*	64C3
Mwene Ditu *Zaïre*	64C3
Mwenezi *Zimb.*	66D3
Mwenga *Zaïre*	65C3
Mweru (Lac) *Zambie*	65C3
Mwinilunga *Zambie*	66B2
Myanaung *Birm.*	44B2
Mycènes *Gr.*	23E3
Myingyan *Birm.*	44B1
Myingyao *Birm.*	44B1
Myinmoletkat (Mgne)	
Birm.	44B3
Myitta *Birm.*	44B3
Mykolaïv *Ukr*	30D4
Mykonos (Ile) *Gr.*	23C3
Mymensingh *Bangl.*	52C2
Myojin (Ile) *J.*	37F3
Myrdal *Norv.*	13F6
Myrdalsjökur (Mgne)	
Isl.	12L
Mysen *Norv.*	12G7
Mysiloborz *Pol.*	24C2
Myslenice *Pol.*	27B3
Mysore *Inde*	53B2
My Tho *V.*	45D3
Mytilène *Gr.*	23C3
Mzereb (El) [Puits]	
Mali	62B2
Mzimba *Malawi*	67C2
Mzuzú *Malawi*	67C2

N

Naantali *Finl.*	13J6
Nabari *J.*	43B2
Naberejnye-Tchelny	
Russie	31H2
Nabeul *Tun.*	62D1
Nabk *Ar. S.*	54C3
Nabk (al-) *Syrie*	54C3
Nacala *Moz.*	67D2
Nachingwea *Tanz.*	67C2

Nacondam (Ile)	
O. Indien	44A3
Nacozari *Mex.*	86B1
Nadiād *Inde*	51C4
Nadjaf *Iraq*	55D3
Nadjafābād *Iran*	56B3
Nador *Maroc*	18B2
Nadushan *Iran*	56B3
Nadvornaya *Ukr.*	27C3
Naestved *Dan.*	24C1
Nafoura *Libye*	59B2
Naga *Phil.*	39D2
Nagahama *J.*	43A2
Nagai *J.*	43B1
Nagaland (État) *Inde*	52C1
Nagano *J.*	42D3
Nagaoka *J.*	42D3
Nāgappattinam *Inde*	53B2
Nagar Parkar *Pak.*	51C4
Nagasaki *J.*	42B4
Nagashima *J.*	43B2
Nagato *J.*	43A2
Nagaur *Inde*	51C3
Nāgercoil *Inde*	53B3
Nagha Kalat *Pak.*	51B3
Nagina *Inde*	50D3
Nagoya *J.*	42D3
Nagpur *Inde*	51D4
Nagqu *Ch.*	48D2
Nagykanizsa *H.*	27B3
Nagykörös *H.*	27B3
Naha *J.*	37E4
Nahaimo *Can.*	82A2
Nāhan *Inde*	50D2
Nahang (R.) *Iran*	57D4
Nahanni Butte *Can.*	78F3
Nahariya *Isr.*	58B2
Nahāvand *Iran*	56A3
Nahpu *Ch.*	40D2
Nahuel Huapi (Lac)	
Arg.	95B4
Naimen Qi *Ch.*	40E1
Nain *Can.*	77D4
Nā'in *Iran*	56B3
Naini Tal *Inde*	50D3
Nainpur *Inde*	52A2
Nairobi *K.*	65D3
Najin *Corée du N.*	42C2
Nakama *J.*	43A2
Nakaminato *J.*	42E3
Nakamura *J.*	43A2
Nakano *J.*	43B1
Nakano-shima (Ile) *J.*	43A1
Nakatsu *J.*	42C4
Nakatsu-gawa *J.*	43B1
Nakfa *Ér.*	59C3
Nakhichevan *Azerb.*	55E2
Nakhl *Ég.*	54B4
Nakhodka *Russie*	42C2
Nakhon Pathom *Th.*	44C3
Nakhon Ratchasima	
Th.	44C2
Nakhon Si Thammarat	
Th.	45C4
Nakina *Can.*	77B4
Naknek *É.-U.*	78C4
Nakskov *Dan.*	12G7
Nakuru *K.*	65D3
Nalgonda *Inde*	53B1
Nallamala (Mts) *Inde*	53B1
Nalout *Libye*	59A1
Naltchik *Russie*	31H5
Namaacha *Moz.*	67H1
Namak (Lac) *Iran*	56B3
Namakzar-e Chahdäd	
Iran	56C3
Namaland (Great)	
Nam.	66A3
Namangan *Ouzb.*	33J5
Namapa *Moz.*	67C2
Namaqualand	
Afr. du S.	66A4
Nam Can *V.*	45D4
Nam Co (Lac) *Ch.*	48D2
Nam Dinh *V.*	44D1
Nametil *Moz.*	67C2
Namhae (Ile)	
Corée du S.	42B4
Namib (Désert du)	
Nam.	66A3

Namibe

Namibe *Ang.* 66A2
Namibie *Afr.* 66A3
Namlea *Indon.* 39D4
Nampa *É.-U.* 82B2
Nampala *Mali* 63B3
Nam Phong *Th.* 44C2
Nampo *Corée du N.* 42B3
Nampula *Moz.* 67C2
Namsos *Norv.* 12G6
Namton *Birm.* 44B1
Namuno *Moz.* 67C2
Namur *Belg.* 25A2
Nämüs (Wâw an)
  Libye 59A2
Namutoni *Nam.* 66A2
Namwon *Corée du S.* 42B3
Nanam *Corée du N.* 42B2
Nanao *J.* 42D3
Nanatsu-jima (Île) *J.* 43B1
Nanbu *Ch.* 41B3
Nanchang *Ch.* 41D4
Nanchong *Ch.* 41B3
Nancy *Fr.* 5D2
Nanda Devi (Mgne)
  Inde 50E2
Nänded *Inde* 53B1
Nandurbar *Inde* 51C4
Nandyāl *Inde* 53B1
Nanga Eboko
  Cameroun 64B2
Nanga Parbat (Mgne)
  Pak. 50C1
Nangapinoh *Indon.* 45E6
Nangatayap *Indon.* 45E6
Nangnim *Corée du N.* 42B2
Nangnim Sanmaek (Mgnes)
  Corée du N. 42B2
Nang Xian *Ch.* 52C1
Nanjangüd *Inde* 53B2
Nankin *Ch.* 40D3
Nankoku *J.* 43A2
Nan Ling (Mgnes) *Ch.* 41C4
Nanliu (R.) *Ch.* 44D1
Nanning *Ch.* 41B5
Nanortalik *Groenl.* 76F3
Nanpan Jiang (R.) *Ch.* 41A5
Nänpära *Inde* 52A1
Nanping *Ch.* 41D4
Nansen (Détroit de)
  Can. 76A1
Nanshan (Île) *Asie* 38C2
Nansio *Tanz.* 65D3
Nanterre *Fr.* 10
Nantes *Fr.* 4B2
Nantong *Ch.* 40E3
Nantua *Fr.* 5D2
Nantucket (Île) *É.-U.* 80D2
Nanuque *Br.* 91C5
Nanyang *Ch.* 40C3
Nanyang Hu (Lac) *Ch.* 40D2
Nanyuki *K.* 65D3
Nao (Cap de la) *Esp.* 19C2
Naoetsu *J.* 42D3
Naokot *Pak.* 51B4
Napanee *Can.* 85C2
Napas *Russie* 33K4
Napassoq *Groenl.* 76E3
Nape *Laos* 44D2
Napier *N.-Z.* 72C1
Naples *It.* 21B2
Naplouse *Cisj.* 58B2
Napo *Ch.* 41B5
Napo (R.) *Éq. et Pér.* 92C4
Napoli = Naples
Napuka (Île) *Polyn. Fr.* 11
Naqadeh *Iran* 56A2
Naqb Ishtar *Jord.* 54C4
Nara *J.* 43B2
Nara *Mali* 63B3
Naracoorte *Austr.* 71D4
Narasaräopet *Inde* 53B1
Narathiwat *Th.* 45C4
Narayanganj *Bangl.* 52C2
Näräyenpet *Inde* 53B1
Narbada (R.) *Inde* 51C4
Narbonne *Fr.* 5C3
Narendranagar *Inde* 50D2
Narew (R.) *Pol.* 26C2
Narita *J.* 43C1
Närnaul *Inde* 50D3

Narodnaya (Gora)
  Russie 32H3
Naro Fominsk *Russie* 30E2
Narok *K.* 65D3
Narowal *Pak.* 50C2
Narrabri *Austr.* 71D4
Narrogin *Austr.* 70A4
Narsimhapur *Inde* 51D4
Narssalik *Groenl.* 76F3
Narssaq *Groenl.* 76F3
Narssarssuaq *Groenl.* 76F3
Narugo *J.* 43C1
Naruto *J.* 43A2
Narva *Russie* 30C2
Narvik *Norv.* 12H5
Narwana *Inde* 50D3
Nar'yan Mar *Russie* 32G3
Naryn *Kirgh.* 33J5
Nasarawa *Nig.* 63C4
Nashua *É.-U.* 85D2
Nashville *É.-U.* 80D3
Nasice *Cr.* 20C1
Näsik *Inde* 51C4
Nasir *Soud.* 65D2
Nâsirah (An) *Syrie* 58C1
Näsiriyya *Iraq* 55E3
Nassau *Bahamas* 88B1
Nasser (Lac)
  Ég. et Soud. 59C2
Nässjö *Suède* 12G7
Nastapoka (Îles) *Can.* 77C4
Nata *Botswana* 66B3
Natal *Br.* 91D3
Natal *Indon.* 45B5
Natanz *Iran* 56B3
Natashquan *Can.* 77D4
Natashquan (R.) *Can.* 77D4
Natchez *É.-U.* 81A3
Natchitoches *É.-U.* 81A3
Nathorsts (Terre de)
  Groenl. 76H2
Natori *J.* 43C1
Natron (Lac) *Tanz.* 65D3
Natroun (Oued) *Ég.* 54A3
Naturaliste (Cap du)
  Austr. 70A4
Nauen *All.* 24C2
Naumburg *All.* 24C2
Nauplie *Gr.* 23E3
Naur *Jord.* 58B3
Nauru (Île)
  O. Pacifique 69G4
Naushki *Russie* 36C1
Nauzad *Afgh.* 56D3
Navajo (Rés.) *É.-U.* 83B3
Navarre (Rég.) *Esp.* 19B1
Navia (R.) *Esp.* 18A1
Navio (Serra do) *Br.* 93G3
Navlakhi *Inde* 51C4
Navlya *Russie* 30D3
Navojoa *Mex.* 86B2
Nävpaktos *Gr.* 23E3
Navsäri *Inde* 51C4
Nawá *Syrie* 58C2
Nawabshah *Pak.* 51B3
Nawäda *Inde* 52B1
Nawah *Afgh.* 50B2
Naxi *Ch.* 41B4
Náxos (Île) *Gr.* 23C3
Nay Band *Iran* 56C3
Näy Band *Iran* 57B4
Nayoro *J.* 42E2
Nazaret *Isr.* 58B2
Nazca *Pér.* 92C6
Nazilli *Turq.* 54A2
Nazimovo *Russie* 29B2
Nazwa *Oman* 47D3
Nazyvayevsk *Russie* 33J4
Ndalatando *Ang.* 64B3
Ndélé *Centr.* 64C2
Ndendé *Gabon* 64B3
N'Djamena *Tchad* 64B1
Ndjolé *Gabon* 66B2
Ndzouani = Anjouan
Neagh (Lac) *Irl. du N.* 14B3
Neápolis *Gr.* 23E3

Neath *G.-B.* 17C4
Nebbio *Fr.* 9B3
Nebit Dag *Turkm.* 33G6
Nebraska (État) *É.-U.* 82C2
Nebraska City *É.-U.* 82D2
Nebrodi (Monti) *It.* 21B3
Necochea *Arg.* 95E3
Nédong *Ch.* 52C1
Needles *É.-U.* 83B3
Neenah *É.-U.* 84A2
Neepawra *Can.* 79J4
Neftelensk *Russie* 29C2
Negelli *Éth.* 65D2
Negolu (Mgne) *Roum.* 30B4
Negombo *Sri L.* 53B3
Negrais (Cap) *Birm.* 44A2
Negritos *Pér.* 92A4
Negro (R.) [Amazonas]
  Br. 93E4
Negro (R.) *Arg.* 95D3
Negro (R.) *Ur.* 95F2
Negro (Cap) *Maroc* 18A2
Negros (Île) *Phil.* 39D3
Negru Voda *Roum.* 22C2
Néguev (Désert du)
  Isr. 58B3
Nehbandan *Iran* 56D3
Neige (Crêt de la) *Fr.* 9B2
Neiges (Piton des)
  Réunion 11
Neijiang *Ch.* 41B4
Neira *Col.* 92B3
Neisse (R.) *Pol. et All.* 27B2
Nejo *Éth.* 65D2
Nelidovo *Russie* 30D2
Nellore *Inde* 53B2
Nel'ma *Russie* 37F2
Nelson *Can.* 82B2
Nelson *N.-Z.* 73B2
Nelson (R.) *Can.* 79J4
Nelspruit *Afr. du S.* 66C3
Néma *Mauri.* 63B3
Nemagt Uul (Mgne)
  Mong. 40A1
Nemira (Mgne) *Roum.* 22C1
Nemuro *J.* 42F2
Nen (R.) *Ch.* 37E2
Nenagh *Irl.* 15B3
Nenana *É.-U.* 78D3
Nene (R.) *G.-B.* 17D3
Nenjiang *Ch.* 37E2
Néo-Zélandais (Plateau)
  O. Pacifique 69G6
Nepa *Russie* 29C2
Népal *Asie* 52A1
Nepalganj *Népal* 52A1
Negarot (R.) *Isr.* 58B3
Nérac *Fr.* 7C3
Nerchinsk *Russie* 36D1
Neretva (R.)
  Bosnie/Cr. 20C2
Nero Deep
  O. Pacifique 39F2
Neskaupstaethur *Isl.* 12C1
Nesleyville *Can.* 77E5
Ness (Loch) *G.-B.* 14C2
Néstos (R.) *Gr.* 23B2
Netanya *Isr.* 58B2
Netrakona *Bangl.* 52C2
Nettilling (Lac) *Can.* 76C3
Neubrandenburg *All.* 24C2
Neuchâtel *S.* 8B2
Neuchâteau *Fr.* 8B2
Neufchâtel *Fr.* 4C2
Neuilly-sur-Marne *Fr.* 10
Neuilly-sur-Seine *Fr.* 10
Neumünster *All.* 24B2
Neunkirchen *Autr.* 20C1
Neuquén *Arg.* 95B3
Neuquén (Prov.) *Arg.* 95B4
Neuquén (R.) *Arg.* 95C3
Neuruppin *All.* 24C2
Neustadt *All.* 24C2
Neustrelitz *All.* 24C2
Nevada (État) *É.-U.* 82B3
Nevada de Santa Marta
  (Sierra) *Col.* 92C1
Nevada (Sierra) *Esp.* 18B2
Nevada (Sierra) *É.-U.* 82A3
Nevatim *Isr.* 58B3

Ngo

Nevel *Russie* 30C2
Nevers *Fr.* 5C2
Nevinnomysk *Russie* 31F5
Nevis (Île)
  M. des Antilles 89E3
Nevis (R.) *Biél./Lit.* 26D2
Nevşehir *Turq.* 54B2
Nev'yansk *Russie* 31K2
Newala *Tanz.* 67C2
New Albany *É.-U.* 84A3
New Amsterdam *Guy.* 93F2
Newark *É.-U.* 80C2
Newark *É.-U.* 84B2
Newark *É.-U.* 85C3
Newark-upon-Trent
  G.-B. 17D3
New Bedford *É.-U.* 80C2
New Bight *Bahamas* 88B2
New Boston *É.-U.* 84B3
New Braunfels *É.-U.* 83D4
New Britain *É.-U.* 85D2
New Brunswick *É.-U.* 85D2
Newburgh *É.-U.* 85D2
Newbury *G.-B.* 17D4
Newcastle *Afr. du S.* 66B3
Newcastle *Austr.* 71E4
Newcastle *É.-U.* 82C2
New Castle *É.-U.* 84A3
New Castle *É.-U.* 84B2
Newcastle *Irl. du N.* 16B2
Newcastle upon Tyne
  G.-B. 16D2
Newcastle Waters
  Austr. 70C2
New Delhi *Inde* 50D3
New Forest *G.-B.* 17D4
New Galloway *G.-B.* 16B2
New Glasgow *Can.* 77D5
New Hampshire (État)
  É.-U. 80C2
New Hanover
  Afr. du S. 67H1
New Haven *É.-U.* 85D2
Newhaven *G.-B.* 17E4
New Jersey (État)
  É.-U. 80C2
New Liskeard *Can.* 77C5
New London *É.-U.* 85D2
Newman *Austr.* 70A3
New Market *É.-U.* 85C3
New Plymouth *N.-Z.* 17E3
New Philadelphia
  É.-U. 84B2
New Plymouth *N.-Z.* 72B1
Newport *Irl.* 15B3
Newport *É.-U.* 84B3
Newport *É.-U.* 85D2
Newport *É.-U.* 85D2
Newport *G.-B.* 17C4
Newport *G.-B.* 17D4
Newport News *É.-U.* 81C3
New Providence (Île)
  Bahamas 88B1
Newquay *G.-B.* 17B4
Newry *Irl. du N.* 15B3
Newton *É.-U.* 83D3
Newton *É.-U.* 85D2
Newton Abbot *G.-B.* 17C4
Newton Stewart *G.-B.* 16B2
Newtown *G.-B.* 17C3
Newtownards
  Irl. du N. 16B2
New Westminster
  Can. 79F5
New York (État) *É.-U.* 80C2
New York *É.-U.* 80C2
Neya *Russie* 31F2
Neyriz *Iran* 57B4
Nezto *Ang.* 64B3
Nezhin *Russie* 30D3
Ngabé *Congo* 64B3
Ngami (Lac)
  Botswana 66B3
Ngaoundéré
  Cameroun 64B2
Ngaruawahia *N.-Z.* 72C1
Ngaruroro (R.) *N.-Z.* 72C1
Ngauruhoe (Mt) *N.-Z.* 72C1
Ngazidja =
  Comore (Grande)
Ngo *Congo* 64B3

Ngoc Linh (Mgne) V. **44D2**
Ngoko (R.) Cameroun **64B2**
Ngoring Hu (Lac) Ch. **36B3**
Ngorongoro Crater Tanz. **65D3**
N'Gounié (R.) Gabon **64B3**
Nguigmi Niger **64B1**
Ngulu (Île) O. Pacifique **39E3**
Nguru Nig. **63C3**
Nha Trang V. **44D3**
Nhlangano Swaz. **67H1**
Nhommarath Laos **44D2**
Nhulunbuy Austr. **70C2**
Niafounké Mali **63B3**
Niagara É.-U. **84A1**
Niagara Falls Can. **85C2**
Niagara Falls É.-U. **85C2**
Niah Mal. **38C3**
Niakaramandougou C. d'Iv. **63B4**
Niamey Niger **63C3**
Niangara Zaïre **65C2**
Nia Nia Zaïre **64C2**
Niapa Indon. **38C3**
Nias (Île) Indon. **45B5**
Nicaragua (Rép.) Am. centr. **87D3**
Nicaragua (Lac de) Nic. **87D3**
Nicastro It. **21C3**
Nice Fr. **5D3**
Nichápur Iran **56C2**
Nicholl's Town Bahamas **88B1**
Nicobar (Îles) O. Indien **49D5**
Nicosie Chypre **54B2**
Nicoya (G. de) C.R. **87D4**
Nicoya (Pén. de) C.R. **87D3**
Nidzica Pol. **26C2**
Niemba Zaïre **65C3**
Niemen (R.) Lit. **26C1**
Nienburg All. **24B2**
Niete (Mt) Liberia **63B4**
Nieuw Amsterdam Sur. **93F2**
Nieuw Nickerie Sur. **93F2**
Nièvre (Dép.) Fr. **6C2**
Nigde Turq. **54B2**
Niger Afr. **63C3**
Niger (R.) Afr. **63C4**
Nigeria Afr. **63C4**
Nigrita Gr. **23B2**
Nihommatsu J. **43C1**
Niigata J. **42D3**
Niihama J. **42C4**
Nii-jima (Île) J. **43B2**
Niimi J. **42D3**
Niitsu J. **42D3**
Nijil Jord. **58B3**
Nijnekamski (Rés. de) Russie **31H2**
Nijni Novgorod Russie **33F4**
Nijni-Taguil Russie **33G4**
Nikel Russie **12L5**
Nikki Bénin **63C4**
Nikkō J. **63C4**
Nikko J. **42D3**
Nikolayevsk Russie **31G4**
Nikolayevsk-na-Amure Russie **37G1**
Nikol'sk Russie **31G2**
Nikol'sk Russie **31G3**
Niksar Turq. **30D4**
Nikšić Youg. **54C1**
Nikshahr Iran **57D4**
Nikšić Youg. **20C2**
Nil (R.) Afr. **46B3**
Nila Indon. **39D4**
Nil Blanc (R.) Soud. **65D1**
Nil Bleu (R.) Éth. et Soud. **65D1**
Niles É.-U. **84A2**
Nilgiri (Collines) Inde **53B2**
Nil Victoria (R.) Oug. **65D2**
Nîmach Inde **51C4**
Nimba (Mt) C. d'Iv., Guinée et Lib. **63B4**
Nîmègue P.-B. **24B2**

Nîmes Fr. **5C3**
Nimule Soud. **65D2**
Ninety Mile Beach N.-Z. **72B1**
Ningde Ch. **41D4**
Ningdu Ch. **41D4**
Ningjing Shan (Mgnes) Ch. **36B3**
Ningming Ch. **44D1**
Ningnan Ch. **41A4**
Ningxia Hui (Prov.) Ch. **40B2**
Ning Xian Ch. **40B2**
Ninh Binh V. **41B5**
Ninigo (Îles) P.-N.-G. **39F4**
Niobrara (R.) É.-U. **82D2**
Nioki Zaïre **64B3**
Nioro du Sahel Mali **63B3**
Niort Fr. **4B2**
Nipawin Can. **79H4**
Nipigon Can. **77B5**
Nipigon (Lac) Can. **77B5**
Nipissing (R.) Can. **77B5**
Nipissing (Lac) Can. **77B5**
Nirmal Inde **53B1**
Nirmāli Inde **52B1**
Nis Youg. **22B2**
Nisáb Ar.S. **55D4**
Nishino-shima (Île) J. **43A1**
Nishiwaki J. **43A2**
Nitchequon Can. **77B4**
Niterói Br. **91C6**
Nith (R.) G.-B. **16C2**
Nitra Slov. **27B3**
Nitro É.-U. **84B3**
Niue (Î.) O. Pacifique **69H4**
Niut (Mgnes) Indon. **45E5**
Nivernais Fr. **5C2**
Nivskiy Russie **12L5**
Nizāmābād Inde **53B1**
Nizana (Site hist.) Isr. **58B3**
Nizhniye Sergi Russie **31J2**
Nizhniy Lomov Russie **31F3**
Nizip Turq. **55C2**
Nizmennost Ukr. **30D4**
Njoko (R.) Zambie **66B2**
Njombe Tanz. **65D3**
Nkambé Cameroun **64B2**
Nkhata Bay Malawi **67C2**
Nkongsamba Cameroun **64B2**
N'Konni Niger **63C3**
Noakhali Bangl. **52C2**
Noatak É.-U. **78B3**
Noatak (R.) É.-U. **78B3**
Nobeoka J. **42C4**
Nogales É.-U. **83B3**
Nogales Mex. **86A1**
Nogata J. **43A2**
Nogent-le-Rotrou Fr. **6C2**
Nogent-sur-Marne Fr. **10**
Noginsk Russie **30E2**
Nohar Inde **50C3**
Noire (Mer) Asie et Eur. **33E5**
Noirmoutier (Île de) Fr. **4B2**
Noisy-le-Grand Fr. **10**
Noisy-le-Sec Fr. **10**
Nojima (Cap) J. **43B2**
Nok Kundi Pak. **57B3**
Nola Centr. **64B2**
Nolinsk Russie **31G2**
Nome É.-U. **78B3**
Nomgon Mong. **40B1**
Nonacho (Lac) Can. **79H3**
Nong Khai Th. **44C2**
Nongoma Afr. du S. **67C3**
Nontron Fr. **4C2**
Noorvik É.-U. **78B3**
Noqui Ang. **64B3**
Noranda Can. **77C5**
Nord (Dép.) Fr. **6C1**
Nordaustlandet (Île) O. Arctique **32D2**
Nord (Canal du) G.-B. **16B2**
Nord (Cap) Norv. **12J4**
Nordfjord (Baie) Norv. **12F6**
Nordhausen All. **24C2**
Nord (Île du) N.-Z. **72B1**
Nord (Mer du) Europe **2D3**

Nord-Ouest (Prov.) Afr. du S. **66B3**
Nord-Ouest (Cap) Austr. **70A3**
Nord-Ouest (Territoires du) Can. **78G3**
Nord-Pas-de-Calais (Rég.) Fr. **6C1**
Nord (Province du), anc. Transvaal-Nord Afr. du Sud **66B3**
Nordre Groenl. **76E3**
Nord Stronfjället (Mgne) Suède **12G5**
Nord (Territoire du) Austr. **70C2**
Norfolk (Comté) G.-B. **17E3**
Norfolk É.-U. **81C3**
Norfolk É.-U. **82D2**
Norfolk (Île) Austr. **71F3**
Norfolk (Dorsale de) O. Pacifique **69G5**
Norman É.-U. **83D3**
Normandie Fr. **4B2**
Normandie (Basse-) [Rég.] Fr. **6B2**
Normandie (Haute-) [Rég.] Fr. **6C2**
Normanton Austr. **71D2**
Norman Wells Can. **78F3**
Norra Stonfjället (Mgne) Suède **12H5**
Norristown É.-U. **85C2**
Norrköping Suède **12H7**
Norrsundet Suède **13H6**
Norrtälje Suède **12H7**
Norseman Austr. **70B4**
Norsk Russie **37F1**
North (Cap) N.-Z. **72B1**
Northallerton G.-B. **16D2**
Northam Austr. **70A4**
Northam Austr. **70A3**
Northampton (Comté) G.-B. **17D3**
Northampton É.-U. **85D2**
Northampton G.-B. **17D3**
North Arm (Baie) Can. **78G3**
North Aulatsivik (Île) Can. **77D3**
North Battleford Can. **79H4**
North Bay Can. **77C5**
North Bend É.-U. **82A2**
North Canadian (R.) É.-U. **83D3**
North (Cap) Can. **77D5**
North Channel (Dét.) Can. **84B1**
North Downs G.-B. **17E4**
North East É.-U. **84C2**
Northeast (Cap) É.-U. **78B3**
Northern Range (Mgnes) Trinité **89L1**
North Foreland G.-B. **17E4**
North Platte É.-U. **82C2**
North Platte (R.) É.-U. **82C2**
North (Pte) Barbade **89R2**
North Rona (Île) G.-B. **14B2**
North Slope (Rég.) É.-U. **78D3**
North Uist (Î.) G.-B. **14B2**
Northumberland (Comté) G.-B. **16C2**
Northumberland (Îles) Austr. **71E3**
Northumberland (Détroit de) Can. **77D5**
North Walsham G.-B. **17E3**
Northway É.-U. **78D3**
North West River Can. **77D4**
North York Moors (Parc nat.) G.-B. **16D2**
Norton Sound (Baie) É.-U. **78B3**
Norvège Europe **12F6**
Norvège (Mer de) Europe **32B3**
Norvegia (Cap) Antarct. **96B1**
Norvégiens (Baie des) Can. **76A2**

Norwalk É.-U. **84B2**
Norwalk É.-U. **85D2**
Norway House Can. **79J4**
Norwich G.-B. **17E3**
Norwood É.-U. **84B3**
Noshiro J. **42D2**
Nossob (R.) Afr. du S. et Botswana **66B3**
Nosträbåd Iran **57D4**
Nosy Barren (Île) Mad. **67D2**
Nosy Bé (Île) Mad. **67D2**
Nosy Boraha (Île) Mad. **67E2**
Nosy Varika Mad. **67D3**
Notéc (R.) Pol. **26B2**
Notikeuin Can. **79G4**
Noto It. **21C3**
Notodden Norv. **12F7**
Noto (Pén. de) J. **43B1**
Notre-Dame (Baie de) Can. **77E5**
Notre-Dame (Bois) Fr. **10**
Nottingham (Comté) G.-B. **17D3**
Nottingham G.-B. **17D3**
Nottingham (I.) Can. **76C3**
Nottingham Island Can. **76C3**
Nouadhibou Maurit. **62A2**
Nouadhibou (Ras) Maurit. **62A2**
Nouakchott Maurit. **63A3**
Nouméa Fr. **71F3**
Nouna Burk. **63B3**
Noupoort Afr. du S. **66B4**
Nouveau-Brunswick (Prov.) Can. **77D5**
Nouveau-Mexique (État) É.-U. **83C3**
Nouveau-Québec Can. **77C4**
Nouveau-Québec (Cratère du) Can. **76C3**
Nouvelle-Calédonie Fr. **71F3**
Nouvelle-Écosse (Prov.) Can. **77D5**
Nouvelle-France (C. de) Can. **76C3**
Nouvelle-Galles du Sud Austr. **71D4**
Nouvelle-Géorgie (Île) I. Salomon **71E1**
Nouvelle-Guinée Asie et Oc. **39E4**
Nouvelle-Orléans (La) É.-U. **81A3**
Nouvelle-Sibérie (Arch. de) Russie **32G2**
Nouvelle-Zélande O. Pacifique **69G6**
Nouvelle-Zemble Russie **32G2**
Nouvy Port Russie **32J3**
Nova Caipemba Ang. **64B3**
Nova Chaves Ang. **66B2**
Nova Friburgo Br. **91C6**
Nova Gaia Ang. **66A2**
Nova Lisboa=Huambo
Nova Mambone Moz. **67C3**
Novare It. **20A1**
Novaya Kakhovka Ukr. **30D4**
Nova Zagora Bulg. **22C2**
Nove Russas Br. **91C2**
Nové Zámky Slov. **20C1**
Novgorod Russie **30D2**
Novi Ligure It. **20A2**
Novi Pazar Bulg. **22C2**
Novi Pazar Youg. **22B2**
Novi Sad Youg. **20C1**
Novoalekseyevka Kaz. **31J3**
Novoanninskiy Russie **31F3**
Novocherkassk Russie **31E4**
Novograd Volynskiy Ukr. **30C3**
Novogrudok Russie **26D2**
Novo Hamburgo Br. **94F4**
Novokazalinsk Kaz. **33H5**
Novokuznetsk Russie **29A2**

Novolazarevskaya (Station) Antarct. **96B 12**
Novo Mesto Sl. **20C1**
Novomoskovsk Russie **30E3**
Novorossiysk Russie **30E5**
Novosibirsk Russie **33K4**
Novotroitsk Russie **31J3**
Novo Uzensk Russie **31G3**
Novovolynsk Ukr. **27C2**
Novo Vyatsk Russie **31G2**
Novozybkov Russie **30D3**
Novvy Port Russie **32J3**
Novy Dwór Mazowiecki Pol. **26C2**
Novyy Lyalya Russie **31K2**
Novyy Uzen Kaz. **31H5**
Nowa Sól Pol. **26B2**
Nowgong Inde **52C1**
Now Shahr Iran **56B2**
Nowshera Pak. **50C2**
Nowy Sącz Pol. **27C3**
Nozay Fr. **4B2**
Nsawam Gh. **63B4**
Nuba (Mts) Soud. **65D1**
Nubie (Désert de) Soud. **59C2**
Nueces (R.) É.-U. **83D4**
Nueltin (Lac) Can. **79J3**
Nueva Gerona Cuba **88A2**
Nueva Rosita Mex. **86B2**
Nuevitas Cuba **88B2**
Nuevo Casas Grandes Mex. **86B1**
Nuevo Laredo Mex. **86C2**
Nufüd (Grand) [Dés.] Ar. S. **59C2**
Nugaal Som. **65E2**
Nügåtsiaq Groenl. **76E2**
Nugssuaq (Pén.) Groenl. **76E2**
Nu Jiang N.) Ch. **52D1**
Nukhayb Iraq **55D3**
Nuku-Hiva (Ile) Polyn. Fr. **11**
Nukus Ouzb. **33G5**
Nukutavake (Ile) Polyn. Fr. **11**
Nulato É.-U. **78C3**
Nullarbor (Plaine de) Austr. **70B4**
Numan Nig. **63D4**
Nu'mäniyah (Al) Iraq **56D2**
Numata J. **43B1**
Numatinna (R.) Soud. **64C2**
Numazu J. **42D3**
Numfoor (Ile) Indon. **39E4**
Nunkun (Mgne) Inde **50D2**
Nuoro It. **21A2**
Nurābād Iran **57B3**
Nuremberg All. **25C3**
Nuristan (Hauteurs) Afgh. **50C1**
Nurlat Russie **31H3**
Nurmes Finl. **12K6**
Nusaybin Turq. **55D2**
Nushki Pak. **50B3**
Nutak Can. **77D4**
Nuuk Groenl. **76E3**
Nuwakot Népal **52A1**
Nuwara-Eliya Sri L. **53C3**
Nuyukjuak Can. **76C3**
Nyac É.-U. **78C3**
Nyahururu Falls K. **65D2**
Nyainqentanglha Shan Ch. **36B3**
Nyakabindi Tanz. **65D3**
Nyala Soud. **64C1**
Nyalam Ch. **52B1**
Nyamlell Soud. **64C2**
Nyanda Zimb. **66C3**
Nyanga (R.) Gabon **64B3**
Nyang Qu Ch. **52C1**
Nyaunglebin Birm. **44B2**
Nyazepetrovsk Russie **31J2**
Nyborg Dan. **12G7**
Nybro Suède **12H7**
Nyda Russie **32J3**

Nyeboes (Terre de) Can. **76D1**
Nyeri K. **65D3**
Nyimba Zambie **66C2**
Nyingchi Ch. **36B3**
Nyiregyháza H. **27C3**
Nyíru (Mt) K. **65D2**
Nyistroom Afr. du S. **66B3**
Nykarleby Finl. **12J6**
Nykøbing Dan. **12F7**
Nykøbing Dan. **12G8**
Nyköping Suède **12H7**
Nynäshamn Suède **12H7**
Nyngan Austr. **71D4**
Nyon S. **9B2**
Nyong (R.) Cameroun **64B2**
Nyons Fr. **5D3**
Nysa Pol. **27B2**
Nyukzha (R.) Russie **29E2**
Nyurba Russie **29D1**
Nzega Tanz. **65D3**
Nzérékoré Guinée **63B4**

O

Oaggsimiut Groenl. **76F3**
Oahe (Lac) É.-U. **82C2**
Oakland City É.-U. **84A3**
Oak Lawn É.-U. **84A2**
Oak Ridge É.-U. **81B3**
Oakville Can. **84C2**
Oamaru N.-Z. **73B3**
Oates (Côte) Antarct. **96B7**
Oaxaca Mex. **86C3**
Ob (R.) Russie **32J3**
Obama J. **42B4**
Oban G.-B. **14B2**
Oban N.-Z. **73A3**
Obanazawa J. **43C1**
Obeh Afgh. **56D3**
Obeid (El-) Soud. **65D1**
Ob (Golfe de l') Russie **32J2**
Óbidos Br. **93F4**
Obihiro J. **42E2**
Obluch'ye Russie **37F2**
Obo Centr. **64C2**
Obock Djib. **65E1**
Oborniki Pol. **26B2**
Oboyan Russie **30E3**
Obshchiy Syrt (Mgnes) Russie **31H3**
Obuasi Gh. **63B4**
Ocala É.-U. **81B4**
Ocana Col. **92C2**
Ocaña Esp. **15B2**
Occidentale (Cordillère) Col. **92B2**
Ocean City É.-U. **85C3**
Ocean City É.-U. **85D3**
Ocean Falls Can. **79F4**
Ocher Russie **31H2**
Ocho Rios Jam. **89H1**
Oconto É.-U. **84A2**
Ocotlán Mex. **86B2**
Oda Gh. **63B4**
Oda J. **43A1**
Oda (Djebel) Soud. **59C2**
Ödäethahraun [Reg.] Isl. **12B2**
Odate J. **42E2**
Odawara J. **42D3**
Odda Norv. **12F6**
Ödemiş Turq. **23C3**
Odendaalsrus Afr. du S. **67G1**
Odense Dan. **12G7**
Oder (R.) Pol. et All. **24C2**
Odessa É.-U. **83C3**
Odessa Ukr. **30D4**
Odienné C. d'Iv. **63B4**
Odra = Oder
Odra (R.) Pol. **27B2**
Oeiras Br. **91C3**
Oekusi Indon. **70B1**
Ofanto (R.) It. **21C2**
Ofaqim Isr. **58B3**

Offenbach All. **25B2**
Offenburg All. **25B3**
Oga J. **42D3**
Ogaden Éth. **65E2**
Ogaki J. **42D3**
Ogallala É.-U. **82C2**
Ogasawara Gunto (Iles) J. **37G4**
Ogbomosho Nig. **63C4**
Ogden É.-U. **82B2**
Ogdensburg É.-U. **85C2**
Ogilvie (Mts) Can. **78E3**
Ogoja Nig. **63C4**
Ogooué (R.) Gabon **64A3**
Ogre Lett. **26C1**
Oguilet Khenachich (Puits) Mali **62B2**
Ogulin Cr. **20C1**
Ogurchinskiy (I.) Russie **56B2**
Ohai N.-Z. **73A3**
Ohakune N.-Z. **72C1**
Ohanet Alg. **62C2**
Ohau (Lac) N.-Z. **73A2**
O'Higgins (Lac) Chili **95B5**
Ohio (État) É.-U. **80B2**
Ohio (R.) É.-U. **84A3**
Ohopoho Nam. **66A2**
Ohre (R.) Rép. Tch. **25C2**
Ohrid Mac. **23B2**
Ohrid (Lac d') Mac./Alb. **23B2**
Ohura N.-Z. **72B1**
Oiapoque Guy. Fr. **93G3**
Oijiaojing Ch. **36B2**
Oil City É.-U. **84C2**
Oisans Fr. **9B2**
Oise (Dép.) Fr. **6C2**
Oise (R.) Fr. **5C2**
Oita J. **42C4**
Ojinaga Mex. **86B2**
Ojiya J. **43B1**
Oka (R.) Russie **31E3**
Okahandja Nam. **66A3**
Okanogan É.-U. **82B2**
Okara Pak. **50C2**
Okavango (R.) Ang. et Nam. **66A2**
Okavango Delta Botswana **66B2**
Okaya J. **42D3**
Okayama J. **42C4**
Okazaki J. **43B2**
Okeechobee (Lac) É.-U. **81B4**
Okene Nig. **63C4**
Okha Inde **51B4**
Okha Russie **37G1**
Okhaldunga Népal **52B1**
Okhotsk (Mer d') Russie **37G1**
Oki J. **42C3**
Okinawa J. **37E4**
Okinawa (Ile) J. **37E4**
Oklahoma (État) É.-U. **83D3**
Oklahoma City É.-U. **83D3**
Okondja Gabon **64B3**
Okoyo Congo **64B4**
Okpara (R.) Nig. **63C4**
Oktyabr'sk Kaz. **31J4**
Oktyabr'skiy Russie **31H3**
Olafsvik Isl. **12A2**
Öland (Ile) Suède **12H7**
Olavarria Arg. **95D3**
Olbia It. **21A2**
Old Crow Can. **78E3**
Oldenburg All. **24B2**
Oldenburg All. **24C2**
Old Forge É.-U. **85C2**
Oldham G.-B. **16C3**
Old Head of Kinsale (Cap) Irl. **15B3**
Olds Can. **79G4**
Olekma É.-U. **85C2**
Olekma (R.) Russie **29E2**
Olekminsk Russie **29D1**
Olenegorsk Russie **12L5**
Oléron (I. d') Fr. **7B2**
Olevsk Ukr. **26D2**
Ol'ga Russie **37F2**

Olifants (R.) Nam. **66A3**
Olinda Br. **91E3**
Olivares (Mgne) Arg. **95C2**
Ollagüe Chili **94C3**
Ollagüe Chili **94C3**
Ollagüe (Mgne) Bol. **94C3**
Ollagüe (Volcan) Chili **94C3**
Olochi Russie **36E1**
Olofstrom Suède **12G7**
Olombo Congo **64B3**
Olomouc Rép. Tch. **27B3**
Olonets Russie **30C1**
Oloron-Ste-Marie Fr. **4B3**
Olovyannaya Russie **36D1**
Olsztyn Pol. **26C2**
Olt (R.) Roum. **22B2**
Olten S. **8B2**
Olympe (Mt) Gr. **23B2**
Olympia É.-U. **82A2**
Olympie Gr. **23E3**
Olympus (Mt) É.-U. **82A2**
Omae (Cap) J. **43B2**
Omagh Irl. du N. **14B3**
Omaha É.-U. **82D2**
Oman Arabie **46D3**
Oman (Golfe d') Arabie **46D3**
Oman (Mer d') O. Indien **47E4**
Omarama N.-Z. **73A2**
Omboué Gabon **64A3**
Ombrie It. **20B2**
Omdurman Soud. **59C3**
Omineca (Mts) Can. **79F4**
Omiya J. **43B1**
Ommanney (Baie) Can. **78H2**
Omo (R.) Éth. **65D2**
Omodeo (L.) It. **21A2**
Omono (R.) J. **43C1**
Omsk Russie **33J4**
Omura J. **42B4**
Omura J. **42C4**
Omutninsk Russie **31H2**
Onaping (Lac) Can. **84B1**
Oncócua Ang. **66A2**
Ondangua Nam. **66A2**
Ondava (R.) Slov. **27C3**
Ondo Nig. **63C4**
Öndörhaan Mong. **36D2**
Onega Russie **32E3**
Onega (R.) Russie **32E3**
Onega (Lac) Russie **32E3**
O'Neill É.-U. **82D2**
Onekotan (Ile) Russie **37H2**
Onema Zaïre **64C3**
Oneonta É.-U. **85C2**
Ongiva Ang. **66A2**
Ongjin Corée du N. **42B3**
Ongniud Qi Ch. **40D1**
Ongole Inde **53C1**
Onieda (Lac) É.-U. **85C2**
Onilahy (R.) Mad. **67D3**
Onitsha Nig. **63C4**
Onjūil Mong. **36C2**
Ono J. **43B1**
Onohara-jima (Ile) J. **43B2**
Onomichi J. **42C4**
Onslow Austr. **70A3**
Ontake-san (Mgne) J. **43B1**
Ontario (Prov.) Can. **77A4**
Ontario (Lac) Can. et É.-U. **85C2**
Ontinente Esp. **19B2**
Oodnadatta Austr. **70C3**
Ooldea Austr. **70C4**
Ootacamund Inde **53B2**
Opala Zaïre **64C3**
Opanake Sri L. **53C3**
Opasa Russie **31G2**
Opava Rép. Tch. **27B3**
Opochka Russie **26D1**
Opole Pol. **27B2**
Opotiki N.-Z. **72C1**
Oppdal Norv. **12F6**
Opunake N.-Z. **72B1**
Oradea Roum. **27B1**

Oraefajökull

Oraefajökull (Mgnes)
Isl. **12B2**
Orai *Inde* **51D3**
Oral *Kaz.* **31H3**
Oran *Alg.* **62B1**
Orán *Arg.* **94D3**
Orán *Arg.* **94D3**
Orange *Austr.* **71D4**
Orange *É.-U.* **81A3**
Orange *Fr.* **5C3**
Orange (R.)
Afr. du S. et Nam. **66A3**
Orangeburg *É.-U.* **81B3**
Orange (Cap) *Br.* **93G3**
Orange (État Libre d') = État Libre
Orangeville *Can.* **84B2**
Oranienburg *All.* **24C2**
Oras *Phil.* **39D2**
Orastie *Roum.* **22B1**
Oravita *Roum.* **22B1**
Orbetello *It.* **20B2**
Orbost *Austr.* **71D4**
Orcades (I.) *G.-B.* **14C2**
Orcades du Sud (Iles)
Atlantique **96G3**
Ord (R.) *Austr.* **70B2**
Ord (Mt) *Austr.* **70B2**
Ordos (Plateau) *Ch.* **36C3**
Ordu *Turq.* **55C1**
Örebro *Suède* **12H7**
Oregon (État) *É.-U.* **82A2**
Oregon *É.-U.* **84B2**
Oregon City *É.-U.* **82A2**
Oregrund *Suède* **13H6**
Orekhovo Zuyevo
Russie **30E2**
Orel *Russie* **30E3**
Orenburg *Russie* **31H3**
Orénoque (R.) *Ven.* **93E2**
Orense *Esp.* **18A1**
Orientale (Cordillère)
Col. **92B3**
Orihuela *Esp.* **19B2**
Orillia *Can.* **85C2**
Orissa (État) *Inde* **52A2**
Oristano *It.* **21A3**
Oristano (G. de) *It.* **21A3**
Orivesi (Lac) *Finl.* **12K6**
Oriximina *Br.* **93F4**
Orizaba *Mex.* **86C3**
Orlando *É.-U.* **81B4**
Orléanais (Rég.) *Fr.* **4C2**
Orléans *Fr.* **4C2**
Orléans (Ile d') *Can.* **85D1**
Orlik *Russie* **36B1**
Orly *Fr.* **10**
Ormara *Pak.* **57D4**
Ormuz (Détroit d') *Iran et Oman* **57C4**
Orne (Dép.) *Fr.* **6C2**
Orne (R.) *Fr.* **4B2**
Örnsköldsvik *Suède* **12H6**
Orocué *Col.* **92C3**
Orohena (Mgne)
Polyn. Fr. **11**
Oron *Isr.* **58B3**
Oroszháza *H.* **27C3**
Orsay *Fr.* **10**
Orsha *Biél.* **30D3**
Orsk *Russie* **33G4**
Ørsta *Norv.* **12F6**
Orthez *Fr.* **4B3**
Ortigueira *Esp.* **18A1**
Ortler (Massif de l') *It.* **20B1**
Ortoire (R.) *Trinité* **89L1**
Oruro *Bol.* **94C2**
Osa *Russie* **31J2**
Osaka *J.* **43B1**
Osa (Pén d') *C.R.* **87D4**
Oshawa *Can.* **85C2**
Ō-shima (Ile) *J.* **43B2**
Oshkosh *É.-U.* **80B2**
Oshogbo *Nig.* **63C4**

Oshosh *É.-U.* **77B5**
Oshwe *Zaïre* **64B3**
Osijek *Croatie* **20C1**
Osipovichi *Biél.* **26D2**
Oskarshamn *Suède* **30A2**
Oslo *Norv.* **13G6**
Osmaniye *Turq.* **54C2**
Osnabrück *All.* **24B2**
Osorno *Chili* **95B4**
Osorno *Esp.* **18B1**
Ossa (Mt) *Austr.* **71D5**
Ostashkov *Russie* **30D2**
Ostende *Belg.* **24A2**
Østerdal *Norv.* **12G6**
Östersund *Suède* **12G6**
Osthammär *Suède* **13H6**
Ostie *It.* **21B2**
Ostrava *Rép. Tch.* **27B3**
Ostróda *Pol.* **26B2**
Ostroleka *Pol.* **26C2**
Ostrov *Russie* **30C2**
Ostrów *Pol.* **26B2**
Ostrowiec *Pol.* **27C2**
Ostrow Mazowiecka
Pol. **26C2**
Ōsumi (Dt d') *J.* **37F3**
Osuna *Esp.* **18A2**
Oswego *É.-U.* **85C2**
Oswestry *G.-B.* **17C3**
Oświęcim *Pol.* **27B3**
Ota *J.* **43B1**
Otago (Pén.) *N.-Z.* **73B3**
Otaki *É.-U.* **72C2**
Otaru *J.* **42E2**
Otavalo *Éq.* **92B3**
Otavi *Nam.* **66A2**
Othris (Mgne) *Gr.* **23E3**
Otish (Mts) *Can.* **80C1**
Otjiwarongo *Nam.* **66A3**
Otog *Gi. Ch.* **40B2**
Otorohanga *N.-Z.* **72C1**
Otrante *It.* **21C2**
Otrante (Canal d')
Alb. et It. **23A2**
Otsego *É.-U.* **84A2**
Otsu *J.* **43B1**
Otta *Norv.* **12F6**
Otta (R.) *Norv.* **12F7**
Ottawa *Can.* **85C1**
Ottawa (R.) *Can.* **85C1**
Ottawa (Iles) *Can.* **77B4**
Otter Rapids *Can.* **77B4**
Otto Fjord *Can.* **76B1**
Ottosdal *Afr. du S.* **67G1**
Oturkpo *Nig.* **63C4**
Otusco *Pér.* **92B5**
Otwock *Pol.* **26C2**
Ou (R.) *Laos* **44C1**
Ouachita (Mts) *É.-U.* **81A3**
Ouadane *Maurit.* **62A2**
Ouadda *Centr.* **64C2**
Ouaddaï *Tchad* **64C2**
Ouaddan *Libye* **59A2**
Ouadi Halfa *Soud.* **59C2**
Ouad-Medani *Soud.* **65D1**
Ouagadougou *Burk.* **63B3**
Ouahigouya *Burk.* **63B3**
Ouaka *Centr.* **64C2**
Oualam *Niger* **63C3**
Oualien *Alg.* **62C2**
Ouanda Djallé *Centr.* **64C2**
Ouarane *Maurit.* **62A2**
Ouargla *Alg.* **62C1**
Ouarkziz (Dj.) *Maroc* **62B2**
Ouarra (R.) *Centr.* **64C2**
Ouarsenis (Massif de l')
Alg. **19C2**
Ouarzazate *Maroc* **62B1**
Ouassel (R.) *Alg.* **19C2**
Oubangui (R.) *Afr.* **64B2**
Oudmourtes (Rép. des)
Russie **31H2**
Oudtshoorn *Afr. du S.* **66B4**
Oued (El) *Alg.* **62C1**
Oued Tlelat *Alg.* **19B2**
Oued Zem *Maroc* **62B1**
Ouessant (Ile d') *Fr.* **4A2**
Ouesso *Congo* **64B2**
Ouest-Australien

(Bassin) *O. Indien* **68C4**
Ouest-Australienne
(Dorsale) *O. Indien* **68C5**
Ouezzane *Maroc* **62B1**
Oufa *Russie* **31J3**
Oufa (R.) *Russie* **31J2**
Ouganda *Afr.* **65D2**
Ouham (R.) *Tchad* **64B2**
Ouidah *Bénin* **63C4**
Oujda *Maroc* **62B1**
Oujgorod *Ukr.* **27C3**
Oukhta *Russie* **32G3**
Oulainen *Finl.* **12J6**
Oulan-Bator *Mong.* **36C2**
Oulan Oude *Russie* **36C1**
Ouled Naïl (Mts des)
Alg. **62C1**
Oulianovsk *Russie* **31G3**
Oulu *Finl.* **12K5**
Oulu (R.) *Finl.* **12K5**
Oulujärvi (Lac) *Finl.* **12K6**
Oum Chalouba *Tchad* **59B3**
Oum er-Rebia *Maroc* **62B1**
Oum Hadjer *Tchad* **64B2**
Oum Haouach (Oued)
Tchad **59B3**
Ounas (R.) *Finl.* **12K5**
Ounianga Kebir
Tchad **59B3**
Oural (Monts de l')
Russie **33G4**
Oural (R.) *Kaz.*
et Russie **31H3**
Oural central *Russie* **31J2**
Oural mér. *Russie* **31J3**
Ourcq (Canal de l') *Fr.* **10**
Ourguentch *Ouzb.* **33H5**
Ouricuri *Br.* **91C3**
Ourinhos *Br.* **94F3**
Ourmia *Iran* **55E2**
Ourmia (Lac d') *Iran* **55E2**
Ours (Grand Lac de l')
Can. **78F3**
Ouse (R.) *G.-B.* **16D2**
Ouse (R.) *G.-B.* **17E3**
Oussouri (R.) *Russie et Ch.* **37F2**
Oustiourt (Plateau)
Kaz. **33G5**
Outjo *Nam.* **66A3**
Outokumpu *Finl.* **12K6**
Ouvéa (Ile) *N.-C.* **71F3**
Ouzbékistan *Asie* **33H5**
Ovada *It.* **20A2**
Ovalle *Chili* **95B2**
Ovamboland *Nam.* **66A2**
Övertorneå *Suède* **12J5**
Oviedo *Esp.* **18A1**
Øvre *Norv.* **13F6**
Ovruch *Ukr.* **30C3**
Ovsyanka *Russie* **37E1**
Owaka *N.-Z.* **73A3**
Owase *J.* **43B1**
Owensboro *É.-U.* **81B3**
Owens (Lac) *É.-U.* **83B3**
Owen Sound *Can.* **84B2**
Owen Stanley Range
P.-N.-G. **71D1**
Owerri *Nig.* **63C4**
Owo *Nig.* **63C4**
Owosso *É.-U.* **84B2**
Oxampampa *Pér.* **92B6**
Oxelösund *Suède* **12H7**
Oxford (Comté) *G.-B.* **17D4**
Oxford *G.-B.* **17D3**
Oya (J.) *J.* **42D3**
Oyem *Gabon* **64B2**
Oyonnax *Fr.* **5C2**
Ozamiz *Phil.* **51C3**
Ozark (Lac des Mts)
É.-U. **81A3**
Ozark (Monts) *É.-U.* **81A3**
Özd *H.* **27C3**

P

Paarl *Afr. du S.* **66A4**
Pabianice *Pol.* **26B2**
Pabna *Bangl.* **52B1**
Pabrade *Lit.* **26D2**
Pacaraima (Serra)

Br. et Ven. **93E3**
Pacasmayo *Pér.* **92B5**
Pachuca *Mex.* **86C2**
Pacifico-Antarctique
(Dorsale)
O. Pacifique **69K6**
Pacifique (Océan) **69J3**
Padang *Indon.* **45C6**
Padangpanjang
Indon. **45C6**
Padangsidempuan
Indon. **45B5**
Paderborn *All.* **24B2**
Padlei *Can.* **79J3**
Padma (R.) *Bangl.* **52C2**
Padoue *It.* **20B1**
Padrão (Pta do) *Ang.* **64B3**
Padre (I.) *É.-U.* **83D4**
Padstow *G.-B.* **17B4**
Paducah *É.-U.* **81B3**
Padunskoye More (Lac)
Finl. **12L5**
Paea *Polyn. Fr.* **11**
Paengnyong (Ile)
Corée du S. **42A3**
Paeroa *N.-Z.* **72C1**
Paestum *It.* **21B2**
Pafuri *Moz.* **67C3**
Pag (Ile) *Croatie* **20B2**
Pagai Selatan (Ile)
Indon. **38B4**
Pagai Utara (Ile)
Indon. **38B4**
Pagan (Ile)
O. Pacifique **39F2**
Pagodes (Passe des 3)
Th. **44B2**
Pagondhas *Gr.* **23C3**
Pahiatua *N.-Z.* **72C2**
Päijänna (Lac) *Finl.* **13K6**
Pai-Khoy (Monts)
Russie **32H3**
Painesville *É.-U.* **84B2**
Paisley *G.-B.* **16B2**
Paita *Pér.* **92A5**
Pajala *Suède* **12J5**
Pakanbaru *Indon.* **45C5**
Pakaraïma *Asie* **48A3**
Pak Lay *Laos* **44C2**
Pakokku *Birm.* **52D2**
Pakrac *Cr.* **20C1**
Paks *H.* **20C1**
Pak Sane *Laos* **44C2**
Pakse *Laos* **44D2**
Pakwach *Oug.* **65D2**
Pala *Tchad* **64B2**
Palagruza (Ile) *Cr.* **20C2**
Palaiseau *Fr.* **10**
Palangkaraya *Indon.* **38C4**
Palani *Inde* **53B2**
Palanpur *Inde* **51C4**
Palapye *Botswana* **66B3**
Palau (Rép. de)
O. Pacifique **39E3**
Palaw *Birm.* **44B3**
Palawan (Ile) *Phil.* **38C3**
Palayankottai *Inde* **53B3**
Paldiski *Est.* **12J7**
Pale *Bosnie* **20C2**
Palembang *Indon.* **38B4**
Palencia *Esp.* **18B1**
Paleohorio *Chypre* **58A1**
Palerme *It.* **21B3**
Palestine *É.-U.* **81A3**
Palestine [Rég.] *Asie* **58B3**
Paletwa *Birm.* **52C2**
Pālghāt *Inde* **53B2**
Pāli *Inde* **51C3**
Pālitāna *Inde* **51C4**
Palk (Dt de)
Inde et Sri L. **53B3**
Pallasovka *Russie* **31G3**
Pallastunturi (Mgne)
Finl. **12J5**
Palliser (Baie) *N.-Z.* **73B2**
Palliser (Cap) *N.-Z.* **73C2**
Palm (Iles) *Austr.* **71D2**
Palma *Moz.* **67D2**
Palma de Majorque
Esp. **19C2**

Palma de Majorque

Palma (La) [Ile] Perušic

Palma (La) [Ile] Canaries 62A2
Palmares Br. 91D3
Palmar Sur C.R. 88A5
Palmas (Cap) Liberia 63B4
Palmas (Las) Canaries 62A2
Palma Soriano Cuba 88B2
Palmeira dos Indos Br. 91D3
Palmer É.-U. 78D3
Palmer (Station) Antarct. 96C3
Palmer (Arch. de) Antarct. 96C3
Palmer (Péninsule de) Antarct. 96B3
Palmerston N.-Z. 73B3
Palmerston North N.-Z. 72C2
Palmi It. 21C3
Palmira Col. 92B3
Palm Springs É.-U. 83B3
Palmyras Pt Inde 52B1
Palmyre = Tadmor
Paloh Indon. 45D5
Paloích Soud. 65D1
Palopo Indon. 38D4
Palos (C. de) Esp. 19B2
Palu Indon. 38C4
Palu Turq. 55C2
Palwal Inde 50D3
Pama Burk. 63C3
Pamekasan Indon. 38C4
Pamiers Fr. 4C3
Pamir Ch. et Russie 48B2
Pamir (R.) Russie 33J6
Pamlico (Détroit de) É.-U. 81C3
Pampa É.-U. 83C3
Pampa (La) [Prov.] Arg. 95C3
Pampa (La) [Rég.] Arg. 95D3
Pampelune Esp. 19B1
Pamplona Col. 92C2
Panagyurishte Bulg. 22B2
Panaji Inde 53A1
Panamá (Rép.) Am. centr. 92A2
Panamá (Canal de) Pan. 88B5
Panama City É.-U. 81B3
Panamá (G. de) Pan. 87E4
Panamá (ville) Pan. 92B2
Panay (Ile) Phil. 39D2
Pancevo Youg. 22B2
Pandan Phil. 39D2
Pandharpur Inde 53B1
Panevezys Lit. 26C1
Panfilov Kaz. 33K5
Pang (R.) Birm. 44B1
Pangani Tanz. 65D3
Pangi Zaïre 64C3
Pangkalpinang Indon. 38B4
Pangnirtung Can. 76D3
Pangtara Birm. 44B1
Panipat Inde 50D3
Panjao Afgh. 50B2
Panjgur Pak. 57D4
Panmunjom Corée du N. 42B3
Panna Inde 52A2
Pantelleria (Ile) It. 21B3
Pantin Fr. 10
Pan Xian Ch. 41A4
Paola It. 21C3
Paoli É.-U. 84A3
Papa H. 27B3
Papagaya (G. de) Nic. 87D3
Papagayo (G. de) C.R. 87D3
Papakura N.-Z. 72B1
Papantla Mex. 86C2
Papara Polyn. Fr. 11
Papatoetoe N.-Z. 72B1
Papeete Polyn. Fr. 11
Papouasie [Rég.] P.-N.-G. 39F4
Papouasie (Golfe de) P.-N.-G. 71D1
Papouasie-Nouvelle-Guinée Oc. 39F4
Papun Birm. 44B2
Pâques (Ile de) Chili 69L5
Para (État) Br. 93G4
Pará (R.) Br. 91B2
Paraburdoo Austr. 70A3
Paracas (Pén de) Pér. 92B6
Paracatu Br. 91B5
Paracel ou Paracels (Iles) Asie 44E2
Parachinar Pak. 50C2
Paracin Youg. 22B2
Paraguá (R.) Bol. 93E6
Paragua (R.) Ven. 93E2
Paraguai (R.) Br. 94E2
Paragua (La) Ven. 93E2
Paraguari Par. 94E4
Paraguay (Rép.) Am. du S. 94E3
Paraguay (R.) Par. 94E3
Paraíba (État) Br. 91D3
Parakou Bénin 63C4
Paramakkudi Inde 53B3
Paramaribo Sur. 93F2
Paraná (État) Br. 94F3
Paraná (R.) Arg. 95E2
Paranã (R.) Br. 91B4
Paranaguá Br. 94G4
Paranaíba (R.) Br. 94F2
Paranapanema (R.) Br. 94F3
Paranavai Br. 94F3
Paraparaumu N.-Z. 72B2
Parbhani Inde 53B1
Pardes Hanna Isr. 58B2
Pardubice Rép. Tch. 27B2
Parece Vela (Récif) O. Pacifique 37F4
Parecis (Serra dos) Br. 93E6
Parent Can. 80C2
Parepare Indon. 38C4
Paria (G. de) Ven. 93E1
Pariaman Indon. 45C6
Paria (Pén) de Ven. 93E1
Parima (Serra) Br. 93E3
Paris É.-U. 84B3
Paris Fr. 4C2
Parkersburg É.-U. 84B3
Park Forest É.-U. 84A2
Parli Inde 53B1
Parma É.-U. 84B2
Parme It. 20B2
Parnaiba Br. 91C2
Parnaiba (R.) Br. 91C2
Parnasse (Mont) Gr. 23E3
Parnon (Mt) Gr. 23E3
Pärnu Est. 30B2
Paro Bhoutan 52B1
Paroo (R.) Austr. 71D3
Paropamisus (Mgnes) Afgh. 56D3
Páros (Ile) Gr. 23C3
Parras Mex. 83C4
Parry (Baie) Can. 76B3
Parry (Cap) Can. 76C2
Parry (Iles) Can. 78G2
Parry Sound Can. 84B1
Parsberg All. 25C3
Parsnip (R.) Can. 79F4
Parsons É.-U. 81A3
Parsons É.-U. 84C3
Parthenay Fr. 4B2
Partinico It. 21B3
Partizansk Russie 42C2
Paru (R.) Br. 93G4
Parys Afr. du S. 66B3
Pasadena É.-U. 83B3
Pasawing Birm. 44B2
Paşcani Roum. 22C1
Pas-de-Calais (Dép.) Fr. 6C1
Pas de Calais Fr. et G.-B. 17E4
Pasewalk All. 12G8
Pashū'iyeh Iran 57C4
Pasley (C.) Austr. 70B4
Pasni Pak. 57D4
Paso de los Toros Ur. 95E2
Paso Limay Arg. 95B4
Passau All. 25C3
Passo de los Libres Arg. 94E4
Passo Fundo Br. 94F4
Passos Br. 91B6
Pastaza (R.) Pér. 92B4
Pas (The) Can. 79H4
Pasto Col. 92B3
Pasvalys Lit. 26C1
Patagonie Arg. 95B6
Pātan Inde 51C4
Patan Népal 52B1
Patea N.-Z. 72B1
Patea (R.) N.-Z. 72B1
Paterno It. 21B3
Paterson É.-U. 85D2
Paterson Inlet (Baie) N.-Z. 73A3
Pathankot Inde 50D2
Patiāla Inde 50D2
Pativilca Pér. 92B6
Pátmos (Ile) Gr. 23C3
Patnā Inde 52B1
Patnos Turq. 55D2
Patomskoye Nagor'ye (Hauteurs) Russie 29D2
Patos Br. 91D3
Patos de Minas Br. 91B5
Patos (Lagune dos) Br. 95F2
Patras Gr. 23E3
Patta (Ile) K. 65E3
Pattani Th. 45C4
Patu Br. 91D3
Patuakhali Bangl. 52C2
Patuca (R.) Hond. 87D3
Pau Fr. 4B3
Paulatuk Can. 78F3
Paulistana Br. 91C3
Paulo Afonso (Chutes de) Br. 91D3
Paulpietersburg Afr. du S. 67H1
Paungde Birm. 44B2
Pauri Inde 50D2
Pauskie Norv. 12H5
Pavie It. 20A1
Pavlodar Kaz. 33J4
Pavlovich Russie 29E2
Pavlovka Russie 31J2
Pavlovo Russie 31F2
Pavlovsk Russie 31F3
Pawan (R.) Indon. 45E6
Payakumbuh Indon. 45C6
Payne (L.) Can. 77C4
Paysandú Ur. 95E2
Pays-Bas Europe 24B2
Pazardzik Bulg. 22B2
Paz (La) Arg. 95E2
Paz (La) Bol. 94C2
Peace (R.) Can. 79G4
Peace River Can. 79G4
Peak District (Parc nat.) G.-B. 16D3
Peak (The) G.-B. 16D3
Pearl (R.) É.-U. 81B3
Peary Channel (Détroit) Can. 78H2
Pebane Moz. 67C2
Peć Youg. 22B2
Pechenga Russie 12L5
Pecoraro (Mgne) It. 21C3
Pecos É.-U. 83C3
Pecos (R.) É.-U. 83C3
Pecq (Le) Fr. 10
Pécs H. 27B3
Pedro Cays (Iles) M. des Antilles 88B3
Pedro de Valdivia Chili 94C3
Pedro Juan Caballero Par. 94E3
Pedro (Pointe) Sri L. 53C3
Peebles G.-B. 16C2
Peekskill É.-U. 85D2
Peel G.-B. 16B2
Peel (R.) Can. 78E3
Peel Sound Can. 78J2
Pegasus (B. de) N.-Z. 73B2
Pegu Birm. 44B2
Pegu Yoma (Mgnes) Birm. 44B2
Pehuajó Arg. 95D3
Peint (Désert) É.-U. 83B3
Pei Xian Ch. 40D3
Pekan Mal. 45C5
Pekanbaru Indon. 45C5
Pékin Ch. 40D2
Pelabohan Kelang Mal. 45C5
Peleaga (Mgne) Roum. 22B1
Peleduy Russie 29D2
Pelee (I.) Can. 84B2
Pelée (Montagne) Mart. 11
Peleng (Ile) Indon. 39D4
Pello Finl. 12J5
Pelly (R.) Can. 78E3
Pelly Bay Can. 76A3
Pelly (Mts) Can. 78E3
Péloponnèse Gr. 23E3
Pelotas Br. 95F2
Pelotas (R.) Br. 94F4
Pelvoux (Massif du) Fr. 5D2
Pematang Indon. 45C6
Pematangsiantar Indon. 45B5
Pemba Moz. 67D2
Pemba (Baie de) Moz. 67D2
Pemba (Ile) Tanz. 65D3
Pembroke Can. 85C1
Pembroke G.-B. 17B4
Peñarroya Esp. 18A2
Penarroya (Mgne) Esp. 19B1
Peñas (Cap de) Esp. 18A1
Peñas (G. de) Chili 95B5
Peña Trevina (Mgne) Esp. 18A1
Pende (R.) Tchad 64B2
Pendjab (État) Inde 50D2
Pendjab (Prov.) Pak. 50C2
Pendleton É.-U. 82B2
Penedo Br. 91D4
Penganga (R.) Inde 51D5
Penghu (Iles) Taïwan 41D5
Penglai Ch. 40E2
Pengshui Ch. 41B4
Penner (R.) Inde 53B2
Pennines G.-B. 16C2
Pennsylvanie (État) É.-U. 80C2
Penny Highlands (Mgnes) Can. 76D3
Penong Austr. 70C4
Penonomé Pan. 88A5
Penrhyn (Ile) Polyn. Fr. 11
Penrith G.-B. 16C2
Pensacola É.-U. 81B3
Pensacola (Monts) Antarct. 96A
Penticton Can. 82B2
Pentland Hills G.-B. 16C2
Penza Russie 31G3
Penzance G.-B. 17B4
Peoria É.-U. 80B2
Perak (R.) Mal. 45C5
Perawang Indon. 45C5
Perche Fr. 6C2
Pereira Col. 92B3
Perelazovskiy Russie 31F4
Pergamino Arg. 95D2
Peribonca (R.) Can. 77C4
Périgord Fr. 7C2
Périgueux Fr. 4C2
Perlas (Arch. de Las) Pan. 92B2
Perlas (Lac de) Nic. 92A1
Perlas (Lagune de) Nic. 88A4
Perm Russie 31J2
Pernambuco (État) Br. 91D3
Pernik Bulg. 22B2
Pérou Am. du S. 92C6
Pérouse It. 20B2
Perpignan Fr. 4C3
Perreux-sur-Marne (Le) Fr. 10
Perry River Can. 78H3
Perrysburg É.-U. 84B2
Persique (Golfe) Asie 46D3
Perth Austr. 70A4
Perth Can. 85C2
Perth G.-B. 14C2
Perušic Cr. 20C2

Pervari Turq. 55D2
Pervomaysk Ukr. 30D4
Pervomaysk Russie 31F3
Pervoural'sk Russie 31J2
Pesaro It. 20B2
Pescadores = Penghu
Pesca (La) Mex. 83D4
Pescara It. 20B2
Peshawar Pak. 50C2
Peshkopi Alb. 22B2
Peshtigo É.-U. 84A1
Pestovo Russie 30E2
Petacalco (Bahia de) Mex. 86B3
Petah-Tikva Isr. 58B2
Petauke Zambie 67C2
Petchora (R.) Russie 32G3
Petchora (Mer de La) Russie 32G3
Peterborough Austr. 70C4
Peterborough Can. 85C2
Peterborough G.-B. 17D3
Peterhead G.-B. 14C2
Petermann (Glacier de) Groenl. 76D1
Petermann Range Austr. 70B3
Peteroa (Mgne) Arg. et Chili 95B3
Petersburg É.-U. 79E4
Petersburg É.-U. 81C3
Petit-Bourg Guadeloupe 11
Petit-Canal Guadeloupe 11
Petite-Île Réunion 11
Petite-Terre (Îles de la) Guadeloupe 11
Petlâd Inde 51C4
Peto Mex. 87D2
Petoskey É.-U. 84B1
Petra Velikogo (Golfe) Russie 42C2
Petrolina Br. 91C3
Petrópolis Br. 91C6
Petrovadovsk Russie 32E3
Petrovsk Russie 31G3
Petrovsk Zabaykal'skiy Russie 36C1
Petrozavodsk Russie 32E3
Petrus Steyn Afr. du S. 67G1
Petrusburg Afr. du S. 67G1
Pforzheim All. 25B3
Phagwara Inde 50D2
Phalodi Inde 51C3
Phaltan Inde 53A1
Phangnga Th. 45B4
Phan Rang V. 44D3
Phan Thiet V. 44D3
Phenix City É.-U. 81B3
Phet Buri Th. 44B3
Phiafay Laos 44D3
Philadelphie É.-U. 85C3
Philippines Asie 39D2
Philippines (Fosse des) O. Pacifique 68E3
Philippines (Mer des) O. Pacifique 39D2
Philipsburg É.-U. 85C2
Philip Smith (Mts) É.-U. 78D3
Phillips (Baie) Can. 76B1
Philpots (Péninsule) Can. 76B2
Phnom Penh Camb. 44C3
Phoenix É.-U. 83B3
Phoenix (Îles) O. Pacifique 69H4
Phong Saly Laos 44C1
Phong (Mgne) Laos 44C2
Phu Cuong V. 44D3
Phuket Th. 45B4
Phuket (Île) Th. 45B4
Phulbāni Inde 52A2
Phu Miang (Mgne) Th. 44C2
Phu Quoc (I.) V. 45C3
Phu Set (Mgne) Laos 44D2
Phu Tho V. 44D1
Phu Vinh V. 45D4
Phyäselkä (Lac) Finl. 12K6

Pianosa (Île) It. 20B2
Pianosa (Île) It. 20C2
Piaseczno Pol. 26C2
Piatra-Neamt Roum. 22C1
Piaui (État) Br. 91C3
Piave (R.) It. 20B1
Pibor (R.) Soud. 65D2
Pibor Post Soud. 65D2
Picardie (Rég.) Fr. 6C2
Pichilemu Chili 95B2
Pickering G.-B. 16D2
Pickle Lake Can. 77A4
Pico (Île) Açores 62A1
Picos Br. 91C3
Picton N.-Z. 73B2
Pidurutalagala (Pic) Sri L. 53C3
Piedras Negras Mex. 86B2
Pieksämäki Finl. 12K6
Pielinen (Lac) Finl. 12K6
Piemont It. 20A1
Pierre É.-U. 82C2
Pierre 1er (I.) Antarct. 96C4
Pierrelaye Fr. 10
Piestany Slovaquie 27B3
Pietermaritzburg Afr. du S. 66C3
Pietersburg Afr. du S. 66B3
Piet Retief Afr. du S. 66C3
Pietrosu (Mgne) Roum. 30B4
Pietrosul (Mgne) Roum. 22C1
Pigailon (Île) O. Pacifique 39F3
Pikangikum (Lac) Can. 77A4
Pikes (Pic) É.-U. 82C3
Piketberg Afr. du S. 66A4
Pikintaleq Groenl. 76F3
Pikounda Congo 66B2
Pila Pol. 26B2
Pilar Arg. 94E4
Pilcomayo (R.) Arg. et Par. 94D3
Pilibhit Inde 50D3
Pilica (R.) Pol. 27B2
Pilos Gr. 23E3
Pimenta Br. 93F4
Pinang (Île) Mal. 45C4
Pinar del Rio Cuba 88A2
Pindaré (R.) Br. 91B2
Pinde Gr. 23E3
Pine Bluff É.-U. 81A3
Pine Creek Austr. 70C2
Pingdingshan Ch. 40C3
Pingguo Ch. 41B5
Pingliang Ch. 40B2
Pingluo Ch. 40B2
Pingnan Dao (Île) Ch. 41D4
Pingtung Taiwan 41E5
Pingwu Ch. 40A3
Pingxiang Ch. 41B5
Pingxiang Ch. 41C4
Pinheiro Br. 91B2
Pini (Île) Indon. 45B5
Píniós (R.) Gr. 23E3
Pinjarra Austr. 70A4
Pinrang Indon. 38C4
Pins (I. des) = Jeunesse (I. de la)
Pins (Île des) N.-C. 71F3
Pinsk Russie 30C3
Pinyug Russie 31G1
Pioche É.-U. 82B3
Piombino It. 20B2
Piórsá Isl. 76H3
Piotrków Trybunalski Pol. 27B2
Pipmuacan (Rés.) Can. 80C2
Piqua É.-U. 84B2
Piracicaba Br. 94G3
Pirae Polyn. Fr. 11
Pirapora Br. 91B5
Pirates (Côte des) G. Persique 57B5
Pirenópolis Br. 91B5
Piripiri Br. 91C2
Pirmasens All. 25B3

Pirot Youg. 22B2
Pir Panjāl Range Pak. 50C2
Piru Indon. 39D4
Pisco Pér. 92B6
Pise It. 20B2
Písek Rép. Tch. 25C3
Pishin Pak. 50B2
Pissis (Mgne) Arg. 94C4
Pistoia It. 20B2
Pisuerga (R.) Esp. 18B1
Pitalito Col. 92B3
Pitcairn (Île) O. Pacifique 69K5
Pite (R.) Suède 12H5
Piteå Suède 12J5
Pitești Roum. 22B2
Pit Gorodok Russie 29B2
Pithiviers Fr. 4C2
Pitkyaranta Russie 12L6
Pitlochry G.-B. 14C2
Pitt (I.) Can. 79F4
Pittsburg É.-U. 81A3
Pittsburgh É.-U. 84C2
Pittsfield É.-U. 85D2
Piuthan Népal 52A1
Pjórsá Isl. 12B2
Pjura Pér. 92A5
Plaine-des-Cafres (La) Réunion 11
Plaine-des-Palmistes (La) Réunion 11
Plaines (Hautes) Alg. 62B1
Plainview É.-U. 83C3
Plaisance It. 20A1
Plaisance (Baie de) Can. 77E5
Plasencia Esp. 18A1
Plast Russie 31K3
Plastun Russie 37F2
Plata (La) Arg. 95E2
Plato Col. 88C5
Platte (R.) É.-U. 82C2
Plattsburgh É.-U. 85D2
Plauen All. 25C2
Plavsk Russie 30E3
Playas Éq. 92A4
Plaza de Moro Almanzor (Mgne) Esp. 18A1
Pleasantville É.-U. 85D3
Pleasure Ridge Park É.-U. 84A3
Pleiku V. 44D3
Plenty (Baie de) [Golfe] N.-Z. 72C1
Plessis-le-Roi Fr. 10
Plessis-Robinson (Le) Fr. 10
Pleszew Pol. 26B2
Pletipi (L.) Can. 77C4
Pleven Bulg. 22B2
Plevlja Youg. 22A2
Ploče Bosnie 20C2
Plock Pol. 26B2
Ploërmel Fr. 4B2
Ploiești Roum. 22C2
Płońsk Pol. 30B3
Plovdiv Bulg. 22B2
Pluie (Lac a la) Can. 77A5
Plumas (Las) Arg. 95C4
Plumtree Zimb. 66B3
Plymouth É.-U. 84A2
Plymouth É.-U. 85C2
Plymouth G.-B. 17B4
Plymouth Sound G.-B. 17B4
Plynlimon (Mgne) G.-B. 17C3
Plzeň Rép. Tch. 25C3
Pniewy Pol. 26B2
Po Burk. 63B3
Pô (R.) It. 20A2
Pobé Bénin 63C4
Pobedino Russie 37G2
Pobedy (Pic) Ch. et Kaz. 33K5
Pocomoke City É.-U. 85D3
Pocos de Caldas Br. 91B6
Podgorica Youg. 22A2
Podolie (Hauteurs de) Ukr. 27D3
Podolsk Russie 30E2
Podporozh'ye Russie 30C1

Podyuga Russie 31F1
Pofadder Afr. du S. 66A3
Pohang Corée du S. 42B3
Poinsett (Cap) Antarct. 96C9
Pointe-à-Pitre Guadeloupe 89E3
Pointe-Noire Congo 64B3
Pointe-Noire Guadeloupe 11
Point Fortin Trinité 89L1
Point Hope É.-U. 78B3
Point (Lac) Can. 78G3
Point Lay É.-U. 78B3
Point Pleasant É.-U. 84B3
Poissy Fr. 10
Poitiers Fr. 4C2
Poitou Fr. 4B2
Poitou-Charentes (Rég.) Fr. 7B2
Pokaran Inde 51C3
Pokhara Népal 52A1
Pokrovsk Russie 31G3
Polatli Turq. 54B2
Polatli Turq. 54B2
Pôle Magnétique Antarct. 96C8
Pôle Magnétique Nord Can. 1B4
Pôle Nord Arct. 1A
Pôle Sud Antarct. 96A
Poli Cameroun 64B2
Policastro (G. di) It. 21C3
Polillo (Îles) Phil. 39D2
Poliny Osipenko Russie 37F1
Poliviros Gr. 23B2
Pollachi Inde 53B2
Pollino (Monte) It. 21C3
Pollux (Mt) N.-Z. 73A2
Pologne Europe 26B2
Polonnyya Ukr. 27D2
Polotsk Russie 26D1
Poltava Russie 30D4
Pôlten Autr. 20C1
Polyarnyy Russie 12L5
Polynésie O. Pacifique 69H3
Polynésie Française O. Pacifique 11
Pomabamba Pér. 92B5
Pompéi It. 21B2
Ponca City É.-U. 83D3
Ponce Porto Rico 89D3
Pondichéry Inde 53B2
Pont Inlet Can. 76C2
Ponferrada Esp. 18A1
Pongara (Pte) Gabon 64A2
Pongo (R.) Soud. 64C2
Pongola Afr. du S. 67H1
Ponnani Inde 53B2
Ponnya (Monts) Birm. 52C2
Ponoy Russie 32F3
Pons Fr. 4B2
Ponta Delgada Açores 62A1
Ponta Grossa Br. 91A6
Ponta Pora Br. 94E3
Pontarlier Fr. 5D2
Pontault-Combault Fr. 10
Pontedera It. 20B2
Ponte-Leccia Fr. 20A2
Ponte Nova Br. 91C6
Pontevedra Esp. 18A1
Ponthierry Fr. 10
Pontiac É.-U. 84B2
Pontianak Indon. 45D6
Pontique (Chaîne) Turq. 54C1
Pontivy Fr. 4B2
Pontoise Fr. 4C2
Pontypool G.-B. 17C4
Pontypridd G.-B. 17C4
Ponziane (Isola) It. 21B2
Poole G.-B. 17D4
Poona = Pune
Poopó (Lac) Bol. 94C2
Poorman É.-U. 78C3
Popayán Col. 92B3
Popelita Pér. 71D1
Popocatepetl Mex. 86C3
Popokabaka Zaïre 64B3

Popondetta

Popondetta *P.-N.-G.*	39F4
Popovo *Bulg.*	22C2
Porbandar *Inde*	51B4
Porcupine (R.) *É.-U.*	78D3
Poreč *Cr.*	20B1
Pori *Finl.*	13J6
Porirua *N.-Z.*	73B2
Porjus *Suède*	12H5
Poronaysk *Russie*	37G2
Porosozero *Russie*	12L6
Porsangen (Baie) *Norv.*	12K4
Porsgrunn *Norv.*	12F7
Portadown *Irl. du N.*	15B3
Portage La Prairie *Can.*	79H4
Port Alberni *Can.*	79F5
Portalegre *Port.*	18A2
Portales *É.-U.*	83C3
Port Alfred *Afr. du S.*	66B4
Port Alfred *Can.*	77C5
Port Alice *Can.*	79F4
Port Angeles *É.-U.*	82A2
Port Antonio *Jam.*	88B3
Port Arthur *É.-U.*	81A4
Port Augusta *Austr.*	70C4
Port-au-Prince *Haïti*	88B3
Port Austin *É.-U.*	84B2
Port-aux-Basques *Can.*	77E5
Port Canning *Inde*	52B1
Port-Cartier *Can.*	77D5
Port Chalmers *N.-Z.*	73B3
Port Colborne *Can.*	85C2
Port-Cros *Fr.*	9B3
Port-de-Paix *Haïti*	88C3
Port Dickson *Mal.*	45C5
Port Edward *Afr. du S.*	66B4
Porteirinha *Br.*	91C5
Port Elgin *Can.*	84B2
Port Elizabeth *Afr. du S.*	66B4
Porter (Pte) *St-Vincent*	89N2
Portes de Fer *Youg.*	22B2
Port Fairy *Austr.*	71D4
Port Gentil *Gabon*	64A3
Port Harcourt *Nig.*	63C4
Port Hardy *Can.*	79F4
Port Hawkesbury *Can.*	77D5
Port Hedland *Austr.*	70A3
Porthmadog *G.-B.*	17B3
Port Hope Simpson *Can.*	77E4
Port Huron *É.-U.*	84B2
Portimão *Port.*	18A2
Portland *É.-U.*	71D4
Portland *É.-U.*	80C2
Portland *É.-U.*	84B2
Portland (I.) *N.-Z.*	72C1
Portland Bight (Baie) *Jam.*	89H2
Portland Bill (Pointe) *G.-B.*	17C4
Portland (Pte) *Jam.*	89H2
Port Laoise *Irl.*	15B3
Port (Le) *Réunion*	11
Port Lincoln *Austr.*	70C4
Port Loko *S. L.*	63A4
Port-Louis *Guadeloupe*	11
Port Louis *Maurice*	66E3
Port Macquarie *Austr.*	71E4
Port Moresby *P.-N.-G.*	71D1
Port Nolloth *Afr. du S.*	66A3
Porto *Port.*	18A1
Porto Alegre *Br.*	94F5
Porto Alexandre *Ang.*	66A2
Porto Amélies *Moz.*	65D5
Pôrto Artur *Br.*	93F6
Pôrto E Cunha *Br.*	94F3
Portoferraio *It.*	20B2
Port of Spain *Trinité*	89E4
Porto Murtinho *Br.*	94E3
Porto Novo *Bénin*	63C4
Porto Rico *Antilles*	89D3
Porto Rico (Fosse de) *M. des Antilles*	89D3
Porto Santo (Ile) *Madère*	62A1

Pôrto Seguro *Br.*	91D5
Porto Torres *It.*	21A2
Porto-Vecchio *It.*	21A2
Porto Velho *Br.*	93E5
Port Pegasus *N.-Z.*	73A3
Port Pirie *Austr.*	70C4
Portree *G.-B.*	14B2
Port Royal *Jam.*	89J2
Port Royal Sound *É.-U.*	81B3
Port-Saïd *Ég.*	54A3
Port St John's *Afr. du S.*	66B4
Port Saunders *Can.*	77E4
Port Shepstone *Afr. du S.*	66C4
Portsmouth *Dominique*	89Q2
Portsmouth *É.-U.*	81C3
Portsmouth *É.-U.*	84B3
Portsmouth *G.-B.*	17D4
Port Sudan *Soud.*	59C3
Porttipahdan Tekojärvi (Rés.) *Finl.*	12K5
Portugal *Europe*	18A2
Port Washington *É.-U.*	84A2
Port Weld *Mal.*	45C5
Porvenir *Bol.*	92D5
Posadas *Arg.*	94E4
Posadas *Esp.*	18A2
Posht-e Badam *Iran*	56C3
Poso *Indon.*	39D4
Possession (La) *Réunion*	11
Postavy *Biél.*	26D1
Post Clinton *É.-U.*	84B2
Poste-de-la-Baleine *Can.*	77C4
Postmasburg *Afr. du S.*	66B3
Postojna *Sl.*	20B1
Pos'yet *Russie*	42C2
Potchefstroom *Afr. du S.*	66B3
Potenza *It.*	21C2
Potgietersrus *Afr. du S.*	66B3
Potiskum *Nig.*	63D3
Potomac (R.) *É.-U.*	85C3
Potosí *Bol.*	94C2
Potrerillos *Chili*	94C4
Potsdam *All.*	24C2
Pottstown *É.-U.*	85C2
Pottsville *É.-U.*	85D2
Pouillé (Rég.) *It.*	21C2
Poverty (Baie) *N.-Z.*	72C1
Povorino *Russie*	31F3
Povungnituk *Can.*	77C4
Powder (R.) *É.-U.*	82C2
Powell Creek *Austr.*	70C2
Powell (Lac) *É.-U.*	83B3
Powell River *Can.*	79F5
Powys (Comté) *G.-B.*	17C3
Poyang (Lac) *Ch.*	41D4
Pozanti *Turq.*	54C2
Poza Rica *Mex.*	86C2
Pozo Colorado *Par.*	94E3
Pozzuoli *It.*	21B2
Pra (R.) *Gh.*	63B4
Prachin Buri *Th.*	44C3
Prachuap Khiri Khan *Th.*	44B3
Praded (Mgne) *Rép. Tch.*	27B2
Pradelles *Fr.*	5C3
Prades *Fr.*	4C3
Prague *Rép. Tch.*	25C2
Praha = Prague	
Praia *Cap - Vert*	63A4
Prainha *Br.*	93F5
Prakhon Chai *Th.*	44C3
Prato *It.*	20B2
Pratt *É.-U.*	83D3
Prawle Pt *G.-B.*	4B1
Prêcheur (Le) *Mart.*	11
Predivinsk *Russie*	29B2
Pregolou (R.) *Russie*	26C2
Prek Kak *Camb.*	44D3

Prenzlau *All.*	24C2
Preparis North Chan *Birm.*	44A2
Prerov *Slovaquie*	27B3
Prescott *Can.*	85C2
Prescott *É.-U.*	83A3
Presidencia Roque Sáenz Peña *Arg.*	94D4
Presidente Epitácio *Br.*	94F3
Presidente Prudente *Br.*	94F3
Presidenté Vargas *Br.*	94F3
Prešov *Slov.*	27C3
Prespan (Lac de) *Mac.*	23B2
Presque Isle *É.-U.*	80D2
Preston *É.-U.*	82B2
Preston *G.-B.*	16C3
Prestwick *G.-B.*	16B2
Prêto *Br.*	91B6
Pretoria *Afr. du S.*	66B3
Préveza *Gr.*	23E3
Prey Veng *Camb.*	44D3
Price *É.-U.*	82B3
Prichernomorskaya Nizmennost' (Plaine) *Ukr.*	30D4
Prickly (Pte) *Grenade*	89M2
Priekule *Lit.*	26C1
Prieska *Afr. du S.*	66B3
Prikaspiy (Plaine de) *Kaz.*	31G4
Prilep *Mac.*	23B2
Priluki *Ukr.*	30D3
Primorsk *Russie*	13K6
Primorsko-Akhtarsk *Russie*	30E4
Prince Albert *Can.*	79H4
Prince-Albert (Baie du) *Can.*	78G2
Prince-Albert (Cap) *Can.*	78F2
Prince-Albert (Pén. du) *Can.*	78G2
Prince-Charles (Ile du) *Can.*	76C3
Prince-Charles (Mts du) *Antarct.*	96C10
Prince-de-Galles *Can.*	78G2
Prince-de-Galles (Ile du) *Austr.*	39F5
Prince-de-Galles (Ile du) *Can.*	78H2
Prince-de-Galles (Ile du) *É.-U.*	79E4
Prince-Édouard (Ile et prov. du) *Can.*	77D5
Prince George *Can.*	79F4
Prince-Gustave-Adolphe (Mer du) *Can.*	78H2
Prince-Patrick (Ile du) *Can.*	78F2
Prince Regent Inlet (Détroit) *Can.*	76A2
Prince Rupert *Can.*	79E4
Princesse-Astrid (Terre de la) *Antarct.*	96B12
Princesse-Charlotte (Baie de la) *Austr.*	71D2
Princesse Ragnhild (Terre de la) *Antarct.*	96B12
Princes Town *Trinité*	89L1
Princeton *É.-U.*	85D2
Prince William Sound *É.-U.*	78D3
Principe (Ile) *Afr.*	63C4
Prins Christian Sund (Baie) *Groenl.*	76F3
Prins Karls Forland (Ile) *O. Arctique*	32C2
Prinzapolca *Nic.*	87D3
Priozerzk *Russie*	12L6
Pripiat (R.) *Biél.*	26D2
Priština *Youg.*	22B2
Pritzwalk *All.*	24C2
Privas *Fr.*	9A3
Prizren *Youg.*	22B2
Probolinggo *Indon.*	38C4

Pugachev

Procatello *É.-U.*	79G5
Proddatür *Inde*	53B2
Progreso *Mex.*	87D2
Prokhladnyy *Russie*	31F5
Prokop'yevsk *Russie*	29A2
Proletarskaya *Russie*	31F4
Prome *Birm.*	44B2
Propriá *Br.*	91D4
Propriano *Fr.*	9B3
Prosperine *Austr.*	71D3
Prostějov *Rép. Tch.*	27B3
Prøven *Groenl.*	76E2
Provence *Fr.*	5D3
Provence-Alpes-Côte d'Azur (Rég.) *Fr.*	9B3
Providence *É.-U.*	85D2
Providencia (Ile) *Col.*	92A1
Provideniya *Russie*	78A3
Provins *Fr.*	5C2
Provo *É.-U.*	82B2
Provost *Can.*	79G4
Prudhoe Bay *É.-U.*	78D2
Prudhoe Land *Groenl.*	76D2
Pruszkow *Pol.*	26C2
Prut (R.) *Roum. et Mold.*	27D3
Pruzhany *Biél.*	26C2
Przemyśl *Pol.*	27C3
Psará (Ile) *Gr.*	23C3
Pskov *Russie*	30C2
Ptich (R.) *Biél.*	26D2
Ptolemais *Gr.*	23B2
Pucallpa *Pér.*	92C5
Pucheng *Ch.*	41D4
Pudasjärvi *Finl.*	12K5
Pudukkottai *Inde*	53B2
Puebai de Trives *Esp.*	18A1
Puebla *Mex.*	86C3
Puebla de Sanabria *Esp.*	18A1
Pueblo *É.-U.*	83C3
Puerta Aguja *Pér.*	92A5
Puerta Coles *Pér.*	94B2
Puerta Gallinas *Col.*	92C1
Puerta Mariato *Pan.*	92A2
Puerto Aisén *Chili*	95B5
Puerto Armuelles *Pan.*	87B2
Puerto Asis *Col.*	92B3
Puerto Ayacucho *Ven.*	92D2
Puerto Barrios *Guat.*	87D3
Puerto Berrio *Col.*	92C2
Puerto Cabello *Ven.*	92D1
Puerto Cabezas *Nic.*	87D3
Puerto Carreño *Ven.*	92D2
Puerto Cavezas *Nic.*	92A1
Puerto Cortes *C.R.*	87D4
Puerto Cortés *Hond.*	87D3
Puerto del Rosario *Canaries*	62A2
Puerto del Sta Maria (El) *Esp.*	18A2
Puerto E Cunha *Br.*	94F3
Puerto Fijo *Ven.*	92C1
Puerto Franco *Br.*	91B3
Puerto Heath *Bol.*	92D5
Puerto Juarez *Mex.*	87D2
Puerto la Cruz *Ven.*	93E1
Puertollano *Esp.*	18B2
Puerto Lopez *Col.*	89C4
Puerto Madryn *Arg.*	95D4
Puerto Maldonado *Pér.*	92D5
Puerto Montt *Chili*	95B4
Puerto Murtinho *Br.*	94E3
Puerto Natales *Chili*	95B6
Puerto Peñasco *Mex.*	86A1
Puerto Pirámides *Arg.*	95D4
Puerto Plata *Dom. (Rép.)*	89C3
Puerto Presidente Stroessner *Par.*	94F4
Puerto Princesa *Phil.*	38C3
Puerto Rico *Col.*	92B3
Puerto Santanga *Br.*	93G4
Puerto Suárez *Bol.*	94E2
Puerto Vallarta *Mex.*	86B2
Puerto Varas *Chili*	95B4
Puerto Villarroel *Bol.*	94D2
Pugachev *Russie*	31G3

142

Pugal

Pugal *Inde* 50C3
Puigcerdá *Esp.* 19C1
Pukaki (Lac) *N.-Z.* 73B2
Puka-Puka (Ile) *Polyn. Fr.* 11
Pukchong *Corée du N.* 42B2
Pukekohe *N.-Z.* 72B1
Puketeraki Ra. (Massif) *N.-Z.* 73B2
Pula *Croatie* 20B2
Pulaski *É.-U.* 85C2
Pulautel *Indon.* 45B6
Pulawy *Pol.* 27C2
Pulicat (Lac) *Inde* 53C2
Pul-i-Khumri *Afgh.* 50B1
Puliyangudi *Inde* 53B3
Pullman *É.-U.* 82B2
Pulo Anna Merir (Ile) *O. Pacifique* 39E3
Pulozero *Russie* 12L5
Pultusk *Pol.* 26C2
Puná (Ile) *Éq.* 92A4
Punaauia *Polyn. Fr.* 11
Punakha *Bhoutan* 52B1
Punch *Pak.* 50C2
Pune *Inde* 53A1
Punia *Zaïre* 64C3
Punitaqui *Chili* 95B2
Puno *Pér.* 94B2
Punta Alta *Arg.* 95D3
Punta Arenas *Chili* 95B6
Punta (Cerro de) *Porto Rico* 89D3
Punta del Este *Ur.* 95F2
Punta Gorda *Belize* 87D3
Puntarenas *C.R.* 92A1
Puqi *Ch.* 41C4
Purace (Volcan) *Col.* 92B3
Puri *Inde* 52B1
Purísima (La) *Mex.* 83B4
Pùrnia *Inde* 53B1
Pùrnia *Inde* 52B1
Pursat *Camb.* 44C3
Purus (R.) *Br.* 93E4
Purwokerto *Indon.* 38B4
Pusad *Inde* 51D5
Pùsan *Corée du S.* 42B3
Pushkin *Russie* 30D2
Pustoshka *Russie* 26D1
Putao *Birm.* 52D1
Putaruru *N.-Z.* 72C1
Puteaux *Fr.* 10
Putian *Ch.* 41D4
Puting (Cap) *Indon.* 38C4
Puttalam *Sri L.* 53B3
Puttgarden *All.* 24C2
Putumayo (R.) *Éq.* 92B4
Putussibau *Indon.* 38C3
Pùlavesi (Lac) *Finl.* 12K6
Puy-de-Dôme (Dép.) *Fr.* 9A2
Puy-en-Velay (Le) *Fr.* 5C2
Puysegur (Pointe) *N.-Z.* 73A3
Pweto *Zaïre* 65C3
Pwllheli *G.-B.* 17B3
Pyaozero (Lac) *Russie* 12L5
Pyapon *Birm.* 44B2
Pyatigorsk *Russie* 31F5
Pyinmana *Birm.* 44B2
Pyongyang *Corée du N.* 42B3
Pyramid (Mt) *N.-Z.* 73A2
Pyrénées *Fr. et Esp.* 4B3
Pyrénées-Atlantiques (Dép.) *Fr.* 6B3
Pyrénées (Hautes-) [Dép.] *Fr.* 7C3
Pyrénées-Orientales (Dép.) *Fr.* 7C3
Pyrghos *Gr.* 23E3
Pytalovo *Russie* 26D1
Pyu *Birm.* 44B2

Q

Qabatiya *Cisj.* 58B2
Qaddahiyah (Al) *Libye* 59A1
Qá'el Hafira *Jord.* 58C3
Qá'el Jinz *Jord.* 58C3

Qaidam Pendi *Ch.* 36B3
Qã'im (Al) *Iraq* 55D3
Qaisar *Afgh.* 56D2
Qaisumah (al-) *Ar. S.* 57A4
Qa Khanna *Jord.* 58C2
Qala (El-) *Alg.* 21A3
Qala Adras Kand *Afgh.* 56D3
Qala'en Nahl *Soud.* 65D1
Qala Nau *Afgh.* 56D3
Qalat *Afgh.* 56D3
Qal'at al Hisn *Syrie* 58C1
Qal'at Sálih *Iraq* 55E3
Qalibah (Al) *Ar. S.* 55C4
Qamdo *Ch.* 36B3
Qara *Ég.* 59B2
Qare Shirin *Iran* 56A3
Qaryat al Ulyá *Ar. S.* 57A4
Qaryatayn (Al) *Syrie* 54C3
Qasred Deir (Jebel) *Jord.* 58B2
Qasr el Kharana *Jord.* 58C3
Qasr-e-Qand *Iran* 57D4
Qatana *Syrie* 58C2
Qatar *Arabie* 46D3
Qatíf (Al-) *Ar. S.* 57A4
Qatrána *Jord.* 58C3
Qáyen *Iran* 56C3
Qazvin *Iran* 56B2
Qechm (Ile) *Iran* 57C4
Qeydár *Iran* 56A2
Qeys (Ile) *Iran* 57B4
Qeziot *Isr.* 58B3
Qian Jiang (R.) *Ch.* 41B5
Qian Shan (Hauteurs) *Ch.* 40E1
Qidong *Ch.* 40E3
Qijiang *Ch.* 41B4
Qila Ladgasht *Pak.* 57D4
Qila Saifullah *Pak.* 50B2
Qilian Shan *Ch.* 36B3
Qin'an *Ch.* 40B3
Qingdao *Ch.* 40E2
Qinghai (Prov.) *Ch.* 40A2
Qingjiang *Ch.* 41D4
Qingjiang (Jiangsu) *Ch.* 40D3
Qing Jiang (R.) *Ch.* 41B3
Qingshuihe *Ch.* 40C2
Qingshui He (R.) *Ch.* 40B2
Qingtonxia *Ch.* 40B2
Qingyang *Ch.* 40B2
Qingyuan *Ch.* 41A4
Qingyuan (Zhejiang) *Ch.* 41D4
Qing Zang (Hauteurs) *Ch.* 48C2
Qingzhou *Ch.* 41B5
Qingzhou *Ch.* 44D1
Qinhuangdao *Ch.* 40D2
Qin Ling (Mgnes) *Ch.* 40B3
Qionghai *Ch.* 44E2
Qionglai Shan *Ch.* 41A3
Qiongzhou Haixia (Détroit) *Ch.* 44D1
Qiqihar *Ch.* 37E2
Qiryat Ata *Isr.* 58B2
Qiryat Gat *Isr.* 58B2
Qiryat Shemona *Isr.* 58B2
Qiryat Yam *Isr.* 58B2
Qishon (R.) *Isr.* 58B2
Qitai *Ch.* 36A2
Qiyang *Ch.* 41C4
Qog Qi *Ch.* 40B1
Qom *Iran* 56B3
Qomicheh *Iran* 56B3
Qomolangma Feng = Everest (Mt)
Qôrnoq *Groenl.* 76E3
Qorveh *Iran* 56A2
Qotábad *Iran* 57C4
Quaggablat *Afr. du S.* 66D1
Quang Ngai *V.* 44D2
Quang Tri *V.* 44D2
Quan Long *V.* 45D4
Quanzhou *Ch.* 41C4
Quanzhou *Ch.* 41D5
Qu' Appelle (R.) *Can.* 79H4
Quchan *Iran* 56C2
Québec *Can.* 85D1

Québec (Prov.) *Can.* 77C4
Queensland (État) *Austr.* 71D3
Queenstown *Afr. du S.* 66B4
Queenstown *Austr.* 71D5
Queenstown *N.-Z.* 73A3
Queia *Ang.* 64B3
Quelimane *Moz.* 67C2
Quercy *Fr.* 7C3
Querétaro *Mex.* 86B2
Quesnel *Can.* 79F4
Quetta *Pak.* 50B2
Queyras *Fr.* 9B3
Quezaltenango *Guat.* 87C3
Quezon City *Phil.* 39D2
Quiaca (La) *Arg.* 94C3
Quibala *Ang.* 66A2
Quibaxe *Ang.* 64B3
Quibdó *Col.* 92B2
Quiberon *Fr.* 4B2
Quicama (Parc nat.) *Ang.* 64B3
Quijing *Ch.* 41A4
Quillabamba *Pér.* 92C6
Quillacollo *Bol.* 94C2
Quillan *Fr.* 4C3
Quill (Lacs) *Can.* 79H4
Quillota *Chili* 95B2
Quilon *Inde* 53B3
Quilpie *Austr.* 71D3
Quimbele *Ang.* 64B3
Quimper *Fr.* 4B2
Quimperlé *Fr.* 4B2
Quincy *É.-U.* 80A3
Quincy *É.-U.* 85D2
Qui Nhon *V.* 44D3
Quintanar de la Orden *Esp.* 18B2
Quipungo *Ang.* 66A2
Quissanga *Moz.* 67D2
Quissico *Moz.* 67C3
Quito *Éq.* 92B4
Quixadá *Br.* 91D2
Qumran *Palestine* 58B3
Qunaytra *Syrie* 54C3
Qunfudha *Ar.S.* 47C4
Quorn *Austr.* 70C4
Qurayyát *Oman* 57C5
Qurnah (Al) *Iraq* 55E3
Qurnat al-Sawdá (Mgne) *Liban* 58C1
Qusayr (Al) *Syrie* 58C1
Quseima (El) *Ég.* 58B3
Qutayfa *Syrie* 54C3
Qutdligssat *Groenl.* 76E3
Qu Xian *Ch.* 41B3
Qu Xian (Zhejiang) *Ch.* 41D4
Quynh Luu *V.* 44D2
Quzhou *Ch.* 40C2
Qùzù *Ch.* 52C1

R

Raahe *Finl.* 12J6
Rab (Ile) *Cr.* 20B2
Raba *Indon.* 70A1
Rába (R.) *H.* 27B3
Rabat *Maroc* 62B1
Rabba *Jord.* 58B3
Rabat (Cap) *Can.* 77E5
Rachaya *Liban* 58B2
Rachel (Mgne) *All.* 25C3
Rach Gia *V.* 44D3
Rachid *Ég.* 54B3
Racine *É.-U.* 84A2
Radauti *Roum.* 27D3
Radhanpur *Inde* 51C4
Radix (Pte) *Trinité* 89L1
Radom *Pol.* 27C2
Radomsko *Pol.* 27B2
Radomyshl' *Biél.* 26D2
Radstadt *Autr.* 25C3
Radviliskis *Lit.* 26C1
Rae *Can.* 78G3
Rae Bareli *Inde* 52A1
Rae Isthmus *Can.* 76B3
Rae (Lac) *Can.* 78G3
Raetihi *N.-Z.* 72C1

Rantekombole (Gunung)

Rafaela *Arg.* 95D2
Rafah *Ég.* 58B3
Rafai *Centr.* 64C2
Rafhá Al Jumaymah *Ar. S.* 55D4
Rafsandján *Iran* 57C3
Raga *Soud.* 64C2
Ragged (Pte) *Barbade* 89K2
Raguba *Libye* 59A2
Raguse *It.* 21B3
Rahad (R.) *Soud.* 65D1
Rahimyar Khan *Pak.* 50C3
Ráhjerd *Iran* 56B3
Raiatea (Ile) *Polyn. Fr.* 11
Ráichur *Inde* 53B1
Raigarh *Inde* 52A2
Raincy (Le) *Fr.* 10
Rainier (Mt) *É.-U.* 82A2
Rainy River *É.-U.* 77A5
Raipur *Inde* 52A2
Raivavae (Ile) *Polyn. Fr.* 11
Rájahmundry *Inde* 53C1
Rajang (R.) *Mal.* 38C3
Rajanpur *Pak.* 50C3
Rájapálaiyam *Inde* 53B3
Rajasthan (État) *Inde* 51C3
Rajgarh *Inde* 50D3
Rajgarh *Inde* 51D4
Rajkot *Inde* 51C4
Rajmahal (Collines de) *Inde* 52B1
Raj Nándgaon *Inde* 52A2
Rájpipla *Inde* 51C4
Rajshahi *Bangl.* 52B1
Rajur *Inde* 51D4
Rakaia (R.) *N.-Z.* 73B2
Raka Zangbo (R.) *Ch.* 48C3
Rakhshan (R.) *Pak.* 57D4
Rakops *Botswana* 66B3
Rakov *Ukr.* 26D2
Raleigh *É.-U.* 85D1
Rama *Isr.* 58B2
Ramádi (Ar) *Iraq* 55D3
Ramallah *Cisj.* 58B3
Rámanáthapuram *Inde* 53B3
Ramapo Deep *O. Pacifique* 37G3
Ramat Gan *Isr.* 58B2
Rambouillet *Fr.* 4C2
Rámgarh (Bihar) *Inde* 52B1
Rámgarh (Rájasthan) *Inde* 51C3
Ramhormoz *Iran* 56A3
Ramla *Isr.* 58B3
Rámlat Al Wahíbah *Oman* 57C5
Rámpur *Inde* 50D3
Rámpura *Inde* 51D4
Ramree (Ile) *Birm.* 44A2
Rámsar *Iran* 56B2
Ramsey *G.-B.* 16B2
Ramsey (I.) *G.-B.* 17B4
Ramsgate *G.-B.* 17E4
Ramtha *Jord.* 58C2
Ramu (R.) *P.-N.-G.* 39F4
Rancagua *Chili* 95B2
Ranchi *Inde* 52B1
Ránchi (Plateau de) *Inde* 52A2
Ranco (Lac) *Chili* 95B4
Randers *Dan.* 12F7
Randfontein *Afr. du S.* 67G1
Randolph *É.-U.* 85D2
Ranfurly *N.-Z.* 73B3
Rangamati *Bangl.* 52C2
Ranganu (Baie) *N.-Z.* 72B1
Rangiora *N.-Z.* 73B2
Rangiroa (Ile) *Polyn. Fr.* 11
Rangitaiki (R.) *N.-Z.* 72C1
Rangitata (R.) *N.-Z.* 73B2
Rangitikei (R.) *N.-Z.* 72C2
Rangoon *Birm.* 44B2
Rangpur *Inde* 52B1
Ránibennur *Inde* 53B2
Ráníganj *Inde* 52B1
Ranklin Inlet *Can.* 76A3
Ranong *Th.* 45B4
Rantauprapat *Indon.* 45B5
Rantekombole (Gunung) *Indon.* 38D4

Rapa (Île)

Rapa (Île) *Polyn. Fr.* **11**
Rapallo *It.* **20A2**
Raper (Cap) *Can.* **76D3**
Rapid City *É.-U.* **82C2**
Rapid River *É.-U.* **84A1**
Rappahannock (R.)
É.-U. **85C3**
Raqqah *Syrie* **55C2**
Raroia (Île) *Polyn. Fr.* **11**
Rarotonga (Île) *Polyn.
Fr.* **11**
Ra's al 'Ayn *Syrie* **55D2**
Ra's al Hadd *Oman* **57D5**
Ra's al-Khayma *É.A.U.* **57C4**
Ras Dachan (Mont)
Éth. **65D1**
Ra's-e-Barkan (Pointe)
Iran **56A3**
Ra's-e-Fasteh (Cap)
Iran **57D4**
Rashad *Soud.* **65D1**
Rashadiya *Jord.* **58B3**
Ra's Jaddi (Cap)
Pak. **57D4**
Ra's Jibsh *Oman* **57C5**
Råsk *Iran* **57D4**
Ras Khanzira *Som.* **65E1**
Ras Koh (Mgne)
Pak. **50B3**
Ra's Nuh (Cap) *Pak.* **57D4**
Ra's Ormara (Cap)
Pak. **57D4**
Rasshua (Île) *Russie* **37H2**
Rasskazovo *Russie* **31F3**
Ra's Tannūra *Ar. S.* **57B4**
Rastatt *All.* **25B3**
Ras Xaafuun *Som.* **65F1**
Ratangarh *Inde* **50C3**
Rat Buri *Th.* **44B3**
Rath *Inde* **51D3**
Rathenow *All.* **24C2**
Rathlin (I.) *Irl. du N.* **14B2**
Ratisbonne *All.* **25C3**
Ratlām *Inde* **52C4**
Ratnāgiri *Inde* **53A1**
Ratnapura *Sri L.* **53C4**
Ratno *Ukr.* **26C2**
Rattouk *Suède* **83C3**
13H6
Raukumara Ra.
(Massif) *N.-Z.* **72C1**
Rauma *Finl.* **13J6**
Raurkela *Inde* **52A2**
Ravānsar *Iran* **56C3**
Rāvar *Iran* **56A3**
Rava Russkaya *Ukr.* **27C2**
Ravenne *It.* **20B2**
Ravensburg *All.* **25B3**
Ravenshoe *Austr.* **71D2**
Ravi (R.) *Pak.* **50C2**
Ravn *Biél.* **76H3**
Ravno *Biél.* **26D2**
Rawalpindi *Pak.* **50C2**
Rawicz *Pol.* **26B2**
Rawlinna *Austr.* **70B4**
Rawlins *É.-U.* **82C2**
Rawn'diz *Iraq* **56A3**
Rawson *Arg.* **95D4**
Rawu *Ch.* **52D1**
Raya *Indon.* **38C4**
Rāyadurg *Inde* **53B2**
Rayak *Liban* **58C2**
Ray (Cap) *Can.* **77E5**
Räyen *Iran* **56A2**
Razan *Iran* **56A2**
Razaza (Lac) *Iraq* **55D3**
Razgrad *Bulg.* **22C2**
Razim (Lac) *Roum.* **22C2**
Reading *É.-U.* **85C2**
Reading *G.-B.* **17D4**
Read Island *Can.* **78G3**
Reao (Île) *Polyn. Fr.* **11**
Rebiana (Puits) *Libye* **59B2**
Rebiana (Erg de)
Libye **59B2**
Reboly *Russie* **12L6**
Recherche (Arch.de la)
Austr. **70B4**
Recht *Iran* **56A2**
Recife *Br.* **91E3**

Récifs d'Entrecasteaux
N.-C. **71F2**
Red (R.) *É.-U.* **83D3**
Redang (Île) *Mal.* **45C4**
Red Bluff *É.-U.* **82A2**
Redcar *G.-B.* **16D2**
Red Deer *Can.* **79G4**
Red Deer (R.) *Can.* **79G4**
Redding *É.-U.* **82A2**
Red Lac *É.-U.* **80A2**
Red Lake *Can.* **77A4**
Redon *Fr.* **4B2**
Redwater *Can.* **79G4**
Ree (Lac) *Irl.* **15B3**
Reed City *É.-U.* **84A2**
Reefton *N.-Z.* **73B2**
Refahiye *Turq.* **55C2**
Regensburg =
Ratisbonne
Regestán (Rég.)
Afgh. **56D3**
Reggane *Alg.* **62C2**
Reggio di Calabria *It.* **21C3**
Reggio Nell'Emilia *It.* **20B2**
Reghin *Roum.* **22B1**
Regina *Can.* **79H4**
Rehoboth *Nam.* **66A3**
Rehoboth Beach
É.-U. **85C3**
Rehovot *Isr.* **58B3**
Reicito *Ven.* **92D1**
Reigate *G.-B.* **17D4**
Ré (Île de) *Fr.* **4B2**
Reims *Fr.* **5C2**
Reindeer (Lac) *Can.* **79H4**
Reine-Adélaïde
(Arch. de la) *Chili* **95B6**
Reine-Charlotte
(Baie de la) *Can.* **79F4**
Reine-Charlotte
(Détroit de la) *Can.* **79F4**
Reine-Charlotte
(Îles de la) *Can.* **79E4**
Reine-Élisabeth
(Îles de la) *Can.* **78H1**
Reine-Mary (Terre de la)
Antarct. **96C9**
Reine-Maud
(Golfe de la) *Can.* **78H3**
Reine-Maud
(Terre de la)
Antarct. **96B 12**
Reinosa *Esp.* **18B1**
Reitz *Afr. du S.* **67G1**
Reliance *Can.* **78H3**
Relizane *Alg.* **62C1**
Rembang *Indon.* **38C4**
Remeshk *Iran* **57C4**
Remparts (R. des)
Réunion **11**
Rendsburg *All.* **24B2**
Renfrew *Can.* **85C1**
Rengat *Indon.* **45C6**
Renk *Soud.* **65D1**
Renland (Pén.)
Groenl. **76H2**
Renmark *Austr.* **71D4**
Rennell (Île)
I. Salomon **71F2**
Rennes *Fr.* **4B2**
Reno *É.-U.* **82B3**
Reno (R.) *It.* **20B2**
Renovo *É.-U.* **85C2**
Reo *Indon.* **38D4**
Republican (R.) *É.-U.* **82D2**
Repulse Bay *Can.* **76B3**
Resistencia *Arg.* **94E4**
Reşiţa *Roum.* **22B1**
Resolute *Can.* **76A2**
Resolution (Île) *N.-Z.* **73A3**
Résolution (Île) *Can.* **76D3**
Rethel *Fr.* **5C2**
Réthimnon *Gr.* **23E3**
Réunion (Île) *O. Indien* **11**
Reus *Esp.* **19C1**
Reutlingen *All.* **25B3**
Revda *Russie* **31J2**
Revelstoke *Can.* **79G4**
Revillagigedo (Îles)
Mex. **86A3**

Revin *Fr.* **5C2**
Revivim *Isr.* **58B3**
Rewa *Inde* **52A2**
Rewari *Inde* **50D3**
Rexburg *É.-U.* **82D2**
Reykjavik *Isl.* **12A2**
Reynosa *Mex.* **86C2**
Rezé *Fr.* **4B2**
Rezekne *Lett.* **26D1**
Rezh *Russie* **31K2**
Rhât *Libye* **59A2**
Rhazir *Liban* **58B1**
Rheine *All.* **24B2**
Rhénanie-du-Nord-
Westphalie *All.* **24B2**
Rhénanie-Palatinat
All. **25B3**
Rhin *Europe* **24B2**
Rhin (Bas-) [Dép.] *Fr.* **8B2**
Rhin (Haut-) [Dép.] *Fr.* **8B2**
Rhode Island (État)
É.-U. **85D2**
Rhodes *Gr.* **23C3**
Rhodes (Île) *Gr.* **23C3**
Rhodopes (Massif)
Bulg. **22B2**
Rhône (Dép.) *Fr.* **9A2**
Rhône (R.) *Fr. et S.* **5C3**
Rhône-Alpes (Rég.) *Fr.* **9B2**
Rhyl *G.-B.* **16C3**
Riachao do Jacuipe
Br. **91D4**
Riāsi *Pak.* **50C2**
Riau (Arch.) *Indon.* **45C5**
Ribadeo *Esp.* **18A1**
Ribauè *Moz.* **67C2**
Ribble (R.) *G.-B.* **16C3**
Ribeirão Prêto *Br.* **91B6**
Riberala *Bol.* **92D5**
Rice (Lac) *Can.* **85C2**
Rice Lake *É.-U.* **80A2**
Richard's Bay
Afr. du S. **67C3**
Richardson (Mts) *Can.* **78E3**
Richfield *É.-U.* **82B3**
Richmond *Afr. du S.* **67H1**
Richmond *Austr.* **71D3**
Richmond *É.-U.* **80C3**
Richmond *N.-Z.* **73B2**
Richmond Ra. (Massif)
N.-Z. **73B2**
Ricobayo (Embalse de)
[Rés.] *Esp.* **18A1**
Rideau (Lacs) *Can.* **85C2**
Ridgway *É.-U.* **85C2**
Riecito *Ven.* **89D4**
Riesa *All.* **25C2**
Riesco (Île) *Chili* **95B6**
Riet (R.) *Afr. du S.* **67F1**
Rieti *It.* **20B2**
Rifa't (Ar) *Iraq* **55E3**
Rif (Chaîne du) *Maroc* **62B1**
Riga *Lett.* **26C1**
Riga (Golfe de)
Est./Lett. **30B2**
Rigân *Iran* **57C4**
Rigolet *Can.* **77E4**
Rihab (Ar) *Iraq* **55E3**
Riihimaki *Finl.* **13J6**
Rijeka *Cr.* **20B1**
Rikuzen-Tanaka *J.* **43C1**
Rimatara (Île)
Polyn. Fr. **11**
Rimbo *Suède* **12H7**
Rimini *It.* **20B2**
Rîmnicu Sărat *Roum.* **22C1**
Rîmnicu Vilcea *Roum.* **22B1**
Rimouski *Can.* **80D2**
Ringkøbing *Dan.* **12F7**
Ringnes (I.) *Can.* **78H2**
Rinjani (Mgne)
Indon. **38C4**
Riobambá *Éq.* **92B5**
Rio Branco *Br.* **92D5**
Riochacha *Col.* **92C1**
Rio Claro *Trinité* **89L1**
Rio Cuarto *Arg.* **95D2**
Rio de Janeiro *Br.* **91C6**

Rodolphe (I.)

Rio de Janeiro (État)
Br. **91C6**
Rio de Oro (Baie du)
Maroc **62A2**
Rio Gallegos *Arg.* **95C6**
Rio Grande *Arg.* **95C6**
Rio Grande *Br.* **95F2**
Rio Grande *Mex.* **83C4**
Rio Grande *Nic.* **88A4**
Rio Grande do Norte
Br. **91D3**
Rio Grande do Sul
(État) *Br.* **94F4**
Riohacha *Col.* **88C4**
Rioja (La) *Arg.* **94C4**
Rioja (La) [Prov.] *Arg.* **94C4**
Rioja (La) [Rég.] *Esp.* **18B1**
Riom *Fr.* **5C2**
Rio Mulatos *Bol.* **94C2**
Rio Negro (État) *Arg.* **95C3**
Rio Pardo *Br.* **94F4**
Rio Turbio *Arg.* **95B6**
Rio Verde *Br.* **94F2**
Ripley *É.-U.* **84B3**
Ripley *É.-U.* **84B3**
Ripon *G.-B.* **16D2**
Rishon Le Zihon *Isr.* **58B3**
Risør *Norv.* **12F7**
Ris-Orangis *Fr.* **10**
Ritenberk *Groenl.* **76E2**
Rivera *Ur.* **95E2**
River Cess *Liberia* **63B4**
Riversdale *Afr. du S.* **73A3**
Riverside *É.-U.* **83B3**
Riverton *É.-U.* **82B2**
Riverton *N.-Z.* **73A3**
Rivière (La) *Réunion* **11**
Rivière-Pilote *Mart.* **11**
Rivière-Salée
Guadeloupe **11**
Rivière-Salée *Mart.* **11**
Rivne *Ukr.* **30C3**
Riyad *Ar.S.* **46C3**
Rize *Turq.* **55D1**
Rizhao *Ch.* **40D2**
Rizzuto (C.) *It.* **21C3**
Rjev *Russie* **30D2**
Rjukan *Norv.* **12F7**
Roanes (Péninsule)
Can. **76B2**
Roanne *Fr.* **5C2**
Roanoke *É.-U.* **81C3**
Roanoke (R.) *É.-U.* **81C3**
Robert (Le) *Mart.* **11**
Robertsforz *Suède* **12J6**
Robertsport *Liberia* **63A4**
Roberval *Can.* **77C5**
Robla (La) *Esp.* **18A1**
Roca (Cap de) *Port.* **18A2**
Rocamadour *Fr.* **7C3**
Roca Partida (Île)
Mex. **86A3**
Rocas (Île) *Br.* **91E2**
Rocha *Ur.* **95F2**
Rochdale *G.-B.* **16C3**
Rochefort *Fr.* **4B2**
Rochefort (La) *Fr.* **4B2**
Rocher River *Can.* **79G3**
Rochester *É.-U.* **77A5**
Rochester *É.-U.* **77C5**
Rochester *É.-U.* **85D2**
Rochester *É.-U.* **17E4**
Roche-sur-Yon (La) *Fr.* **4B2**
Rocheuses (Montagnes)
Can. et É.-U. **82B1**
Rock (R.) *É.-U.* **84A2**
Rockford *É.-U.* **80B2**
Rockhampton *Austr.* **71D3**
Rock Island *É.-U.* **80A2**
Rocks (Pointe) *N.-Z.* **72B2**
Rock Springs *É.-U.* **82C2**
Rockville *É.-U.* **84A3**
Rocky I. (Lac) *Can.* **79G4**
Roda (La) *Esp.* **19B2**
Rødbyhavn *Dan.* **24C2**
Rødbyhavn *Dan.* **24C2**
Rødel *Fr.* **4C3**
Rodi Garganico *It.* **20C2**
Rodnei (Mts) *Roum.* **22B1**
Rodez *Fr.* **7C3**
Rodolphe (I.) *Russie* **32F1**

Roebourne *Austr.*	70A3
Roeselare *Belg.*	6C1
Roes Welcome (Détroit de) *Can.*	76B3
Rogaguado (Lac) *Bol.*	92D5
Rogers City *É.-U.*	84B1
Rohn *Pak.*	51B3
Rohtak *Inde*	50D3
Roi-Christian-IX (Terre du) *Groenl.*	76G3
Roi-Frederik-VI (Côte du) *Groenl.*	76F3
Roi-Georges (Iles du) *Antarct.*	77C4
Roi-Guillaume (Ile du) *Can.*	78J3
Roissy-en-France *Fr.*	10
Roja *Lett.*	26C1
Rojo (C.) *Mex.*	86C2
Rokan (R.) *Indon.*	45C5
Roma *Austr.*	71D3
Romang (Ile) *Indon.*	39D4
Romans-sur-Isère *Fr.*	5D2
Romblon *Phil.*	39D2
Rome *É.-U.*	81B3
Rome *É.-U.*	85C2
Rome *It.*	20B2
Romilly-sur-Seine *Fr.*	5C2
Romney *É.-U.*	85C3
Romny *Ukr.*	30D3
Rømø (Ile) *Dan.*	24B†
Romorantin-Lanthenay *Fr.*	4C2
Ronda *Esp.*	18A2
Ronda (Sierra de) *Esp.*	18A2
Ronde (I.) *Maurice*	66E3
Rondônia *Br.*	93E6
Rondônia (État) *Br.*	93E6
Rondonópolis *Br.*	94F2
Rong'an *Ch.*	41B4
Rongchang *Ch.*	41B4
Rongcheng *Ch.*	40E2
Ronge (La) *Can.*	79H4
Ronge (Lac la) *Can.*	79H4
Rongjiang *Ch.*	41B4
Rong Jiang (R.) *Ch.*	41B4
Rongklang Range *Birm.*	44A1
Rønne *Dan.*	12G7
Ronneby *Suède*	12H7
Roof Butte (Mgne) *É.-U.*	83C3
Roorkee *Inde*	50D3
Roosevelt (I.) *Antarct.*	96A
Roper (R.) *Austr.*	70C2
Roraima (État) *Br.*	93E3
Roraima (Mgne) *Ven.*	93E2
Røros *Norv.*	12G6
Røros *Norv.*	12G6
Røros nør.)	12G6
Rørvik *Norv.*	12G6
Rosalie *Dominique*	89O2
Rosario *Arg.*	95D2
Rosário *Br.*	91C2
Roscoff *Fr.*	4B2
Roscommon *Irl.*	15B3
Roseau *Dominique*	89E3
Roseburg *É.-U.*	82A2
Roseires (Er) *Soud.*	65D1
Rosenheim *All.*	25C3
Rosetown *Can.*	79H4
Rosette = Rachid	
Rosiorii de Vede *Roum.*	22B2
Roskilde *Dan.*	12G7
Roslavl' *Russie*	30D3
Roslyatino *Russie*	10
Rosny-sous-Bois *Fr.*	10
Ross *N.-Z.*	73B2
Ross (Mer de) *Antarct.*	96B6
Rossan (Pointe) *Irl.*	14B3
Rossano *It.*	21C3
Ross (Banquise de) *Antarct.*	96A
Rosseau (Lac) *Can.*	85C1
Rossel (Ile) *I. Salomon*	71E2
Rosslare *Irl.*	15B3
Ross (Mt) *N.-Z.*	73C2
Rosso *Maurit.*	63A3
Rosso (Cap) *Fr.*	20A2
Ross-on-Wye *G.-B.*	17C4
Rossosh *Russie*	31E4
Ross River *Can.*	78E3
Rostąq *Iran*	57B4
Rostock *All.*	24C2
Rostov *Russie*	31E2
Rostov-sur-le-Don *Russie*	31E4
Roswell *É.-U.*	86B1
Rota *O. Pacifique*	39F2
Rotenburg *All.*	24B2
Rothera (Station) *Antarct.*	96C3
Rotherham *G.-B.*	16D3
Rothesay *G.-B.*	16B2
Roti (Ile) *Indon.*	70B2
Rotoiti (Lac) *N.-Z.*	73B2
Rotondo (Mte) *Fr.*	9B3
Rotorua (Lac) *N.-Z.*	73B2
Rotorua *N.-Z.*	72C1
Rotorua (Lac) *N.-Z.*	72C1
Rotterdam *P.-B.*	24A2
Roubaix *Fr.*	5C1
Rouen *Fr.*	4C2
Rouge (Delta du Fleuve) *V.*	41B5
Rouge (Fleuve) *V.*	41A5
Rouge (Mer) *Afr. et Arabie.*	46B3
Rough *M. du Nord*	16E3
Roumanie (Europe)	71E4
Round (Mt) *Austr.*	71E4
Roundup *É.-U.*	82C2
Rousay (I.) *G.-B.*	14C2
Roussillon *Fr.*	4C3
Rouyn *Can.*	80C2
Rovaniemi *Finl.*	12K5
Rovereto *It.*	20B1
Rovigo *It.*	20B1
Rovinj *Croatie*	20B1
Row'an *Iran*	56A2
Rowley (I.) *Can.*	76C3
Rowley Shoals (Iles) *Austr.*	70A2
Roxas *Phil.*	39D2
Roxburgh *N.-Z.*	73A3
Royale (I.) *É.-U.*	77B5
Royale (Parc National de l'Ile) *É.-U.*	84A1
Royal Leamington Spa *G.-B.*	17D3
Royal Oak *É.-U.*	84B2
Royal Tunbridge Wells *G.-B.*	17E4
Royan *Fr.*	4B2
Royston *G.-B.*	17D3
Rožňava *Slov.*	27C3
Rtishchevo *Russie*	31F3
Ruaha (Parc nat.) *Tanz.*	65D3
Ruahine Ra. (Massif) *N.-Z.*	72C2
Ruapehu (Mt) *N.-Z.*	72C1
Rub'al-Khali (Desert du) *Ar.S.*	47C4
Rubtsovsk *Russie*	33K4
Ruby *É.-U.*	78C3
Rudan *Iran*	57C4
Rudbar *Afgh.*	56D3
Rüdbär *Iran*	56A2
Rudnaya Pristan' *Russie*	37F2
Rudoka Planina (Mgne) *Mac.*	22B2
Rudong *Ch.*	40E3
Rudyard *É.-U.*	84B1
Rueil-Malmaison *Fr.*	10
Ruffec *Fr.*	4C2
Rufiji (R.) *Tanz.*	65D3
Rufisque *Sén.*	63A3
Rufunsa *Zambie*	66B2
Rugby *É.-U.*	82D2
Rugby *G.-B.*	17D3
Rügen (Ile) *All.*	12G8
Ruhr *All.*	24B2
Rujin *Ch.*	41D4
Rujen (Mgne) *Mac./Bulg.*	22B2
Rukwa (Lac) *Tanz.*	65D3
Rum (I.) *G.-B.*	14B2
Ruma *Youg.*	20C1
Rumäh *Ar. S.*	57A4
Rumbek *Soud.*	65C2
Rum Cay (Iles) *M. des Antilles*	88C2
Rum Jungle *Austr.*	70C2
Rumphi *Malawi*	67C2
Runanga *N.-Z.*	73B2
Runaway (Cap) *N.-Z.*	72C1
Rundu *Nam.*	66A2
Rungwa *Tanz.*	65D3
Rungwa (R.) *Tanz.*	65D3
Rungwe (Mgne) *Tanz.*	65D3
Ruoqiang *Ch.*	36A3
Ruo Shui (R.) *Ch.*	36C2
Rupat (Ile) *Indon.*	45C5
Rupea *Roum.*	22C1
Rupert (R.) *Can.*	77C4
Rurrenabaque *Bol.*	92D5
Rurutu (Ile) *Polyn. Fr.*	11
Rusape *Zimb.*	67C3
Ruse *Bulg.*	22C2
Russell *N.-Z.*	72B1
Russie (Plateau de Moyenne) *Russie*	30E3
Russie *Eur. et Asie*	28E3
Rustāq (Al) *Oman*	57C5
Rustavi *Géorgie*	55E1
Rustenburg *Afr. du S.*	66B3
Rutana *Burundi*	65C3
Rutba *Iraq*	55D3
Ruteng *Indon.*	38D4
Rutland *É.-U.*	85D2
Rutog *Ch.*	50D2
Ruvu = Pangani	
Ruvuma (R.) *Moz. et Tanz.*	67D2
Ruways (al) *Qatar*	57B4
Ruwenzori (*Oug. et Z.*)	65D2
Ruya (R.) *Zimb.*	67C2
Ružomberok *Slov.*	27B3
Rwanda *Afr.*	65C3
Ryazan' *Russie*	31E3
Ryazhsk *Russie*	31F3
Rybachiy (Pén.) *Russie*	12L5
Rybinsk *Russie*	30E2
Ryde *G.-B.*	17D4
Rye *G.-B.*	17E4
Ryl'sk *Russie*	30D3
Ryn Peski (Désert) *Kaz.*	31G4
Ryōtsu *J.*	42D3
Ryskany *Mold.*	27D3
Ryūkyū (Iles) *J.*	37E4
Rzeszów *Pol.*	27C2

S

Sa'ādatābād *Iran*	57B3
Saale (R.) *All.*	24C2
Saaremaa (Ile) *Est.*	12J7
Saas Fee *S.*	9B2
Sabac *Youg.*	22A2
Sabadell *Esp.*	19C1
Sabae *J.*	43B1
Sabah *Mal.*	38C3
Sabanalarga *Col.*	88C4
Sabang *Indon.*	45B4
Sabari (R.) *Inde*	53C1
Sabaya *Bol.*	94C2
Sab'Bi'ar *Syrie*	55C3
Sabhā *Jord.*	58C2
Sabi (R.) *Zimb.*	67C3
Sabinas *Mex.*	86B2
Sabinas Hidalgo *Mex.*	86B2
Sabine (R.) *É.-U.*	81A3
Sabiyā *Ar.S.*	57B5
Sabkhat Maṭṭi *E.A.U.*	57B5
Sable (Cap) *Can.*	77D5
Sable (Cap) *É.-U.*	81B4
Sable (Ile) *Can.*	77D5
Sables-d'Olonne (Les) *Fr.*	4B2
Sables-d'Or *Bulg.*	22C2
Sabzevār *Iran*	56C2
Sachigo (R.) *Can.*	80A1
Sachs Harbour *Can.*	78F2
Saclay *Fr.*	10
Sacramento *É.-U.*	82A1
Sacramento (Mts) *É.-U.*	83C3
Sa'da *Yémen*	47C4
Sadanski *Bulg.*	22B2
Sadd (Marais) *Soud.*	65C2
Sadiya *Inde*	52D1
Sado (Ile) *J.*	42D3
Sado (R.) *Port.*	18A2
Sado (Ile) *J.*	51C3
Sadad = Zefat	
Safaga *Ég.*	59C2
Safed Koh (Mgnes) *Afgh.*	50A2
Safer *Afgh.*	56D3
Saffle *Suède*	12G7
Safi *Maroc*	54C3
Safi *Maroc*	62B1
Safidabeh *Iran*	56D3
Şāfiṭā *Syrie*	58C1
Şafwān *Iraq*	55E3
Saga *J.*	44B1
Sagaing *Birm.*	44B1
Sagami (Baie de) *J.*	43B2
Sāgar *Inde*	51D4
Sagho (Dj.) *Maroc*	62B1
Saginaw *É.-U.*	84B2
Saginaw (Baie de) *É.-U.*	84B2
Saglek (Baie) *Can.*	77D4
Sagone (Golfe de) *Fr.*	9B3
Sagra (La) *Esp.*	18B2
Sagua de Tánamo *Cuba*	88B2
Sagua la Grande *Cuba*	88B2
Saguenay (R.) *Can.*	80C2
Sagunto *Esp.*	19B2
Sahab *Jord.*	58C3
Sahagún *Esp.*	18A1
Sahara *Afr.*	62C2
Saharanpur *Inde*	50D3
Sahara occidental *Afr.*	62A2
Sahbā' (Wadi as) *Ar. S.*	57B5
Sahel *Afr.*	64B1
Sahiwal *Pak.*	50C2
Sahuayo *Mex.*	86B2
Saïan occ. (Mgnes) *Russie*	29B2
Saïan or. (Mgnes) *Russie*	29B2
Saibai (I.) *Austr.*	71D1
Saïda *Alg.*	62B1
Sa'idabad *Iran*	57C4
Saïda *Maroc*	19B2
Saïdpur *Inde*	52B1
Saidu *Pak.*	50C2
Saigō *J.*	43A1
Saigon = Hô Chi Minh-Ville	
Saiha *Inde*	52C2
Saihan Tal *Ch.*	36D2
Saijo *J.*	43A2
Saiki *J.*	42C4
Saimaa (Lac) *Finl.*	12K6
Saindak *Pak.*	57D4
St Abb's Head (Pointe) *G.-B.*	16C2
St Albans *É.-U.*	84B3
St Albans *É.-U.*	85D2
St Albans *G.-B.*	17D4
St Albans Head (Cap) *G.-B.*	17C4
St-Amand-Montrond *Fr.*	4C2
St-André *Réunion*	11
St-André (Cap) *Mad.*	67D2
St Andrews *G.-B.*	14C2
Ste-Anne *Guadeloupe*	11
St Ann's Bay *Jam.*	89H1
St Anthony *Can.*	77E4
St.Augustine (Baie de) *Mad.*	67D3
St Augustine *É.-U.*	81B4

St Austell *G.-B.* 17B4
St-Barthélemy (Ile)
 Guadeloupe
 G.-B. 11
St Bees Head (Pointe)
 G.-B. 16C2
St Brides Bay (Baie)
 G.-B. 17B4
St-Brieuc *Fr.* 4B2
St Catharines *Can.* 85C2
Ste-Catherine (Mt) *Ég.* 54B4
St Catherine (Mt)
 Grenade 89M2
St Catherines Pt *G.-B.* 17D4
St-Chamond *Fr.* 5C3
St-Chély *Fr.* 5C3
St-Chéron *Fr.* 10
St-Christopher-Nevis
 Antilles 89E3
St Clair *É.-U.* 84B2
St Clair (Lac)
 Can. et É.-U. 84B2
St Clair Shores *É.-U.* 84B2
St-Claude *Fr.* 5D2
St-Claude *Guadeloupe* 11
St Cloud *É.-U.* 77A5
St-Cloud *Fr.* 10
St Croix (Ile)
 M. des Antilles 89E3
Ste-Croix (Mts de)
 Pol. 27C2
St-Cyr-l'École *Fr.* 10
St Davids Head (Pointe)
 G.-B. 17B4
St-Denis *Fr.* 10
St-Denis *Réunion* 11
St-Dié *Fr.* 5D2
St-Dizier *Fr.* 4B2
Saint-Domingue *Dom.
 (Rép.)* 89D3
St-Élie (Mt) *É.-U.* 78D3
St-Élie (Mts) *Can.* 78E3
Saintes *Fr.* 4B2
Saintes (Les)
 Guadeloupe 11
St-Esprit *Mart.* 11
St-Étienne *Fr.* 5C2
St-Fargeau-Ponthierry
 Fr. 10
St-Félicien *Can.* 85D1
St-Florent *Fr.* 9B3
St-Florent (Golfe de)
 Fr. 20A2
St-Flour *Fr.* 5C2
St Francis (Cap)
 Afr. du S. 66B4
St-François
 Guadeloupe 11
St-Gall *S.* 8B2
St-Gaudens *Fr.* 4C3
Ste-Geneviève-des-Bois
 Fr. 10
St George *Austr.* 71D3
St George *É.-U.* 83B3
St-Georges *Can.* 85D1
St George's *Grenade* 89E4
St George's (Canal)
 Irl. et G.-B. 15B3
St-Georges (Baie de)
 Liban 58B2
St Georges (Golfe de)
 Esp. 19C1
St-Germain-en-Laye *Fr.* 10
St-Germain (Forêt de)
 Fr. 10
St-Girons *Fr.* 4C3
St-Gothard (Col) *S.* 9B2
St Govans Head
 (Pointe) *G.-B.* 17B4
St-Gratien *Fr.* 10
St Helena (Baie)
 Afr. du S. 66A4
Ste-Hélène (Ile)
 Atlantique 61D9
St Helens *G.-B.* 16C3
St-Hélier *Jersey* 4B2
St-Hyacinthe *Can.* 77C5
St-Ignace *É.-U.* 84B1
St-Ignace (Ile) *Can.* 84A1
St Ives *G.-B.* 17B4

St-Jacques-de-
 Compostelle *Esp.* 18A1
St James (Cap) *Can.* 79E4
St-Jean *Can.* 85D1
St-Jean-d'Angély *Fr.* 4B2
St-Jean-de-Maurienne
 Fr. 9B2
St-Jean (Lac) *Can.* 80C2
St-Jérôme *Can.* 85D1
Saint John *Can.* 77D5
St John's *Can.* 77E5
St Johns *É.-U.* 84B2
St Johnsbury *É.-U.* 85D1
St-Joseph *Can.* 85D2
St-Joseph *É.-U.* 80A3
St-Joseph *É.-U.* 84A2
St-Joseph *Mart.* 11
St-Joseph *Réunion* 11
St Joseph *Trinité* 89L1
St-Joseph (R.) *É.-U.* 84B2
St-Joseph (Ile) *Can.* 84B1
St-Joseph (Lac)
 Can. 77A4
St-Jovite *Can.* 85D1
St-Junien *Fr.* 4C2
St Kilda (I.) *G.-B.* 14B2
St-Kitts-et-Nevis
 Antilles 89E3
St-Laurent (R.)
 Can. et É.-U. 85C2
Saint-Laurent
 (Golfe du) *Can.* 77D5
Saint-Laurent (Ile)
 É.-U. 78A3
St-Leu *Réunion* 11
St-Leu-la-Forêt *Fr.* 10
St-Lô *Fr.* 4B2
St Louis *É.-U.* 81A3
St-Louis *Réunion* 11
St-Louis *Sén.* 63A3
Ste-Luce *Mart.* 11
St Lucia (Lac)
 Afr. du S. 67C3
Ste-Lucie (Ile)
 M. des Antilles 89E4
St Magnus (Baie)
 G.-B. 14C1
St-Malo *Fr.* 4B2
St-Malo (Golfe de) *Fr.* 4B2
St-Mandé *Fr.* 10
Ste-Marie *Mart.* 11
Ste-Marie *Réunion* 11
Ste-Marie (Cap)
 Mad. 67D3
St-Marin (Rép. de)
 Europe 20B2
St-Martin (I.)
 M. des Antilles 89E3
St Mary Peak *Austr.* 70C4
St Mary's *Austr.* 71D5
St Marys *É.-U.* 85C2
St-Maur-des-Fossés
 Fr. 10
St Maurice (R.) *Can.* 85D1
St Michael *É.-U.* 78B3
St-Michel-sur-Orge *Fr.* 10
St-Moritz *S.* 9B2
St-Nazaire *Fr.* 4B2
St-Nicolas *Belg.* 6B1
St-Niklaas *Belg.* 6C1
St-Omer *Fr.* 4C1
St-Ouen *Fr.* 10
St-Ouen-l'Aumône *Fr.* 10
St Paul *Can.* 79G4
St Paul *É.-U.* 77A5
St-Paul *Réunion* 11
St Paul (R.) *Liberia* 63A4
St-Paul (Ile) *Fr.* 68B5
St-Pétersbourg
 Russie 30D1
St Petersburg *É.-U.* 81B4
St-Philippe *Réunion* 11
St-Pierre *Mart.* 11
St-Pierre *Réunion* 11
St-Pierre (St-Pierre-et-
 Miquelon) *Fr.* 77B3
St-Pierre (Lac) *Can.* 85D1
St-Pölten *Autr.* 27B3
St-Pourçain *Fr.* 5C2
St-Quentin *Fr.* 5C2

St-Quentin-en-Yvelines
 (Ville nouvelle) *Fr.* 10
St-Raphaël *Fr.* 5D3
St-Rémy-lès-Chevreuse
 Fr. 10
Ste-Rose *Guadeloupe* 11
Ste-Rose *Réunion* 11
St-Sébastien *Esp.* 19B1
St-Sébastien (Cap)
 Mad. 67D2
Ste-Suzanne *Réunion* 11
St Thomas *Can.* 84B2
St-Trond *Belg.* 25B2
St-Tropez *Fr.* 9B3
St-Valery-sur-Somme
 Fr. 17E4
St-Vincent (Ile)
 M. des Antilles 89E4
St Vincent (Cap) *Mad.* 67D3
St-Vincent (Golfe)
 Austr. 70C4
St-Vrain *Fr.* 10
Saipan (Ile)
 O. Pacifique 39F2
Saiydabad *Afgh.* 50B2
Sajama (Mgne) *Bol.* 94C2
Sakai *J.* 42D4
Sakaidi *J.* 43A2
Sakaiminato *J.* 43A1
Sakâkah *Ar. S.* 55D3
Sakakawea (Lac) *É.-U.* 82C2
Sakami (Lac) *Can.* 77C4
Sakania *Zaïre* 66B2
Sakaraha *Mad.* 67D3
Sakasleja *Lett.* 26C1
Sakata *J.* 42D3
Sakété *Bénin* 63C4
Sakhaline (Ile) *Russie* 37G1
Sakishima gunto
 (Iles) J. 37E4
Sal (Ile) *Cap - Vert* 63A4
Sal (R.) *Russie* 31F4
Sala *Suède* 12H7
Salaberry-de-Valleyfield
 Can. 85D1
Salado (R.) *Arg.* 94D4
Salado (Ojos del) *Arg.* 94C4
Salaga *Gh.* 63B4
Sala Hintoun *Camb.* 44C3
Salal *Tchad* 64B1
Salâla *Oman* 47D4
Salamanca *É.-U.* 85C2
Salamanque *Esp.* 18A1
Salamat (R.) *Tchad* 64B2
Salamaua *P.-N.-G.* 39F4
Salamiya (al-) *Ar.S.* 46C3
Salamis *Syrie* 54C2
Salamonica *É.-U.* 85C2
Salangen *Norv.* 12H5
Salar de Arizaro *Arg.* 94C3
Salar de Atacama
 Chili 94C3
Salar de Coipasa
 Bol. 94C2
Salar de Uyuni *Bol.* 94C3
Salavat *Russie* 31J3
Salayar *Indon.* 38D4
Sala y Gomez (Ile)
 O. Pacifique 69L5
Salazie *Réunion* 11
Salazie (Cirque de)
 Réunion 11
Salbris *Fr.* 4C2
Saldanha *Afr. du S.* 66A4
Saldhad *Syrie* 58C2
Saldus *Lett.* 26C1
Sale *Austr.* 71D4
Salé *Maroc* 62B1
Salem *É.-U.* 82A2
Salem *É.-U.* 85C3
Salen *Inde* 53B2
Salen *Suède* 13G6
Salerne *It.* 21B2
Salford *G.-B.* 16C3
Salgót *H.* 20C1
Salgótarjan *H.* 27B3
Salihli *Turq.* 23C3
Salima *Malawi* 67C2
Salina *É.-U.* 83D3

Salina (Ile) *It.* 21B3
Salina Cruz *Mex.* 87C3
Salina de Arizato *Arg.* 94C3
Salinas *Br.* 91C5
Salinas *É.-U.* 82A3
Salinas (Cap de) *Esp.* 19C2
Salinas Grandes *Arg.* 95C2
Salinas (Pampa de la)
 Arg. 95C2
Salines (Pte) *Grenade* 89M2
Salinópolis *Br.* 91B2
Salins (Pointe des)
 Mart. 11
Salisbury = Harare
Salisbury *É.-U.* 85C3
Salisbury *G.-B.* 17D4
Salisbury (Ile) *Can.* 76C3
Salisbury Plain *G.-B.* 17D4
Salla *Finl.* 12K5
Salluit *Can.* 76C3
Sallyana *Népal* 52A1
Salmän (As) *Iraq* 55D3
Salmi *Russie* 12L6
Salmon *É.-U.* 82B2
Salmon (R.) *É.-U.* 82B2
Salmon Arm *Can.* 79G4
Salmon River
 (Monts de la) *É.-U.* 82B2
Salo *Finl.* 13J6
Salomon (Iles)
 O. Pacifique 69G4
Salon-de-Provence *Fr.* 5D3
Salonique =
 Thessalonique
Salonta *Roum.* 22B1
Salouen (R.) *Birm.* 44B1
Salpausselka (Rég.)
 Finl. 12K6
Sal'sk *Russie* 31F4
Salt *Jord.* 58B2
Salta *Arg.* 94C3
Salta (État) *Arg.* 94C3
Saltillo *Mex.* 86B2
Salt Lake City *É.-U.* 82B2
Salto *Ur.* 95E2
Salto Angostura
 (Chutes) *Col.* 92C3
Salto del Guaira
 (Chutes) *Br.* 94E3
Salto Grande (Chutes)
 Col. 92C4
Salton Sea (Lac) *É.-U.* 83B3
Salt Range (Mgnes)
 Pak. 50C2
Salt River *Jam.* 89H2
Salür *Inde* 53C1
Salvador *Br.* 91D4
Salwah *Qatar* 57B5
Sal'yany *Azerb.* 55E2
Salzburg *Autr.* 25C3
Salzgitter *All.* 24C2
Salzwedel *All.* 24C2
Samagaltay *Russie* 36B1
Samaná *Dom. (Rép.)* 89D3
Samandagi *Turq.* 54C2
Samangan *Afgh.* 50B1
Samar *Phil.* 39D2
Samara *Russie* 33G4
Samarai *P.-N.-G.* 71E2
Samarie (Rég.) *Cisj.* 58B2
Samarinda *Indon.* 38C4
Samarkand *Ouzb.* 33H6
Samarra *Iraq* 55D3
Samawwa *Iraq* 55E3
Sambalpur *Inde* 52A2
Sambas *Indon.* 45D5
Sambava *Mad.* 67E2
Sambhal *Inde* 50D3
Sambor *Ukr.* 27C3
Sambre (R.)
 Belg. et Fr. 8B1
Samchok *Corée du S.* 42B3
Same *Tanz.* 65D3
Samfya *Zambie* 66B2
Samka *Birm.* 44B1
Sam Neua *Laos* 44C1
Samoa américaines
 O. Pacifique 69H4
Sámos (Ile) *Gr.* 23C3
Samosir (Ile) *Indon.* 45B5

Samothrace (Ile) *Gr.*	23C2
Sampit *Indon.*	38C4
Sam Rayburn (Rés.) *É.-U.*	81A3
Samrong *Camb.*	44C3
Samsø (Ile) *Dan.*	24C1
Samsun *Turq.*	54C1
San *Mali*	63B3
San (R.) *Camb.*	44D3
San (R.) *Pol.*	27C2
San'a' *Yémen*	47C4
Sanaga (R.) *Cameroun*	64B2
San Agustin *Arg.*	95C2
Sanäm (As) *Ar. S.*	57B5
Sanamayn (As) *Sy.:ie*	58C2
Sanandadj *Iran*	56A2
San Andres (Iles) *M. des Antilles*	88A4
San Andres (Iles) *É.-U.*	83C3
San Andrés Tuxtla *Mex.*	86C3
San Angelo *É.-U.*	83C3
San Antioco *It.*	21A3
San Antioco (Ile) *It.*	21A3
San Antonia (Pointe) *Mex.*	83B4
San Antonio *Chili*	95B2
San Antonio *É.-U.*	83D4
San Antonio Abad *Esp.*	19C2
San Antonio (C.) *Cuba*	88A2
San Antonio de los Banos *Cuba*	88A2
San Antonio Oeste *Arg.*	95C4
Sanawad *Inde*	51D4
San Benedicto (Ile) *Mex.*	86A3
San Bernardino *É.-U.*	83B3
San Bernardo *Chili*	95B2
San Blas (Pointe) *Pan.*	87E4
San Carlos *Chili*	95B3
San Carlos *Nic.*	92A1
San Carlos *Phil.*	38D2
San Carlos de Bariloche *Arg.*	95B4
Sanchung *Taiwan*	41E4
Sanchursk *Russie*	31G2
San Cristóbal *Mex.*	87C3
San Cristóbal *Ven.*	92C2
San Cristobal (Ile) *I. Salomon*	71F2
Sancti Spiritus *Cuba*	87E2
Sancy (Puy de) *Fr.*	5C2
Sandai *Indon.*	45E6
Sandakan *Mal.*	38C5
Sanday (I.) *G.-B.*	14C2
Sanderson *É.-U.*	83C3
San Diego (C.) *Arg.*	95C6
Sandikli *Turq.*	54B2
Sandila *Inde*	52A1
Sandnes *Norv.*	12F7
Sandnessjoen *Norv.*	12G5
Sandoa *Zaïre*	64C3
Sandomierz *Pol.*	27C2
Sandoway *Birm.*	44A2
Sandoy *Féroé*	12D3
Sandstone *Austr.*	70A3
Sandu *Ch.*	41C4
Sandusky *É.-U.*	84B2
Sandviken *Suède*	13H6
Sandy (Grand) (Ile) *Austr.*	71E3
Sandy (Lac) *Can.*	77A4
San Felipe *Chili*	95B2
San Felipe *Mex.*	83B3
San Felipe *Ven.*	89D4
San Feliu de Guixols *Esp.*	19C1
San Fernando *Chili*	95B2
San Fernando *Esp.*	18A2
San Fernando *Phil.*	38D2
San Fernando *Trinité*	89E4
San Fernando *Ven.*	92D2
Sanford *É.-U.*	81B4
Sanford (Mt) *É.-U.*	78D3

San Francisco *Arg.*	95D2
San Francisco Dom. (Rép.)	89C3
San Francisco *É.-U.*	82A3
San Francisco del Oro *Mex.*	86B2
Sangammer *Inde*	51C5
Sangan (Ile)	
O. Pacifique	39F2
Sangäreddi *Inde*	53B1
Sanggan He (R.) *Ch.*	40C2
Sanggau *Indon.*	45E5
Sangha (R.) *Congo*	64B2
Sanghar *Pak.*	51B3
Sangihe (Iles) *Indon.*	39D3
Sangine (Ile) *Indon.*	39D3
Sangkhla Buri *Th.*	44B3
Sangkulirang *Indon.*	38C3
Sängli *Inde*	53A1
Sangmelima *Cameroun*	64B2
San Gorgonio (Mt) *É.-U.*	83B3
Sangre de Cristo (Mts) *É.-U.*	83B3
Sangrür *Inde*	50D2
San Ignacio *Arg.*	94E4
San Jacinto *Col.*	92C2
Sanjo *J.*	42D3
São João del Rei *Br.*	91C6
San Joaquin (R.) *É.-U.*	82A3
San José (G.) *Arg.*	95C5
San José *C.R.*	92A1
San Jose *É.-U.*	82A3
San José *Guat.*	87C3
San José (Ile) *Mex.*	83B4
San José de Chiquitos *Bol.*	94D2
San José del Cabo *Mex.*	83C4
San José del Cabo *Mex.*	86B2
São José do Rio Prêto *Br.*	91B6
San Juan *Arg.*	95C2
San Juan *Porto Rico*	89D3
San Juan *Trinité*	89L1
San Juan *Ven.*	92D2
San Juan (Ile) *Cuba*	88B2
San Juan (R.) *C.R. et Nic.*	87D3
San Juan (R.) *Par.*	94E4
San Juan del Norte *Nic.*	87D3
San Juan de los Cayos *Ven.*	89D4
San Juan del Sur *Nic.*	87D3
San Juan (Mts) *É.-U.*	83C3
San Julián *Arg.*	95C5
Sankuru (R.) *Zaïre*	64C3
San Lorenzo *Col.*	92B3
San Lorenzo (C.) *Eq.*	92A4
San Lorenzo de Escorial *Esp.*	18B1
San Luis *Arg.*	95C2
San Luis *Arg.*	95C2
San Luis Obispo *É.-U.*	82A3
San Luis Potosi *Mex.*	86B2
Sanluri *It.*	21A3
San Maigualida (Mgnes) *Ven.*	93D2
San Martin (Lac) *Arg. et Chili*	95B5
San Martin (Station) *Antarct.*	96C3
San Matias *Br.*	94E2
San Matias (G.) *Arg.*	95D4
Sanmenxia *Ch.*	40C3
San Miguel *El Salv.*	87D3
San Miguel de Tucumán *Arg.*	94C4
Sanming *Ch.*	41D4
San Nicolas *Arg.*	95D2
San Nicolas (Ile) *É.-U.*	83B3
Sannieshof *Afr. du S.*	67G1
Sanniquellie *Liberia*	63B4
Sanok *Pol.*	27C3

San Onofore *Col.*	88B5
San Pablo *Phil.*	39D2
San Pedro *Arg.*	94D3
San Pédro *C. d'Iv.*	63B4
San Pedro *Par.*	94E3
San Pedro de las Colonias *Mex.*	83C4
San Pedro de los Colonias *Mex.*	86B2
San Pedro Sula *Hond.*	87D3
San Pietro (Ile) Méditerranée	21A3
San Quintin *Mex.*	86A1
San Rafael *Arg.*	95C2
San Remo *It.*	20A2
San Salvador *El Salv.*	87D3
San Salvador (Ile) *M. des Antilles*	88C2
San Salvador de Jujuy *Arg.*	94C3
San Severo *It.*	21C2
Santa Ana *Bol.*	94C2
Santa Ana *É.-U.*	83B3
Santa Ana *Guat.*	86B2
Santa Barbara *É.-U.*	83A3
Santa Barbara *Mex.*	86B2
Santa Catalina (Ile) *É.-U.*	83B3
Santa Catarina (État) *Br.*	94F4
Santa Catarina (Ile) *Br.*	94G4
Santa Clara *Cuba*	88B2
Santa Cruz *Bol.*	94D2
Santa Cruz (Prov.) *Arg.*	95B5
Santa Cruz (Ile) *É.-U.*	83B3
Santa Cruz de la Palma *Canaries*	62A2
Santa Cruz del Sur *Cuba*	88B2
Santa Cruz de Tenerife *Canaries*	62A2
Santa Cruz do Cuando *Ang.*	66B2
Santa Elena *Ven.*	93E3
Santa Fé *Arg.*	95D2
Santa Fe *É.-U.*	83C3
Santa Fé (Prov.) *Arg.*	94E3
Santai *Ch.*	41B3
Santa Inès (Ile) *Chili*	95B6
Santa Isabel (Ile) *I. Salomon*	71E1
Santa Lucia (Mts) *É.-U.*	82A3
Santa Lucia (Ile) *Cap-Vert*	63A4
Santa Margarita (Ile) *Mex.*	86A2
Santa Margarita (Ile) [Prov.] *Mex.*	83B4
Santa Maria *Br.*	94F4
Santa Maria *É.-U.*	82A3
Santa Maria (Ile) *Açores*	62A1
Santa Maria di Leuca (C.) *It.*	21C3
Santa Marta *Col.*	88C4
Santa Marta *Col.*	92C1
Santana do Livramento *Br.*	95E2
Santander *Col.*	92B3
Santander *Esp.*	18B1
Santañy *Esp.*	19C2
Santa Quitéria *Br.*	91C2
Santarem *Port.*	93G4
Santarem *Port.*	18A2
Santa Rosa *Arg.*	95D3
Santa Rosa *É.-U.*	82A3
Santa Rosa *Hond.*	87D3
Santa Rosalía *Mex.*	86A2
Santa Talhada *Br.*	91D3
Santa Teresa di Gallura *It.*	21A2
Santiago *Chili*	95B2
Santiago *Dom. (Rép.)*	89C3
Santiago *Pan.*	92A2
Santiago (R.) *Pér.*	92B4

Santiago de Cuba *Cuba*	88B2
Santiago del Estero (Prov.) *Arg.*	94C4
Santo (État) *It.*	91C5
Santo Angelo *Br.*	94F4
Santo Antão (Ile) *Cap - Vert*	63A4
Santo Grande (Embalse de) [Rés.] *Arg.et Ur.*	95E2
Santorin = Thira	
Santos *Br.*	91B6
Santo Tomé *Arg.*	94E4
San Valentin (Mgne) *Chili*	95B5
San Vicente *Mex.*	83C4
San Vito (C.) *It.*	21B3
Sanza Pomba *Ang.*	64B3
São Borja *Br.*	94F4
São Carlos *Br.*	91B6
São Felix *Br.*	93G5
São Francisco *Br.*	91B5
São Francisco (R.) *Br.*	91D3
São Francisco do Sul *Br.*	94G4
São Hill *Tanz.*	65D3
São João da Barra *Br.*	91C6
São Jorge (Ile) *Açores*	62A1
São José do Rio Prêto *Br.*	91A6
São Luis *Br.*	91C2
São Marcos (B. de) *Br.*	91C2
São Mateus *Br.*	91D5
São Miguel (Ile) *Açores*	62A1
Saône (R.) *Fr.*	5C2
Saône-et-Loire (Dép.) *Fr.*	9A2
Saône (Haute-) [Dép.] *Fr.*	8B2
São Nicolau (Ile) *Cap - Vert*	63A4
São Paulo *Br.*	91B6
São Paulo (État) *Br.*	94F3
São Raimundo Nonato *Br.*	91C3
São Tiago (Ile) *Cap - Vert*	63A4
São Tomé (Ile) *Afr.*	63C4
São Tomé et Principe *Afr.*	63C4
Saoura *Alg.*	62B2
São Vicente *Br.*	91B6
São Vicente (Cap) *Port.*	18A2
São Vincente (Ile) *Cap - Vert*	63A4
Sápai *Gr.*	23C2
Sapele *Nig.*	63C4
Sapporo *J.*	42E2
Sapri *It.*	21C2
Saprsborg *Norv.*	12G7
Saqqez *Iran*	56A2
Sarab *Iran*	55E2
Saragosse *Esp.*	19B1
Sarajevo *Bosnie*	20C2
Sarakhs *Iran*	56D2
Saraktash *Russie*	31J3
Sarala *Russie*	29A2
Saranac (Lacs) *É.-U.*	85D2
Saranac Lake *É.-U.*	85D2
Sarandë *Alb.*	23E3
Saransk *Russie*	31J3
Sarapul *Russie*	31H2
Sarata *Ukr.*	22C1
Saratoga Springs *É.-U.*	85D2
Saratok *Mal.*	45E5
Saratov *Russie*	31G3
Saratov (Rés. de) *Russie*	31G3
Sarawak (État) *Mal.*	38C3
Saraykoy *Turq.*	54A2
Sarbaz *Iran*	57D4
Sarbisheh *Iran*	56C3
Sarcelles *Fr.*	10
Sardaigne *It.*	21A2
Sardalais *Libye*	59A2

Sar Dasht *Iran* 56A2
Sarektjåkkå (Mgne) *Suède* 12H5
Sargodha *Pak.* 50C2
Sarh *Tchad* 64B2
Sâri *Iran* 56B2
Sarida (R.) *Jord.* 58B2
Sarikamiş *Turq.* 55D1
Sarina *Austr.* 71D3
Sar-i-Pul *Afgh.* 50B1
Sarir *Libye* 59B2
Sarir Calancho *Libye* 59B2
Sarir Tibesti *Libye* 59A2
Sariwon *Corée du N.* 42B3
Sark (Ile) *G.-B.* 4B2
Sarkišla *Turq.* 54C2
Sarlat *Fr.* 7C3
Sarmi *Indon.* 39E4
Sarmiento *Arg.* 95C5
Särna *Suède* 13G6
Sarnia *Can.* 84B2
Sarny *Ukr.* 26D2
Saroaq *Groenl.* 76E2
Sarobi *Afgh.* 50B2
Saronique (Golfe) *Gr.* 23E3
Saros (Golfe de) *Turq.* 23C2
Sarre (Etat) *All.* 25B3
Sarrebourg *Fr.* 5D2
Sarrebruck *All.* 25B3
Sarreguemines *Fr.* 5D2
Sarre (La) *Can.* 77C5
Sarrelouis *All.* 25B3
Sarrion *Esp.* 19B1
Sartanahu *Pak.* 51B3
Sarthe *Fr.* 21A2
Sarthe (Dép.) *Fr.* 6B2
Sarthe (R.) *Fr.* 4B2
Sartrouville *Fr.* 10
Sarvan *Iran* 57D4
Sarych (Cap) *Ukr.* 30D5
Sarykamys *Kaz.* 31H4
Sarysu (R.) *Kaz.* 33H5
Sasaräm *Inde* 52A2
Sasebo *J.* 42B4
Saskatchewan (Prov.) *Can.* 79H4
Saskatchewan (R.) *Can.* 79H4
Saskatoon *Can.* 79H4
Sasolburg *Afr. du S.* 67G1
Sasovo *Russie* 31F3
Sassandra *C. d'Iv.* 63B4
Sassandra (R.) *C. d'Iv.* 63B4
Sassari *It.* 21A2
Sassnitz *All.* 24C2
Sätära *Inde* 53A1
Satellite (Baie) *Can.* 78G2
Säter *Suède* 13H6
Satka *Russie* 31J2
Satna *Inde* 52A2
Sätpura (Monts) *Inde* 51C4
Satu Mare *Roum.* 22B1
Sauda *Norv.* 12F7
Sauethárkrókur *Isl.* 12B1
Saugatuck *É.-U.* 84A2
Saugeries *É.-U.* 84A2
Sauk City *É.-U.* 84A2
Sault-Ste-Marie *Can.* 84B1
Sault Ste Marie *É.-U.* 84B1
Saumlaki *Indon.* 39E4
Saumur *Fr.* 4B2
Saurimo *Ang.* 64C3
Sauteurs *Grenade* 89M2
Savalou *Bénin* 63C4
Savannah *É.-U.* 81B3
Savannah (R.) *É.-U.* 81B3
Savannakhet *Laos* 44C2
Savanna la Mar *Jam.* 88B3
Savant Lake *Can.* 77A4
Savarane *Laos* 44D2
Save *Bénin* 63C4
Save (R.) *Moz.* 67C3
Save (R.) *Youg.* 22A2
Sáveh *Iran* 56B3
Saverne *Fr.* 8B2
Savigny-sur-Orge *Fr.* 10
Savoie (Dép.) *Fr.* 9B2
Savoie (Rég.) *Fr.* 5D2

Savoie (Haute-) [Dép.] *Fr.* 9B2
Savona *It.* 20A2
Savonlinna *Finl.* 12K6
Savoonga *Can.* 78A3
Savu (Ile) *Indon.* 70B2
Savu (Mer de) *Indon.* 39D4
Saw *Birm.* 44A1
Sawai Mādhopur *Inde* 51D3
Sawang *Indon.* 45C5
Sawankhalok *Th.* 44C2
Sawara *J.* 43C1
Sawda (Dj-as) *Libye* 59A2
Saxe *All.* 25C2
Saxe (Basse-) *All.* 24B2
Saxe-Anhalt *All.* 24C2
Say *Niger* 63C3
Saydā *Liban* 58B2
Sayghan *Afgh.* 50B1
Sayhandulaan *Mong.* 40B1
Sayhut *Yémen* 47D4
Saykhin *Kaz.* 31G4
Saynshand *Mong.* 36C2
Say'un *Yémen* 47C4
Say-Utes *Kaz.* 31H5
Săzava (R.) *Rép. Tch.* 25C3
Sbiseeb (R.) *Alg.* 19C2
Scafell Pike (Mgne) *G.-B.* 16C2
Scapa Flow (Baie) *G.-B.* 14C2
Scarborough *Can.* 85C2
Scarborough *G.-B.* 16D2
Scarborough *Tobago* 89E4
Sceaux *Fr.* 10
Schaffhouse *S.* 20A1
Scharding *Autr.* 25C3
Schefferville *Can.* 77D4
Schenectady *É.-U.* 85D2
Schleswig *All.* 24B2
Schleswig-Holstein (État) *All.* 24B2
Schœlcher *Mart.* 11
Schouten (Iles) *P.-N.-G.* 39F4
Schreiber *Can.* 77B5
Schwaner (Peg.) [Monts] *Indon.* 38C4
Schweinfurt *All.* 25C2
Schweizer Reneke *Afr. du S.* 67G1
Schwerin *All.* 24C2
Schwyz *S.* 8B2
Sciacca *It.* 21B3
Scilly (Iles) *G.-B.* 15B4
Scioto (R.) *É.-U.* 84B3
Scoresby Sound *Groenl.* 76H2
Scotia (Mer de) *Atlantique* 96D2
Scott (Station) *Antarct.* 96B7
Scott City *É.-U.* 83C3
Scott (Ile) *Antarct.* 96B6
Scott Inlet (Baie) *Can.* 76C2
Scott Reef *Indon.* 70B2
Scottsbluff *É.-U.* 82C2
Scranton *É.-U.* 85C2
Scutari = Shkodër
Seal (R.) *Can.* 79J4
Searcy *É.-U.* 81A3
Seattle *É.-U.* 82A2
Sebago (Lac) *É.-U.* 85D2
Sebanga *Indon.* 45C5
Sebastian Vizcaino (Baie de) *Mex.* 86A2
Sébastopol *Ukr.* 30D5
Sebez *Russie* 26D1
Sebha *Libye* 59A2
Secretary (I.) *N.-Z.* 73A3
Sedan *Fr.* 5C2
Seddonville *N.-Z.* 73B2
Sede Boqer *Isr.* 58B3
Sederot *Isr.* 58B3
Sédhiou *Sén.* 63A3
Sedom = Sodome
Seeleim *Nam.* 66A3
Seelig (Mgne) *Antarct.* 96A
Sefton (Mt) *N.-Z.* 73B2

Segamat *Mal.* 45C5
Segeste *It.* 21B3
Segorbe *Esp.* 19B2
Ségou *Mali* 63B3
Ségovie *Esp.* 18B1
Segré *Fr.* 4B2
Segre (R.) *Esp.* 19C1
Séguédine *Tchad* 59A2
Seguéla *C. d'Iv.* 63B4
Seguia el Hamra *Maroc* 62A2
Segura (R.) *Esp.* 18B2
Segura (Sierra de) *Esp.* 18B2
Sehwan *Pak.* 51B3
Seinäjoki *Finl.* 12J6
Seine (R.) *Fr.* 4C2
Seine-et-Marne (Dép.) *Fr.* 10
Seine-Maritime (Dép.) *Fr.* 6C2
Seine-St-Denis (Dép.) *Fr.* 10
Sein (Ile de) *Fr.* 6B2
Sekenke *Tanz.* 65D3
Selaru (Ile) *Indon.* 39E4
Selatan (Cap) *Indon.* 38C4
Selat Wetar (Détroit) *Indon.* 39D4
Selawik *É.-U.* 78B3
Selby *G.-B.* 16D3
Selçuk *Turq.* 23C3
Selebi-Pikwe *Botswana* 66B3
Sélestat *Fr.* 8B2
Selfoss *Isl.* 76H3
Selima Oasis *Soud.* 59B2
Selkirk *Can.* 79J4
Selkirk *G.-B.* 16C2
Selkirk (Monts) *Can.* 79G4
Selle (Mgne de la) *Haïti* 88C3
Selouane *Maroc* 18B2
Selvas (Rég.) *Br.* 92C5
Selvegens (Ile) *Atlantique* 62A2
Selwyn *Austr.* 71D3
Selwyn (Monts) *Can.* 78E3
Semarang *Indon.* 38C4
Semei *Kaz.* 33K4
Semenov *Russie* 31F2
Semiluki *Russie* 30E3
Semirom *Iran* 56B3
Semnän *Iran* 56B3
Sena Madureira *Br.* 92D5
Senanga *Zambie* 66B2
Sénart (Forêt de) *Fr.* 10
Sendai (Honshū) *J.* 42E3
Sendai (Kyushū) *J.* 42C4
Sendwha *Inde* 51D4
Seneca Falls *É.-U.* 85C2
Sénégal 63A3
Sénégal (R.) *Afr.* 63A3
Senekal *Afr. du S.* 67G1
Senhor do Bonfim *Br.* 91D4
Senigallia *It.* 20B2
Senj *Cr.* 20C2
Senkaku Gunto (Iles) *J.* 37E4
Senlin Shan (Mgne) *Ch.* 42C2
Senlis *Fr.* 5C2
Sennar *Soud.* 65D1
Senneterre *Can.* 77C5
Sens *Fr.* 5C2
Senta *Youg.* 20C1
Sentery *Zaïre* 64C3
Seoni *Inde* 51D4
Séoul *Corée du S.* 42B3
Separation (Pointe) *N.-Z.* 72B2
Sepone *Laos* 44D2
Sept-Iles *Can.* 77D4
Séquédine *Niger* 59A2
Seraing *Belg.* 8B1
Serasan (Ile) *Indon.* 45D5
Serbie (Rég.) *Youg.* 22C2
Serdobsk *Russie* 31F3
Seremban *Mal.* 45C5
Serena (La) *Chili* 94B4

Serengeti (Parc Nat.) *Tanz.* 65D3
Serenje *Zambie* 66C2
Seret (R.) *Ukr.* 27D3
Sergach *Russie* 31G2
Sergino *Russie* 32H3
Sergipe (État) *Br.* 91D4
Serguiev Possad *Russie* 30E2
Seria *Brunei* 38C3
Serian *Mal.* 45E5
Sérifos (Ile) *Gr.* 23E3
Sermata (Iles) *Indon.* 70B1
Sernovodsk *Russie* 31H3
Serov *Russie* 33H4
Serowe *Botswana* 66B3
Serpa *Port.* 18A2
Serpukhov *Russie* 30E3
Serra do Chifre *Br.* 91C5
Sérrai *Gr.* 23B2
Serrana Bank (Iles) *M. des Antilles* 87D3
Serrat (Cap). *Tun.* 21A3
Serre-Ponçon (Lac de) *Fr.* 9B3
Serrinha *Br.* 91D4
Serrmilik *Groenl.* 76G3
Sersou (Plateaux du) *Alg.* 19C2
Seruvai *Indon.* 45B5
Sesfontein *Nam.* 66A2
Sesheke *Zambie* 66B2
Setana *J.* 42D2
Sète *Fr.* 5C3
Sete Lagoas *Br.* 91B5
Sétif *Alg.* 62C1
Seto *J.* 43B1
Settat *Maroc* 62B1
Settle *G.-B.* 16C2
Setúbal *Port.* 18A2
Setúbal (B. de) [Baie] *Port.* 18A2
Seul (Lac) *Can.* 77A4
Sevan (Lac) *Arm.* 55E1
Severn (R.) *Can.* 77B4
Severn (R.) *G.-B.* 17C3
Severo-Baykal'skoye Nagorye (Mgnes) *Russie* 29C2
Severo Donets (R.) *Ukr.* 30E4
Severodvinsk *Russie* 32E3
Severo Sos'va (R.) *Russie* 32H3
Sevier (R.) *É.-U.* 82B3
Sevier Lac *É.-U.* 82B3
Séville *Esp.* 18A2
Sevlievo *Bulg.* 22C2
Sèvres (R.) 10
Sèvres (Deux-) [Dép.] *Fr.* 6B2
Sewa (R.) *S. L.* 63A4
Seward *É.-U.* 78D3
Seward (Pénin.) *É.-U.* 78B3
Seychelles (Iles) *O. Indien* 61K8
Seyethisfjörethur *Isl.* 12C1
Seydhisfjörethur *Isl.* 12C1
Seym (R.) *Russie* 30E3
Seymour *É.-U.* 84A3
Seyne-sur-Mer (La) *Fr.* 9B3
Sèzanne *Fr.* 5C2
Sfax *Tun.* 62D1
Sfintu Gheorghe *Roum.* 22C1
's-Gravenhage = Haye (La)
Shaanxi (Prov.) *Ch.* 40B3
Shaba *Zaïre* 66B2
Shabunda *Zaïre* 64C3
Shackleton (Banquise de) *Antarct.* 96C9
Shadadkot *Pak.* 51B3
Shādhām (R.) *Iran* 57B3
Shaftesbury *G.-B.* 17C4
Shag Rocks (Iles) *Géorgie du Sud* 95G8
Shahbâd *Iran* 56A3
Shāhabad *Iran* 56A3
Shahbā *Syrie* 58C2

Shahdap *Iran* 57C3
Shahdol *Inde* 52A2
Shāhin Dezh *Iran* 56A2
Shāh Kūh *Iran* 56C3
Shahrak *Afgh.* 56D3
Shahr-e Bābak *Iran* 56C3
Shajābād *Iran* 53B1
Shajahānpur *Inde* 50D3
Shajapur *Inde* 51D4
Shakhun'ya *Russie* 31G2
Shaki *Nig.* 63C4
Shamary *Russie* 31J2
Shambe *Soud.* 65D2
Shandong (Prov.) Ch. 40D2
Shangchuan Dao (Île)
Ch. 41C5
Shangdu *Ch.* 40C1
Shanghai *Ch.* 40E3
Shangnan *Ch.* 40C3
Shangombo *Zambie* 66B2
Shangra *Ch.* 41D4
Shangsi *Ch.* 41B5
Shang Xian *Ch.* 40C3
Shannon (R.) *Irl.* 15B3
Shanqiu *Ch.* 40D3
Shansonggang *Ch.* 42B2
Shantarskiye (Île)
Russie 29F2
Shantou *Ch.* 41D5
Shanxi (Prov.) *Ch.* 40C2
Shan Xian *Ch.* 40D3
Shaoguan *Ch.* 41C5
Shaoxing *Ch.* 41E4
Shaoyang *Ch.* 41C4
Shaqqā *Syrie* 58C2
Sharifābād *Iran* 56C2
Shark (Baie) *Austr.* 70A3
Sharlauk *Turkm.* 56C2
Sharon (Plaine de)
Isr. 58B2
Sharya *Russie* 31G2
Shashamanna *Éth.* 65D2
Shashi *Ch.* 41C3
Shashi (R.) *Botswana* 66B3
Shasta (Lac) *É.-U.* 82A2
Shatt al Gharrat (R.)
Iraq 55E3
Shaubak *Jord.* 58B3
Shawano *É.-U.* 84A2
Shawinigan *Can.* 85D1
Sha Xian *Ch.* 41D4
Shay Gap *Austr.* 70B3
Shaykh Miskin *Syrie* 58C2
Shchigry *Russie* 30E3
Shchors *Ukr.* 30D3
Shchuchinsk *Kaz.* 33J4
Sheboygan *É.-U.* 84A2
Shebshi (Mts) *Nig.* 64B2
Sheerness *G.-B.* 17E4
Shefar'am *Isr.* 58B2
Sheffield *G.-B.* 16D3
Shekhupura *Pak.* 50C2
Shelby *É.-U.* 82B2
Shelby *É.-U.* 84A2
Shelbyville *É.-U.* 84A3
Shelikof (Détroit de)
É.-U. 78C4
Shelter (Pointe) *N.-Z.* 73A3
Shemakha *Azerb.* 55E1
Shenandoah *É.-U.* 85C3
Shenandoah (Parc Nat.)
É.-U. 85C3
Shendam *Nig.* 63C4
Shendi *Soud.* 59C3
Shenmu *Ch.* 40C2
Shenyang *Ch.* 40E1
Shenzhen *Ch.* 41C5
Sheopur *Inde* 51D3
Shepetovka *Ukr.* 27D2
Shepparton *Austr.* 71D4
Sherard (Cap) *Can.* 76B2
Sherborne *G.-B.* 17C4
Sherbro I. *S. L.* 63A4
Sherbrooke *Can.* 85D1
Shergarh *Inde* 51C3
Sheridan *É.-U.* 82C2
Sherman *É.-U.* 83D3
Shetland (Îles) *G.-B.* 14C1
Shetland du Sud (Îles)
Antarct. 96C2

Shiashkotan (Île)
Russie 37H2
Shibarghan *Afgh.* 50B1
Shibata *J.* 42D3
Shibukawa *J.* 43B1
Shijiazhuang *Ch.* 40C2
Shikarpur *Pak.* 50B3
Shikoku (Île) *J.* 42C4
Shikoku (Mts de) *J.* 43A2
Shiliguri *Inde* 52B1
Shilka *Russie* 36D1
Shilka (R.) *Russie* 36D1
Shillong *Inde* 52C1
Shilovo *Russie* 31F3
Shimabara *J.* 43A2
Shimada *J.* 43B2
Shimanovsk *Russie* 37E1
Shimizu *J.* 42D3
Shimoda *J.* 43B2
Shimoga *Inde* 53B2
Shimonoseki *J.* 42C4
Shinano (R.) *J.* 43B1
Shināş *Oman* 57C5
Shindand *Afgh.* 56D3
Shingū *J.* 42D4
Shinjo *J.* 43C1
Shinminato *J.* 42D3
Shinshār *Syrie* 58C1
Shinyanga *Tanz.* 65D3
Shiogama *J.* 42E3
Shiono (Cap) *J.* 43B2
Shiping *Ch.* 41A5
Shiquan *Ch.* 40B3
Shirakawa *J.* 43C1
Shirani-san (Mgne) *J.* 43B1
Shir Kūh *Iran* 56B3
Shirotori *J.* 43B1
Shirvān *Iran* 56C2
Shishmaret *É.-U.* 78B3
Shitanjing *Ch.* 40B2
Shively *É.-U.* 84A3
Shivpuri *Inde* 51D3
Shivta (Site hist.)
Isr. 58B3
Shiwa Ngandu
Zambie 67C2
Shiyan *Ch.* 40C3
Shizuishan *Ch.* 40B2
Shizuoka *J.* 43B1
Shkodër *Alb.* 22A2
Shkodër (Lac de)
Alb. et Youg. 22A2
Shobara *J.* 43A2
Shoranur *Inde* 53B2
Shorapur *Inde* 53B1
Shoshone (Mts) *É.-U.* 82B3
Shostka *Ukr.* 30D3
Shreveport *É.-U.* 81A3
Shrewsbury *G.-B.* 17C3
Shropshire (Comté)
G.-B. 17C3
Shuanglia *Ch.* 40E1
Shuangyashan *Ch.* 37F2
Shubar kuduk *Kaz.* 31J4
Shu He (R.) *Ch.* 40D2
Shuicheng *Ch.* 41A4
Shujaabad *Ch.* 50C3
Shujalpur *Inde* 51D4
Shule He *Ch.* 36B2
Shumerlya *Russie* 31G2
Shumlul (Ash) *Ar. S.* 57A4
Shuncheng *Ch.* 41D4
Shungnak *É.-U.* 78C3
Shuo Xian *Ch.* 40C2
Shur Gaz *Iran* 57C4
Shurugwi *Zimb.* 66B2
Shuya *Russie* 31F2
Shwebo *Birm.* 44B1
Shwegyin *Birm.* 44B2
Siahan (Mts) *Pak.* 57D4
Siah Koh (Mgnes)
Afgh. 50A2
Sialkot *Pak.* 50C2
Sian = Xi'an
Siargao (Île) *Phil.* 39D3
Siaton *Phil.* 39D3
Siauliai *Lit.* 26C1
Sibay *Russie* 33G4
Sibayi (Lac) *Afr. du S.* 67H1
Sibenik *Cr.* 20C2

Sibérie Centrale
(Plateau de) *Russie* 29C1
Sibérie Occidentale
(Plaine de) *Russie* 32H3
Siberut (Île) *Indon.* 45B6
Sibi *Pak.* 50B3
Sibirskoye *Russie* 36C1
Sibiti *Congo* 64B3
Sibiti (R.) *Tanz.* 65D3
Sibiu *Roum.* 22B1
Sibolga *Indon.* 45B5
Sibsagar *Inde* 52C1
Sibu *Mal.* 45E5
Sibut *Centr.* 64B2
Sichuan (Prov.) *Ch.* 41A3
Sicile *It.* 21B3
Sicuari *Pér.* 92C6
Siddhapur *Inde* 51C4
Siddipet *Inde* 53B1
Sider (El-) *Libye* 59A1
Sidheros (Cap) *Gr.* 23C3
Sidhi *Inde* 52A2
Sidi Barrani *Ég.* 59B1
Sidi Bel Abbès *Alg.* 62B1
Sidley (Mgne)
Antarct. 96B5
Sidney *É.-U.* 82C2
Sidney *É.-U.* 84B2
Sidney *É.-U.* 85C2
Siedlce *Pol.* 26C2
Siegen *All.* 25B2
Siem Reap *Camb.* 44C3
Sienne *It.* 20B2
Sierpc *Pol.* 26B2
Sierra Blanca *É.-U.* 86B1
Sierra Leone (Rép.)
Afr. 63A4
Sierra Leone (Cap)
S. L. 63A4
Sierra Mojada *Mex.* 83C4
Sifnos (Île) *Gr.* 23E3
Sig *Alg.* 19B2
Sig *Russie* 12L5
Sigep *Indon.* 45B6
Sighet *Roum.* 27C3
Sighişoara *Roum.* 22B1
Sigli *Indon.* 45B4
Siglufjörethur *Isl.* 12B1
Siguenza *Esp.* 18B1
Siguiri *Guinée* 63B3
Sihanoukville *Camb.* 45C3
Sihora *Inde* 51D4
Siirt *Turq.* 55D2
Sikai Hu (Lac) *Ch.* 36B3
Sikar *Inde* 51D3
Sikaram (Mgne) *Afgh.* 56B2
Sikasso *Mali* 63B3
Sikeston *É.-U.* 81B3
Sikhote Alin' *Russie* 29F3
Sikinos (Île) *Gr.* 23C3
Sikionia *Gr.* 23E3
Sikkim (État) *Inde* 52B1
Sil (R.) *Esp.* 18A1
Sila (La) *It.* 21C3
Silchar *Inde* 52C2
Silésie *Pol.* 27B2
Silet *Alg.* 62C2
Silgarhi *Népal* 52A1
Silifke *Turq.* 54B2
Siling Co (Lac) *Ch.* 48C2
Silistra *Bulg.* 22C2
Silkeborg *Dan.* 12F7
Şiltou (Puits) *Tchad* 59A3
Silute *Lit.* 26C1
Silvan *Turq.* 55D2
Silvassa *Inde* 51C4
Silver City *É.-U.* 83C3
Silver Spring *É.-U.* 85C3
Simanggang *Mal.* 45E5
Simao *Ch.* 44C1
Simareh (R.) *Iran* 56A3
Simav *Turq.* 23C3
Simav (R.) *Turq.* 23C3
Simcoe (Lac) *Can.* 84C2
Simeulue (Île) *Indon.* 45B4
Simferopol' *Ukr.* 30D5
Simi (Île) *Gr.* 23E3
Sími *Inde* 50D2
Simla *Inde* 50D2
Simplon (Col) *S.* 9B2
Simpson (Cap) *É.-U.* 78C2

Simpson (Désert de)
Austr. 70C3
Simpson (Péninsule)
Can. 76B3
Simrishamn *Suède* 12G7
Simushir (Île) *Russie* 37H2
Sinabang *Indon.* 45B4
Sinadogo *Som.* 65E2
Sinai (Pén. du) *Ég.* 58B4
Sincelejo *Col.* 92B2
Sind *Pak.* 51B3
Sind (R.) *Inde* 51D3
Sindirgi *Turq.* 23C3
Sindjir *Iraq* 55D2
Sindri *Inde* 52B1
Sines *Port.* 18A2
Sines (Cap de) *Port.* 18A2
Singa *Soud.* 65D1
Singapour *Asie* 45C5
Singapour (Détroit de)
Asie 45C5
Singaraja *Indon.* 38C4
Singkang *Indon.* 65D3
Singitikós (Golfe) *Gr.* 23B2
Singkaling Hkamti
Birm. 52D1
Singkawang *Indon.* 45D5
Singtep (Île) *Indon.* 45B5
Singu *Birm.* 44B1
Siniscola *It.* 21A2
Sinkai (Collines de)
Afgh. 50B2
Sinkat *Soud.* 59C3
Sinnamary *Guy. Fr.* 93G2
Sinop *Turq.* 54C1
Sintana *Roum.* 22B1
Sintang *Indon.* 45E5
Sintra *Port.* 18A2
Sinú (R.) *Col.* 92B2
Sinuiju *Corée du N.* 42A2
Siocon *Phil.* 39D3
Siofok *H.* 27D3
Sion *S.* 9B2
Siouah *Ég.* 59B2
Sioux City *É.-U.* 82D2
Sioux Falls *É.-U.* 82D2
Sioux Lookout *Can.* 77A5
Siparia *Trinité* 89L1
Siple (Station)
Antarct. 96B3
Siple (Île) *Antarct.* 96B5
Sipora (Île) *Indon.* 38A4
Sira *Inde* 53B2
Sirajganj *Bangl.* 52B1
Şir Bani Yas *É.A.U.* 57B5
Sir Édouard Pellew
(Arch.) *Austr.* 70C2
Siret (R.) *Roum.* 22C1
Sirhan (Wadi as)
Ar. S. et Jord. 55C3
Sirik (Cap) *Mal.* 45D5
Sir Kālahasti *Inde* 53B2
Sirnak *Turq.* 55D2
Sirohi *Inde* 51C4
Sironcha *Inde* 53C1
Sironj *Inde* 51D4
Siros (Île) *Gr.* 23E3
Sirri (Île) *Iran* 57B4
Sirsa *Inde* 50C3
Sirsi *Inde* 53A2
Sisak *Croatie* 20C1
Sisaket *Th.* 44C2
Sishen *Afr. du S.* 66B3
Sisophon *Camb.* 44C3
Sistán (Rég.)
Afgh. et Iran 56D3
Sistán (Lac du)
Afgh. et Iran 56D3
Sisteron *Fr.* 5D3
Sistig Khem *Russie* 36B1
Sitapur *Inde* 52A1
Sitia *Gr.* 23C3
Sitka *É.-U.* 78E4
Sittang (R.) *Birm.* 44B2
Sivas *Turq.* 54C2
Siverek *Turq.* 55C2
Sivrihisar *Turq.* 54B2
Siwālik (Monts) *Inde* 50D2
Siyang *Ch.* 40D3
Sjaelland (Île) *Dan.* 24C1
Skagen *Dan.* 12G7

Skagerrak (Détroit)
Dan. et Norv. 12F7
Skagway É.-U. 78E4
Skara Suède 12G7
Skarzysko-Kamlenna Pol. 27C2
Skeena (R.) Can. 79F4
Skeene (Mts) Can. 79F4
Skeenjek (R.) É.-U. 78D3
Skegness G.-B. 16E3
Skellefte (R.) Suède 12H5
Skellefteå Suède 12J6
Skiathos (Ile) Gr. 23E3
Skidegate Can. 79E4
Skiemiewice Pol. 26C2
Skien Norv. 12F7
Skikda Alg. 62C1
Skipton G.-B. 16D3
Skiros (Ile) Gr. 23E3
Skive Dan. 12F7
Skjern Dan. 24B1
Skjoldungen Groenl. 76F3
Skokie É.-U. 84A2
Skópelos (Ile) Gr. 23E3
Skopje Mac. 22B2
Skövde Suède 12G7
Skovorodino Russie 37E1
Skwentna É.-U. 78C3
Skwierzyna Pol. 26B2
Skye (Ile) G.-B. 14B2
Slagelse Dan. 12G7
Slamet (Mgne) Indon. 38B4
Slatina Roum. 22B2
Slave (R.) Can. 79G3
Slavgorod Russie 33J4
Slavuta Ukr. 27D2
Sleetmute É.-U. 78C3
Sligo Irl. 15B3
Sligo (Baie) Irl. 15B3
Sliven Bulg. 22C2
Slobozia Roum. 22C2
Slonim Biél. 27D2
Slough G.-B. 17D4
Slovaquie Europe 27B3
Sloviansk Ukr. 30E4
Slubice Pol. 24C2
Sluch' (R.) Ukr. 27D2
Sludyanka Russie 36C1
Slupsk Pol. 26B2
Slutsk Biél. 26B2
Slutsk (R.) Biél. 26D2
Slyne Head (Pointe) Irl. 15A3
Slyudivanka Russie 29C2
Smallwood (Rés.) Can. 77B4
Smara Maroc 62A2
Smederevo Youg. 22B2
Smederevska Palanka Youg. 22B2
Smela Ukr. 30D4
Smethport É.-U. 85C2
Smith Arm (Baie) Can. 78F3
Smithers Can. 79F4
Smith (I.) Can. 77C3
Smiths Falls Can. 85C2
Smithton Austr. 71D5
Smøla (Ile) Norv. 12F6
Smolensk Russie 30D3
Smólikas (Mgne) Gr. 23B2
Smoljan Bulg. 22B2
Smorgon' Biél. 26D2
Snaefell (Mgne) G.-B. 16B2
Snafell (Mgne) Isl. 12B2
Snake (R.) É.-U. 82B2
Snake River Canyon É.-U. 82B2
Sneek P.-B. 24B2
Sněžka (Mgne) Pol. et Rép. Tch. 27B2
Sniardwy (Lac) Pol. 26C2
Snøhetta (Mgne) Norv. 12F6
Snoul Camb. 44D3
Snowdon (Mgne) G.-B. 17B3
Snowdon (Parc nat.) G.-B. 17B3
Snowdrift Can. 78G3
Snow Lake Can. 79H4
Snyder É.-U. 83C3
Soan-kundo (Ile) Corée du S. 42B4

Sobat (R.) Soud. 65D2
Sobradinho (Barrage de) Br. 91C4
Sobral Br. 91C2
Sochaczew Pol. 26C2
Société (Iles de la) Polyn. Fr. 11
Socorro É.-U. 83C3
Socorro (Ile) Mex. 86A3
Socotra (Ile) Yémen 47D4
Sodankylä Finl. 12K5
Soddo Éth. 65D2
Söderhamn Suède 13H6
Södertälje Suède 12H7
Sodiri Soud. 65C1
Sodome Isr. 58B3
Sofia Bulg. 22B2
Sofu Gan (Ile) J. 37G4
Sogamoso Col. 92C2
Sognefjord Norv. 13F6
Sog Xian Ch. 36B3
Sohag Ég. 59C2
Soignies Belg. 25A2
Soissons Fr. 5C2
Sojat Inde 51C3
Söke Turq. 54A2
Sokna Libye 59A2
Sokodé Togo 63C4
Sokol Russie 31E2
Sokolka Pol. 26C2
Sokolo Mali 63B3
Søkongens Øy (Ile) Groenl. 76H3
Sokota Éth. 65D1
Sokoto Nig. 63C3
Sokoto (R.) Nig. 63C3
Solander (I.) N.-Z. 73A3
Solapur Inde 53B1
Soledad Col. 88C4
Solent (Baie) G.-B. 17D4
Solenzara Fr. 9B3
Soleure S. 8B2
Soligorsk Biél. 26D2
Solikamsk Russie 31J2
Solimões Pér. 92C4
Sol'Itesk Russie 33G4
Sollefteå Suède 12H6
Sol'Iletsk Russie 31H3
Sologne Fr. 6C2
Solok Indon. 45C6
Soltau All. 12F8
Solvay É.-U. 85C2
Solway Firth (Estuaire) G.-B. 16C2
Solwezi Zambie 66B2
Sôma J. 43C1
Soma Turq. 23C3
Somalie Afr. 47C5
Sombor Youg. 20C1
Somerset Austr. 71D2
Somerset (Comté) G.-B. 17C4
Somerset É.-U. 84B3
Somerset É.-U. 85C2
Somerset East Afr. du S. 66B4
Somerset (Ile) Can. 76A2
Somersworth É.-U. 85D2
Somes (R.) Roum. 22B1
Somme (Dép.) Fr. 6C2
Somme (R.) Fr. 6C2
Somport (Col du) Esp. et Fr. 6B3
Son (R.) Inde 52A2
Sonchon Corée du N. 42A3
Sonde (Détroit de la) Indon. 38B4
Sønderborg Dan. 12F8
Søndre Strømfjord Groenl. 76E3
Søndre Upernavik Groenl. 76E2
Sondrio It. 20A1
Song Ba (R.) V. 44D3
Song Cau V. 44D3
Songea Tanz. 67C2
Songjiang Ch. 40E3
Songkhla Th. 45C4
Songnim Corée du N. 42B3
Sŏng Pahang (R.) Mal. 45C5

Songpan Ch. 40A3
Sonhua Hu (Lac) Ch. 37E2
Sonid Youqi Ch. 40C1
Sonipat Inde 50D3
Son La V. 44C1
Sonmiani Pak. 51B3
Sonmiani (Baie de) Pak. 51B3
Sonora (R.) Mex. 86A2
Sonora (Désert de) É.-U. 80B2
Sonsonate El Salv. 87D3
Sonsorol (Ile) O. Pacifique 39E3
Soo Canals Can. et É.-U. 80B2
Sopot Pol. 26B2
Sopron H. 27B3
Sora It. 21B2
Sorel Can. 85D1
Soreq (R.) Isr. 58B3
Sorgun Turq. 54C2
Soria Esp. 18B1
Sørkjosen Norv. 12J5
Sørksop (Ile) O. Arctique 32C2
Sørøya (Ile) Norv. 12J4
Sorrente It. 21B2
Sorsatunturi (Mgne) Finl. 12K5
Sorsele Suède 12H5
Sortavala Russie 12L6
Sosan Corée du S. 42B3
Sosnowiec Pol. 27B2
Sos'va Russie 33H4
Sotchi Russie 31E5
Souakin Soud. 59C3
Souanké Congo 64B2
Soubré C. d'Iv. 63B4
Soufrière Ste-Lucie 89P2
Soufrière (Volcan) St-Vincent 89N2
Souilac Fr. 4C3
Souk Ahras Alg. 62C1
Soukhoumi Géorgie 31F5
Soummam (R.) Alg. 19C2
Soungari (R.) Ch. 37E2
Sounion (Cap) Gr. 23E3
Sour Liban 58B2
Sources (Mt aux) Les. 66B3
Souris (R.) É.-U. 82C2
Sousa Br. 91D3
Sous le Vent (Îles) Poly. Fr. 11
Southampton Can. 84B2
Southampton É.-U. 85D2
Southampton G.-B. 17D4
Southampton (Ile) Can. 77D4
South Aulatsivik (Ile) Can. 77D4
South Baymouth Can. 84B1
South Bend É.-U. 84A2
South Foreland (Pointe) G.-B. 17E4
South Glamorgan (Comté) G.-B. 17C4
South Haven É.-U. 84A2
South Henik (Lac) Can. 79J3

South Nahanni (R.) Can. 78F3
South Negril (Pte) Jam. 88G1
South Platte (R.) É.-U. 82C2
Southport G.-B. 16C3
South (Pte) Barbade 89R2
South Saskatchewan (R.) Can. 79H4
South Shields G.-B. 16D2
South Uist (I.) G.-B. 14B2
South Yorkshire (Comté) G.-B. 16D3
Sovetsk Russie 26C1
Sovetsk Russie 31G2
Sovetskaya Gavan' Russie 37G2
Soyo Congo Ang. 64B3
Sozh (R.) Biél. 30D3
Spalding G.-B. 17D3
Spanish (R.) Can. 84B1
Spanish Town Jam. 88B3
Sparks É.-U. 82B3
Spartanburg É.-U. 81B3
Sparte Gr. 23E3
Spartivento (C.) It. 21C3
Spassk Dal'niy Russie 37F2
Spátha (Cap) Gr. 23E3
Speightstown Barbade 89R2
Spenard É.-U. 78D3
Spencer É.-U. 80A2
Spencer É.-U. 84A3
Spencer Bay Can. 76A3
Spencer (Golfe) Austr. 70C4
Spencer (Iles) Can. 76C3
Spenser (Monts) N.-Z. 73B2
Spey (R.) G.-B. 14C2
Speyside Tobago 89K1
Spezia (La) It. 20A2
Spencer É.-U. 22B3
Spirit River Can. 79G4
Spittal Autr. 25C3
Spitzberg (Ile) O. Arctique 32C2
Spjelkavik Norv. 12F6
Split Cr. 20C2
Spokane É.-U. 82B2
Sporades du Nord Gr. 23E3
Spratly (Iles) Asie 38C3
Spree (R.) All. 24C2
Springbok Afr. du S. 66A3
Springfield É.-U. 81A3
Springfield É.-U. 82A2
Springfield É.-U. 84B3
Springfield É.-U. 85D2
Springfield É.-U. 85D2
Springfontein Afr. du S. 66B4
Springfield Afr. du S. 66B3
Spurn Head (Pointe) G.-B. 15D3
Squillace (G. di) It. 21C3
Srepok (R.) Camb. 44D3
Sretensk Russie 36D1
Sre Umbell Camb. 44C3
Sri Lanka Asie 53C3
Srinagar Inde 50C2
Srivardhan Inde 53A1
Sroda Pol. 26B2
Stack Skerry (I.) G.-B. 14C2
Stade All. 24B2
Stafford (Comté) G.-B. 17C3
Stafford G.-B. 17C3
Stalingrad=Volgograd
Stallworthy (Cap) Can. 76A1
Stalowa Wola Pol. 27C2
Sta Marta (Ria de) Esp. 18A1
Stamford É.-U. 85D2
Stamford É.-U. 85D2
Stampriet Nam. 66A3
Standerton Afr. du S. 66B3
Standish É.-U. 84B2
Stanger Afr. du S. 67H1
Stanke Dimitrov Bulg. 22B2
Stanley Falkland 95E6

Stanley (Rés. de) *Inde*	**53B2**
Stanleyville = Kisangani	
Stann Creek *Belize*	**87D3**
Stanovoï (Monts) *Russie*	**29E2**
Stanthorpe *Austr.*	**71E3**
Starachowice *Pol.*	**27C2**
Stara Planiná (Balkan) *Bulg.*	**22B2**
Staraya Russa *Russie*	**30D2**
Stara Zagora *Bulg.*	**22C2**
Stargard *Pol.*	**26B2**
Starnberg *All.*	**25C3**
Starogard Gdanski *Pol.*	**26B2**
Starokonstantinov *Ukr.*	**27D3**
Start Pt *G.-B.*	**17C4**
Staryy Oskol *Russie*	**30E3**
State College *É.-U.*	**85C2**
Staunton *É.-U.*	**85C3**
Stavanger *Norv.*	**12F7**
Stavropol' *Russie*	**31F4**
Stawno *Pol.*	**26B2**
Steelton *É.-U.*	**85C2**
Steens (Mts) *É.-U.*	**82B2**
Steenstrups (Glacier du) *Groenl.*	**76E2**
Stefansson (Ile) *Can.*	**78H2**
Stegi *Swaz.*	**67H1**
Steinbach *Can.*	**79J5**
Steinkier *Norv.*	**12G6**
Steinkjer *Norv.*	**12G6**
Stella *Afr. du S.*	**67F1**
Stendal *All.*	**24C2**
Stephens (Cap) *N.-Z.*	**72B2**
Stephenson *É.-U.*	**84A1**
Stephenville *Can.*	**77E5**
Sterksroom *Afr. du S.*	**66B4**
Sterling *É.-U.*	**82C2**
Sterling Heights *É.-U.*	**84B2**
Sterlitamak *Russie*	**31J3**
Stettler *Can.*	**79G4**
Steubenville *É.-U.*	**84B2**
Stevens Village *É.-U.*	**78D3**
Stewart *Can.*	**79F4**
Stewart (Iles) *I. Salomon*	**71F1**
Stewart (Ile) *N.-Z.*	**73A3**
Stewart (Ile) *Can.*	**78E3**
Stewart River *Can.*	**78E3**
Steyr *Autr.*	**25C3**
Stikine (R.) *Can.*	**79F4**
Stillwater *É.-U.*	**83D3**
Stirling *G.-B.*	**14C2**
Stockerau *Autr.*	**27B3**
Stockholm *Suède*	**12H7**
Stockport *G.-B.*	**16C3**
Stockton *É.-U.*	**82A3**
Stockton *G.-B.*	**16D2**
Stoke-on-Trent *G.-B.*	**17C3**
Stokkseyri *Isl.*	**12A2**
Stokmarknes *Norv.*	**12G5**
Stolbtsy *Biél.*	**12K8**
Stolin *Biél.*	**26D2**
Stonehaven *G.-B.*	**14C2**
Storavan (Lac) *Suède*	**12H5**
Støren *Norv.*	**12G6**
Stornoway *G.-B.*	**14B2**
Storozhinets *Ukr.*	**27D3**
Storsjön (Lac) *Suède*	**12G6**
Storuman *Suède*	**12H5**
Stowmarket *G.-B.*	**17E3**
Stralsund *All.*	**24C2**
Stranda *Norv.*	**12F6**
Strangford (Lough) *Irl.*	**16B2**
Strängnäs *Suède*	**12H7**
Stranraer *G.-B.*	**16B2**
Strasbourg *Fr.*	**5D2**
Strasburg *É.-U.*	**85C3**
Stratford *Can.*	**84B2**
Stratford *N.-Z.*	**72B1**
Stratford-on-Avon *G.-B.*	**17D3**
Strathclyde (Rég.) *G.-B.*	**16B2**
Streymoy *Féroé*	**12D3**
Stromboli (Ile) *It.*	**21C3**
Strømfjord *Groenl.*	**76E3**
Stromness *G.-B.*	**14C2**
Stromsund *Suède*	**12H6**
Ströms Vattudal (Lac) *Suède*	**12G6**
Stronsay (I.) *G.-B.*	**14C2**
Stroud *G.-B.*	**17C4**
Struma (R.) *Bulg.*	**22B2**
Strumble Head (Pointe) *G.-B.*	**17B3**
Strumica *Mac.*	**23B2**
Strymon (Golfe du) *Gr.*	**23B2**
Stryy *Ukr.*	**27C3**
Stryy (R.) *Ukr.*	**27C3**
Stuart (Lac) *Can.*	**79F4**
Stubice *Pol.*	**12H8**
Stuch (R.) *Ukr.*	**30C3**
Stung Sen *Camb.*	**44D3**
Stung Treng *Camb.*	**44D3**
Stura (R.) *It.*	**20A2**
Sturge (Ile) *Antarct.*	**96C7**
Sturgeon Bay *É.-U.*	**84A2**
Sturgeon Falls *Can.*	**84C1**
Sturgis *É.-U.*	**84A2**
Sturt Creek (R.) *Austr.*	**70B2**
Stuttgart *All.*	**25B3**
Stykkishólmur *Isl.*	**12A1**
Styr (R.) *Ukr.*	**26D2**
Suao *Taiwan*	**41E5**
Subi (Ile) *Indon.*	**45D5**
Subotica *Youg.*	**20C1**
Suceava *Roum.*	**30C4**
Sucre *Bol.*	**94C2**
Sucy-en-Brie *Fr.*	**10**
Sud-Australien (Bassin) *O. Indien*	**68E5**
Sudbury *Can.*	**84B1**
Sudbury *G.-B.*	**17E3**
Suddie *Guy.*	**93F2**
Sud-Est (Cap) *Austr.*	**71D5**
Sud (Ile du) *N.-Z.*	**73A2**
Sud-Ouest (Cap) *Austr.*	**71D5**
Sud-Ouest pacifique (Bassin) *O. Pacifique*	**69J5**
Suduroy *Féroé*	**12D3**
Suir (R.) *Sud.*	**64C2**
Suède *Europe*	**12G7**
Suez *Ég.*	**54B4**
Suez (Canal de) *Ég.*	**54B3**
Suez (Golfe de) *Ég.*	**54B4**
Suffolk (Comté) *G.-B.*	**17E3**
Suhar *Oman*	**46D3**
Sui *Pak.*	**50B3**
Suide *Ch.*	**40C2**
Suiha *Ch.*	**37E2**
Suining *Ch.*	**41B3**
Suir (R.) *Irl.*	**15B3**
Suisse *Europe*	**8B2**
Sui Xian *Ch.*	**41C3**
Suizhong *Ch.*	**40E1**
Sujangarh *Inde*	**51C3**
Sukadana *Indon.*	**45E6**
Sukadana (Téluk) *Indon.*	**45D6**
Sukagawa *J.*	**42E3**
Sükhe-Bator *Mong.*	**36C1**
Sukhinichi Shchekino *Russie*	**30E3**
Sukhnah (al-) *Syrie*	**55C3**
Sukhona (R.) *Russie*	**31F2**
Sukkertoppen *Groenl.*	**76E3**
Sukkozero *Russie*	**12L6**
Sukkur *Pak.*	**51B3**
Sukma *Inde*	**53C1**
Suknes *Nam.*	**66A3**
Sukumo *J.*	**43A2**
Sula (R.) *Russie*	**30E3**
Sula (Iles) *Indon.*	**39D4**
Sula Sgeir (I.) *G.-B.*	**14B2**
Sulawesi = Célèbes	
Sulaymániya *Iraq*	**50B3**
Sulaymán (Mts) *Pak.*	**50B3**
Sule Skerry (I.) *G.-B.*	**14C2**
Sulina *Roum.*	**22C1**
Sulitjelma *Norv.*	**12H5**
Sullana *Pér.*	**92A4**
Sulmona *It.*	**20B2**
Sultánpur *Inde*	**52A1**
Sulu (Arch. des) *Phil.*	**39D3**
Sulu (Mer de) *Phil.*	**38C3**
Sumampa *Arg.*	**94D4**
Sumatra *Indon.*	**45B5**
Sumba (Ile) *Indon.*	**70A1**
Sumbawa (Ile) *Indon.*	**70A1**
Sumbawa Besar *Indon.*	**38C4**
Sumbawanga *Tanz.*	**65D3**
Sumburgh Head (Pointe) *G.-B.*	**14C2**
Sumen *Bulg.*	**22C2**
Sumgaït *Azerb.*	**55E1**
Sumhe *Ang.*	**66A2**
Sumisu (Ile) *J.*	**37G3**
Şumman (Aş) *Ar. S.*	**57A5**
Summit Lake *Can.*	**79F4**
Sumner (Lac) *N.-Z.*	**73B2**
Sumoto *J.*	**43A2**
Sumy *Ukr.*	**30D3**
Sunbury *É.-U.*	**85C2**
Sunchon *Corée du S.*	**42B3**
Sunchon *Corée du S.*	**42B3**
Sundarbans (Rég.) *Inde*	**52B1**
Sundargarh *Inde*	**52A2**
Sunderland *G.-B.*	**16D2**
Sundridge *Can.*	**85C1**
Sundsvall *Suède*	**12H6**
Sungaisalak *Indon.*	**45C6**
Suntar *Russie*	**29D1**
Suntsar *Pak.*	**57D4**
Sunyani *Gh.*	**63B4**
Suo-nada (Baie) *J.*	**43A2**
Suonenjoki *Finl.*	**12K6**
Supaul *Inde*	**52B1**
Supérieur (Lac) *Can. et É.-U.*	**84A1**
Superior *É.-U.*	**80A2**
Suphan Buri *Th.*	**44C3**
Süphan Dag *Turq.*	**55D2**
Supiori (Ile) *Indon.*	**39E4**
Suq ash Suyukh *Iraq*	**55E3**
Suqian *Ch.*	**40D3**
Suqutra = Socotra	
Sür *Oman*	**47D3**
Surabaya *Indon.*	**38C4**
Suraga (Baie de) *J.*	**43B2**
Surakarta *Indon.*	**38C4**
Surat (R.) *Russie*	**31G3**
Sürat *Inde*	**51C4**
Suratgarh *Inde*	**50C3**
Surat Thani *Th.*	**45B4**
Surendranagar *Inde*	**51C4**
Suresnes *Fr.*	**10**
Suriápet *Inde*	**53B1**
Surigao *Phil.*	**39D3**
Surin *Th.*	**44C3**
Surinam (Rép.) *Am. du S.*	**93F3**
Surrey (Comté) *G.-B.*	**17D4**
Surtsey (Ile) *Isl.*	**12A2**
Susa *J.*	**43A2**
Susaki *J.*	**43A2**
Susanville *É.-U.*	**82A2**
Suse *It.*	**20A1**
Susquehanna (R.) *É.-U.*	**85C2**
Sussex West *G.-B.*	**17D4**
Sutherland *Afr. du S.*	**66B4**
Sutlej (R.) *Pak.*	**50C2**
Sutton *É.-U.*	**84B3**
Suwa *J.*	**42D3**
Suwalki *Pol.*	**26C2**
Suwayra (al-) *Iraq*	**55D3**
Suweilih *Jord.*	**58B2**
Suwon *Corée du S.*	**42B3**
Su Xian *Ch.*	**40D3**
Suzaka *J.*	**43B1**
Suzhou *Ch.*	**40E3**
Suzu *J.*	**42D3**
Suzu (Cap) *J.*	**43B1**
Suzuka *J.*	**43B2**
Svalbard *O. Arctique*	**37J2**
Svalyava *Ukr.*	**27C3**
Svartenhuk Halvø (Rég.) *Groenl.*	**76E2**
Svartisen (Mgne) *Norv.*	**12G5**
Svay Rieng *Camb.*	**44D3**
Sveg *Suède*	**12G6**
Svendborg *Dan.*	**12G7**
Sverdrup Channel *Can.*	**76A1**
Sverdrup (Iles) *Can.*	**78H2**
Svetlaya *Russie*	**37F2**
Svetlogorsk *Russie*	**26C2**
Svetogorsk *Finl.*	**13K6**
Svetozarevo *Youg.*	**22B2**
Svilengrad *Bulg.*	**22C2**
Svir' *Biél.*	**26D2**
Svitavy *Rép. Tch.*	**27B3**
Svobodnyy *Russie*	**37E1**
Svolvaer *Norv.*	**12G5**
Swain Reefs *Austr.*	**71E3**
Swakopmund *Nam.*	**66A3**
Swale (R.) *G.-B.*	**16D2**
Swallow Reef (Ile) *Asie*	**38C3**
Swämihalli *Inde*	**53B2**
Swan (Ile) *Hond.*	**87D3**
Swanage *G.-B.*	**17D4**
Swan (I.) *M. des Antilles*	**88A3**
Swan River *Can.*	**79H4**
Swansea *G.-B.*	**17C4**
Swansea Bay (Baie) *G.-B.*	**17C4**
Swartruggens *Afr. du S.*	**67G1**
Swatow = Shantou	
Swaziland *Afr.*	**67C3**
Sweetwater *É.-U.*	**83C3**
Swellendam *Afr. du S.*	**66B4**
Swidnica *Pol.*	**27B2**
Swidwin *Pol.*	**26B2**
Swiebodzin *Pol.*	**26B2**
Swiecie *Pol.*	**26B2**
Swift Current *Can.*	**79H4**
Swindon *G.-B.*	**17D4**
Swinoujscie *Pol.*	**24C2**
Sydney *Austr.*	**71E4**
Sydney *Can.*	**77D5**
Syktyvkar *Russie*	**32G3**
Sylarna (Mgne) *Suède*	**12G6**
Sylhet *Bangl.*	**52C2**
Sylt (Ile) *All.*	**24B1**
Sylvania *É.-U.*	**84B2**
Syowa (Station) *Antarct.*	**96C11**
Syracuse *É.-U.*	**85C2**
Syracuse *It.*	**21C3**
Syr-Daria (R.) *Kaz.*	**33H5**
Syrie *Asie*	**55C2**
Syrie (Désert de) *Ar. S. et Jord.*	**59C1**
Syrte *Libye*	**59A1**
Syrte (Désert de) *Libye*	**59A1**
Syrte (G. de) *Libye*	**59A1**
Sysert' *Russie*	**31J2**
Syzran' *Russie*	**31G3**
Szczecin *Pol.*	**24C2**
Szczecinek *Pol.*	**26B2**
Szczytno *Pol.*	**26C2**
Szeged *H.*	**27C3**
Székesfehérvar *H.*	**27B3**
Szekszard *H.*	**27B3**
Szolnok *H.*	**27B3**
Szombathely *H.*	**27B3**
Szprotawa *Pol.*	**26B2**

T

Tabarka *Tun.*	**21A3**
Tabas *Iran*	**56C3**
Tabatinga *Br.*	**92D4**
Tabelbala *Alg.*	**62B2**
Tabeng *Camb.*	**44C3**
Taber *Can.*	**82B2**
Table (Pte de la) *Réunion*	**11**
Tábor *Rép. Tch.*	**25C3**
Tabora *Tanz.*	**65D3**
Tabou *C. d'Iv.*	**63B4**
Tabqa *Syrie*	**55C2**
Tabriz *Iran*	**56A2**
Tabūk *Ar. S.*	**54C4**

Tacheng Ch. 48C1
Tachk (Lac) Iran 57B4
Tachkent Ouzb. 33H5
Tacloban Phil. 39D2
Tacna Pér. 94B2
Tacoma É.-U. 82A2
Tacuarembó Ur. 95E2
Tademaït (Plateau du) Alg. 62C2
Tadjikistan Asie 33H6
Tadjoura Djib. 65E1
Tadmor Syrie 55C3
Tâdpatri Inde 53B2
Taebaek Sanmaek (Mgnes) Corée du S. 42B3
Taegu Corée du S. 42B3
Taehuksan (Ile) Corée du S. 42B4
Taejon Corée du S. 42B3
Tafalla Esp. 19B1
Tafassaset (Oued) Alg. 62C2
Taff (R.) G.-B. 17C4
Tafila Jord. 58B3
Tagant Maurit. 63A3
Tage (R.) Esp. et Port. 18A2
Taguenout Haguerrete (Puits) Maurit. 62B2
Tagula (Ile) i. Salomon 71E2
Tahaa (Ile) Polyn. Fr. 11
Tahan (Gunung) [Mgne] Mal. 45C5
Tahat (Mgne) Alg. 62C2
Tahiti (Ile) Polyn. Fr. 11
Tahlab (R.) Iran 57D4
Tahoe (Lac) É.-U. 82A3
Tahoua Niger 63C3
Tahuatu (Ile) Polyn. Fr. 11
Tahuna Indon. 39D3
Tai (Lac) Ch. 40E3
Tai'an Ch. 40D2
Taiarapu (Presqu'île de) Polyn. Fr. 11
Taibai Shan (Mgne) Ch. 40B3
Taibus Qi Ch. 40D1
Taichung Taiwan 41E5
Taieri (R.) N.-Z. 73B3
Ta'if Ar.S. 47C3
Taihang Shan Ch. 40C2
Taihape N.-Z. 72C1
Taileleo Indon. 45B6
Tainan Taiwan 41E5
Taipei Taiwan 41E5
Taiping Mal. 45C5
Taira J. 43C1
Taisha J. 43A1
Taitao (Pén. de) Chili 95B5
Taitung Taiwan 41E5
Taivelkoski Finl. 12K5
Taiwan (Rép.) Asie 41E5
Taiyuan Ch. 40C2
Taizhong Taiwan 41E5
Taizhou Ch. 40D3
Ta'izz Yémen 47C4
Tak Th. 44B2
Takada J. 42D3
Takahashi J. 43A2
Takaka N.-Z. 72B2
Takamatsu J. 42C4
Takaoka J. 42D3
Takaroa (Ile) Polyn. Fr. 11
Takasaki J. 42D3
Takayama J. 43B1
Takefu J. 42D3
Takeo Camb. 44C3
Take-shima = Tok
Takestàn Iran 56A2
Taketa J. 43A2
Takingeun Indon. 45B5
Takiyvak (Lac) Can. 78G3
Takkaze (R.) Éth. 65D1
Tatabanya H. 27B3
Talagang Pak. 50C2
Talaimannar Sri L. 53B3
Talak (Désert) Niger 63C3
Talakmau (Gunung) Indon. 45C5
Talara Pér. 92A4

Talaud (Iles) Indon. 39D3
Talavera de la Reina Esp. 18A1
Talca Chili 95B3
Talcahuano Chili 95B3
Talcher Inde 52B1
Taldy Kurgan Kaz. 48B1
Taliabu (Ile) Indon. 39D4
Taligan Afgh. 50B1
Tali Post Soud. 65D2
Taliwang Indon. 38C4
Talkeetna É.-U. 78C3
Tall 'Afar Iraq 55D2
Tallahassee É.-U. 81B3
Tall (At) Syrie 58C2
Tall Bisah Syrie 58C1
Tallinn Est. 30B2
Tall Kalakh Syrie 54C3
Tal'noye Ukr. 30D4
Talpaki Russie 26C2
Taltal Chili 94B4
Tamalo Range Mal. 38C3
Tamale Gh. 63B4
Tamanrasset Alg. 62C2
Tamanrasset (Oued) Alg. 62C2
Tamatave=Toamasina
Tambacounda Sén. 63A3
Tambelan (Iles) Indon. 45D5
Tambov Russie 31F3
Tambre (R.) Esp. 18A1
Tambura Soud. 64C2
Tamchaket Maurit. 63A3
Tamega (R.) Port. 18A1
Tamiahua (Lagune de) Mex. 86C2
Tamil Nadu (État) Inde 53B2
Tamise (R.) G.-B. 17E4
Tam Ky V. 44D2
Tampa É.-U. 81B4
Tampa (Baie de) É.-U. 81B4
Tampere Finl. 13J6
Tampico Mex. 86C2
Tampon (Le) Réunion 11
Tamsagbulag Mong. 36D2
Tamu Birm. 52C2
Tamworth Austr. 71E4
Tamworth G.-B. 17D3
Tana (R.) Finl. et Norv. 12K5
Tanabe J. 43B2
Tanafjord (Baie) Norv. 12K4
Tanahgrogot Indon. 38C4
Tanahmerah Indon. 39E4
Tana (Laç) Éth. 65D1
Tanana É.-U. 78C3
Tanana (R.) É.-U. 78C3
Tananarive = Antananarivo
Tanàqib (Ra's) [Cap] Ar. S. 57A4
Tana (R.) K. 65E3
Tanchon Corée du N. 42B2
Tandaho Éth. 65E1
Tandil Arg. 95E3
Tando Adam Pak. 51B3
Tando Muhammad Khan Pak. 51B3
Tàndùr Inde 53B1
Taneatua N.-Z. 72C1
Tanega (Ile) J. 37F3
Tanen Range Birm. et Th. 44B2
Tanezrouft Alg. 62B2
Tang Iran 57C4
Tanga Tanz. 65D3
Tanganrog Ukr. 30E4
Tanganyika (Lac) Afr. 65C3
Tanger Maroc 18A2
Tanggula Shan Ch. 48D2
Tangra Yumco (Lac) Ch. 48C2
Tanguy Russie 29C2
Tanimbar (Iles) Indon. 39E4
Tanjugredeb Indon. 38C3
Tanjungbalai Indon. 45B5

Tanjung-Karang-Telukbetung Indon. 38B4
Tanjungpandan Indon. 38B4
Tanjungpinang Indon. 45C5
Tanjung Priok Indon. 38B4
Tanjungselor Indon. 38C3
Tank Pak. 50C2
Tannu Ola (Mgnes) Russie 36B1
Tano (R.) Gh. 63B4
Tanout Niger 63C3
Tansing Népal 52A1
Tantah Ég. 59C1
Tan-Tan Maroc 62A2
Tanunak É.-U. 78B3
Tanzanie Afr. 65D3
Tao He (R.) Ch. 40A3
Taolagnaro Mad. 67D3
Taoudéni Mali 62B2
Taouirt Maroc 62B1
Tapa Est. 30C2
Tapachula Mex. 87C3
Tapah Indon. 38B4
Tapajós (R.) Br. 93F4
Tapaktuan Indon. 45B4
Tapanui N.-Z. 73A3
Tapauá (R.) Br. 92D5
Taplejung Népal 52B1
Tàpti (R.) Inde 51D4
Tapuaenuku N.-Z. 73B2
Tapurucuara Br. 93E4
Taquari (R.) Br. 94E2
Tara Russie 33J4
Tara (R.) Russie 33J4
Tara (R.) Youg./Bosnie 22A2
Tarabuco Bol. 94D2
Tarabulus = Tripoli
Taradale N.-Z. 72C1
Tarakan Indon. 38C3
Taranaki Bight (Nord) [Baie] N.-Z. 72B1
Taranaki Bight (Sud) [Baie] N.-Z. 72B1
Tarapoto Pér. 92B5
Tarare Fr. 5C2
Tararua Ra. (Massif) N.-Z. 72C2
Tarat Alg. 62C2
Taravao (Isthme de) Polyn. Fr. 11
Tarawera N.-Z. 72C1
Tarazona Esp. 19B1
Tarbela (Rés. de) Pak. 50C2
Tarbert (Strathclyde) G.-B. 16B2
Tarbes Fr. 4B3
Tarcoola Austr. 70C4
Taree Austr. 71E4
Tarente (Golfe de) It. 21C2
Tarente It. 21C2
Tarfâwi (Bîr) [Puits] Ég. 59B2
Tarfaya Maroc 62A2
Targoviste Bulg. 22C2
Târgoviste Roum. 22C2
Târgu Jiu Roum. 22B1
Târgu Mures Roum. 22B1
Tarhuna Libye 59A1
Tarif É.A.U. 57B5
Tarija Bol. 94D3
Tarkere Inde 53B2
Tarim (Bassin du) Ch. 48C2
Tarime Tanz. 65D3
Tarim He (R.) Ch. 48C1
Tarin Kut Afgh. 50B2
Tarlac Phil. 38D2
Tarma Pér. 92B6
Tarn (Dép.) Fr. 7C3
Tarn (R.) Fr. 5C3
Tarn-et-Garonne (Dép.) Fr. 7C3
Tarnobrzeg Pol. 27C2
Tarnów Pol. 27C3
Taro (R.) It. 20A2
Taroom Austr. 71D3
Tarragona Esp. 19C1

Tarrasa Esp. 19C1
Tarsus Turq. 54B2
Tartarie (Dt de) Russie 29F3
Tartous Syrie 54C3
Tartu Est. 30C2
Tarutug Indon. 45B5
Tarvisio It. 20B1
Tashauz Turkm. 33G5
Tashigang Bhoutan 52C1
Tashtagol Russie 29A2
Tashtyp Russie 36B1
Tasil Syrie 58B2
Tasiussaq Groenl. 76E2
Tasker (Puits) Niger 59A3
Tasman (Baie) N.-Z. 72B2
Tasman (Monts) N.-Z. 73B2
Tasmanie (Ile) Austr. 71D5
Tasman (Mer de) Austr et N.-Z. 71E4
Tata Russie 54C1
Tata Maroc 62B2
Tatakoto (Ile) Polyn. Fr. 11
Tataouine Tun. 62C1
Tatarie ou Tartarie (Dt ou Manche de) Russie 37G2
Tatarsk Russie 33J4
Tatars (Rép. des) Russie 31G2
Tateyama J. 43B1
Tathlina (Lac) Can. 79G3
Tatras (Massif des) Slov. 27B3
Tatsuno J. 43A2
Tatta Pak. 51B4
Tatvan Turq. 55D2
Tauá Br. 91C3
Taumarunui N.-Z. 72C1
Taung Afr. du S. 67F1
Taungdwingyi Birm. 44B2
Taung-gyi Birm. 44B1
Taungup Birm. 44A2
Taunsa Pak. 50C2
Taunton É.-U. 85D2
Taunton G.-B. 17C4
Taupo N.-Z. 72C1
Taupo (Lac) N.-Z. 72C1
Taurage Lit. 26C1
Tauranga N.-Z. 72C1
Tauranga (Crique de) N.-Z. 72B2
Taurus (Pointe) N.-Z. 72B1
Taurus (Chaîne du) Turq. 54B2
Tavani Can. 77A3
Tavda (R.) Russie 33H4
Taverny Fr. 1C
Tavira Port. 18A2
Tavistock G.-B. 17B6
Tavoy Birm. 44B3
Tavoy Pt (Cap) Birm. 44B3
Tavsanli Turq. 54A2
Tawa N.-Z. 73B2
Tawas City É.-U. 84B2
Tawau Mal. 38C5
Taweisha Soud. 64C1
Tawitawi (Ile) Phil. 39D3
Taxco Mex. 86C3
Tay (R.) G.-B. 14C2
Tayah Indon. 45E1
Taylor É.-U. 78B3
Taylor É.-U. 83B4
Taymâ' Ar.S. 59C2
Taymura (R.) Russie 29B1
Tay Ninh V. 44D3
Tayshet Russie 29B2
Tayshir Mong. 36B2
Taytay Phil. 38C2
Taybad Iran 56D3
Taza Maroc 62B1
Tazerbo (Oasis de) Libye 59B2
Tbilissi Géorgie 46C1
Tchad (Rép.) Afr. 64B1
Tchad (Lac) Afr. 64B1
Tchaikovski Russie 31H2
Tchardjou Turkm. 33H6
Tcheboksary Russie 33F4

Tchechtcha (B. de La)
Russie 32F3
Tchéco-moraves
(Hauteurs)
Rép. Tch. 27B3
Tchelaben Kaz. 56B2
Tcheliabinsk Russie 33H4
Tcheremkhovo
Russie 36C1
Tcherepovets Russie 30E2
Tchernihiv Ukr. 30D3
Tchernivtsi Ukr. 30C4
Tchernobyl Ukr. 30D3
Tchétchénie (Rég.) 33
Tchibanga Gabon 64B3
Tchigai (Plateau du)
Niger 59A2
Tchin Tabaradene
Niger 63C3
Tchita Russie 36D1
Tchoilbasan Mong. 36D2
Tcholliré Cameroun 64B2
Tchoudes (Lac des)
Est./Russie 30C2
Tchouvachie (Rép. de)
Russie 31G2
Tczew Pol. 26B2
Te Anau N.-Z. 73A3
Te Anau (Lac) N.-Z. 73A3
Te Aroha N.-Z. 72C1
Te Awamutu N.-Z. 72C1
Tébessa Alg. 62C1
Tébessa (Monts de)
Alg. et Tun. 21A3
Tebingtinggi Indon. 45B5
Téboursouk Tun. 21A3
Techa (R.) Russie 31K2
Tecomán Mex. 86B3
Tecpan Mex. 86B3
Tecuci Roum. 22C1
Tedjen Turkm. 33H6
Tedzhen (R.) Turkm. 33H5
Tees (R.) G.-B. 16D2
Tefé Br. 93E4
Tegucigalpa Hond. 87D3
Tehek (Lac) Can. 78J3
Téhéran Iran 56B2
Tehuacan Mex. 86C3
Tehuantepec Mex. 86C3
Tehuantepec (G. de)
Mex. 86C3
Tehuantepec
(Isthme de) Mex. 87C3
Teifi (R.) G.-B. 17B3
Tekapo (Lac) N.-Z. 73B2
Tekeli Kaz. 33J5
Tekirdag Turq. 54A1
Tekir Dağlari (Mgnes)
Turq. 23C2
Teknaf Bangl. 52C2
Te Kuiti N.-Z. 72C1
Tela Hond. 87D3
Telanaipura Indon. 45C6
Tel Aviv-Jaffa Isr. 58B2
Telegraph Creek Can. 79E4
Telen Arg. 95C3
Teleno (Él) Esp. 18A1
Teles Pires (R.) Br. 93F5
Teli Russie 29B2
Tell el Meise Jord. 58B3
Teller É.-U. 78B3
Tellicherry Inde 53B2
Telok Anson Mal. 45C5
Telpos-Iz (Gora)
[Mgne] Russie 32G3
Tel'pos-iz' (Gory)
Russie 32G3
Telsiai Lit. 26C1
Telukbatang Indon. 45D6
Telukdalam Indon. 45B5
Teluk Tolo (Baie)
Indon. 39D4
Teluk Weda (Baie)
Indon. 39D4
Temagami (Lac) Can. 84B1
Tembilahan Indon. 45C6
Temblador Ven. 89E5
Temchdi Mal. 45C5
Temir Kaz. 33G5
Temiromiro (Île)

Polyn. Fr. 11
Temirtau Kaz. 33J4
Temiscaming Can. 85C1
Tempe É.-U. 83B3
Temple É.-U. 83D3
Temuco Chili 95B3
Temuka N.-Z. 73A2
Tena Éq. 92B4
Tenali Inde 53C1
Tenasserim Birm. 44B3
Tenby G.-B. 17B4
Tenco (R.) Par. 94D3
Tende (Col de) Fr. et It. 9B3
Ténéré (Erg du) Niger 63D3
Ténéré du Tafassasset
Niger 62C2
Tenerife (Île)
Canaries 62A2
Tenes Alg. 19C2
Teng (R.) Birm. 44B1
Tengger Shamo
(Désert) Ch. 40A2
Tengiz (Lac) Kaz. 33H4
Tenkasi Inde 53B3
Tenke Zaïre 66B2
Tenkodogo Burk. 63B3
Tennant Creek Austr. 70C2
Tennessee É.-U. 81B3
Tennessee (R.) É.-U. 87C3
Teófilo Otôni Br. 91C5
Tepehuanes Mex. 86B2
Tepic Mex. 86B2
Teplice Rép. Tch. 25C2
Te Puke N.-Z. 72C1
Ter (R.) Esp. 19C1
Tera Niger 63C3
Teradomari J. 43B1
Teramo It. 20B2
Terceira (Île) Açores 62A1
Tereboviya Ukr. 27D3
Teresina Br. 91C3
Terme Turq. 54C1
Termez Ouzb. 33H6
Términos (Lagune de)
Mex. 87C3
Termoli It. 20B2
Ternate Indon. 39D3
Terni It. 20B2
Ternopil Ukr. 27D3
Terrace Can. 79F4
Terrace Bay Can. 84A1
Terracina It. 21B2
Terrafirma Afr. du S. 66B3
Terre de Feu (Rég.)
Arg. et Chili 95C6
Terre de Feu (Île) Arg. et
Chili 90B8
Terre du Nord Russie 28G1
Terre Haute É.-U. 84A3
Terre-Neuve (Île et
Prov.) Can. 77E5
Terres Noires Rég.
Russie 31G4
Terschelling (Île) P.-B. 24B2
Teruel Esp. 19B1
Teshekpuk (Lac) É.-U. 78C2
Teshio (R.) J. 42E2
Tesiyn Gol (Mgnes)
Mong. 36B2
Teslin Can. 78E3
Teslin (R.) Can. 78E3
Teslyn Gol (R.) Mong. 36B2
Tessalit Mali 62C2
Tessaoua Niger 63C3
Tessin S. 9B2
Tête Móz. 67C2
Tête-Jaune (Col de la)
Can. 79G4
Tétouan Maroc 18A2
Tetyushi Russie 31G2
Teuco (R.) Arg. 94D3
Teulada (C.) It. 21A3
Teun Indon. 39D4
Teviot (R.) G.-B. 16C2
Tevriz Russie 33J4
Te Waewae (Baie)
N.-Z. 73A3
Texarkana É.-U. 81A3
Texas (État) É.-U. 83C3

Texas City É.-U. 81A4
Texel (Île) P.-B. 24A2
Texoma (Lac) É.-U. 83D3
Teyateyaneng Les. 67G1
Tezpur Inde 52C1
Tha Laos 44C1
Thabana Ntlenyana
(Mgne) Les. 66B3
Thaba Putsoa (Mgne)
Les. 67G1
Thagyettaw Birm. 44B3
Thai Binh V. 44D1
Thaïlande Asie 44C2
Thaïlande (Golfe de)
Asie 44C3
Thai Nguyen V. 44D1
Thakhek Laos 44D2
Thal Pak. 50C2
Thale Luang (Lac) Th. 45C4
Thames N.-Z. 72C1
Thâne Inde 53A1
Thanh Hoa V. 44D2
Thanjavur Inde 53B2
Tharn Fr. 5D2
Thar (Désert de) Inde 50C3
Tharthar (Lac) Iraq 55D3
Thássos (Île) Gr. 23B2
Thaton Birm. 44B2
Thayetmyo Birm. 44A2
Thebes Gr. 23E3
The Dalles É.-U. 79F5
Thelon (R.) Can. 78H3
Theodore Austr. 71E3
Théodore Roosevelt
(Lac) É.-U. 83B3
Theodore Roosevelt
(Rio) Br. 93E6
Thermopolis É.-U. 82C2
Thesiger (Baie) Can. 78F2
Thessalon Can. 84B1
Thessalonique Gr. 23B2
Thessalonique
(Golfe de) Gr. 23B2
Thetford G.-B. 17E3
Thetford Mines Can. 85D1
Theunissen Afr. du S. 67G1
Thiais Fr. 10
Thicket Portage Can. 79J4
Thief River Falls É.-U. 82D2
Thiers Fr. 5C2
Thiès Sén. 63A3
Thika K. 65D3
Thillay (Le) Fr. 10
Thimbu Bhoutan 52B1
Thionville Fr. 5D2
Thira (Île) Gr. 23C3
Thirsk G.-B. 16D2
Thisted Dan. 12F7
Thitu (Île) Asie 38C2
Thiviers Fr. 7C2
Thom Bay Can. 76A2
Thompson Can. 79J4
Thompson Landing
Can. 78G3
Thomson (R.) Austr. 71D3
Thon Buri Th. 44C3
Thongwa Birm. 44B2
Thonon Fr. 9B2
Thornhill G.-B. 16C2
Thouars Fr. 4B2
Thoune S. 9B2
Thousand (Îles)
Can. et É.-U. 85C2
Thrace Gr. 23C2
Three Kings (Îles)
N.-Z. 72B1
Three Lakes É.-U. 84A1
Three Rivers É.-U. 84A2
Thule Groenl. 76D2
Thunder Bay Can. 84A1
Thung Song Th. 45B4
Thuringe All. 25C2
Thüringen Wald All. 25C2
Thurso G.-B. 14C2
Thurston (Île) Antarct. 96B4
Tiandong Ch. 41B5
Tian'e Ch. 41B5
Tianjin Ch. 40D2
Tianlin Ch. 41B5
Tian Shan Ch.

et Kirgh. 33J5
Tianshui Ch. 40B3
Tianzhu Ch. 40A2
Tiaret Alg. 62C1
Tibériade Isr. 58B2
Tibériade (Lac de)
Isr. et Syrie 58B2
Tibesti Tchad 59A2
Tibet (Rég. aut.) Ch. 48C2
Tibro Suède 52A1
Tiburón (Île) Mex. 86A2
Tichitt Maurit. 63B3
Tichla Maroc 62A2
Ticonderoga É.-U. 85D2
Ticul Mex. 87D2
Tidikelt (Plaine du)
Alg. 62C2
Tidjikja Maurit. 63A3
Tidra (I.) Maurit. 62A3
Tieling Ch. 42A2
Tientsin Ch. 40D2
Tierp Suède 13H6
Tierra Blanca Mex. 86C3
Tiffin É.-U. 84B2
Tigapuluh
(Pegunungan)
Indon. 45C6
Tighina Mold. 30C4
Tigle Eth. 65D1
Tigre (R.) Iraq 55E3
Tigre (R.) Pér. 92B4
Tigre (R.) Ven. 93E2
Tigre (El) Ven. 93E2
Tihama (Désert) Ar.S. 47C4
Tikamgarh Inde 51D4
Tikhoretsk Russie 31F4
Tikhvin Russie 30D2
Tikrit Iraq 55D3
Tilburg P.-B. 24B2
Tilbury G.-B. 17E4
Tilcara Arg. 94C3
Tilensi (Vallée du)
Mali 63C3
Tilin Birm. 44A1
Tillabéri Niger 63C3
Tillia Niger 63C3
Tilos (Île) Gr. 23C3
Tiluá Col. 92B3
Timan (Collines du)
Russie 32G3
Timaru N.-Z. 73B2
Timashevsk Russie 23E4
Timbákion Gr. 23E4
Timbédra Maurit. 63B3
Timétrine (Monts)
Mali 63B3
Timia Niger 63C3
Timimoun Alg. 62C2
Timis (R.) Roum. 22B1
Timişoara Roum. 22B1
Timmins Can. 80B2
Timor (Île) Indon. 70B1
Timor (Mer de)
Austr. et Indon. 70B2
Tinaca Pt (Pointe)
Phil. 39D3
Tinaco Ven. 89D5
Tindivanam Inde 53B2
Tindouf Alg. 62B2
Tinfouchy Alg. 62B2
Tin Fouye Alg. 62C3
Tingmiarmiut Groenl. 76F3
Tingo Maria Pér. 92B5
Tingrela C. d'Iv. 63B3
Tingri Ch. 52B1
Tinian O. Pacifique 39F2
Tinogasta Arg. 94C4
Tinos (Île) Gr. 23C3
Tinrhert (Hamada de)
Alg. 62C2
Tinsukia Inde 52D1
Tintagel Head (Pointe)
G.-B. 17B4
Tin Tarabine (Oued)
Alg. 62C2
Tin Zaouaten Alg. 62C2
Tioman (Île) Mal. 45C5
Tioumen Russie 33H4
Tipperary Irl. 15B3

Tiptür *Inde* — 53B2
Tirana *Alb.* — 23A2
Tiraspol *Mold.* — 30C4
Tire *Turq.* — 23C3
Tirebolu *Turq.* — 55C1
Tirich Mir (Mgne)
  Pak. — 50C1
Tiris *Maroc* — 62A2
Tirlyanskiy *Russie* — 31J3
Tirnaveni *Roum.* — 22B1
Tirnavos *Gr.* — 23E1
Tirodi *Inde* — 51D4
Tirso (R.) *It.* — 21A2
Tiruchchendür *Inde* — 53B3
Tiruchchirāppalli *Inde* — 53B3
Tirunelveli *Inde* — 53B3
Tirupati *Inde* — 53B2
Tiruppattür *Inde* — 53B2
Tiruppur *Inde* — 53B2
Tiruvannamalai *Inde* — 53B2
Tisiyah *Syrie* — 58C2
Tisza (R.) *H.* — 27C3
Titicaca (Lac)
  Bol. et Pér. — 94C2
Titlagarh *Inde* — 52A2
Titule *Zaïre* — 64C2
Tiverton *G.-B.* — 17C4
Tivoli *It.* — 20B2
Tiyeglow *Som.* — 65E2
Tizimin *Mex.* — 87D2
Tizi Ouzou *Alg.* — 62C1
Tiznit *Maroc* — 62B2
Tlemcen *Alg.* — 62B1
Toamasina *Mad.* — 67D2
Toba *J.* — 43B2
Toba et Kākar (Monts)
  Pak. — 50B2
Tobago (Ile)
  M. des Antilles — 89E4
Toba (Lac) *Indon.* — 45B5
Tobelo *Indon.* — 39D3
Tobermorry *Can.* — 84B1
Tobi (Ile)
  O. Pacifique — 39E3
Tōbi-shima (Ile) *J.* — 43B1
Toboah *Indon.* — 38B4
Tobol (R.) *Kaz.* — 33H4
Toboli *Indon.* — 38D4
Tobolsk *Russie* — 33H4
Tobrouk *Libye* — 59B1
Tocantins (R.) *Br.* — 91B2
Tocopilla *Chili* — 94B3
Tocorpuri (Mgne)
  Chili — 94C3
Tocuyo (R.) *Ven.* — 92D1
Toda *Inde* — 51D3
Todong *Corée du S.* — 43A1
Todos os Santos
  (B. de) *Br.* — 91D4
Todos Santos *Mex.* — 83B4
Togian (Kep) *Indon.* — 39D4
Togo *Afr.* — 63C4
Togtoh *Ch.* — 40C1
Tohiwea (Mgne)
  Polyn. Fr. — 11
Tok (Ile) *Corée du S.* — 43A1
Tokachi *J.* — 42E2
Tokamachi *J.* — 43B1
Tokar *Soud.* — 59C3
Tokara Rettō *J.* — 37E4
Tokat *Turq.* — 54C1
Tokchok-kundo
  Corée du S. — 42B3
Tokelau (Iles)
  O. Pacifique — 69H4
Tokmak *Kirgh.* — 33J5
Tokomaru Bay *N.-Z.* — 72C1
Tokuno (Ile) *J.* — 37E4
Tokushima *J.* — 42C4
Tokuyama *J.* — 43A2
Tōkyō *J.* — 42D3
Tolaga Bay *N.-Z.* — 72C1
Toléara *Mad.* — 67D3
Tolède *Esp.* — 18B2
Tolède (Monts de)
  Esp. — 18B2
Toledo *Br.* — 94F3
Toledo *É.-U.* — 84B2
Toledo Bend Rés.

É.-U. — 81A3
Toliatti *Russie* — 31G3
Tolima *Col.* — 92B2
Tolosa *Esp.* — 19B1
Toltén *Chili* — 95B3
Toluca *Mex.* — 86C3
Tomahawk *É.-U.* — 84A1
Tomakomai *J.* — 42E2
Tomaszów
  Mazowiecka *Pol.* — 26C2
Tombigbee (R.) *É.-U.* — 81B3
Tomboco *Arg.* — 64B3
Tombouctou *Mali* — 63B3
Tomé *Chili* — 95B3
Tomelloso *Esp.* — 18B2
Tomer *Port.* — 18A2
Tomini (Golfe de)
  Indon. — 39D4
Tomkinson Range
  (Mgnes) *Austr.* — 70B3
Tommot *Russie* — 29E2
Tomorrit (Mgne) *Alb.* — 23B2
Tomsk *Russie* — 33K4
Tonalá *Mex.* — 87C3
Tonawanda *É.-U.* — 85C2
Tonga (Iles)
  O. Pacifique — 69H4
Tonga (Fosse de)
  O. Pacifique — 69H5
Tongaat *Afr. du S.* — 67H1
Tongcheng *Ch.* — 41D3
Tongchuan *Ch.* — 40B2
Tonggu Jiao (Ile) *Ch.* — 44E2
Tonghai *Ch.* — 41A5
Tonghua *Ch.* — 42B2
Tonglia *Ch.* — 40E1
Tongling *Ch.* — 41D3
Tongren (Guizhou)

Ch. — 41B4
Tongren (Qinghai) *Ch.* — 40A2
Tongsa *Bhoutan* — 52C1
Tongta *Birm.* — 44B1
Tongtian He (R.) *Ch.* — 36B3
Tong Xian *Ch.* — 40D2
Tongxin *Ch.* — 40B2
Tongzi *Ch.* — 41B4
Tonhil *Mong.* — 36B2
Tonichi *Mex.* — 83C4
Tonj *Soud.* — 65C2
Tonk *Inde* — 51D3
Tonkin (Golfe du)
  Ch. et V. — 44D1
Tonle Sap (Lac)
  Camb. — 44C3
Tooele *É.-U.* — 82B2
Toowoomba *Austr.* — 71E3
Topeka *É.-U.* — 83D3
Topolobampo *Mex.* — 83C4
Topozero (Lac)
  Russie — 12L5
Torbali *Turq.* — 23C3
Torbat-e-Heydariyeh
  Iran — 56C2
Torbat-e Jām *Iran* — 56D2
Torbay *G.-B.* — 17C4
Tordesillas *Esp.* — 18A1
Torgau *All.* — 24C2
Tori *Éth.* — 65D2
Tori (Ile) *J.* — 37G3
Torino = Turin

It.
Tormes (R.) *Esp.* — 18A1
Torne (Lac) *Suède* — 12J5
Torneträsk *Suède* — 12J5
Torngat (Mts) *Can.* — 77D4
Tornio *Finl.* — 12J5
Toro (Cordillera del)
  Arg. — 94C4
Toronaíos (Golfe) *Gr.* — 23B2
Toronto *Can.* — 85C2
Toropets *Russie* — 30D2
Tororo *Oug.* — 65D2
Torrão *Port.* — 18A2
Torreblanca *Esp.* — 19C1
Torre del Greco *It.* — 21B2
Torrelavega *Esp.* — 18B1
Torremolinos *Esp.* — 18B2
Torrens (Lac) *Austr.* — 70C4
Torreón *Mex.* — 86B2
Torres (Détroit de)

Austr. — 71D2
Torres Vedras *Port.* — 18A2
Torrington *É.-U.* — 82C2
Torrington *É.-U.* — 85D2
Tórshavn *Féroé* — 12D3
Tortosa *Esp.* — 19C1
Tortosa (Cap de) *Esp.* — 19C1
Tortuga (La) *Ven.* — 93D1
Torūd *Iran* — 56C2
Torugas (G. de) *Col.* — 92B3
Toruń *Pol.* — 26B2
Tory (Ile) *Irl.* — 14B2
Torzhok *Russie* — 30D2
Tosa *J.* — 43A2
Tosa (Baie de) *J.* — 42C4
Tosa-shimizu *J.* — 42C4
Toscane *It.* — 20B2
To-shima (Ile) *J.* — 43B2
Tosno *Russie* — 30D2
Tosu *J.* — 43A2
Tosya *Turq.* — 54B1
Totana *Esp.* — 19B2
Tot'ma *Russie* — 31F1
Totnes *G.-B.* — 17C4
Totness *Sur.* — 93F2
Tottori *J.* — 42C3
Touapse *Russie* — 30E5
Touba *C. d'Iv.* — 63B4
Touba *Sén.* — 63A3
Toubkal (Dj.) *Maroc* — 62B1
Tougan *Burk.* — 63B3
Touggourt *Alg.* — 62C1
Tougué *Guinée* — 63A3
Toul *Fr.* — 5D2
Toula *Russie* — 30E3
Toulon *Fr.* — 5D3
Toulouse *Fr.* — 4C3
Toumodi *C. d'Iv.* — 63B4
Tounassine (Hamada
  Alg. — 62B2
Toungoo *Birm.* — 44B2
Tounguouska inférieure
  (R.) *Russie* — 29B1
Tounguouska moyenne
  (R.) *Russie* — 29B1
Touquet-Paris-Plage
  (Le) *Fr.* — 17E4
Tourcoing *Fr.* — 6C1
Tourfan *Fr.* — 36A2
Tourfan (Dépression
  de) *Ch.* — 36A2
Tourine *Maurit.* — 62A2
Tournai *Belg.* — 25A2
Tournon *Fr.* — 5C2
Tours *Fr.* — 4C2
Toussidé (Pic) *Tchad* — 59A2
Toussus-le-Noble *Fr.* — 10
Touva (Rép. de)

Russie — 29B2
Towada *J.* — 42E2
Towanda (Lac) *J.* — 42E2
Townsda *É.-U.* — 85D3
Townsville *Austr.* — 71D2
Towraghondi *Afgh.* — 56D2
Towson *É.-U.* — 85C3
Towy (R.) *G.-B.* — 17C4
Toyama *J.* — 42D3
Toyama (Baie de) *J.* — 43B1
Toyohashi *J.* — 43B2
Toyonaka *J.* — 43B2
Toyooka *J.* — 43A1
Toyota *J.* — 42D3
Tozeur *Tun.* — 62C1
Trabzon *Turq.* — 55C1
Trafalgar (Cap) *Esp.* — 18A2
Trail *Can.* — 82B2
Tralee *Irl.* — 15B3
Tranås *Suède* — 12G7
Trang *Th.* — 45B4
Trangan (Ile) *Indon.* — 39E4
Transantarctiques
  (Mts) *Antarct.* — 96A
Transvaal-Est =
  Mpumalanga
Transvaal-Nord =
  Province du Nord
Transylvanie (Alpes
  de)= Carpates
  Méridionales

Trapani *It.* — 21B2
Trarza *Maurit.* — 63A3
Trasimène (Lac) *It.* — 20B2
Trat *Th.* — 44C3
Travemünde *All.* — 24C2
Traverse City *É.-U.* — 84A2
Travers (Mt) *N.-Z.* — 73B2
Trebic *Rép. Tch.* — 27B3
Trebinje *Bosnie* — 20C2
Trebon *Rép. Tch.* — 25C3
Treinta y Tres *Ur.* — 95F2
Trelew *Arg.* — 95C4
Trelleborg *Suède* — 12G7
Tremadog Bay (Baie)
  G.-B. — 17B3
Tremblant (Mt) *Can.* — 85D1
Tremblay-en-France
  Fr. — 10
Tremiti (I.) *It.* — 20C2
Trenčín *Slov.* — 27B3
Trenque Lauquén
  Arg. — 95D3
Trent (R.) *G.-B.* — 16D3
Trente *It.* — 20B1
Trentin-Haut-Adige *It.* — 20B1
Trenton *Can.* — 85C2
Trenton *É.-U.* — 85D2
Trepassey *Can.* — 77E5
Treport (Le) *Fr.* — 4C1
Tres Arroyos *Arg.* — 95D3
Três Lagoas *Br.* — 94F3
Tres Marías (Las) (Iles)
  Mex. — 86B2
Tres Puntas (C.) *Arg.* — 95C5
Trèves *All.* — 25B3
Trévise *It.* — 20B1
Trichur *Inde* — 53B2
Trieste *It.* — 20B1
Trikala *Gr.* — 23E3
Trincomalee *Sri L.* — 53C3
Trinidad *Bol.* — 93E6
Trinidad *É.-U.* — 83C3
Trinité (Ile)
  M. des Antilles — 89E4
Trinité (Baie) *Can.* — 77E5
Trinité-et-Tobago
  Antilles — 89E4
Trinité (La) *Mart.* — 11
Trinity (R.) *É.-U.* — 83D3
Tripoli *Liban* — 58B1
Tripoli *Libye* — 59A1
Tripolis *Gr.* — 23E3
Tripolitaine *Libye* — 59A1
Tripura (État) *Inde* — 52C2
Tristan da Cunha (Iles)
  Atlantique — 61C11
Trivandrum *Inde* — 53B3
Trnava *Slov.* — 27B3
Trobriand (Iles)
  P.-N.-G. — 71E1
Troie *Turq.* — 23C3
Trois-Bassins (Les)
  Réunion — 11
Trois-Fourches (Cap
  des) *Maroc* — 18B2
Trois-Ilets (Les) *Mart.* — 11
Trois-Rivières *Can.* — 85D1
Trois-Rivières
  Guadeloupe — 11
Troïtsk *Russie* — 33H4
Trojan *Bulg.* — 22B2
Trollhättan *Suède* — 12G7
Trollheimen (Mgne)
  Norv. — 12F6
Tromelin (Ile)
  O. Indien — 61K9
Tromsø *Norv.* — 12H5
Trondheim *Norv.* — 12G6
Trondheimsfjord
  Norv. — 12G6
Tróodhos *Chypre* — 54B2
Troon *G.-B.* — 16B2
Trout (Lac) *Can.* — 77A4
Troy *É.-U.* — 84B2
Troy *É.-U.* — 85D2
Troyes *Fr.* — 5C2
Truchas (Pic Nord)
  É.-U. — 83C3
Trujillo *Esp.* — 18A2
Trujillo *Hond.* — 87D3

Trujillo *Pér.*	92B5	Tumu *Gh.*	63B3	Twillingate *Can.*	77E5	Ulcinj *Youg.*	22A2
Trujillo *Ven.*	92C2	Tumucumaque		Twin Falls *É.-U.*	82B2	Uldz *Mong.*	36D2
Truro *Can.*	77D5	(Serra) *Br.*	93G3	Twins, The (Mt) *N.-Z.*	73B2	Uliastay *Mong.*	36B2
Truro *G.-B.*	17B4	Tunapuna *Trinité*	89L1	Two Rivers *É.-U.*	84A2	Ulis (Les) *Fr.*	10
Tsagaan Nuur (Lac)		Tunceli *Turq.*	55C2	Tygda *Russie*	37E1	Ulla *Lit.*	26D1
Mong.	36B2	Tunduma *Zambie*	65D3	Tyler *É.-U.*	81A3	Ullapool *G.-B.*	14B2
Tsagan-Tologoy		Tunduru *Tanz.*	67C2	Tymovskoye *Russie*	37G1	Ullsfjorden (Baie)	
Russie	36B1	Tundzha (R.) *Bulg.*	22C2	Tynda *Russie*	29E2	*Norv.*	12H5
Tsaratanana		Tungabhadra (R.)		Tyne (R.) *G.-B.*	16D2	Ullswater (Lac) *G.-B.*	16C2
(Massif du) *Mad.*	67D2	*Inde*	53B1	Tyne and Wear		Ullung (Ile)	
Tsau *Botswana*	66B3	Tungkang *Taiwan*	41D5	(Comté) *G.-B.*	16D2	*Corée du S.*	42C3
Tsavo *K.*	65D3	Tungnafellsjökull		Tynemouth *G.-B.*	16D2	Ulm *All.*	25C3
Tsavo (Parc Nat.) *K.*	65D3	(Mgnes) *Isl.*	12B2	Tynset *Norv.*	12G6	Ulsan *Corée du S.*	42B3
Tselinograd = Akmola		Tuni *Inde*	53C1	Tyr = Sour		Ulundi *Afr. du Sud*	67H1
Tses *Nam.*	66A3	Tunis *Tun.*	62D1	Tyrol (Prov.) *Autr.*	20B1	Ulungur He (R.) *Ch.*	36A2
Tsetserleg *Mong.*	36B2	Tunis (G. de) *Tun.*	21B3	Tyrrhénienne (Mer)		Ulungur Hu (Lac) *Ch.*	36A2
Tsetserleg *Mong.*	36C2	Tunisie *Afr.*	60E4	*Méditerranée*	21B2	Ulverston *G.-B.*	16C2
Tsévié *Togo*	63C4	Tunja *Col.*	92C2	Tyub-Karagan (Cap)		Uman *Ukr.*	30D4
Tshabong *Botswana*	66B3	Tunxi *Ch.*	41D4	*Kaz.*	31H5	Umanak *Groenl.*	76E2
Tshane *Botswana*	66B3	Tupã *Br.*	94F3	Tyuleni (I.) *Kaz.*	31H5	Umaria *Inde*	52A2
Tshela *Zaïre*	64B3	Tupelo *É.-U.*	81B3	Tyung (R.) *Russie*	29E1	Umarkot *Pak.*	51B3
Tshibala *Zaïre*	64C3	Tupiza *Bol.*	94C3	Tywyn *G.-B.*	17B3	Umba *Russie*	12L5
Tshikapa *Zaïre*	64C3	Tupper Lake *É.-U.*	85D2	Tzoumérka (Mgne)		Umba (R.) *Tanz.*	65D3
Tshuapa (R.) *Zaïre*	64C3	Tupungato (Mgne)		*Gr.*	23E3	Umboï *P.-N.-G.*	39F4
Tsihombe *Mad.*	67D3	*Arg.*	95C2			Ume (R.) *Suède*	12H6
Tsimliansk (Rés. de)		Tuque (La) *Can.*	77C5			Umeå *Suède*	12J6
Russie	31F4	Tura *Inde*	52C1	**U**		Um ed Daraj (Jebel)	
Tsinan = Jinan		Tura (R.) *Russie*	31K2			*Jord.*	58B2
Tsingtao = Qingdao		Turán *Iran*	56C2	Ua-Pou (Ile) *Polyn. Fr.*	11	Umfolozi (R.)	
Tsiroanomandidy		Turan *Russie*	36B1	Uarsciek *Som.*	65E2	*Afr. du S.*	67H1
Mad.	67D2	Turayf *Ar. S.*	55C3	Ubaylah (Al') *Ar. S.*	57B5	Umiat *É.-U.*	78C3
Tsna (R.) *Biél.*	26D2	Turbat *Pak.*	57D4	Ubayyid (Wadi al)		Umm al-Qaywayn	
Tsogt Ovoo *Mong.*	40B1	Turbo *Col.*	92B2	*Iraq*	55D3	*É.A.U.*	57C4
Tsu *J.*	43B2	Turda *Roum.*	22B1	Ube *J.*	43A2	Umm as Samim	
Tsubata *J.*	43B1	Tureia (Ile) *Polyn. Fr.*	11	Ubeda *Esp.*	18B2	*Oman.*	57C5
Tsuchira *J.*	42E3	Turgay *Kaz.*	31H4	Ubekendt Ejland (Ile)		Umm Bell *Soud.*	65C1
Tsugaru (Dt de) *J.*	42E2	Turgen Uul (Mgne)		*Groenl.*	76E2	Umm Hagar *Éth.*	65D1
Tsumeb *Nam.*	66A2	*Mong.*	36A1	Uberaba *Br.*	91B5	Umm Keddada *Soud.*	64C1
Tsumis *Nam.*	66A3	Turgutlu *Turq.*	54A2	Uberlândia *Br.*	91B5	Umm Ruwaba *Soud.*	65D1
Tsunugi *J.*	43B1	Turhal *Turq.*	54C1	Ubon Ratchathani *Th.*	44D2	Umm Sa'id *Qatar*	57B5
Tsuruga *J.*	42D3	Türi *Est.*	12K7	Ubort (R.) *Biél.*	26D2	Umnaiti (R.) *Zimb.*	66B1
Tsuruoka *J.*	42D3	Turia (R.) *Esp.*	19B2	Ubundu *Zaïre*	64C3	Umred *Inde*	51D4
Tsushima *J.*	43B1	Turin *It.*	20A1	Ucayali (R.) *Pér.*	92C5	Umtata *Afr. du S.*	66B4
Tsushima (Ile) *J.*	42B4	Turinsk *Russie*	31K2	Uch *Pak.*	50C3	Umuarama *Br.*	94F3
Tsuyama *J.*	42C3	Turiy Rog *Russie*	37F2	Uchar (R.) *Russie*	29F2	Una (R.) *Bosnie/Cr.*	20C1
Tua (R.) *Port.*	18A1	Turkana (Lac)		Uchiura (G. d') *J.*	42E2	Unalakleet *É.-U.*	78B3
Tuamotu (Iles)		*Éth. et K.*	65D2	Uda (R.) *Russie*	29B2	Underberg *Afr. du S.*	67G1
Polyn. Fr.	11	Turkestan *Kaz.*	33H5	Udaipur *Inde*	51C4	Unecha *Russie*	30D3
Tuangku (Ile) *Indon.*	45B5	Uddevalla *Suède*	12G7	Udaipur Garhi *Népal*	52B1	Uneisa *Arab.*	58B3
Tuatapere *N.-Z.*	73A3	Uddjaur (Lac) *Suède*	12H5	Uddevalla *Suède*	12G7	Ungava (Baie d')	
Tubarão *Br.*	94G4	Ugdir *Inde*	53B1	Uddjaur (Lac) *Suède*	12H5	*Can.*	77D4
Tubas *Cisj.*	58B2	Udhampur *Inde*	50D2	Udgir *Inde*	53B1	Ungava (Péninsule d')	
Tubayq (Al-)		Udine *It.*	20B1	Udhampur *Inde*	50D2	*Can.*	77C3
[Hauteurs] *Ar. S.*	54C4	Udon Thani *Th.*	44C2	Udine *It.*	20B1	União de Vitória *Br.*	94F4
Tübingen *All.*	25B3	Udskaya (G. d')		Udon Thani *Th.*	44C2	Union City *É.-U.*	84C2
Tubuaï (Ile) *Polyn. Fr.*	11	*Russie*	29F2	Udskaya (G. d')		Unión (La) *Chili*	95B4
Tuchola (Forêt de)		Udupi *Inde*	53A2	*Russie*	29F2	Uniontown *É.-U.*	85C3
Pol.	26B2	Ueda *J.*	43B1	Udupi *Inde*	53A2	Unnão *Inde*	52A1
Tucson *É.-U.*	83B3	Uélé (R.) *Zaïre*	65C2	Ueda *J.*	43B1	Unst (I.) *G.-B.*	14C1
Tucumán (Prov.)		Uelen *Russie*	78A3	Uélé (R.) *Zaïre*	65C2	Unye *Turq.*	54C1
Arg.	94C4	Uelzen *All.*	24C2	Uelen *Russie*	78A3	Unzha (R.) *Russie*	31F2
Tucumari *É.-U.*	83C3	Uere (R.) *Zaïre*	64C2	Uelzen *All.*	24C2	Uozu *J.*	93E2
Tucupita *Ven.*	93E2	Ugab (R.) *Nam.*	66A3	Uere (R.) *Zaïre*	64C2	Upemba (Parc nat.)	
Tudela *Esp.*	19B1	Ugalla (R.) *Tanz.*	65D3	Ugab (R.) *Nam.*	66A3	*Zaïre*	64C3
Tugela (R.) *Afr. du S.*	67H1	Uglegorsk *Russie*	37G2	Ugalla (R.) *Tanz.*	65D3	Upernavik *Groenl.*	76E2
Tuguegarao *Phil.*	39D2	Uglich *Russie*	30E2	Uglegorsk *Russie*	37G2	Upington *Afr. du S.*	66B3
Tugur *Russie*	37F1	Ugra (R.) *Russie*	30E3	Uglich *Russie*	30E2	Upper Hutt *N.-Z.*	73C2
Tuhai He (R.) *Ch.*	40D2	Uíge *Ang.*	64B3	Ugra (R.) *Russie*	30E3	Upper Manzanilla	
Tukangbesi (Iles)		Uil *Kaz.*	31H4	Uíge *Ang.*	64B3	*Trinité*	89L1
Indon.	39D4	Uinta (Mts) *É.-U.*	82B2	Uil *Kaz.*	31H4	Upper Seal (Lac) *Can.*	77C4
Tuktoyaktuk *Can.*	78E3	Uitenhage *Afr. du S.*	66B4	Uinta (Mts) *É.-U.*	82B2	Uppsala *Suède*	12H7
Tukums *Lett.*	26C1	Uifehérto *H.*	27C3	Uitenhage *Afr. du S.*	66B4	Uraba (G. de) *Col.*	92B2
Tukuringra (Monts)		Uji *J.*	43B2	Uifehérto *H.*	27C3	Urad Qianqi *Ch.*	40B1
Russie	29E2	Ujiji *Tanz.*	65C3	Uji *J.*	43B2	Urairah *Ar. S.*	57A4
Tukzar *Afgh.*	50B1	Ujina *Chili*	94C3	Ujiji *Tanz.*	65C3	Uranium City *Can.*	79H4
Tulcán *Col.*	92B3	Ujjain *Inde*	51D4	Ujina *Chili*	94C3	Urawa *J.*	43B1
Tulcea *Roum.*	30C5	Ujung Pandang		Ujjain *Inde*	51D4	Uray (Al) *Ar. S.*	55C4
Tuli *Zimb.*	66B3	*Indon.*	38C4	Ujung Pandang		Urbana *É.-U.*	84B2
Tulle *Fr.*	4C2	Ukerewe (Ile) *Tanz.*	65D3	*Indon.*	38C4	Urbino *It.*	20B2
Tulsa *É.-U.*	83D3	Ukhrul *Inde*	52C1	Ukerewe (Ile) *Tanz.*	65D3	Urbion (Sierra de)	
Tulun *Russie*	29C2	Ukiah *É.-U.*	82A3	Ukhrul *Inde*	52C1	*Esp.*	18B1
Tumaco *Col.*	92B3	Ukmerge *Lit.*	26C1	Ukiah *É.-U.*	82A3	Ure (R.) *G.-B.*	16C2
Tumbes *Éq.*	92A4	Ukraine *Europe*	30C4	Ukmerge *Lit.*	26C1	Urengoï *Russie*	31G2
Tumen *Ch.*	42B2	Tuz Gölü *Turq.*	54B2	Ulaangom *Mong.*	36B2	Urfa *Turq.*	55C2
Tumkür *Inde*	53B2	Tuz Khurmatu *Iraq*	55D3	Ulaan Uul *Mong.*	40C1	Urgun *Afgh.*	50B2
Tump *Pak.*	57D4	Tuzla *Russie*	30E2	Ulangar Hu (Lac) *Ch.*	48C1	Urla *Turq.*	23C3
Tumpat *Mal.*	45C4	Tver *Russie*	30E2	Ulansuhai Nur (Lac)		Uroševac *Youg.*	22B2
Tumsar *Inde*	51D4	Tweed (R.) *G.-B.*	16C2	*Ch.*	40B1	Uruaçu *Br.*	91B4
		Tweedsmuir Hills		Ulan Ul Hu (Lac) *Ch.*	36B3	Uruaçu *Br.*	93H6
		G.-B.	16C2	Ulchin *Corée du S.*	42B3	Uruapan *Mex.*	86B3

Uruguaiana Br. 94E4
Uruguay (Rép.)
  Am. du S. 95E2
Uruguay (R.) Ur. 95E2
Urümqi Ch. 36A2
Urup (Île) Russie 37H2
Uruqal Mu'taridah
  (Al') Ar. S. 57B5
Uruzgan Afgh. 50B2
Urville (Tandjung d')
  [Cap] Indon. 39E4
Uryupinsk Russie 31F3
Urzhum Russie 31H2
Urziceni Roum. 22C2
Usa Ch. 36A2
Usa J. 43A2
Usa Russie 32G3
Uşak Turq. 54A2
Usakos Nam. 66A3
Ushashi Tanz. 65D3
Ush Tobe Kaz. 33J5
Ushuaia Arg. 95C6
Ushumun Russie 37E1
Usk (R.) G.-B. 17C4
Usküdar Turq. 54A1
Usogorsk Russie 32F3
Usol'ye Sibirskoye
  Russie 36C1
Ussel Fr. 4C2
Ussuriysk Russie 37F2
Ustica (Île) It. 21B3
Usti nad Labem
  Rép. Tch. 25C2
Ust'Ishim Russie 33J4
Ustka Pol. 26B2
Ust Karabula Russie 29B2
Ust'Katav Russie 31J2
Ust'-Kut Russie 29C2
Ust Labinsk Russie 31E4
Ust' Maya Russie 29F1
Ust' Nyukzha Russie 29D2
Ust'Ordynskiy
  Russie 36C1
Ust'Tsil'ma Russie 32G3
Ust'Urnal'ta Russie 37F1
Usuki J. 43A2
Usumacinta (R.)
  Guat. et Mex. 87C3
Usutu (R.) Swaz. 67H1
Utah (État) É.-U. 82B3
Utah (Lac) É.-U. 82B2
Utena Russie 26D1
Uthal Pak. 51B3
Utica É.-U. 85C2
Utiel Esp. 19B2
Utrecht Afr. du S. 67H1
Utrecht P.-B. 24B2
Utrera Esp. 18A2
Utsjoki Finl. 12K5
Utsunomiya J. 42D3
Uttaradit Th. 44C2
Uttar Pradesh (État)
  Inde 52A1
Uusikaupunki Finl. 13J6
Uval Russie 33H4
Uvinza Tanz. 65D3
Uvira Zaïre 65D3
Uvkusigssat Groenl. 76E2
Uvs Nuur (Lac) Ch. 36B1
Uwajima J. 42C4
Uwak Indon. 45B5
Uweinat (Dj.) Soud. 59B2
Uxin Qi Ch. 40B2
Uyar Russie 29B2
Uyazemskiy Russie 94C3
Uyuni Bol. 4C2
Uzerche Fr. 4C2
Užice Youg. 22A2
Uzlovaya Russie 30E3
Uzunköprü Turq. 54A1

V

Vaal (Bge du)
  Afr. du S. 67G1
Vaal (R.) Afr. du S. 66B3
Vaalwater Afr. du S. 66B3
Vaasa Finl. 12J6
Vác H. 25C3
Vacaria Br. 94F4

Vadodara Inde 51C4
Vadsø Norv. 12K4
Vaduz Liechtenstein 8B2
Vågar Féroé 12D3
Va Gesell Arg. 95E3
Vah (R.) Slovaquie 27B3
Vaigai (R.) Inde 53B2
Valachie Roum. 22B2
Valais (Cant.) 9B2
Valcheta Arg. 95C4
Valdaï (Hauteurs du)
  Russie 30D2
Valday Russie 30D2
Val de la Pascua Ven. 92D2
Val-de-Marne (Dép.)
  Fr. 10
Valdepeñas Esp. 18B2
Valdez É.-U. 78D3
Valdivia Chili 95B3
Val-d'Oise (Dép) Fr. 10
Val-d'Or Can. 85C1
Valdosta É.-U. 81B3
Valença Br. 91C4
Valence Esp. 19B2
Valence Fr. 5C3
Valence (Golfe de)
  Esp. 19C2
Valence (Rég. de)
  Esp. 19B2
Valencia Ven. 92D1
Valencia de Alcantara
  Esp. 18A2
Valenciennes Fr. 5C1
Valera Ven. 92C2
Valette (La) Malte 21B3
Valga Est. 12K7
Valjevo Youg. 22A2
Valkeakoski Finl. 13J6
Valladolid Esp. 18A1
Valladolid Mex. 87D2
Valle de la Pascua
  Ven. 89D5
Valledupar Col. 92C1
Valle Grande Bol. 94D2
Vallejo É.-U. 82A3
Vallenar Chili 94B4
Valley City É.-U. 82D2
Valls Esp. 19C1
Valmiera Lett. 26D1
Valognes Fr. 4B2
Valparaíso Chili 95B2
Vals (R.) Afr. du S. 67G1
Valsäd Inde 51C4
Vals (Tandjung)
  Indon. 39E4
Valuyki Russie 30E3
Valverde del Camino
  Esp. 18A2
Vammala Finl. 13J6
Van Turq. 55D2
Van (Lac de) Turq. 55D2
Vanadzor Arm. 55D1
Vanavara Russie 29C1
Vancouver Can. 79F5
Vancouver É.-U. 82A2
Vancouver (Île de)
  Can. 79F5
Vandalia É.-U. 84B3
Vanderhoof Can. 79F4
Van Diemen (Cap)
  Austr. 39E5
Van Diemen (Golfe)
  Austr. 39E5
Vänern (Lac) Suède 12G7
Vänersborg Suède 12G7
Vangaindrano Mad. 67D3
Vang Vieng Laos 44C2
Van Horn É.-U. 83C3
Vanier Can. 85C1
Vanino Russie 37H2
Vännäs Suède 12H6
Vannes Fr. 4B2
Vanoise (Mgnes)
  [Parc national] Fr. 5D2
Vanrhynsdorp
  Afr. du S. 66A4
Vansittart (Île) Can. 76B3
Vanuatu (Îles)
  O. Pacifique 69G4
Vanves Fr. 10

Van Wert É.-U. 84B2
Var (Dép.) Fr. 9B3
Var (R.) Fr. 9B3
Varämin Iran 56B2
Väränasi Inde 52A1
Varangerfjord (Baie)
  Nor. 12K4
Varangerhalvøya
  (Pén.) Norv. 12L4
Varäzdin Croatie 20C1
Varberg Suède 12G7
Vardar (R.) Balkans 22B2
Varde Dan. 12F7
Vardø Norv. 12L4
Varéna Lit. 26C2
Varèse It. 20A1
Varkaus Finl. 12K6
Varna Bulg. 22C2
Värnamo Suède 12G7
Varsovie Pol. 26C2
Vashir Afgh. 56D3
Vasil'Kov Ukr. 30D3
Vassar É.-U. 84B2
Västerås Suède 12H7
Västervik Suède 12H7
Vasto It. 20B2
Vatican (Cité du)
  It. 20B2
Vatnajökull (Mgnes)
  Isl. 12B2
Vatneyri Isl. 12A1
Vatra Dornei Roum. 22C1
Vättern (Lac) Suède 12G7
Vauclin (Le) Mart. 11
Vaucluse (Dép.) Fr. 9B3
Vaud S. 9B2
Vaughn É.-U. 83C3
Vaupés (R.) Col. 92C3
Vavunija Sri L. 53C3
Växjö Suède 12G7
Vaygach (Île) Russie 32H2
Vega (Île) Norv. 12G5
Vejer de la Frontera
  Esp. 18A2
Vejle Dan. 12F7
Velay Fr. 9A3
Velebit (Mgnes)
  Cr. 20C2
Velenje Sl. 20C1
Velhas (R.) Br. 91C5
Velikaya (R.) Russie 26D1
Velikiye-Luki Russie 30D2
Velikiye Luki Russie 32E4
Velikiy Ustyug Russie 31G1
Veliko Tarnovo Bulg. 22C2
Vélingara Sén. 63A3
Vélizy-Villacoublay Fr. 10
Vellore Inde 53B2
Vel'sk Russie 31F1
Vembanad L Inde 53B3
Venado Tuerto Arg. 95D2
Vendée (Dép.) Fr. 7B2
Vendôme Fr. 4C2
Vénétie It. 20B1
Venezuela (Rép.)
  Am. du S. 92D2
Venezuela (G. de) 89C4
Vengurla Inde 53A1
Venise It. 20B1
Venise (Golfe de) It. 20B1
Venkatagiri Inde 53B2
Venlo P.-B. 24B2
Vent (Îles du) Poly. Fr. 11
Venta (R.) Lett. 26C1
Ventersburg
  Afr. du S. 67G1
Ventoux (Mt) Fr. 9B3
Ventspils Lett. 26C1
Venturari (R.) Ven. 92D3
Vepsov (Hauteurs de)
  Russie 30C1
Vera Arg. 94D4
Vera Esp. 19B2
Veracruz Mex. 86C3
Veräval Inde 51C4
Vercelli It. 20A1
Vercors (Plateau) Fr. 9B2
Verdon (R.) Fr. 5D3
Verdun Fr. 5D2
Vereeniging Afr. du S. 66B3

Vereshchagino Russie 29A1
Vereshchagino Russie 31H2
Verga (Cap) Guinée 63A3
Verin Esp. 18A1
Verissimo Sarmento
  Ang. 64C3
Verkh Angara (R.)
  Russie 29D2
Verkhneimbatskoye
  Russie 29A1
Verkhneural'sk Russie 31J3
Verkhnevilyuysk
  Russie 29E1
Vermillon Can. 79G4
Vermont (État) É.-U. 80C2
Verneukpan (Lac Salé)
  Afr. du S. 66B3
Vernon É.-U. 83D3
Vernon Fr. 6C2
Véroia Gr. 23B2
Vérone It. 20B1
Verrières (Forêt de) Fr. 10
Verrières-le-Buisson
  Fr. 10
Versailles Fr. 4C2
Vert (Cap) Sén. 63A3
Verulam Afr. du S. 67H1
Verviers Belg. 8B1
Vésinet (Le) Fr. 10
Vesoul Fr. 5D2
Vesterålen (Îles)
  Norv. 12G5
Vestfjord Norv. 12G5
Vestmannaeyjar Isl. 12A2
Vésuve It. 21B2
Veszprém H. 27B3
Vetlanda Suède 12H7
Vetluga (R.) Russie 31F2
Vevey S. 9B2
Viana do Castelo
  Port. 18A1
Viareggio It. 20B2
Viborg Dan. 12F7
Vibo Valentia It. 21C3
Vice-commodoro
  Marambio
  (Station) Antarct. 96C2
Vicence It. 20B1
Vich Esp. 19C1
Vichada (R.) Col. 92D3
Vichuga Russie 31F2
Vichy Fr. 5C2
Vicksburg É.-U. 81A3
Victor Harbor Austr. 70C4
Victoria Cameroun 64A2
Victoria (État) Austr. 71D4
Victoria É.-U. 83D4
Victoria (R.) Austr. 70C2
Victoria de las Tunas
  Cuba 88B2
Victoria (Détroit de)
  Can. 78H3
Victoria Falls
  Zambie et Zimb. 66B2
Victoria (Grand Désert)
  Austr. 70B3
Victoria (Île) Can. 78G2
Victoria (Lac) Afr. 65D3
Victoria (Mt) Birm. 52C2
Victoria (Mt) P.-N.-G. 39F4
Victoria Ra. (Massif)
  N.-Z. 73B2
Victoria River Downs
  Austr. 70C2
Victoria (Terre)
  Antarct. 96B7
Victoriaville Can. 85D1
Victoria West
  Afr. du S. 66B4
Videle Roum. 22C2
Vidin Bulg. 22B2
Vidisha Inde 51D4
Vidzy Biél. 26D1
Viedma Arg. 95D4
Viedma (Lac) Arg. 95B5
Viêjo C.R. 88A4
Viella Esp. 19C1
Vienna É.-U. 84B3
Vienne Autr. 27B3

Vienne (Dép.)

Vienne (Dép.) Fr. **7C2**
Vienne Fr. **4C2**
Vienne (R.) Fr. **4C2**
Vienne (Haute-) [Dép.] Fr. **7C2**
Vientiane Laos **44C2**
Vierges (Îles) = Virgin Is.
Vierzon Fr. **4C2**
Vieste It. **21C2**
Viet Nam Asie **38B2**
Vietri V. **44D1**
Vieux Fort Ste-Lucie **89P2**
Vieux-Habitants Guadeloupe **11**
Vigan Phil. **38D2**
Vigan (Le) Fr. **9A3**
Vignemale (Mgne) Fr. **4B3**
Vigneux-sur-Seine Fr. **10**
Vigo Esp. **18A1**
Vigo (Ria de) Esp. **18A1**
Vijayawāda Inde **53C1**
Vik Isl. **12B2**
Vikhren (Mgne) Bulg. **22B2**
Vikna (Île) Norv. **12G6**
Vila da Maganja Moz. **67C2**
Vilaine (R.) Fr. **6B2**
Vila Machado Moz. **67C2**
Vilanculos Moz. **67C3**
Vila Nova de Gaia Port. **18A1**
Vila Real Port. **18A1**
Vila Vasco de Gama Moz. **67C2**
Vila Velha Br. **91C6**
Vílcea Roum. **30B4**
Vileyka Biél. **26D2**
Vilhelmina Suède **12H6**
Vilhena Br. **93F6**
Viljandi Est. **30C2**
Viljoenskroon Afr. du S. **67G1**
Villa Ahumada Mex. **83C3**
Villaba Esp. **18A1**
Villach Autr. **20D2**
Villa Dolores Arg. **95C2**
Villahermosa Mex. **87C3**
Villa Huidobro Arg. **95D2**
Villa Maria Arg. **95D2**
Villa Montes Bol. **94D3**
Villanueva de la Serena Esp. **18A2**
Villanueva-y-Geltrú Esp. **19C1**
Villarreal Esp. **19B2**
Villarrica Chili **95B3**
Villarrica Par. **94E4**
Villarrobledo Esp. **18B2**
Villavicencio Col. **92C3**
Villecresnes Fr. **10**
Villefranche-de-Rouergue Fr. **7C3**
Villefranche-sur-Saône Fr. **5C2**
Villejuif Fr. **10**
Ville-Marie Can. **77C5**
Villemomble Fr. **10**
Villena Esp. **19B2**
Villeneuve-la-Garenne Fr. **10**
Villeneuve-le-Roi Fr. **10**
Villeneuve-St-Georges Fr. **10**
Villeneuve-sur-Lot Fr. **4C3**
Villeparisis Fr. **10**
Villepinte Fr. **10**
Villetaneuse Fr. **10**
Villeurbanne Fr. **5C2**
Villiers Afr. du S. **67G1**
Villiers-le-Bel Fr. **10**
Villiers-sur-Marne Fr. **10**
Villupuram Inde **53B2**
Vilnius Lit. **26D2**
Vilyuy (R.) Russie **29D1**
Vilyuysk Russie **29E1**
Viña del Mar Chili **95B2**
Vinaroz Esp. **19C1**
Vincennes É.-U. **84A3**
Vincennes Fr. **10**
Vincennes (Bois de) Fr. **10**
Vindel (R.) Suède **12H5**

Vindhya (Monts) Inde **51D4**
Vineland É.-U. **85C3**
Vinh V. **44D2**
Vinh Cam Ranh (Baie) V. **44D3**
Vinh Loi V. **45D4**
Vinh Long V. **45D3**
Vinkovci Cr. **20C1**
Vinnytsia Ukr. **30C4**
Vinson (Mont) Antarct. **96B3**
Vioolsdrift Nam. **66A3**
Virddhāchalam Inde **53B2**
Virden Can. **82C2**
Vire Fr. **6B2**
Virei Ang. **66A2**
Virginia Afr. du S. **67G1**
Virginia É.-U. **80A2**
Virginia City É.-U. **82B3**
Virginie (État) É.-U. **81C3**
Virginie-Occidentale (État) É.-U. **81B3**
Virgin Is. M. des Antilles **89E3**
Virginia É.-U. **77A5**
Virovitica Cr. **20C1**
Virudunagar Inde **53B3**
Viry-Châtillon Fr. **10**
Vis (Île) Cr. **20C2**
Visākhapatnam Inde **49C4**
Visalia É.-U. **83B3**
Visby Suède **12H7**
Višegrad Bosnie **22A2**
Viseu Port. **18A1**
Viso (Mont) It. **20A2**
Vistule (R.) Pol. **26B2**
Vite Inde **53A1**
Vitebsk Biél. **30D2**
Viterbo It. **20B2**
Vitigudino Esp. **18A1**
Vitim (R.) Russie **36D1**
Vitoria Esp. **18B1**
Vitória Br. **91D6**
Vitória It. **21B3**
Vitória da Conquista Br. **91C4**
Vitré Fr. **4B2**
Vitry-le-François Fr. **5C2**
Vitry-sur-Seine Fr. **10**
Vittangi Suède **12J5**
Vittel Fr. **8B2**
Vityaz Depth O. Pacifique **37H2**
Vivarais Fr. **9A2**
Vivero Esp. **18A1**
Vivi (R.) Russie **29B1**
Vizhne-Angarsk Russie **29D2**
Vizianagaram Inde **49C4**
Vjosë (R.) Alb. **23A2**
Vladeasa (Mgne) Roum. **22B1**
Vladikavkaz Russie **31F5**
Vladimir Russie **32F4**
Vladimir Volynskiy Ukr. **27C2**
Vladivostok Russie **42C2**
Vlieland (Île) P.-B. **24A2**
Vlorë Alb. **23A2**
Vltava (R.) Rép. Tch. **25C3**
Vöcklabruck Autr. **25C3**
Voeune Sai Camb. **44D3**
Vohibinany Mad. **67D2**
Vohimarina Mad. **67E2**
Voi K. **65D3**
Voinjama Liberia **64B3**
Voiron Fr. **5D2**
Voivodine Youg. **20C1**
Volchansk Russie **31J2**
Volga (R.) Russie **31G4**
Volga (Hauteurs de la) Russie **31F3**
Volgodonsk Russie **31F4**
Volgograd Russie **31F4**
Volgograd (Rés. de) Russie **31G3**
Volkhov Russie **30D2**
Volkhov (R.) Russie **30D2**
Volkovysk Biél. **26C2**

Volksrust Afr. du S. **66B3**
Vologda Russie **31F2**
Vólos Gr. **23E3**
Vol'sk Russie **31G3**
Volta Blanche (R.) Burk. **63B3**
Volta (Lac) Gh. **63B4**
Volta Noire (R.) Burk. **63B3**
Volta Redonda Br. **91C6**
Volta Rouge (R.) Burk. **63B3**
Volzhskiy Russie **31F4**
Vopnafjördur Isl. **76J3**
Vordingborg Dan. **24C1**
Vorkouta Russie **32H3**
Vorma (R.) Norv. **13G6**
Voronej Russie **30E3**
Voron'ya (R.) Russie **12M5**
Võru Est. **12K7**
Vosges (Dép.) Fr. **8B2**
Vosges (Mgnes) Fr. **5D2**
Voss Norv. **13F6**
Vostok (Station) Antarct. **96B9**
Vostok (Île) Polyn. Fr. **11**
Votkinsk Russie **31H2**
Vouziers Fr. **5C2**
Voznesensk Ukr. **30D4**
Vraca Bulg. **22B2**
Vranje Youg. **22B2**
Vrbas Youg. **20C1**
Vrbovsko Bosnie **20B1**
Vrede Afr. du S. **67G1**
Vreed en Hoop Guy. **93F2**
Vršac Youg. **22B1**
Vrtoce Bosnie **20C2**
Vryburg Afr. du S. **66B3**
Vryheid Afr. du S. **66C3**
Vukovar Cr. **20C1**
Vulcano (Île) It. **21B3**
Vung Tau V. **45D3**
Vuollerim Suède **12J5**
Vyartsilya Russie **12L6**
Vyatka (R.) Russie **31H2**
Vyazemskiy Russie **37F2**
Vyaz'ma Russie **30D2**
Vyazniki Russie **31F2**
Vyborg Russie **30C1**
Vym (R.) Russie **32G3**
Vyrnwy (R.) G.-B. **17C3**
Vyshiy Volochek Russie **30D2**
Vyškov Rép. Tch. **27B3**
Vytegra Russie **30E1**

W

Wa Gh. **63B3**
Wabasca (R.) Can. **79G4**
Wabash É.-U. **84A2**
Wabash (R.) É.-U. **84A3**
Wabowden Can. **79J4**
Wabush Can. **77D4**
Waco É.-U. **83D3**
Wad Pak. **51B3**
Waddington (Mt) Can. **79F4**
Wadi el Milk Soud. **59B3**
Wadi es Sir Jord. **58B3**
Wadi Howa Soud. **59B3**
Wadip (al) Ar. S. **59C2**
Wafra Koweit **55E4**
Wager (Baie) Can. **76B3**
Wager Bay Can. **76A3**
Wagga Wagga Austr. **71D4**
Wagin Austr. **70A4**
Waha Libye **59A2**
Wahpeton É.-U. **82D2**
Wai Inde **53A1**
Waiau R. N.-Z. **73B2**
Waiau (R.) N.-Z. **73A3**
Waigeo (Île) Indon. **39E3**
Waihi N.-Z. **72C1**
Waihou (R.) N.-Z. **72C1**
Wakaremoana (Lac) N.-Z. **72C1**
Waikato (R.) N.-Z. **72C1**
Waikouaiti N.-Z. **73B3**
Waimakariri (R.) N.-Z. **73B2**

Washington

Waimate N.-Z. **73B2**
Waingapu Indon. **70B1**
Wainwright Can. **79G4**
Wainwright É.-U. **78B2**
Waiouru N.-Z. **72C1**
Waipara N.-Z. **73B2**
Waipukurau N.-Z. **72C2**
Wairarapa (Lac) N.-Z. **73C2**
Wairau (R.) N.-Z. **73B2**
Wairoa N.-Z. **72C1**
Wairoa (R.) N.-Z. **72C1**
Waitaki (R.) N.-Z. **73B2**
Waitara N.-Z. **72B1**
Waitomo N.-Z. **72C1**
Waiuku N.-Z. **72B1**
Wajima J. **43B1**
Wajir K. **65E2**
Wakasa (Baie de) J. **43B1**
Wakatipu (Lac) N.-Z. **73A3**
Wakayama J. **42D4**
Wakefield É.-U. **84A1**
Wakefield G.-B. **16D3**
Wakefield Jam. **89H1**
Wakema Birm. **44B2**
Wakkanai J. **37G2**
Wakrah Pol. **27B2**
Walcz Pol. **26B2**
Waldia Éth. **65E1**
Wales É.-U. **78B3**
Wales (I.) Can. **76B3**
Walgett Austr. **71D4**
Walgreen (Côte de) Antarct. **96B4**
Walikale Zaïre **65C3**
Walkerton Can. **84B2**
Wallace É.-U. **82B2**
Wallaroo Austr. **70C4**
Walla Walla É.-U. **82B2**
Wallis-et-Futuna (Territoire) Fr. **69H4**
Walsall G.-B. **17D3**
Walsenburgh É.-U. **83C3**
Walvis Bay Nam. **66A3**
Wamba Nig. **63C4**
Wamba (R.) Zaïre **64B3**
Wana Pak. **50B2**
Wanaka N.-Z. **73A2**
Wanaka (Lac) N.-Z. **73A2**
Wanapitei (Lac) Can. **84B1**
Wanganui N.-Z. **72B1**
Wanganui (R.) N.-Z. **72C1**
Wanie Weyne Som. **65E2**
Wanning Ch. **44E2**
Wanparti Inde **53B1**
Wanxian Ch. **41B3**
Wanyuan Ch. **40B3**
Warangal Inde **53B1**
Warden Afr. du S. **67G1**
Warder Éth. **65E2**
Wardha Inde **51D4**
Ward (Mt) N.-Z. **73A3**
Warin Chamrap Th. **44D2**
Warmbad Afr. du S. **66B3**
Warnemünde All. **24C2**
Warrego (R.) Austr. **71D3**
Warren É.-U. **84B2**
Warren É.-U. **85C2**
Warrenton Afr. du S. **66B3**
Warrenton É.-U. **85C3**
Warri Nig. **63C4**
Warrington G.-B. **16C3**
Warrnambool Austr. **71D4**
Warta (R.) Pol. **27B2**
Warwick Austr. **71E3**
Warwick (Comté) G.-B. **17D3**
Warwick É.-U. **85B2**
Warwick G.-B. **17D3**
Wasatch (Monts) É.-U. **82B2**
Wasbank Afr. du S. **67H1**
Washap Pak. **57D4**
Washburn (Lac) Can. **78H2**
Washim Inde **51D4**
Washington (District de Columbia) É.-U. **80C3**
Washington (État) É.-U. **82A2**
Washington É.-U. **84A3**

Washington É.-U.	84B2
Washington Court House É.-U.	84B3
Washington (Mt) É.-U.	85D2
Wash (The) G.-B.	17E3
Waspán Nic.	88A4
Watampone Indon.	39D4
Waterbury É.-U.	85D2
Waterford Irl.	15B3
Waterloo É.-U.	80A2
Watersmeet É.-U.	84A1
Watertown É.-U.	82D2
Watertown É.-U.	84A2
Watertown É.-U.	85C2
Waterval-Boven Afr. du S.	67H1
Waterville É.-U.	80D2
Waterways Can.	79G4
Watford G.-B.	17D4
Watkins Glen É.-U.	85C2
Watrous Can.	79H4
Watsa Zaïre	65C2
Watson Lake Can.	78F3
Wau P.-N.-G.	39F4
Wau Soud.	65C2
Waua Can.	77B5
Waukegan É.-U.	84A2
Waukesha É.-U.	84A2
Waupun É.-U.	84A2
Wausau É.-U.	80B2
Wauwatosa É.-U.	84A2
Wave Hill Austr.	70C2
Waveney (R.) G.-B.	17E3
Waverly É.-U.	84B3
Wavre Belg.	8A1
Wawa Can.	80B2
Waxahachie É.-U.	83D3
Waycross É.-U.	81B3
Waynesboro É.-U.	85C3
Wazi Khwa Afgh.	50B2
Weald (The) G.-B.	17E4
Wear (R.) G.-B.	16C2
Webbwood Can.	80B2
Weddell (Ile) Falkland	95D6
Weddell (Mer de) Antarct.	96C2
Weenen Afr. du S.	67H1
Weichang Ch.	40D1
Weiden All.	25C3
Weifang Ch.	40D2
Weihai Ch.	40E2
Wei He (R.) Ch.	40C3
Weining Ch.	41A4
Weipa Austr.	71D2
Weirton É.-U.	84B2
Weishan Hu (Lac) Ch.	40D3
Weissenfels All.	25C2
Welkom Afr. du S.	66B3
Welland Can.	85C2
Welland (R.) G.-B.	17D3
Wellesley (Iles) Austr.	70C2
Wellingborough G.-B.	17D3
Wellington N.-Z.	73B2
Wellington Channel Can.	76A2
Wellington (I.) Chili	95B5
Wells G.-B.	17C4
Wellsford N.-Z.	72B1
Wells (Lac) Austr.	70B3
Wels Autr.	24B3
Welshpool G.-B.	17C3
Wemindji Can.	77C4
Wenchi Gh.	63B4
Wenden Ch.	40E2
Wengen S.	9B2
Wenling Ch.	41E4
Wenshan Ch.	41A5
Wen Xian Ch.	40A3
Wenzhou Ch.	41E4
Wenzhu Ch.	41C4
Wepener Les.	66B3
Werra (R.) All.	25C2
Wesel All.	24B2
Weser (R.) All.	24B2
Wessel (Iles) Austr.	70C2
West Allis É.-U.	84A2
West Branch (R.) É.-U.	85C2
West Bromwich G.-B.	17D3
Westerland All.	24B2
Westerly É.-U.	85D2
West Falkland (Ile) Falkland	95D6
Westfield É.-U.	84C2
Westfield É.-U.	85D2
West Glamorgan (Comté) G.-B.	17C4
West Lorne Can.	84B2
West Midlands (Comté) G.-B.	17D3
Westminster G.-B.	17D4
West Nicholson Zimb.	66B3
Weston É.-U.	84B3
Weston Mal.	38C3
Weston-super-Mare G.-B.	17C4
West Palm Beach É.-U.	81B4
West Plains É.-U.	81A3
West Point É.-U.	85D2
Westport N.-Z.	73B2
Westray (Ile) G.-B.	14C2
West Side M. du Nord	16E3
West Yorkshire (Comté) G.-B.	16D3
Wetar (Ile) Indon.	39D4
Wetaskiwin Can.	79G4
Wete Tanz.	65D3
Wexford Irl.	15B3
Weyburn Can.	79H5
Weymouth G.-B.	17C4
Whakatane N.-Z.	72C1
Whakatane (R.) N.-Z.	72C1
Whalsay (I.) G.-B.	14C1
Whangarei N.-Z.	72B1
Wharfe (R.) G.-B.	16D3
Wheeler (Pic) É.-U.	82B3
Wheeler (Pic) É.-U.	83C3
Wheeling É.-U.	84B2
Whitby Can.	85C2
Whitby G.-B.	16D2
White (I.) N.-Z.	72C1
White (R.) É.-U.	81A3
White (R.) É.-U.	82C2
White (R.) É.-U.	84A3
White (Baie) Can.	77E4
White Coomb (Mgne) G.-B.	14C2
Whitefish (Pte) É.-U.	84A1
Whitegull (Lac) Can.	77D4
Whitehall É.-U.	85D2
Whitehaven G.-B.	16C2
Whitehorse Can.	78E3
White (Mts) É.-U.	85D2
White Plains É.-U.	85D2
White River Can.	77B5
White River Junction É.-U.	85D2
Whithorn G.-B.	16B2
Whitney (Mt) É.-U.	82B3
Wholdaia (Lac) Can.	79H3
Whyalla Austr.	70C4
Wiarton Can.	84B2
Wichita É.-U.	83D3
Wick G.-B.	14C2
Wicklow Irl.	15B3
Wicklow (Monts) Irl.	15B3
Widyan (Al) Ar. S. et Iraq	55D3
Wielun Pol.	27B2
Wien = Vienne	
Wiener Neustadt Autr.	27B3
Wieprz (R.) Pol.	26C2
Wiesbaden All.	25B2
Wigan G.-B.	17C3
Wight (Ile de) G.-B.	17D4
Wigtown G.-B.	16B2
Wigtown Bay (Baie) G.-B.	16B2
Wilcannia Austr.	71D4
Wildspitze (Mgne) Autr.	25C3
Wilge (R.) Afr. du S.	67G1
Wilhelmshaven All.	24B2
Wilkes-Barre É.-U.	85C2
Wilkes (Terre de) Antarct.	96B8
Willcox É.-U.	83C3
Willemstad Curaçao	89D4
Williams Lake Can.	79F4
Williamsport É.-U.	85C2
Williamstown É.-U.	84B3
Willis (Iles) Austr.	71E2
Williston Afr. du S.	66B4
Williston É.-U.	82C2
Willmar É.-U.	77A5
Willowmore Afr. du S.	66B4
Wilmington É.-U.	85C3
Wilnona É.-U.	77A5
Wilson É.-U.	81C3
Wilson (Cap) Can.	76B3
Wilson's Promontory Austr.	71D4
Wiltshire (Comté) G.-B.	17D4
Wiluna Austr.	70B3
Winamac É.-U.	84A2
Winburg Afr. du S.	67G1
Winchester Can.	85C1
Winchester É.-U.	85C3
Winchester G.-B.	17D4
Windermere G.-B.	16C2
Windhoek Nam.	66A3
Windorah Austr.	71D3
Wind River Range É.-U.	82C2
Windsor Can.	77D5
Windsor Can.	84B2
Windsor É.-U.	85D1
Windsor É.-U.	85D2
Windsor G.-B.	17D4
Windward Islands M. des Antilles	89E4
Windward Passage M. des Antilles	88C3
Winfield É.-U.	83D3
Winisk (R.) Can.	77B4
Winisk (Lac) Can.	77B4
Winkana Birm.	44B2
Winneba Gh.	63B4
Winnebago (Lac) É.-U.	84A2
Winnemucca É.-U.	82B2
Winnipeg Can.	79J4
Winnipeg (Lac) Can.	79J4
Winnipegosis Can.	79J4
Winnipesaukee (Lac) É.-U.	85D2
Winona É.-U.	80A2
Winooski É.-U.	85D2
Winslow É.-U.	83B3
Winston-Salem É.-U.	81B3
Winterthur S.	9B2
Winton Austr.	71D3
Winton N.-Z.	73A3
Wisbech G.-B.	17E3
Wisconsin (État) É.-U.	80B2
Wisconsin Dells É.-U.	84A2
Wisconsin Rapids É.-U.	77B5
Wiseman É.-U.	78C3
Wismar All.	24C2
Witagron Sur.	93B2
Witbank Afr. du S.	67G1
Witchita Falls É.-U.	83D3
Witham (R.) G.-B.	17D3
Withernsea G.-B.	16E3
Witney G.-B.	17D4
Wittenberge All.	24C2
Wittenoom Austr.	70A3
Wladyslawowo Pol.	26B2
Wloclawek Pol.	26B2
Wlodawa Pol.	26C2
Wokam Indon.	39E4
Woking G.-B.	17D4
Woleai (Ile) O. Pacifique	39F3
Wolf (R.) É.-U.	84A1
Wolf Point É.-U.	82C2
Wolfsberg Autr.	25C3
Wolfsburg All.	24C2
Wollaston (Is) Chili	95C7
Wollaston (Lac) Can.	79H4
Wollaston Lake Can.	79H4
Wollaston (Pénin.) Can.	78G3
Wollo Éth.	65D1
Wollongong Austr.	71E4
Wolmaranstad Afr. du S.	66B3
Wolow Pol.	27B2
Wolverhampton G.-B.	17C3
Wonju Corée du S.	42B3
Wonsan Corée du S.	42B3
Wonthaggi Austr.	71D4
Woodbridge É.-U.	85C3
Wood Buffalo (P.N.) Can.	79G4
Woodbury É.-U.	85C3
Woodchopper É.-U.	78D3
Woodlark (Ile) P.-N.-G.	71E1
Woodroffe (Mt) Austr.	70C3
Woodstock Can.	84B2
Woodstock É.-U.	84A2
Woodville N.-Z.	72C2
Woodward É.-U.	83D3
Woomera Austr.	70C4
Woonsocket É.-U.	85D2
Wooster É.-U.	84B2
Worcester Afr. du S.	66A4
Worcester É.-U.	85D2
Worcester G.-B.	17C3
Workington G.-B.	16C2
Worland É.-U.	82C2
Worms All.	25B3
Worms Head (Pointe) G.-B.	17B4
Worthing G.-B.	17D4
Worthington É.-U.	80A2
Worthington É.-U.	84B2
Wrangell É.-U.	79E4
Wrangell (Mts) É.-U.	78D3
Wrath (C.) G.-B.	14B2
Wrexham G.-B.	17C3
Wrigley Can.	78F3
Wroclaw Pol.	27B2
Wrzesnia Pol.	26B2
Wuchang Ch.	37E2
Wuchuan Ch.	44E1
Wuda Ch.	40C2
Wuding He (R.) Ch.	40C2
Wudu Ch.	40A3
Wugang Ch.	41C4
Wuhai Ch.	40B2
Wuhan Ch.	41C3
Wuhu Ch.	41D5
Wuhua Ch.	41D5
Wujang Ch.	50D2
Wujia He (R.) Ch.	40B1
Wu Jiang (R.) Ch.	41B4
Wukari Nig.	63C4
Wuling Shan (Mgnes) Ch.	41B4
Wum Cameroun	63D4
Wumeng Shan (Hauteurs) Ch.	41A4
Wuppertal All.	24B2
Wuqi Ch.	40B2
Wuqing Ch.	40D2
Würzburg All.	25B3
Wurzen All.	25C2
Wutai Shan (Mgne) Ch.	40C2
Wuvulu (Ile) O. Pacifique	39F4
Wuwei Ch.	40A2
Wuxi Ch.	40E3
Wuxing Ch.	40E3
Wuyang Ch.	40C3
Wuyi Shan (Mgnes) Ch.	41D4
Wuyuan Ch.	40B1
Wuzhi Shan (Mgnes) Ch.	44D2
Wuzhong Ch.	40B2
Wuzhou Ch.	41C5
Wyandotte É.-U.	84B2
Wye (R.) G.-B.	17C4
Wylye (R.) G.-B.	17C4

Wymondham G.-B. 17E3
Wyndham Austr. 70B2
Wynniatt (Baie) Can. 78G2
Wyoming (État) É.-U. 82C2
Wyoming É.-U. 84A2

X

Xaidulla Ch. 50D1
Xai Moron He (R.) Ch. 40D1
Xai Xai Moz. 67C3
Xangongo Ang. 66A2
Xánthi Gr. 23B2
Xau (Lac) Botswana 66B3
Xenia É.-U. 84B3
Xiaguan Ch. 36B4
Xiahe Ch. 40A2
Xiamen Ch. 41D5
Xi'an Ch. 40B3
Xianfeng Ch. 41B4
Xiangfan Ch. 41C3
Xiang Jiang (R.) Ch. 41C4
Xiangtan Ch. 41C4
Xianning Ch. 41C4
Xianyang Ch. 40B3
Xiao Shui (R.) Ch. 41C4
Xiapu Ch. 41D4
Xichang Ch. 41A4
Xieng Khouang Laos 44C2
Xifeng Ch. 41B4
Xigazê Ch. 52B1
Xi He (R.) Ch. 40A1
Xiji Ch. 40B2
Xi Jiang (R.) Ch. 41C5
Xiliao He (R.) Ch. 40E1
Xilin Ch. 41B5
Xinfeng Ch. 41D4
Xinghe Ch. 40C1
Xingning Ch. 41D5
Xingren Ch. 41B4
Xingtai Ch. 40C2
Xingu (R.) Br. 93G4
Xingxingxia Ch. 36B2
Xingyi Ch. 41A4
Xining Ch. 40A2
Xinjiang (Rég. aut.) Ch. 48C1
Xinjin Ch. 40E2
Xinjin Ch. 41A3
Xinwen Ch. 40D2
Xin Xian Ch. 40C2
Xinxiang Ch. 40C2
Xinyang Ch. 41C3
Xinyi Ch. 40D3
Xinyi Ch. 41C5
Xinzhu Taiwan 41E5
Xi Ujimqin Qi Ch. 40D1
Xiuyan Ch. 42A2
Xuancheng Ch. 41D3
Xuanhan Ch. 41B3
Xuanhua Ch. 40D1
Xuanwei Ch. 41A4
Xuchang Ch. 40C3
Xuddur Som. 65E2
Xunhua Ch. 40A2
Xun Jiang (R.) Ch. 41C5
Xunke Ch. 37E2
Xunwu Ch. 41D5
Xupu Ch. 41C4
Xuwen Ch. 41C4
Xuwen Ch. 44E1
Xuyong Ch. 41B4
Xuzhou Ch. 40D3

Y

Ya'an Ch. 41A4
Yabassi Cameroun 64B2
Yabrud Syrie 58C2
Yacuiba Bol. 94D3
Yādgir Inde 53B1
Yafran Libye 59A1
Yahuma Zaïre 64C2
Yaita J. 43B1
Yaizu J. 43B2
Yakataga É.-U. 78D3
Yako Burk. 63B3
Yakoma Zaïre 64C2
Yaku (Île) J. 37F3
Yakumo J. 42E2

Yakutat É.-U. 78E4
Yakutat (Baie de) Can. 78D4
Yala Th. 45C4
Yalinga Centr. 64C2
Yalong (R.) Ch. 36B3
Yalova Turq. 23C2
Yalta Ukr. 30D5
Yalu Jiang (R.) Ch. 42B2
Yamagata J. 42D3
Yamaguchi J. 42C4
Yamarovka Russie 36D1
Yambio Soud. 65C2
Yamdena Indon. 39E4
Yamethin Birm. 44B1
Yamoussoukro C. d'Iv. 63B4
Yamuna (R.) Inde 50D3
Yamzho Yumco (Lac) Ch. 52C1
Yanagawa J. 43A2
Yanam Inde 53C1
Yan'an Ch. 40B2
Yancheng Ch. 40E3
Yanchi Ch. 40B2
Yangambi Zaïre 64C2
Yangqi Ch. 36A2
Yang He (R.) Ch. 40C1
Yangjiang Ch. 41C5
Yangquan Ch. 40C2
Yangshan Ch. 41C5
Yangzhou Ch. 40D3
Yangzi (Bouches du) Ch. 41E3
Yangzi (Gorges du) Ch. 41C3
Yangzi Jiang (R.) Ch. 41D3
Yanhe Ch. 41B4
Yanji Ch. 42B2
Yankton É.-U. 82B2
Yanqqi Ch. 36A2
Yan Shan Ch. 40D1
Yantai Ch. 40E2
Yanzhou Ch. 40D2
Yaoundé Cameroun 64B2
Yap (Îles) O. Pacifique 39E3
Yapen (Île) Indon. 39E4
Yaqui (R.) Mex. 86B2
Yaransk Russie 31G2
Yari (R.) Col. 92C3
Yariga-dake (Mgne) J. 42D3
Yarkand Ch. 33J6
Yarkant He (R.) Ch. 33J6
Yarlung Zangbo Jiang (R.) Ch. 52C1
Yarmouth Can. 77D5
Yarmuk (R.) Jord. et Syrie 58B2
Yarqon (R.) Isr. 58B2
Yartsevo Russie 29B1
Yartsevo Russie 30D2
Yarumal Col. 92B2
Yashi Nig. 63C3
Yasin Pak. 50C1
Yasinya Ukr. 27C3
Yasugi J. 43A1
Yaté N.-C. 11
Yathkyed (Lac) Can. 79J3
Yatolema Zaïre 64C2
Yatsushiro J. 42C4
Yatta Cisj. 58B3
Yavari Pér. 92C4
Yavatmal Inde 51D4
Yawatahama J. 42C4
Ya Xian Ch. 44D2
Yazd-e Khvāst Iran 56B3
Ye Birm. 44B2
Yegorlyk (R.) Russie 31F4
Yei Soud. 65D2
Yelizavety (Cap) Russie 29G2
Yell (Île) G.-B. 14C1
Yellandu Inde 53C1
Yellowhead Pass Can. 82B1
Yellowknife Can. 78G3
Yellowstone (R.) É.-U. 82C2

Yellowstone (Lac) É.-U. 82B2
Yelverton (Baie) Can. 76B1
Yémen Arabie 46D3
Yen Bai V. 44C1
Yendi Gh. 63B4
Yengan Birm. 44B1
Yenisseysk Russie 29B2
Yenisseyskiy Kryazh (Monts) Russie 29B1
Yeo (R.) G.-B. 17C4
Yeovil G.-B. 17C4
Yerbogachen Russie 29C1
Yerofey Russie 29E2
Yerofey-Pavlovich Russie 37E1
Yeroham Isr. 58B3
Yerres Fr. 10
Yershov Russie 31G3
Yesil (R.) Turq. 54C1
Yesud Hama'ala Isr. 58B2
Yetti Maurit. 62B2
Yeu Birm. 44B1
Yeu (Île d') Fr. 4B2
Ye Xian Ch. 40E2
Yezd Iran 56B3
Yiannitsá Gr. 23B2
Yibin Ch. 41A4
Yichang Ch. 40C3
Yichin Ch. 37E2
Yijun Ch. 40B2
Yildizeli Turq. 54C2
Yiliang Ch. 41A5
Ying He (R.) Ch. 40D3
Yingkou Ch. 40E1
Yingshan Ch. 41B3
Yingshan Ch. 41D3
Yingtan Ch. 41D4
Yining Ch. 48C1
Yin Shan Ch. 40B1
Yirol Soud. 65D2
Yirshi Ch. 36E2
Yishan Ch. 41B5
Yishui Ch. 40D2
Yithion Gr. 23E3
Yivieska Finl. 12J6
Yiyang Ch. 41C4
Yli-Kitka (Lac) Finl. 12K5
Yilornio Suède 12J5
Ylivieska Finl. 12J6
Yokadouma Cameroun 64B2
Yokkaichi J. 43B2
Yokohama J. 43B1
Yokosuka J. 43B1
Yola Cameroun 64B2
Yonago J. 42C3
Yonezawa J. 42E3
Yong'an Ch. 41D4
Yongchang Ch. 40A2
Yongchon Corée du S. 42B3
Yongchuan Ch. 41B4
Yongdeng Ch. 40A2
Yongding Ch. 41D5
Yongding He (R.) Ch. 40D2
Yongdok Corée du S. 42B3
Yonghung Corée du N. 42B3
Yongju Corée du S. 42B3
Yongning Ch. 40B2
Yonkers É.-U. 85D2
Yonne (Dép.) Fr. 8A2
Yonne (R.) Fr. 5C2
York G.-B. 16D3
York (C.) Austr. 71D2
York (Cap) Groenl. 76D2
York Factory Can. 77A4
Yorkshire Dales (Parc nat.) G.-B. 16C2
Yorkshire Moors G.-B. 15C3
Yorkshire Wolds G.-B. 16D2
Yorkton Can. 79H4
Yoshii (R.) J. 43A2
Yoshino (R.) J. 43A2
Yosu Corée du S. 42B4
Youghal Irl. 15B3

Yougoslavie Europe 22A2
Yóu Jiang (R.) Ch. 41B5
Young Ra. (Massif) N.-Z. 73A2
Youngstown É.-U. 84B2
Youyang Ch. 41B4
Yozgat Turq. 54B2
Yreka É.-U. 82A2
Yrga Alem Éth. 65D2
Yssingeaux Fr. 5C2
Ystad Suède 12G7
Ystwyth (R.) G.-B. 17C3
Yuan Jiang (R.) Ch. 41A5
Yuan Jiang (R.) Ch. 41C4
Yuanmu Ch. 41A4
Yuanping Ch. 40C2
Yuba City É.-U. 82A3
Yūbari J. 42E2
Yucatán (Détroit du) Cuba et Mexique 87D2
Yucatán (Pén. du) Mex. 87D3
Yuci Ch. 40C2
Yudoma (R.) Russie 29F2
Yudu Ch. 41A4
Yuexi Ch. 41A4
Yueyang Ch. 41C4
Yu Jiang (R.) Ch. 41B5
Yukon (R.) Can. et É.-U. 78D3
Yukon (Territoire du) Can. 78E3
Yulin Ch. 40B2
Yulin Ch. 41C5
Yulin Ch. 44E1
Yuma É.-U. 83B3
Yumen Ch. 36B3
Yunan Ch. 40D2
Yunkai Dashan Ch. 41C5
Yunnan (Prov.) Ch. 41A5
Yunxi Ch. 40C3
Yun Xian Ch. 40C3
Yunyang Ch. 41B3
Yurimaguas Pér. 92B5
Yurma (Gora) Russie 31K2
Yu Shan (Mgne) Taïwan 41E5
Yushkozero Russie 12L6
Yushu (Tibet) Ch. 36B3
Yuxi Ch. 41A5
Yuzhno-Kuril'sk Russie 42F2
Yvelines (Dép.) Fr. 10
Yvette (R.) Fr. 10

Z

Zaanstad P.-B. 24A2
Zabaykal'sk Russie 36D2
Zabdani (Az-) Syrie 58C2
Zāb (Grand) Iraq 56D3
Zabol Iran 56D3
Zāb (Petit) Iraq 55D2
Zabreh Rép. Tch. 27B3
Zabrze Pol. 27B2
Zadar Cr. 20C2
Zadetkyi (Île) Birm. 44B3
Zafra Esp. 18A2
Zagazig Ég. 59C1
Zaghouan (Dj.) Tun. 21B3
Zagora Maroc 62B1
Zagreb Croatie 20C1
Zagros (Ch. du) Iran 56A3
Zāhedān Iran 57D3
Zahirah (Az) Oman 57C5
Zahle Liban 58B2
Zahrez Chergui (Marais) Alg. 19C2
Zainsk Russie 31H2
Zaïre (Rép.) Afr. 64C3
Zaïre (R.) Congo et Z. 64B2
Zajecar Youg. 22B2
Zakamensk Russie 36C1
Zakho Iraq 55D2
Zákinthos = Zante
Zakopane Pol. 27B3
Zalaegerszeg H. 27B3
Zalău Roum. 22B1
Zalew Szczeciński (Lag.) Pol. 24C2

Zalingei

Zalingei *Soud.*   **64C1**
Zambèze (R.) *Afr.*   **66B2**
Zambezi *Zambie*   **66B2**
Zambie *Afr.*   **66B2**
Zamboanga *Phil.*   **39D3**
Zambrów *Pol.*   **26C2**
Zamora *Éq.*   **92B4**
Zamora *Esp.*   **18A1**
Zamora *Mex.*   **86B2**
Zamość *Pol.*   **27C2**
Zamtang *Ch.*   **40A3**
Zanaga *Congo*   **64B3**
Záncara (R.) *Esp.*   **18B2**
Zanda *Ch.*   **50D2**
Zandjän *Iran*   **56A2**
Zanesville *É.-U.*   **84B3**
Zangla *Inde*   **50D2**
Zante *Gr.*   **23E3**
Zante (Île) *Gr.*   **23E3**
Zanzibar *Tanz.*   **65D3**
Zanzibar (Île) *Tanz.*   **65D3**
Zaouatanláz *Alg.*   **62C2**
Zaozhuang *Ch.*   **40D3**
Zap (R.) *Turq.*   **55D2**
Zapadnaja Dvina (R.)
   Russie   **12K7**
Zapala *Arg.*   **95C3**
Zaporijia *Ukr.*   **30E4**
Zara *Turq.*   **55C2**
Zarand *Iran*   **56B2**
Zarand *Iran*   **56C3**
Zaranj *Afgh.*   **56D3**
Zarara *Ven.*   **93D2**
Zarasai *Lit.*   **26D1**
Zard Kuh (Mgne) *Iran*   **56A3**
Zarghun Shahr *Afgh.*   **50B2**
Zargun (Mgne) *Pak.*   **50B2**
Zaria *Nig.*   **63C3**
Zarqä' *Jord.*   **54C3**
Zaruma *Éq.*   **92B4**
Zary *Pol.*   **26B2**
Zarzis *Tun.*   **62D1**
Zäskär (R.) *Inde*   **50D2**
Zäskär (Mts du) *Inde*   **50D2**

Zatara (R.) *Jord.*   **58C2**
Zavitinsk *Russie*   **37E1**
Zavü *Ch.*   **52D1**
Zawiercie *Pol.*   **27B2**
Zawilah *Libye*   **59A2**
Zawr (Ra's az) [Cap]
   Ar. S.   **57A4**
Zayarsk *Russie*   **29C2**
Zaydi (Wadi az) *Syrie*   **58C2**
Zaysan *Kaz.*   **33K5**
Zaysan *Kaz.*   **36A2**
Zaysan (Lac) *Kaz.*   **33K5**
Zayü (Mgne) *Ch.*   **36B4**
Zdunńska Wola *Pol.*   **26B2**
Zeebrugge *Belg.*   **24A2**
Zeelim *Isr.*   **58B3**
Zeerust *Afr. du S.*   **66B3**
Zefat *Isr.*   **58B2**
Zegueren (Oued)
   Mali   **63C3**
Zeïla *Som.*   **65E1**
Zeitz *All.*   **25C2**
Zekog *Ch.*   **40A2**
Zelenodol'sk *Russie*   **31G2**
Zelenogorsk *Russie*   **13K6**
Zella *Libye*   **59A2**
Zelten *Libye*   **59A2**
Zemio *Centr.*   **64C2**
Zemlya Vil'cheka (Île)
   O. Arctique   **32H1**
Zenning *Ch.*   **41B4**
Zermatt *S.*   **9B2**
Zeya *Russie*   **37E1**
Zeya (Rés. de) *Russie*   **29E2**
Zézère (R.) *Port.*   **18A1**
Zghorta *Liban*   **58B1**
Zgierz *Pol.*   **26B2**
Zhangjiakou *Ch.*   **40D1**
Zhangping *Ch.*   **41D4**
Zhangwei He (R.) *Ch.*   **40D2**
Zhangwu *Ch.*   **40E1**
Zhangzhou *Ch.*   **41D5**
Zhanjiang *Ch.*   **41C5**
Zhanyi *Ch.*   **41A4**

Zhaoqing *Ch.*   **41C5**
Zhaotong *Ch.*   **41A4**
Zhaoyang Hu (Lac)
   Ch.   **40D2**
Zharkamys *Kaz.*   **31J4**
Zhatay *Russie*   **29E1**
Zhejiang (Prov.) *Ch.*   **41D4**
Zhelaniya (Cap)
   Russie   **32H2**
Zhengzhou *Ch.*   **40C3**
Zhengzhou *Ch.*   **40C3**
Zhenjiartg *Ch.*   **40D3**
Zhenxiong *Ch.*   **41A4**
Zhenyuan *Ch.*   **41B4**
Zherdevka *Russie*   **31F3**
Zhicheng *Ch.*   **41C3**
Zhijin *Ch.*   **41B4**
Zhitkovichi *Biél.*   **26D2**
Zhlobin *Biél.*   **30D3**
Zhmerinka *Ukr.*   **30C4**
Zhob *Pak.*   **50B2**
Zhodino *Lett.*   **26D2**
Zhongning *Ch.*   **40B2**
Zhongshan *Ch.*   **41C5**
Zhongwei *Ch.*   **40B2**
Zhougdian *Ch.*   **36B4**
Zhoushan Quandao
   Ch.   **40E3**
Zhuanghe *Ch.*   **40E2**
Zhugqu *Ch.*   **40A3**
Zhushan *Ch.*   **41C3**
Zhuzhou *Ch.*   **41C4**
Zibo *Ch.*   **40D2**
Ziel (Mt) *Austr.*   **70C3**
Zielona Góra *Pol.*   **26B2**
Zigaing *Birm.*   **44A1**
Zigong *Ch.*   **41A4**
Ziguinchor *Sén.*   **63A3**
Zikhron Ya'aqov *Isr.*   **58B2**
Zilaf (As) *Syrie*   **54C3**
Zilina *Slovaquie*   **27B3**
Zilupe *Russie*   **26D1**
Zima *Russie*   **36C1**
Zimbabwe *Afr.*   **66B2**

Zin (R.) *Isr.*   **58B3**
Zinder *Niger*   **63C3**
Zi Shui *Ch.*   **41C4**
Zittau *All.*   **25C2**
Ziya He (R.) *Ch.*   **40D2**
Ziyang *Ch.*   **41A3**
Zlatoust *Russie*   **31J2**
Zlín *Rép. Tch.*   **27B3**
Zmeinogorsk *Russie*   **33K4**
Znin *Pol.*   **26B2**
Znojmo *Rép. Tch.*   **27B3**
Zoekmekaar
   Afr. du S.   **67C3**
Zoïgê *Ch.*   **40A3**
Zolochev *Ukr.*   **27D3**
Zomba *Malawi*   **67C2**
Zongo *Zaïre*   **64B2**
Zonguldak *Turq.*   **54B1**
Zonza *Fr.*   **9B3**
Zorzor *Liberia*   **63B4**
Zouerate *Maurit.*   **62A2**
Zoug *S.*   **8B2**
Zreigat (Bir) *Maurit.*   **62B2**
Zrenjanin *Youg.*   **22B1**
Zubayr (Az) *Iraq*   **55E3**
Zújar (R.) *Esp.*   **18A2**
Zumbo *Moz.*   **66C2**
Zungeru *Nig.*   **63C4**
Zunyi *Ch.*   **41B4**
Zuo (R.) *Ch.*   **44D1**
Zuo Jiang (R.) *Ch.*   **41B5**
Zürich *S.*   **8B2**
Zuwara *Libye*   **59A1**
Zuyevka *Russie*   **31H2**
Zvishavane *Zimb.*   **66B3**
Zvolen *Slov.*   **27B3**
Zvornik *Bosnie*   **22A2**
Zwickau *All.*   **25C2**
Zwolle *P.-B.*   **24B2**
Zyrardów *Pol.*   **26C2**
Zyryanovsk *Kaz.*   **33K5**
Żywiec *Pol.*   **27B3**
Zyyi *Chypre*   **58A1**